44,–
27/2/6

Information und Recht

Band 58

Schriftenreihe
Information und Recht

Herausgegeben von

Prof. Dr. Thomas Hoeren
Prof. Dr. Gerald Spindler
Prof. Dr. Bernd Holznagel, LL.M.
Prof. Dr. Georgios Gounalakis
PD Dr. Herbert Burkert
Prof. Dr. Thomas Dreier

Band 58

Verlag C.H. Beck München 2006

Schutz von Informationen im europäischen Kartellverfahren

Auskunfts-/Zugriffsverweigerungsrechte und Schutz vertraulicher Informationen im europäischen Kartellverfahren unter Berücksichtigung der Verordnung (EG) 1/2003

von

Isabel Kehl

München

Verlag C.H. Beck München 2006

Verlag C.H. Beck im Internet:
beck.de

ISBN 3 406 54081 3

Wilhelmstraße 9, 80801 München

Druck: Nomos Verlagsgesellschaft
In den Lissen 12, 76547 Sinzheim

Satz: ES-Editionssupport, München

Gedruckt auf säurefreiem, alterungsbeständigen Papier
(hergestellt aus chlorfrei gebleichtem Zellstoff)

Meiner Familie

Vorwort

Die vorliegende Arbeit wurde von dem Fachbereich Rechtswissenschaften der Philipps-Universität Marburg im Sommersemester 2005 als Dissertation angenommen.

Bei Frau Prof. Dr. Monika Böhm, die meine Doktorarbeit betreute, möchte ich mich herzlich für die bereitwillig gewährte und umfassende Unterstützung und die vielen anregenden und weiterführenden Gespräche bedanken. Herrn Prof. Dr. Georgios Gounalakis danke ich für die zügige Anfertigung des Zweitgutachtens sowie für die Aufnahme der Arbeit in die Schriftenreihe „Information und Recht".

Dank gebührt auch dem Förderungs- und Beihilfefonds Wissenschaft der VG WORT für den großzügigen Druckkostenzuschuss.

Unterstützung bei der Erstellung der Arbeit erfuhr ich auch durch meine Familie und Freunde. Für das stets offene Ohr und die vielfältige praktische Hilfe gilt mein Dank Christian Kehl, der mich bei der Ausarbeitung der Arbeit immer bestärkt hat. Meinen Eltern, Marianne und Karl Heinz Lurch, meinem Bruder, Daniel Lurch, und Florence Beck danke ich vielmals für das Korrekturlesen und die fundierten Anregungen. Darüber hinaus gilt mein Dank meinen Interviewpartnern bei der Europäischen Kommission, insbesondere Gerald Miersch, sowie meinen Arbeitskollegen, die mir in vielen Gesprächen einen schärferen Blick auf mein Thema ermöglicht haben.

Die Arbeit basiert auf Gesetzgebung, Rechtsprechung und Literatur bis einschließlich September 2005. Auf diese Weise konnten auf europäischer Ebene die Verordnung 1/2003 und die damit einhergehenden Neuerungen des europäischen Kartellrechts sowie auf deutscher Ebene die 7. GWB-Novelle berücksichtigt werden.

Marburg / München, November 2005 *Isabel Kehl*

Inhaltsübersicht

Inhaltsverzeichnis

Abkürzungsverzeichnis

a. A.	andere Ansicht
a. E.	am Ende
a. F.	alte Fassung
ABl.	Amtsblatt der Europäischen Gemeinschaft, ab 1968 aufgeteilt in Serie C und L
Abs.	Absatz
Anm.	Anmerkung
AnwBl	Anwaltsblatt (Zeitschrift)
Art.	Artikel
Aufl.	Auflage
BB	Betriebs-Berater (Zeitschrift)
BGBl.	Bundesgesetzblatt
BGH	Bundesgerichtshof
BVerfG	Bundesverfassungsgericht
BVerfGE	Entscheidung des Bundesverfassungsgerichts
bzw.	beziehungsweise
CDE	Cahiers de Droit Européen (Zeitschrift)
CLP	Current Legal Problems (Zeitschrift)
CMLR	Common Market Law Review
CR	Computer und Recht (Zeitschrift)
DB	Der Betrieb (Zeitschrift)
DRiZ	Deutsche Richterzeitung
DVBl	Deutsches Verwaltungsblatt (Zeitschrift)
ECLR	European Competition Law Review (Zeitschrift)
EGMR	Europäischer Gerichtshof für Menschenrechte
EGV	Vertrag zur Gründung der Europäischen Gemeinschaft
ELR	European Law Review (Zeitschrift)
EMRK	Konvention zum Schutze der Menschenrechte und Grundfreiheiten in Europa
EuG	Europäisches Gericht erster Instanz
EuGH	Europäischer Gerichtshof
EuR	Europarecht (Zeitschrift)
EUV	Vertrag über die Europäische Union
EuZW	Europäische Zeitschrift für Wirtschaftsrecht
EWS	Zeitschrift für europäisches Wirtschafts- und Steuerrecht
f.	folgende Seite
ff.	fortfolgende
Fn.	Fußnote
FS	Festschrift
GA	Generalanwalt *oder* Goltdammer's Archiv für Strafrecht
GG	Grundgesetz
GWB	Gesetz gegen Wettbewerbsbeschränkungen
h. M.	herrschende Meinung
Hrsg.	Herausgeber
i. V. m.	in Verbindung mit

IPbürgR .... Internationaler Pakt über bürgerliche und politische Rechte
JR .... Juristische Rundschau (Zeitschrift)
JZ .... Juristenzeitung
LIEI .... Legal Issues of European Integration (Zeitschrift)
lit. .... Buchstabe
Ls. .... Leitsatz
m. w. N. .... mit weiteren Nachweisen
MLR .... Modern Law Review (Zeitschrift)
NJW .... Neue Juristische Wochenschrift (Zeitschrift)
Nr. .... Nummer
NVwZ .... Neue Zeitschrift für Verwaltungsrecht
OWiG .... Gesetz über Ordnungswidrigkeiten
RIW .... Recht der internationalen Wirtschaft (Zeitschrift)
RL .... Richtlinie
RMC .... Revue du Marché Commun (Zeitschrift)
Rn. .... Randnummer
S. .... Seite *oder* Satz
7. GWB-Novelle ... Siebtes Gesetz zur Änderung des Gesetzes gegen Wettbewerbsbeschränkungen
Slg. .... Amtliche Sammlung der Entscheidungen des EuGH und des EuG
StGB .... Strafgesetzbuch
StPO .... Strafprozessordnung
u.a. .... unter anderem
Verf. .... Verfasser / Verfasserin
VO .... Verordnung
WuW .... Wirtschaft und Wettbewerb (Zeitschrift)
YBEL .... Yearbook of European Law
ZHR .... Zeitschrift für das gesamte Handelsrecht
ZRP .... Zeitschrift für Rechtspolitik
ZStW .... Zeitschrift für die gesamte Strafrechtswissenschaft

Literaturverzeichnis

Alfes, Holger: Das Anwaltsgeheimnis des Syndikusanwalts und des fest angestellten Unternehmensjuristen, Heidelberg 1999

Alvarez Ligabue, Ricardo M.: Der Grundsatz „nemo tenetur seipsum accusare" und die Vertraulichkeit der Korrespondenz zwischen Anwalt und Mandant im Bußgeldrecht des Europäischen Kartellverfahrens, Bad Godesberg 2000

Arndt, Adolf: Umwelt und Recht, Das Schweigen vor Gericht, NJW 1966, 869

Bael van, Ivo/Bellis, Jean-François: Droit de la Concurrence de la Communauté Economique Européenne, Brüssel 1990

Baron, Michael: Meinungen zur 6. GWB-Novelle, WuW 1998, 651

Barsade, Jonathan: The Effect of EG Regulations upon the Ability of U.S. Lawyers to establish a Pan-European Practice, The International Lawyer 1994, 313

Bauer, Wolfram: Zur Frage des Auskunftsverweigerungsrechts juristischer Personen und Personenvereinigungen, WuW 1989, 304

Baumbach, Adolf/Hefermehl, Wolfgang: Wettbewerbsrecht, 22. Auflage, München 2001

Bellamy, Christopher/Child, Graham: European Community Law of Competition, 5th edition, London 2001

Bergmann, J./Lenz C.: Der Vertrag von Amsterdam. Eine Kommentierung der Neuerungen des EU- und EG-Vertrages, Köln 1998

Beseler, J. F./Williams, A. N.: Anti-Dumping and Anti-Subsidy Law, London 1986

Beutler, Bengt/Bieber, Roland/Pipkorn, Jörn/Streil, Jochen: Die Europäische Union, 5. Auflage, Baden-Baden 2001

Beutler, Bengt: Der Schutz der Vertraulichkeit zwischen Anwalt und Mandanten im europäischen Recht, RIW 1982, 820

Bissel, Carsten: Die Rechtsstellung des Syndikusanwalts und die anwaltliche Unabhängigkeit, Bonn 1996

Bleckmann, Albert: Europarecht, 6. Auflage, Köln 1997 (zit.: *Bleckmann,* Europarecht)

Bleckmann, Albert: Studien zum Europäischen Gemeinschaftsrecht, Köln 1986 (zit.: *Bleckmann,* Studien zum Gemeinschaftsrecht)

Blum, Walter: Die Auskunfts- und sonstigen Ermittlungsrechte der Kartellbehörden nach dem Gesetz gegen Wettbewerbsbeschränkungen, dem Gesetz über Ordnungswidrigkeiten und nach dem Europäischen Kartellrecht, Tübingen 1977

Böhm, Monika: Der Normmensch, Materielle und prozedurale Aspekte des Schutzes der menschlichen Gesundheit vor Umweltschadstoffen, Tübingen 1996

Bosch, Nikolaus: Aspekte des nemo-tenetur-Prinzips aus verfassungsrechtlicher und strafprozessualer Sicht, Berlin 1998

Boyd, John: A.M. & S. and the in-house lawyer, ELR 1982, 493

Breitenmoser, Stephan: Der Schutz der Privatsphäre gemäss Art. 8 EMRK, Basel 1986

Buchwald, D.: Zur Rechtsstaatlichkeit der Europäischen Union, Der Staat 1998, 189

Bunte, Hermann-Josef: Kartellrecht, München 2003

Busch, Andrej Victor Mykola Wasyl: Die Bedeutung der Europäischen Menschenrechtskonvention für den Grundrechtsschutz in der Europäischen Union, Baden-Baden 2003

Calliess, Christian/Ruffert, Matthias: Kommentar des Vertrages über die Europäische Union und des Vertrages zur Gründung der Europäischen Gemeinschaft – EUV/EGV –, 2. Auflage, Neuwied 2002 (zit.: Callies/Ruffert-*Bearbeiter*)

Canenbly, Cornelis: Verfahrensregeln der Kommission der Europäischen Gemeinschaften, in: Studienvereinigung Kartellrecht e.V., XI. Internationales EG-Kartellrechts-Forum Brüssel 1985, S. 74 ff., München 1986

Chaltiel, Florence: L'Union Européenne doit-elle adhérer à la Convention Européenne des Droits de l'Homme?, RMC 1997, 34

Christoforou, Theofanis: Protection of Legal Privilege in EEC Competition Law: The imperfections of a case, LIEI 1985/2, 1

Cohen-Jonathan, Gérard: La Convention européenne des droits de l'homme, Paris 1989

Commichau, Gerhard/Schwartz, Harald: Grundzüge des Kartellrechts, München 2002

Conolly, N.: Legal Privilege in the European Communities after the AM & S Case, ECLR 1982, 246

Constantinesco, Leotin-Jean: Das Recht der Europäischen Gemeinschaften, Band I, Baden-Baden 1977

Curtin, Deirdre/Meijers, Herman: The principle of open government in Schengen and the European Union: democratic retrogression?, CMLR 1995, 391

Dalheimer, Dorothe/Feddersen, Christoph T./Miersch, Gerald: EU-Kartellverfahrensverordnung, Kommentar zur VO 1/2003, München 2005 (zit.: Dalheimer/Feddersen/Miersch-*Bearbeiter*)

Dallmann, Michael: Nachprüfungen und Richtervorbehalt im Kartellverfahrensrecht der Europäischen Wirtschaftsgemeinschaft, Berlin 1994

Damien, André: Anmerkungen zu Tribunal correctionnel de Nanterre, Gazette du Palais 1981 – Jurisprudence –, S. 70.

Dannecker, Gerhard/Fischer-Fritsch, Jutta: Das EG-Kartellrecht in der Bußgeldpraxis, Köln 1989

Dannecker, Gerhard: Beweiserhebung, Verfahrensgarantien im Europäischen Kartellordnungswidrigkeitsverfahren als Vorbild für ein europäisches Sanktionsverfahren, ZStW 1999, 256

Daudret, Fréderique: Des applications particulières des droits de la défense dans le domaine des pratiques anticoncurrentielles, Gazette du Palais 1992 – Doctrine – S. 305

Dauses, Manfred: Handbuch des EU-Wirtschaftsrechts, Band 1, München 2003 (*zit.*: Dauses-*Bearbeiter*)

De Bronett, Georg-K.: Akteneinsicht in Wettbewerbsverfahren der Europäischen Kommission, WuW 1997, 383

Deringer, Arved/Tessin, Claus: Das erste Kartellgesetz des Gemeinsamen Marktes, NJW 1962, 989

Deringer, Arved: Bericht im Namen des Binnenmarktausschusses zu der Konsultation des Europäischen Parlaments durch den Rat der Europäischen Gemeinschaft betreffend eine erste Durchführungsverordnung zu den Artikeln 85 und 86 des EWG-Vertrages (Dokument 104/1960-61), Europäisches Parlament, Sitzungsdokumente 1961–1962, Dokument 57, 7. September 1961 (zit.: Deringer-Bericht)

Deringer, Arved: Können nach deutschem Recht Unternehmen gegenüber Kartellbehörden Auskünfte verweigern, wenn sie sich dadurch der Gefahr einer Verfolgung nach dem Strafrecht oder dem Recht der Ordnungswidrigkeiten aussetzen?, WuW 1988, 933

Deringer, Arved: Stellungnahme zum Weißbuch der Europäischen Kommission über die Modernisierung der Vorschriften zur Anwendung der Art. 85 und 86 EG-Vertrag (Art. 81 und 82 EG), EuZW 2000, 5

Dolmans, Maurits/Eichler, Helmut/Müller-Ibold, Till: Die Sicherung des „Legal Privilege" im Gemeinschaftsrecht, AnwBl 1999, 493

Drijber, Berend Jan: Access to File and Confidentiality in EEC Competition Proceedings, in: Forschungsinstitut für Wirtschaftsverfassung und Wettbewerb e.V. (Hrsg): Schwerpunkte des Kartellrechts 1992/1993, Köln 1994, S. 109

Due, Ole: Verfahrensrechte der Unternehmen im Wettbewerbsverfahren vor der EG-Kommission, EuR 1988, 33

Edward, D.A.O.: The Professional Secret, Confidentiality and Legal Professional Privilege in the nine Member States of the European Community, Bericht der Commission Consultative des Barreaux de la Communauté Européenne, Brüssel 1979 (zit.: Edward-Bericht)

Ehlermann, Claus Dieter/Oldekop, Dieter: Due Process in Administrative Procedure in: Berichte des 8. Kongresses der F.I.D.E. (Fédération Internationale pour le Droit Européen), Band I, Summing up of discussions, Vol. 3, Due process in administrative procedure, S. 11.1-11.20, Copenhagen 1979

Ehmann, Eugen/Helfrich, Marcus: EG Datenschutzrichtlinie, Kurzkommentar, Köln 1999

Eichler, Helmut/Peukert, Wolfgang: Vertraulichkeit der Rechtsberatung durch Syndikusanwälte und EMKR, AnwBl 2002, 189

Emmerich, Volker: Kartellrecht, 9. Auflage, München 2001

Engel, Hans-Ulrich/Freier, Gottfried: Die Ermittlungsbefugnisse der EG-Kommission bei Wettbewerbsverstößen, EWS 1992, 361

Eser, Albin/Huber, Barbara: Strafrechtsentwicklung in Europa 4, Teil 3, Freiburg im Breisgau 1995

Europäische Kommission: GD Wettbewerb: 10. (1980) 12. (1982), 13. (1983), 16. (1986), 18. (1988), 26. (1996), 29. (1999), 30. (2000) Bericht über die Wettbewerbspolitik, Luxemburg 1981/1983/1984/1987/1989/1997/2000/2001 (zit.: 12./13./16./18./26./29./30. Wettbewerbsbericht der Europäischen Kommission)

Evans, Jonathan: Bericht über den Vorschlag für eine Verordnung des Rates zur Durchführung der in den Artikeln 81 und 82 EG-Vertrag niedergelegten Wettbewerbsregeln und zur Änderung der Verordnungen (EWG) Nr. 1017/68, (EWG) Nr. 2988/74, (EWG) Nr. 4056/86 und (EWG) Nr. 3975/87, Europäisches Parlament, Sitzungsdokumente 1999–2004, Dokument A5-0229/2001 vom 21. Juni 2001 (zit.: Evans-Bericht)

Faull, Jonathan: A.M. & S.: the Commission's Practice Note, ELR 1983, 411

Feuerich, Wilhelm/Braun, Anton: Bundesrechtsanwaltsordnung Kommentar, 5. Auflage, München 2000

Fischer, Michael Th./Iliopoulos, Konstantin: Die Sicherung der Vertraulichkeit der Anwaltskorrespondenz im kartellrechtlichen Nachprüfungsverfahren, NJW 1983, 1031

Forrester, Ian S.: Legal professional privilege: Limitations on the Commission's powers on inspection following the AM & S judgment, CMLR 1983, 75

Frankfurter Kommentar: Frankfurter Kommentar zum Kartellrecht, Band 4 (EG-Kartellrecht), 53. Ergänzungslieferung, (Mai 2003), Hamm 2003 (zit.: Frankfurter Kommentar-*Bearbeiter*)

Frowein, Jochen/Peukert, Wolfgang: Europäische Menschenrechtskonvention, EMRK-Kommentar, 2. Auflage, Kehl 1996 (zit.: Frowein/Peukert-*Bearbeiter,* EMRK-Kommentar)

Geiger, Andreas: Das Weißbuch der EG-Kommission zu Art. 81, 82 EG – eine Reform, besser als ihr Ruf, EuZW 2000, 165

Gemeinschaftskommentar: Gesetz gegen Wettbewerbsbeschränkungen und Europäisches Kartellrecht, 4. Auflage, Benisch, Werner (Hrsg.), Köln 1981 (zit.: GK-*Bearbeiter*, 4. Aufl.); 5. Auflage, Hootz, Christian (Hrsg.), 9. Lieferung (VO 1/2003), Köln 2004 (zit.: GK-*Bearbeiter*, 5. Aufl.)

Gillmeister, Ferdinand: Ermittlungsrechte im deutschen und europäischen Kartellordnungswidrigkeitenverfahren, Baden-Baden 1985

Girnau, Marcus: Die Stellung der Betroffenen im EG-Kartellverfahren, Köln 1993

Gleiss, Martin/Hirsch, Manfred: Kommentar zum EWG-Kartellrecht, 3. Auflage, Heidelberg 1978

Göhler, Erich: Gesetz über Ordnungswidrigkeiten, Kommentar, 13. Auflage, München 2002 (zit.: *Göhler,* Ordnungswidrigkeitengesetz)

Golsong, Heribert/Karl, Wolfram/Miehsler, Herbert/Petzold, Herbert/Rogge, Kersten/Vogler, Theo/Wildhaber, Luzius: Internationaler Kommentar zur Europäischen Menschenrechtskonvention, Köln 2002 (zit.: Golsong/Karl/Miehsler/Petzold/Rogge/Vogler/Wildhaber-*Bearbeiter*)

Gounalakis, Georgios/Mand, Elmar: Die neue EG-Dateschutzrichtlinie – Grundlagen einer Umsetzung in nationales Recht (I), CR 1997, 431

Grabenwarter, Christian: Die Charta der Grundrechte für die Europäische Union, DVBl 2001, 1

Grabenwarter, Christoph: Europäische Menschenrechtskonvention, München 2003

Grabitz, Eberhard/Hilf, Meinhard: Das Recht der Europäischen Union, Band I, München, Loseblattausgabe, 23. EL, Stand Januar 2004; Teil II: Sekundärrecht, 23. EL, Januar 2004; Altband II (Art. 137-248 EGV), 14. EL, Stand Oktober 1999 (zit.: Grabitz/Hilf-*Bearbeiter*)

Grabitz, Eberhard: Europäisches Verwaltungsrecht – Gemeinschaftsrechtliche Grundsätze des Verwaltungsverfahrens, NJW 1989, 1776

Grabitz, Eberhard: Zur Haftung der Europäischen Gemeinschaft für normatives Unrecht, in Grewe, Wilhelm/Rupp, Hans/Schneider, Hans (Hrsg.), Europäische Gerichtsbarkeit und nationale Verfassungsgerichtsbarkeit, Festschrift für Hans Kutscher, Baden-Baden 1981, S. 215 (zit.: *Grabitz,* FS Kutscher)

Groeben, Hans von der/Schwarze, Jürgen: Kommentar zum Vertrag über die Europäische Union und zur Gründung der Europäischen Gemeinschaft, Band 1, Art. 1–53 EUV, Art. 1–80 EGV; Band 2, Art. 81–97 EGV, 6. Auflage, Baden-Baden 2003; Band 4, Art. 189–314 EGV, 6. Auflage, Baden-Baden 2004 (zit.: Groeben/Schwarze-*Bearbeiter,* EU-/EG-Kommentar, Bd. 1/2/4)

Groeben, Hans von der/Thiesing, Jochen/Ehlermann, Claus-Dieter: Kommentar zum EU-/EG-Vertrag, Band 1, 5. Auflage, Baden-Baden 1997; Band 2/I, 5. Auflage, Baden-Baden 1999; Band 4, 5. Auflage, Baden-Baden 1997; Band 5, 5. Auflage, Baden-Baden, 1997 (zit.: Groeben/Thiesing/Ehlermann-*Bearbeiter*)

Grützner, Winfried/Reimann, Thomas/Wissel, Holger: Richtiges Verhalten bei Kartellamtsermittlungen im Unternehmen, 3. Auflage, Heidelberg 1993

Guerrin, Maurice/Kyriazis, Georgios: Cartels: Proof and Procedural Issues, Fordham International Law Journal 1992–1993, 266

Gumbel, Tim: Grundrechte im EG-Kartellverfahren nach der VO 17/62, Berlin 2001

Günther, Hans-Ludwig: Die Schweigebefugnis des Tatverdächtigen im Straf- und Bußgeldverfahren aus verfassungsrechtlicher Sicht, GA 1978, 193

Hanebuth, Klaus: Das Auskunftsrecht im europäischen Wirtschaftsrecht, Baden-Baden 1967 (zit.: *Hanebuth,* Auskunftsrecht)

Hausen, Götz Eike zur: Der Schutz des Anwaltsgeheimnisses im Verwaltungsverfahren der Kommission der Europäischen Gemeinschaften, AnwBl 1980, 322

Hegels, Susanne: EG-Eigenverwaltungsrecht und Gemeinschaftsverwaltungsrecht, Baden-Baden 2000

Heldrich, Andreas: Art. 215 Abs. II des Vertrages über die Europäische Wirtschaftsgemeinschaft – ein Irrweg, JZ 1960, 681

Hermanns, Ferdinand: Der Syndikus-Anwalt und der Schutz des Anwaltsgeheimnisses in Deutschland, AnwBl 1980, 326

Hermanns, Ferdinand: Ermittlungsbefugnisse der Kartellbehörden nach deutschem und europäischem Recht, 2. Auflage, Köln 1978 (zit.: *Hermanns,* Ermittlungsbefugnisse)

Heydebrand und der Lasa, Hans-Christoph von der: Confidential Information in Antidumping Proceedings before United States Courts and the European Court, ELR 1986, 331

Hirsch, Günter: Gemeinschaftsgrundrechte als Gestaltungsaufgabe, in: Kreuzer, Karl F./Scheuing, Dieter H./Sieber, Ulrich (Hrsg.), Europäischer Grundrechtsschutz, Baden-Baden 1998, S. 9 (zit.: *Hirsch* in Kreuzer/Scheuing/Sieber)

Hix, Jan-Peter : Das Recht auf Akteneinsicht im europäischen Wirtschaftsverwaltungsrecht, Baden-Baden, 1992

Hommerich, Christoph/Prütting, Hanns: Das Berufsbild des Syndikusanwalts, Bonn 1998

Hossenfelder, Silke/Lutz, Martin: Die neue Durchführungsverordnung zu den Artikeln 81 und 82 EG-Vertrag, WuW 2003, 118

Immenga, Ulrich/Mestmäcker, Ernst-Joachim: EG-Wettbewerbsrecht, Kommentar, Band I, II, München 1997 (zit.: Immenga/Mestmäcker-*Bearbeiter*, EG-Wettbewerbsrecht, Bd. I/II)

Immenga, Ulrich/Mestmäcker, Ernst-Joachim: Gesetz gegen Wettbewerbsbeschränkungen, GWB, Kommentar, Band II, 3. Auflage, München 2001 (zit.: Immenga/Mestmäcker-*Bearbeiter,* GWB-Kommentar)

Immenga, Ulrich: Eine Wende in der gemeinschaftsrechtlichen Kartellpolitik? EuZW 1999, 609

Ipsen, Hans Peter: Die Verfassungsrolle des Europäischen Gerichtshofs für die Integration, in Schwarze, Jürgen (Hrsg.), Der Europäische Gerichtshof als Verfassungsgericht und Rechtsschutzinstanz, Baden-Baden 1983, S. 29 (zit.: *Ipsen* in Schwarze, Der Europäische Gerichtshof)

Ipsen, Hans-Peter: Europäisches Gemeinschaftsrecht, Tübingen 1972 (zit.: *Ipsen,* Europäisches Gemeinschaftsrecht)

Ipsen, Knut: Völkerrecht, 4. Auflage, München 1999 (zit.: *Ipsen,* Völkerrecht)

Jephcott, Mark/Lübbig, Thomas: Law of Cartels, Bristol 2003

Jessnitzer, Kurt/Blumberg, Hanno: Bundesrechtsanwaltsordnung Kommentar, 8. Auflage, Köln 1997

Johannes, Hartmut: Erfahrungen eines Anhörungsbeauftragten, in Everling, Ulrich/Narjes, Karl-Heinz/Sedemund, Jochim (Hrsg.), Festschrift für Arved Deringer, Baden-Baden 1993, S. 293 (zit.: *Johannes,* FS Deringer)

Jones, Alison/Sufrin, Brenda: EC Competition Law, Oxford 2001 (zit.: Jones/Sufrin)

Joshua, Julian Mathic: Balancing the Public Interests: Confidentiality, Trade Secret and Disclosure of Evidence in EC Competition Procedures, ECLR 1994, S. 68

Joshua, Julian Mathic: Information in EEC Competition Law Procedures, ELR 1986, 409

Joshua, Julian Mathic: Requests for Information in EEC Factfinding Procedures, ECLR 1982, 173

Joshua, Julian Mathic: The Element of Surprise: EEC Competition Investigations under Article 14 (3) of Regulation 17, ELR 1983, 3

Joshua, Julian Mathic: The right to be heard in EEC competition procedures, Fordham International Law Journal 1991-1992, 18

Kahlenberg, Harald/Haellmigk, Christian: Neues Deutsches Kartellgesetz, BB 2005, 1509

Kahlenberg, Harald/Haellmigk, Christian: Referentenentwurf der 7. GWB-Novelle: Tief greifende Änderungen des deutschen Kartellrechts, BB 2004, 389

Kahlenberg, Harald: Novelliertes deutsches Kartellrecht, BB 1998, 1593

Kakouris, Konstantinos: La jurisprudence de la Cour de Justice des Communautés Européennes relative aux Droits de l'Homme, in Iliopoulos-Strangas, Julia (Hrsg.), Grundrechtsschutz im europäischen Raum, Baden-Baden 1993, S. 183 (zit.: *Kakouris,* in Iliopoulos-Strangas, Grundrechtsschutz im europäischen Raum)

Kapp, Thomas/Roth, Alexander: Der Beschuldigtengewahrsam als Einschränkung des Beschlagnahmeverbots, ZRP 2003, 404

Kapp, Thomas/Roth, Alexander: Fällt eine weitere Beschränkung des europäischen Legal Privilege?, RIW 2003, 946

Kapp, Thomas/Schröder, Matthias: Legal Privilege des EG-(Kartell-)Verfahrensrechts, WuW 2002, 555

Kapp, Thomas: Vertraulichkeit der Anwaltskorrespondenz im Kartellverfahren, WuW 2003, 142

Karl, Matthias/Reichelt, Daniel: Die Änderungen des Gesetzes gegen Wettbewerbsbeschränkungen durch die 7. GWB-Novelle, DB 2005, 1436

Karlsruher Kommentar: Ordnungswidrigkeitengesetz, 2. Auflage, München 2000 (zit.: Karlsruher Kommentar-*Bearbeiter*)

Kerse, C. S.: Case C-60/92, Otto BV v. Postbank NV. Judgment of the Court of Justice of 10 November 1993, CMLR 1994, 1375

Kerse, C. S.: E. C. Antitrust Procedure, 4th edition, London 1998 (zit.: *Kerse,* E. C. Antitrust Procedure)

Kerse, C. S.: Procedures in EC Competitions Cases: The Oral Hearing, ECLR 1994, 40

Kevekordes, Johannes: Zur Rechtsstellung Drittbeteiligter im EG-(Kartell)-Verfahren, DB 1989, 2521

Kirchhoff, Wolfgang: Die Bedeutung des Europäischen Gerichtshofs für Europa und die einzelnen Marktteilnehmer, DB 1989, 2261

Klein, Eckart: Die Erweiterung des Grundrechtsschutzes auf die universelle Ebene – Auswirkung auf den Grundrechtsschutz in Europa –, in: Kreuzer, Karl F./Scheuing, Dieter H./Sieber, Ulrich (Hrsg.), Europäischer Grundrechtsschutz, Baden-Baden 1998, S. 39 (zit.: *Klein* in Kreuzer/Scheuing/Sieber)

Klocker, Peter: Fit machen für den „Kulturwechsel"! WuW 2002, 1151

Knemeyer, Franz-Ludwig: Geheimhaltungsanspruch und Offenbarungsbefugnis im Verwaltungsverfahren, NJW 1984, 2241

Kolvenbach, Walter: Der Syndikusanwalt und das Anwaltsrecht, Festschrift für Karlheinz Quack; Westermann, Harm Peter/Rosener, Wolfgang (Hrsg.), Berlin 1991, S. 715 (zit.: *Kolvenbach,* FS Quack)

Kolvenbach, Walter: Der Unternehmensjurist und das Legal Professional Privilege, Festschrift für Winfried Werner; Hadding, Walther/Immenga, Ulrich/Mertens, Hans-Joachim/Pleyer, Clemens/Schneider, Uwe H. (Hrsg.), Berlin 1984, S. 405 (zit.: *Kolvenbach,* FS Werner)

Kolvenbach, Walter: Ist das Kartellrecht praktikabel?, Festschrift für Gerd Pfeiffer, Köln 1988, S. 683 (zit.: *Kolvenbach,* FS Pfeiffer)

Kolvenbach, Walter: The Company Legal Department, Kluwer 1979 (zit.: *Kolvenbach,* Legal Department)

Korah, Valentine: An Introductory Guide to EC Competition Law and Practice, Seventh Edition, Oxford 2000 (zit.: *Korah,* EC Competition Law)

Korah, Valentine: The Rights of the Defence in Administrative Proceedings under Community Law, CLP 1980, 73

Kreis, Helmut: Ermittlungsverfahren der EG-Kommission in Kartellsachen, RIW 1981, 281

Krieger, Albrecht: Zum Geheimnisschutz im Kartellverfahren, in: Baur, Jürgen F./Hopt, Klaus J./Mailänder, Peter K. (Hrsg), Festschrift für Ernst Steindorff, Berlin 1990, S. 989 (zit.: *Krieger,* FS Steindorff)

Krogsgaard, Lars Bondo: Fundamental rights in the European Community after Maastricht, LIEI 1999/1, 99

Kühlhorn, Thomas: Ermittlungen der EG-Kommission nach Art. 11 und 14 der VO 17/62, WuW 1986, 7

Kulka, Michael: Anmerkung zu der „Hoechst" Entscheidung des EuGH, DB 1989, 2115

Kuyper, P.J./van Rijn, T.P.J.N.: Procedural Guarentees and Investigatory Methods in European Law, with Special Reference to Competition, YBEL 1982, 1

Lampert, Thomas/Niejahr, Nina/Kübler, Johanna/Weidenbach, Georg: EG-Kartell-VO, Praxiskommentar zur Verordnung (EG) Nr. 1/2003, Heidelberg 2004

Lampert, Thomas: Gestiegenes Unternehmensrisiko Kartellrecht – Risikoreduzierung durch Competition-Compliance-Programme, BB 2002, 2237

Lange, Knut Werner: Handbuch zum deutschen und europäischen Kartellrecht, Heidelberg, 2001

Langen, Eugen/Bunte, Hermann-Josef: Kommentar zum deutschen und europäischen Kartellrecht, Band 1, 9. Auflage, Neuwied 2001 (zit.: Langen/Bunte-*Bearbeiter)*

Langen, Eugen/Niederleithinger, Ernst/Schmidt, Ulrich: Kommentar zum Kartellrecht, 6. Auflage, Neuwied 1982

Lasok, K.P.E.: The Privilege against Self-incrimination in Competition Cases, ECLR 1990, 90

Lecheler, Helmut: Der Europäische Gerichtshof und die allgemeinen Rechtsgrundsätze, Berlin 1971

Leeuw, Magdalena Elisabeth de: The Regulation on public access to European Parliament, Council and Commission documents in the European Union: are citizens better off?, ELR 2003, 324

Lenaerts, Koen: Sanktionen der Gemeinschaftsorgane gegenüber natürlichen und juristischen Personen, EuR 1997, 17

Lenz, Carl Otto/Borchardt, Klaus-Dieter: EU- und EG-Vertrag; Kommentar zu dem Vertrag über die Europäische Union und zu dem Vertrag zur Gründung der Europäischen Gemeinschaft, 3. Auflage, Köln 2003 (zit.: Lenz/Borchardt-*Bearbeiter*)

Lenz, Carl Otto/Mölls, Walter: „Due Process" im Wettbewerbsrecht der EWG, WuW 1991, 771

Lenz, Carl-Otto/Grill, Gerhard: Zum Recht auf Akteneinsicht im EG-Kartellverfahrensrecht, in Everling, Ulrich/Narjes, Karl-Heinz/Sedemund, Jochim (Hrsg.), Festschrift für Arved Deringer, Baden-Baden 1993, S. 310 (zit.: *Lenz/Grill,* FS Deringer)

Levitt, Matthew: Access to the file: The Commission's administrative procedures in cases under articles 85 and 86, CMLR 1997, 1413

Lieberknecht, Otfried: Das Verhältnis der EWG-Gruppenfreistellungsverordnungen zum deutschen Kartellrecht, in: Festschrift für Gerd Pfeiffer, Köln 1988, S. 589 (zit.: *Lieberknecht,* FS Pfeiffer)

Lieberknecht, Otfried: Die Behandlung von Geschäftsgeheimnissen im deutschen und EG-Recht, WuW 1988, 833

Lindemann, Hans-Heinrich: Allgemeine Rechtsgrundsätze und europäischer öffentlicher Dienst, Berlin 1986

Mähring, Matthias: Das Recht auf informationelle Selbstbestimmung im europäischen Gemeinschaftsrecht, EuR 1991, 369

Mancini, Federico/Bucci, Vittorio di: Die Entwicklung der Grundrechte als Teil des Gemeinschaftsrechts, in Iliopoulos-Strangas, Julia (Hrsg.), Grundrechtsschutz im europäischen Raum, Baden-Baden 1993, S. 208 (zit.: *Mancini/Bucci* in Iliopoulos-Strangas, Grundrechtsschutz im europäischen Raum)

Mattfeld, Antje: Anmerkung zu EuGH, AM & S, EuR 1983, 47

Meessen, Karl M.: Die 7. GWB-Novelle – verfassungsrechtlich gesehen, WuW 2004, 733

Meitinger, Ingo: Der Schutz von Geschäftsgeheimnissen im globalen und regionalen Wirtschaftsrecht, Bern 2001

Mestmäcker, Ernst-Joachim: Versuch einer kartellpolitischen Wende in der EU, EuZW 1999, 523

Meyer, Jürgen: Kommentar zur Charta der Grundrechte der Europäischen Union, Baden-Baden 2003 (zit.: Meyer-*Bearbeiter,* EU-Charta)

Meyer-Goßner, Lutz: Strafprozessordnung, 47. Auflage, München 2004 (zit.: *Meyer-Goßner*)

Meyer-Ladewig, Jens: Konvention zum Schutz der Menschenrechte und Grundfreiheiten, Baden-Baden 2003 (zit.: *Meyer-Ladewig,* EMRK)

Meyer-Ladewig, Jens: Ständiger Europäischer Gerichtshof für Menschenrechte in Straßburg, NJW 1998, 512

Monopolkommission: Folgeprobleme der europäischen Kartellverfahrensreform, Sondergutachten 32, Baden-Baden 2000

Möschel, Wernhard: Die 7. GWB-Novelle ante portas, WuW 2003, 571

Möschel, Wernhard: Recht der Wettbewerbsbeschränkungen, Köln 1983

Neßler, Volker: Der transnationale Verwaltungsakt – Zur Dogmatik eines neuen Rechtsinstituts, NVwZ 1995, 863

Newbold, A.L.E.: The Crime/Fraud Exception to Legal Professional Privilege, MLR 1990, 472

Nicolaysen, Gert: Europarecht I, Die Europäische Integrationsverfassung, 2. Auflage, Baden-Baden 2002

Nockelmann, Wolfgang: Das Durchsuchungsrecht der EG-Kommission im Kartellverfahren, Aachen 1995

Nordlander, Kristina: Discovering Discovery – US Discovery of EC Leniency Statements, ECLR 2004, 646

Oehler, Dietrich: Internationales Strafrecht, 2. Auflage, Köln 1983

Oppermann, Thomas: Europarecht, 2. Auflage, München 1999 (zit.: *Oppermann,* Europarecht)

Ortiz Blanco, Luis: European Community Competition Procedure, Oxford 1996

Ossenbühl, Fritz: Verwaltungsverfahren zwischen Verwaltungseffizienz und Rechtsschutzauftrag, NVwZ 1982, 465

Overbeek, Walter B.J. van: The right to remain silent in competition investigations: The Funke Decision of the Court of Human Rights Makes Revision of the ECJ's Case law Necessary, ECLR 1994, 127

Pauly, Walter: Strukturfragen des unionsrechtlichen Grundrechtsschutzes, EuR 1998, 242

Pernice, Ingolf: Gemeinschaftsverfassung und Grundrechtsschutz – Grundlagen, Bestand und Perspektiven, NJW 1990, 2409

Pernice, Ingolf: Grundrechtsgehalte im Europäischen Gemeinschaftsrecht, Baden-Baden 1979

Pliakos, Asteris: Les droits de la défense et le droit communautaire de la concurrence, Bruxelles 1987

Podszun, Rupprecht: Internationales Kartellverfahrensrecht, Bern 2003

Prohaska-Marchried, Martin: Geheimnisschutz berufsmäßiger Parteienvertreter, Wien 1998

Redeker, Konrad: Der Syndikusanwalt als Rechtsanwalt, NJW 2004, 889

Rehmann, Wolfgang A.: Zur Vollstreckung einer Nachprüfungsentscheidung der Kommission der EG, NJW 1987, 3061

Rengeling, Hans-Werner: Die Entwicklung verwaltungsrechtlicher Grundsätze durch den Gerichtshof der Europäischen Gemeinschaften, EuR 1984, 331

Rengeling, Hans-Werner: Grundrechtsschutz in der Europäischen Gemeinschaft, München 1993 (zit.: *Rengeling,* Grundrechtsschutz)

Ress, Georg/Ukrow, Jörg: Neue Aspekte des Grundrechtsschutzes in der Europäischen Gemeinschaft, EuZW 1990, 499

Rieckers, Oliver: Europäisches Wettbewerbsverfahren und US-amerikanische Discovery, RIW 2005, 19

Ritter, Lennart/Braun, David: European Competition Law: A Practitioner's Guide, 3rd edition, The Hague 2004 (zit.: Ritter/Braun)

Rittner, Fritz: Kartellpolitik und Gewaltenteilung in der EG, EuZW 2000, 129

Rodriguez Iglesias, Gil Carlos: Cour de justice des Communautés européennes et Cour européenne des Droits de l'Homme, in Mahoney, Paul/Matscher, Franz/Petzold, Herbert/Wildhaber, Luzius (Hrsg.), Protection des droits de l'homme: la perspective européenne, Mélange à la mémoire de Rolv Ryssdal, Köln 1988, S. 19 (zit.: *Rodriguez Iglesias,* FS Ryssdal)

Rodriguez Iglesias, Gil Carlos: Zur Stellung der Europäischen Menschenrechtskonvention im europäischen Gemeinschaftsrecht, Festschrift für Rudolf Bernhardt, Berlin 1995, S. 1269 (zit.: *Rodriguez Iglesias*, FS Bernhardt)

Rogall, Klaus: Der Beschuldigte als Beweismittel gegen sich selbst, Berlin 1977

Rohlfing, Stephanie: Das kartellrechtliche Untersuchungsverfahren nach deutschem, französischem und europäischem Kartellrecht – und die Berücksichtigung der Verteidigungsrechte, Frankfurt 1989

Roß, Andreas: Die Auskunftsverweigerungsrechte im Europäischen Wirtschaftsverwaltungsrecht, 1998

Roxin, Claus: Das Beschlagnahmeprivileg des Syndikusanwalts im Lichte der neuesten Rechtsentwicklung, NJW 1995, 17

Roxin, Claus: Das Zeugnisverweigerungsrecht des Syndikusanwalts, NJW 1992, 1129

Roxin, Claus: Strafverfahrensrecht, 5. Auflage, München 1998 (zit.: *Roxin*, Strafverfahrensrecht)

Rudolf, Walter: Datenschutzkontrolle in Deutschland und die Europäische Datenschutzrichtlinie, Burmeister, Joachim (Hrsg.), Verfassungsstaatlichkeit, Festschrift für Klaus Stern, München 1997, S. 1347 (zit.: *Rudolf,* FS Stern)

Rüping, Hinrich: Zur Mitwirkungspflicht des Beschuldigten und Angeklagten, JR 1974, 135

Samkalden, I./Druker, I. E.: Legal Problems Relating to Article 86 of the Rome Treaty, CMLR 1965/1966, 158

Schmidt, Karsten: Drittschutz, Akteneinsicht und Geheimnisschutz im Kartellverfahren, Köln 1992 (zit.: *Schmidt*, Drittschutz)

Schmidt, Karsten: Umdenken im Kartellverfahrensrecht!, BB 2003, 1237

Schmidt-Aßmann, Eberhard: Strukturen des Europäischen Verwaltungsrechts: Einleitende Problemskizze, in Schmidt-Aßmann, Eberhard/Hoffmann-Riem, Wolfgang (Hrsg.), Strukturen des Europäischen Verwaltungsrechts, Baden-Baden 1999, S. 9 (*zit.: Schmidt-Aßmann* in Schmidt-Aßmann/Hoffmann-Riem)

Schockweiler, Fernand: Zur Kontrolle der Zuständigkeitsgrenzen der Gemeinschaft, EuR 1996, 123

Schohe, Gerrit: Muss die Berufung auf Grundrechte zweckmäßig sein? Zur Aussageverweigerung im europäischen Kartellrecht, NJW 2002, 492

Scholz, Rupert: Der europäische Rechtsstaat, in: Baur, Jürgen F./Hopt, Klaus J./Mailänder, Peter K. (Hrsg), Festschrift für Ernst Steindorff, Berlin 1990, S. 1413 (zit.: *Scholz,* FS Steindorff)

Scholz, Rupert: Grundrechtsprobleme im europäischen Kartellrecht – Zur Hoechst-Entscheidung des EuGH, WuW 1990, 99

Schriefers, Marcus: Die Ermittlungsbefugnisse der EG-Kommission in Kartellverfahren, WuW 1993, 98

Schröder, Meinhard: Der Geheimhaltungsschutz im Recht der Umweltchemikalien, Eine Untersuchung nach deutschem und europäischem Gemeinschaftsrecht, Berlin 1980 (zit.: *Schröder,* Geheimhaltungsschutz)

Schröter, Helmuth/Jakob, Thinam/Mederer, Wolfgang: Kommentar zum Europäischen Wettbewerbsrecht, Baden-Baden 2003 (zit.: Schröter/Jakob/Mederer-*Bearbeiter*)

Schumacher, H.: Die Durchführung der Artikel 85 und 86 des Rom-Vertrages, WuW 1962, 475

Schwarze, Jürgen/Weitbrecht, Andreas: Grundzüge des europäischen Kartellverfahrensrechts, Baden-Baden 2004

Schwarze, Jürgen: Der Europäische Gerichtshof als Verfassungsgericht und Rechtsschutzinstanz – Einführung und Problemaufriß –, in Schwarze, Jürgen (Hrsg.) Der Europäische Gerichtshof als Verfassungsgericht und Rechtsschutzinstanz, Baden-Baden 1983, S. 11 (zit.: *Schwarze* in Schwarze, Der Europäische Gerichtshof)

Schwarze, Jürgen: Der Grundrechtsschutz für Unternehmen in der Europäischen Grundrechtecharta, EuZW 2001, 512

Schwarze, Jürgen: EU-Kommentar, Baden-Baden 2000 (zit.: Schwarze-*Bearbeiter*, EU-Kommentar)

Schwarze, Jürgen: Europäisches Verwaltungsrecht im Werden – Einführung und Problemaufriß –, in Schwarze, Jürgen (Hrsg.), Europäisches Verwaltungsrecht im Werden, Baden-Baden 1982, S. 11 (zit.: *Schwarze* in Schwarze, Verwaltungsrecht im Werden)

Schwarze, Jürgen: Europäisches Verwaltungsrecht, 2. Auflage, Baden-Baden 2005 (*zit.: Schwarze,* Europäisches Verwaltungsrecht)

Schwarze, Jürgen: Grenzen für die Ermittlungstätigkeit der Kommission als Wettbewerbsbehörde der EG, in Schwarze, Jürgen (Hrsg.), Der Gemeinsame Markt, Bestand und Zukunft in wirtschaftsrechtlicher Perspektive, Baden-Baden 1987, S. 159 (zit.: *Schwarze,* Der Gemeinsame Markt)

Sedemund, Jochim: Allgemeine Prinzipien des Verwaltungsverfahrens – dargestellt am Beispiel des europäischen Verwaltungsverfahrensrechts in Kartellsachen, in Schwarze, Jürgen (Hrsg.), Europäisches Verwaltungsrecht im Werden, Baden-Baden 1982, S. 45 (zit.: *Sedemund* in Schwarze, Verwaltungsrecht im Werden)

Sedemund, Jochim: Das Verfahren der EWG in Wettbewerbssachen, EuR 1973, 306

Seidl-Hohenveldern/Stein, Torsten: Völkerrecht, 10. Auflage, Köln 2000 (zit.: *Seidl-Hohenveldern/Stein,* Völkerrecht)

Seitz, Claudia: Unternehmensjuristen und das Anwaltsprivileg im europäischen Wettbewerbsverfahren – Wandel in der europäischen Rechtsprechung? EuZW 2004, 231

Simitis, Spiros: Die EG-Datenschutzrichtlinie oder der schwierige Weg von einer partikulären zu einer gemeinsamen Regelung des Datenschutzes, in Drexl, Josef/Kreuzer, Karl F./Scheuing, Dieter H./Sieber, Ulrich (Hrsg.), Europarecht im Informationszeitalter, Baden-Baden 2000 (zit.: *Simitis* in Drexl/Kreuzer/Scheuing/Sieber)

Snoxall, M. D.: Legal Professional Privilege and its Place in the Legal System of the United Kingdom, AnwBl 1980, 321

Sobotta, Christoph: Transparenz in den Rechtssetzungsverfahren der Europäischen Union, Baden-Baden 2001

Spaniol, Margret: Das Recht auf Verteidigerbeistand im Grundgesetz und in der Europäischen Menschenrechtskonvention, Berlin 1990

Spielmann, Dean: Comparing ECJ and ECHR Case Law, in Philip Alston (Hrsg.), The EU and Human Rights, Oxford 1999, S. 757 (zit.: *Spielmann* in Alston, The EU and Human Rights)

Steinebach: Anmerkung zum Urteil des EuGH „AM & S“, AnwBl 1982, 527

Streinz, Rudolf: Bundesverfassungsgerichtlicher Grundrechtsschutz und Europäisches Gemeinschaftsrecht, Baden-Baden 1989 (zit.: *Streinz,* Bundesverfassungsgerichtlicher Grundrechtsschutz und Europäisches Gemeinschaftsrecht)

Streinz, Rudolf: Europarecht, 6. Auflage, Heidelberg 2003 (zit.: *Streinz,* Europarecht)

Streinz, Rudolf: EUV/EGV, Vertrag über die Europäische Union und Vertrag zur Gründung der Europäischen Gemeinschaft, München 2003 (zit.: Streinz-*Bearbeiter,* EUV/EGV)

Taylor, James A./Vermulst, Edwin A.: Disclosure of Confidential Information in Antidumping and Countervailing Proceedings under U.S. Law: A Framework for the European Communities, The International Lawyer 1987, 43

Tiedemann, Klaus: Kartellrechtsverstöße und Strafrecht, Köln 1976

Toepke, Utz P.: Die Stellung des Syndikus-Anwalts im Hinblick auf den Schutz des Anwaltsgeheimnisses in der Europäischen Union und den USA, AnwBl 1980, 315

Toepke, Utz: EEC Competition Law, Business Issues and Legal Principles in Common Market Antitrust Cases, New York 1982 (zit.: *Toepke,* EEC Competition Law)

Tröndle, Herbert/Fischer, Thomas: Strafgesetzbuch und Nebengesetze, 51. Auflage, München 2003

Usher, John A.: Legal professional privilege and confidentiality in EEC competition proceedings; the judgment of the European Court, The Journal of Business Law 1982, 398

Vadillo, Enrique Ruiz: Die strafrechtliche Verantwortlichkeit juristischer Personen im europäischen Rechtsdenken – aus spanischer und rechtsvergleichender Sicht, in: Bausteine des europäischen Wirtschaftsstrafrechts, Schünemann, Bernd/Gonzáles, Carlos Suarez (Hrsg.), Köln 1994, S. 297 (zit.: *Vadillo,*Wirtschaftsstrafrecht)

Van Dijk, P./van Hoof, G.J.H. u.a.: Theory and Practice of the European Convention on Human Rights, Den Haag 1998

Vaughan, David: Verfahrensfragen im Verfahren bei der EG-Kommission und beim Europäischen Gerichtshof, in Studienvereinigung Kartellrecht e.V., IX. Internationales EG-Kartellrechts-Forum, München 1982

Villiger, Mark E.: Handbuch der Europäischen Menschenrechtskonvention (EMRK), 2. Auflage, Zürich 1999

Weber, Albrecht: Die Europäische Grundrechtscharta – auf dem Weg zu einer europäischen Verfassung, NJW 2000, 537

Weiß, Wolfgang: Die Verteidigungsrechte im EG-Kartellverfahren: zugleich ein Beitrag zu den allgemeinen Rechtsgrundsätzen des Gemeinschaftsrecht, Köln 1996

Weiß, Wolfgang: Haben juristische Personen ein Aussageverweigerungsrecht, JZ 1998, 289

Weitbrecht, Andreas: Das neue EG-Kartellverfahrensrecht, EuZW 2003, 69

Werner, Rosemarie: Der Konflikt zwischen Geheimnisschutz und Sachaufklärung im Kartellverfahren, in: Festschrift für Gerd Pfeiffer, Köln 1988, S. 821 (zit.: *Werner,* FS Pfeiffer)

Wessels, Johannes: Schweigen und Leugnen im Strafverfahren, JuS 1966, 169

Whish, Richard: Competition Law, 4th edition, Bath 2001

Wieckmann, H.-J.: Akteneinsicht und Wahrung von Geschäftsgeheimnissen im Kartellverwaltungsverfahren, WuW 1983, 13

Wiedemann, Gerhard: Das Widerspruchsverfahren in den Gruppenfreistellungsverordnungen des EWG-Kartellrechts, DB 1988, 2345

Wiedemann, Gerhard: Handbuch des Kartellrechts, München 1999 (zit.: Wiedemann-*Bearbeiter*, Handbuch des Kartellrechts)

Willis, Peter: „You have the right to remain silent ...", or do you? The privilege against self-incrimination following Mannesmannröhrenwerke and other recent decisions, ECLR 2001, 313

Wils, Wouter P.J. : La compatibilité des procédures communautaires en matière de concurrence avec la Convention Européenne des Droits de l'homme, CDE 1996, 329

Winkler, Rolf: Die Rechtsnatur der Geldbuße im Wettbewerbsrecht der Europäischen Wirtschaftsgemeinschaft, Tübingen 1971

Winterfeld, Achim von: Die Rechte der Verteidigung in Kartellverfahren vor der EG-Kommission, RIW 1981, 801

Winterfeld, Achim von: Ermittlungsbefugnisse der EG-Kommission gegenüber Unternehmen am Beispiel des Kartellrechts, RIW 1992, 524

Würdinger, Hans: Zum Auskunftsrecht der Organe der EGKS und der EWG gegenüber privaten Unternehmen, WuW 1964, 579

Zuleeg, Manfred: Die Europäische Gemeinschaft als Integrationsverband, Festschrift für Karl Carstens; Börner, Bodo/Jahrreiß, Hermann/Stern, Klaus (Hrsg.), Band 1, Köln 1984, S. 289 (zit.: *Zuleeg,* FS Carstens, Bd. 1)

Zuleeg, Manfred: Die Rolle der rechtsprechenden Gewalt in der europäischen Integration, JZ 1994, 1 ff.

Teil 1: Einleitung

A. Gegenstand der Untersuchung

Das europäische Kartellrecht ist der Bereich des Gemeinschaftsrechts, in dem traditionell die umfassendsten direkten Verwaltungskompetenzen der Gemeinschaft gegenüber einzelnen Unternehmen und Angehörigen von Mitgliedstaaten bestehen. Der Europäischen Kommission obliegt als Hüterin des Gemeinschaftsrechts die Durchsetzung der kartellrechtlichen Regeln. Um dieser Aufgabe gerecht werden zu können, verfügt sie über verschiedene förmliche Ermittlungsbefugnisse, die in einer aufgrund Art. 83 EG-Vertrag (im Folgenden auch „EGV") erlassenen Verfahrensordnung festgelegt sind. Im Rahmen ihrer Ermittlungen hat die Kommission aufgrund ihrer Ermittlungsinstrumente die Möglichkeit, auf viele Informationen der betroffenen Unternehmen zuzugreifen, deren Erlangung bzw. Weiterleitung durch die Kommission problematisch sein kann.

Im Wesentlichen existieren drei Arten von Informationen, die im Kartellverfahren besondere Beachtung verdienen.

Die erste Kategorie von Informationen sind solche, mit denen sich die Unternehmen selbst eines Kartellverstoßes bezichtigen würden. Die Gefahr einer Selbstbezichtigung entsteht aufgrund des Umstandes, dass die Ermittlungsbefugnisse der Europäischen Kommission als öffentliche Gewalt eingriffsintensiv sind und über eine bloße Duldungspflicht hinaus eine Mitarbeit der Unternehmen fordern. Es wird zu untersuchen sein, ob den Unternehmen im europäischen Kartellrecht ein Auskunftsverweigerungsrecht wegen der Gefahr der Selbstbezichtigung gegenüber der Kommission zuzugestehen ist, wo ein solches Recht seine Verankerung im Gemeinschaftsrecht findet und wie eine angemessene Lösung der Problematik aussehen könnte.

Die zweite Kategorie von Informationen, bei denen sich die Frage nach einem Recht der Zugriffsverweigerung gegenüber der Kommission ergibt, sind solche, die aus dem Informationsaustausch zwischen Rechtsberater und Mandant herrühren. Diese Problematik wird oftmals als „legal professional privilege" bezeichnet. In der Korrespondenz mit einem Anwalt befinden sich typischerweise viele kartellrechtlich relevante Informationen, die die Mandanten vor dem Zugriff der Kartellbehörde gewahrt sehen wollen. Wird einer solchen Korrespondenz eine „Privilegierung" zugesprochen, könnte die Kommission sie nicht mehr einsehen. Auch in diesem Zusammenhang stellt sich die Frage nach der Existenz eines Zugriffsverweigerungsrechts im europäischen Kartellverfahren, der Verankerung im Gemeinschaftsrecht sowie des konkreten Gewährleistungsumfangs.

Das Auskunftsverweigerungsrecht wegen drohender Selbstbezichtigung und das sogenannte legal professional privilege haben gemein, dass sie die Betroffenen berechtigen würden, der Kommission Informationen vorzuenthalten. Allerdings unterscheiden sie sich in ihrem Schutzzweck. Während durch das Auskunftsverweigerungsrecht sichergestellt werden soll, dass niemand gezwungen ist, sich selbst zu belasten, wird durch das legal professional privilege die Vertrauensbeziehung zwischen Rechtsberater und Mandant geschützt.

Die dritte Kategorie von Informationen, die im Rahmen eines Kartellverfahrens hohe Bedeutung erlangt und daher untersucht werden soll, sind Informationen, die als vertraulich zu qualifizieren sind. Darunter fallen die Betriebs- und Geschäftsgeheimnisse, welche geheime betriebsbezogene Angaben umfassen, sowie sonstige vertrauliche Informationen, wie zum Beispiel die Identität von Informanten. Im Gegensatz zu dem Auskunftsverweigerungsrecht wegen drohender Selbstbezichtigung und dem legal professional privilege, die das Erlangen bestimmter Informationen durch die Kommission verhindern sollen, richten sich die Regeln zum Schutz vertraulicher Informationen gegen die unbegrenzte Weitergabe solcher Informationen durch die Kartellbehörde. Hier stellt sich die Frage, wie der Schutz vertraulicher Informationen, die in den Besitz der Kommission gelangt sind, in wirksamer Weise sichergestellt werden kann. Von besonderem Interesse ist das Verhältnis des Schutzes vertraulicher Informationen zu anderen Rechten, mit denen er in einem Spannungsverhältnis steht. Besonders deutlich ist die Konfliktsituation, wenn der Geheimnisschutz mit dem Akteneinsichtsrecht und dem Anhörungsrecht anderer Verfahrensbeteiligter sowie dem allgemeinen Publizitätsinteresse in Einklang zu bringen ist. Im Falle solcher Spannungsverhältnisse ist nach rechtlich zulässigen und praktisch verwertbaren Lösungsmöglichkeiten zu suchen, durch die die verschiedenen Rechtspositionen und Interessen einem Ausgleich zugeführt werden können.

Von besonderer Aktualität ist die Frage des Schutzes dieser drei Kategorien von Informationen vor dem Hintergrund, dass am 1. Mai 2004 eine neue kartellrechtliche Verfahrensordnung, die Verordnung 1/2003[1], die alte Verfahrensordnung 17/62 ablöste. Es ist von Interesse, inwieweit der Schutz von Informationen durch das Gemeinschaftsrecht und insbesondere durch die neue Verfahrensordnung gewährleistet wird. Dabei

---

[1] Verordnung (EG) Nr. 1/2003 des Rates vom 16. Dezember 2002 zur Durchführung der in den Artikeln 81 und 82 des Vertrages niedergelegten Wettbewerbsregeln, ABl. vom 04.01.2003, Nr. L 1, S. 1.

soll der rechtsstaatlichen Bedeutung, die das das materielle Recht untermauernde Verfahrensrecht hat, Rechnung getragen werden.

Im Ergebnis soll die Untersuchung eine Antwort auf die Frage ermöglichen, in welchem Umfang die drei Kategorien problematischer Informationen im europäischen Kartellverfahren geschützt sind und ob dies als ausreichend zu qualifizieren ist. Sofern dies nicht der Fall sein sollte, wird untersucht, ob ein angemessener Schutz der jeweiligen Informationen als allgemeiner Rechtsgrundsatz existiert und wie sich der Schutz konkret gestalten sollte.

B. Gang der Untersuchung

Hinsichtlich der Vorgehensweise soll in einem ersten Untersuchungsabschnitt das Fundament gelegt werden, auf dem aufbauend im Folgenden die drei Kategorien von Informationen untersucht werden können. Dieser erste Teil ist einer detaillierten Untersuchung der Informationsermittlungsbefugnisse der Europäischen Kommission nach der Verordnung 1/2003 gewidmet. Diese Eingriffsbefugnisse, die der Kommission als Teil der Exekutive zustehen, sind der Ursprung für die Problematik des Schutzes von Informationen im Kartellverfahren. Im ersten Untersuchungsabschnitt wird darauf eingegangen, wie weitreichend die Ermittlungsbefugnisse der Kommission nach der neuen Kartellverfahrensverordnung sind, in welchem Maße die Betroffenen zur Mitwirkung an der Aufklärung des eigenen Kartellverstoßes verpflichtet sind und welche Schutzmechanismen mit Blick auf die problematischen Informationen bestehen. Ferner wird wegen der Bedeutung für die spätere Erarbeitung allgemeiner Rechtsgrundsätze im Überblick ein Vergleich zu den Ermittlungsbefugnissen der deutschen Kartellbehörden gezogen.

Im Anschluss daran widmet sich die Untersuchung den einzelnen Kategorien von Informationen. Zunächst wird auf die Problematik des Auskunftsverweigerungsrechts wegen der Gefahr der Selbstbezichtigung eingegangen, sodann auf diejenige des Informationsaustauschs zwischen Rechtsberater und Mandant, und zuletzt wird der Schutz vertraulicher Informationen untersucht. Für jede der drei Kategorien von Informationen soll genau herausgearbeitet werden, in welchen Normen ihr Schutz im Gemeinschaftsrecht verankert ist und in welchem Umfang er konkret gewährleistet wird bzw. werden sollte.

Im Falle mangelnder geschriebener Regelungen wird auf das Institut der allgemeinen Rechtsgrundsätze zurückgegriffen. Aus diesem Grund wird zu Beginn der Untersuchung des Auskunftsverweigerungsrechts bei drohender Selbstbezichtigung in abstrakter Weise die Methodik der Gewinnung allgemeiner Rechtsgrundsätze untersucht. Neben den nationalen Rechtsordnungen kommt der Europäischen Menschenrechtskonvention sowie der Charta der Grundrechte der Europäischen Union besondere Bedeutung im Rahmen der Gewinnung allgemeiner Rechtsgrundsätze zu.

Teil 2: Informationsermittlung durch die Kartellbehörden

Voraussetzung für eine genaue Betrachtung des Umfangs von Rechten zum Schutz von Informationen im Kartellverfahren ist die Untersuchung der Befugnisse und Möglichkeiten der Behörden, solche Informationen zu erlangen. Dabei wird zunächst auf die Informationsermittlungsbefugnisse der Europäischen Kommission eingegangen. Im Anschluss daran sollen im Überblick die Befugnisse der Kartellbehörde auf deutscher Ebene dargestellt werden.

A. Europäische Regelungen

Bevor im Detail auf die Informationsermittlungsbefugnisse der Europäischen Kommission eingegangen wird, sollen zunächst die materiellrechtlichen Regelungen und der Verfahrensgang im europäischen Kartellrecht unter Berücksichtigung der jüngst eingeleiteten grundlegenden Veränderungen durch die neue Verfahrensverordnung skizziert werden.

I. Überblick über das kartellrechtliche Regelwerk

1. Materiellrechtliche Regelungen

Der EG-Vertrag enthält in seinen Artikeln 2, 3 und 4 die Festlegung auf eine marktwirtschaftliche Ordnung durch die Errichtung eines „System[s], das den Wettbewerb innerhalb des Binnenmarkts vor Verfälschungen schützt“[2], vor. Der vom EG-Vertrag geforderte unverfälschte Wettbewerb ist damit ein grundlegendes Ziel der Gemeinschaft.

Die Vorschriften des europäischen Kartellrechts sind in erster Linie in den Art. 81 bis 89 EGV geregelt. Während die im EG-Vertrag festgelegten Grundfreiheiten auf die Öffnung der Märkte abzielen, dienen die Wettbewerbsregeln dazu, ihre Offenhaltung zu garantieren, um juristischen und natürlichen Personen die freie Ausübung ihrer Wirtschaftstätigkeit innerhalb der Bedingungen des Marktes zu ermöglichen.[3] Die primäre Aufgabe der Wettbewerbsregeln ist somit, den vom EG-Vertrag

---

[2] Vgl. Art. 3 Abs. 1 lit. g EGV.

[3] *Beutler/Bieber/Pipkorn/Streil*, S. 488, Rn. 843; *Streinz*, Europarecht, S. 349, Rn. 800, 802.

angestrebten wettbewerblich organisierten Binnenmarkt gegen private Beschränkungen zu schützen.[4]

Nutzen sollen die europäischen Wettbewerbsregeln sowohl Unternehmern, denen sich durch die freie Standortwahl Kostenvorteile bieten, als auch Verbrauchern, die von der zu erwartenden Kostenreduzierung und größeren Angebotsvielfalt aufgrund freien Wettbewerbs profitieren können.[5]

Als verbotene Maßnahme nennt der EG-Vertrag in Art. 81 Abs. 1 EGV „[...] Vereinbarungen zwischen Unternehmen, Beschlüsse von Unternehmensvereinigungen und aufeinander abgestimmte Verhaltensweisen, welche den Handel zwischen den Mitgliedstaaten zu beeinträchtigen geeignet sind und eine Verhinderung, Einschränkung oder Verfälschung des Wettbewerbs innerhalb des Gemeinsamen Marktes bezwecken oder bewirken [...]". Darunter fallen sowohl horizontale Vereinbarungen zwischen miteinander im Wettbewerb stehenden, auf einer Marktstufe agierenden Unternehmen[6] als auch vertikale Vereinbarungen zwischen Unternehmen, die auf verschiedenen Wirtschaftsstufen tätig sind.[7] In Absatz 3 des Artikels 81 EGV sind Ausnahmen von dem Verbot nach Art. 81 Abs. 1 EGV für den Fall vorgesehen, dass die Vereinbarungen unter angemessener Beteiligung der Verbraucher die Warenerzeugung oder den technischen bzw. wirtschaftlichen Fortschritt fördern.

Art. 82 EGV beinhaltet ein Verbot der missbräuchlichen Ausnutzung einer marktbeherrschenden Stellung auf zumindest einem wesentlichen Teil des Gemeinsamen Marktes, soweit dadurch der Handel zwischen den Mitgliedstaaten beeinträchtig ist.

2. Verfahrensrechtliche Regelungen

Neben den materiellrechtlichen Regelungen sieht das Gemeinschaftsrecht Vorschriften vor, die den Ablauf des kartellrechtlichen Verfahrens zum Inhalt haben.

Nach Art. 87 Abs. 1 S. 1 EGV a. F., dem heutigen Art. 83 EGV, wurde der Rat beauftragt, „... binnen drei Jahren nach dem Inkrafttreten dieses Vertrages [...] alle zweckdienlichen Verordnungen oder Richtlinien zur

[4] Vgl. EuGH „Metro I", Slg. 1977, 1875, 1905, Rn. 20; „Hoechst", Slg. 1989, 2859, 2926, Rn. 25.

[5] Vgl. *Streinz*, Europarecht, S. 349, Rn. 802.

[6] Ein Beispiel für eine horizontale Vereinbarung ist eine Absprache zwischen zwei Herstellern eines Produkts.

[7] Treffen beispielsweise ein Hersteller und ein Abnehmer eines Produkts eine Absprache, so stellt dies eine vertikale Vereinbarung dar. Nach der Gruppenfreistellungsverordnung für vertikale Vereinbarungen (Verordnung (EG) Nr. 2790/1999 der Kommission, ABl. 1999, Nr. L 336, S. 21) sind vertikale Vereinbarung solche, die zwischen zwei oder mehr Unternehmen getroffen werden, die jeweils auf einer unterschiedlichen Produktions- oder Vertriebsstufe tätig sind.

Verwirklichung der in den Art. 85[8] und 86[9] niedergelegten Grundsätze …" zu erlassen. Der Rat erließ daraufhin die „Erste Durchführungsverordnung zu den Artikeln 85 und 86 des Vertrages", die sogenannte Verordnung Nr. 17/62[10], und setzte darin die Kommission als Hüterin der EG-Wettbewerbsvorschriften ein. Nach der Verfahrensverordnung 17/62 richtete sich mehr als 40 Jahre die Durchsetzung des EG-Kartellrechts (außerhalb der Fusionskontrolle[11]).

a) Systemwechsel durch die Verordnung 1/2003

Am 16. Dezember 2002 hat der Rat die neue Kartellverfahrensordnung Nr. 1/2003 verabschiedet. Sie trat am 1. Mai 2004 in Kraft. Kernregelung der neuen Verfahrensverordnung ist der Übergang von einer Anmelde- und Genehmigungspflicht zum System der Legalausnahme. Während früher die Kommission für die Erteilung einer Freistellung nach Art. 81 Abs. 3 EGV gemäß Art. 9 Abs. 1 VO 17/62 ausschließlich zuständig war, ist dies nach der Verfahrensrechtsnovellierung nicht mehr der Fall. Wenngleich sich der Wortlaut des Art. 81 Abs. 3 EGV nicht geändert hat, ist er nunmehr – wie in Art. 1 Abs. 2 VO 1/2003 positivrechtlich normiert – als Legalausnahme zu interpretieren. Dies hat zur Folge, dass eine Vereinbarung, welche die vier Voraussetzungen des Art. 81 Abs. 3 EGV erfüllt, nicht den Rechtsfolgen des Art. 81 Abs. 1 EGV (Verbot) bzw. nach Art. 81 Abs. 2 EGV der zivilrechtlichen Nichtigkeit unterliegt, sondern ohne Behördenentscheidung als freigestellt gilt. Unternehmen können sich mithin für eine verbindliche Aussage, dass die entsprechenden Vereinbarungen und Praktiken nach Art. 81 Abs. 3 EGV freigestellt sind, nicht mehr an die Europäische Kommission wenden, sondern es obliegt ihnen selbst, die Rechtmäßigkeit ihrer Verhaltensweisen einzuschätzen.[12] Damit führt die Verordnung 1/2003 zu einem grundlegenden Systemwechsel im Verhältnis zur Verordnung 17/62.[13]

---

8 Heute Art. 81 EGV.

9 Heute Art. 82 EGV.

10 ABl. 1962, Nr. L 13, S. 204.

11 Grundlage für die von der Gemeinschaft seit 1990 praktizierte Kontrolle von Unternehmenszusammenschlüssen ist die Fusionskontrollverordnung (ursprünglich Verordnung 4046/89, vom 21.12.1989, ABl. 1990, Nr. L 257, S. 13 mit verschiedenen nachfolgenden Änderungen). Am 1. Mai 2004 trat die neue EG-Fusionskontrollverordnung Nr. 139/2004, ABl. 2004, Nr. L 24, S. 1 in Kraft.

12 Dies geht aus Erwägungsgrund 14 der Verordnung 1/2003 hervor. Vgl. auch *Weitbrecht*, EuZW 2003, 69, 70. Sinn und Zweck der Anmeldung war die Immunität vor Bußgeldern für den Zeitraum zwischen der Anmeldung und der endgültigen Entscheidung der Kommission, vgl. Groeben/Schwarze-*de Bronett*, EU-/EG-Kommentar, Bd. 2, nach Art. 83 EGV, VO Nr. 17, Rn. 55.

13 Detailliert die Änderungen durch die Verordnung 1/2003 beschreibend: *Hossenfelder/Lutz*, WuW 2003, 118 ff.; *Weitbrecht*, EuZW 2003, 69 ff.

Insbesondere in Deutschland wurde heftige Kritik an dem neuen Verständnis des Art. 81 Abs. 3 EGV geübt, die sich im Wesentlichen darauf bezog, dass diese Auslegung der Norm vom Wortlaut des Vertrages und der Entstehungsgeschichte der Norm nicht mehr gedeckt sei.[14] Der Grund für die Reform des Kartellverfahrens war die wachsende Flut von Freistellungsanträgen, die bei der Kommission eingingen, von denen nur ein geringer Teil problematisch war. Mit der Erweiterung der Europäischen Union um zehn neue Mitgliedstaaten wäre die Menge noch gestiegen. Um der damit verbundenen Überlastung der Kommission und in Konsequenz der langen Verfahrensdauer entgegenzuwirken, wurde ein Paradigmenwechsel im europäischen Wettbewerbsrecht vollzogen und seine Anwendung dezentralisiert.

Neben dem Übergang von einer Anmelde- und Genehmigungspflicht zum System der Legalausnahme sieht die neue Verfahrensverordnung eine Verstärkung des Vorrangs des europäischen Wettbewerbrechts vor. Während früher das europäische und das nationale Wettbewerbsrecht grundsätzlich unabhängig nebeneinander zwei selbständige Schranken bildeten,[15] regelt Art. 3 VO 1/2003 einen erweiterten Vorrang des Gemeinschaftsrechts. Danach müssen die nationalen Wettbewerbsbehörden auch Art. 81 und 82 EGV anwenden, wenn die Vereinbarung geeignet ist, den Handel zwischen den Mitgliedstaaten zu beeinträchtigen, also die Anwendungsvoraussetzung des EG-Kartellrechts erfüllt. Die Vereinbarung kann aufgrund nationalen Wettbewerbsrechts nur noch dann verboten werden, wenn sie auch nach Art. 81 EGV verboten ist. Im Hinblick auf die Missbrauchsaufsicht nach Art. 82 EGV ist es den Mitgliedstaaten weiterhin erlaubt, strengere nationale Vorschriften zu erlassen und anzuwenden (Art. 3 Abs. 2 S. 2 VO 1/2003).

---

[14] Vgl. dazu *Deringer*, EuZW 2000, 5, 5 ff.; *Immenga*, EuZW 1999, 609, 609; *Mestmäcker*, EuZW 1999, 523, 525 ff.; *Rittner*, EuZW 2000, 129, 129; a. A. *Geiger*, EuZW 2000, 165, 165 ff. Auch *Ulf Böge*, der Präsident des Bundeskartellamtes, erklärte in einem Gespräch mit der FAZ, dass sich seine Behörde den Übergang zur Legalausnahme „nicht gewünscht" habe, da die warnende Funktion der Anmeldung entfalle, was die Durchsetzung der Wettbewerbsregeln erschwere (vgl. FAZ vom 25.08.2003, S. 11). Im Rat hat Deutschland die Reform mitgetragen (vgl. *Klocker*, WuW 2002, 1151, 1151), wobei die Überlegung entscheidend gewesen sein dürfte, dass Deutschland, der als einziger Staat dagegen gestimmt hätte, mit diesem Verhalten im Ergebnis nichts geändert hätte und von daher die Alternative wählte, im Konsens Verbesserungen der ursprünglichen Pläne zu erreichen (vgl. auch in diesem Sinne die Aussage *Ulf Böges*, FAZ vom 25.08.2003, S. 11).

[15] Lediglich die Freistellung nach Art. 81 Abs. 3 EGV stellte eine Regelung der Gemeinschaft dar, der Vorrang vor nationalem Recht in dem Sinne zukam, dass nationales Wettbewerbsrecht die freigestellte Vereinbarung nicht mehr verbieten konnte, vgl. EuGH „Walt Wilhelm", Slg. 1969, 1, 1 f., Ls. 2/3 (sogenannte modifizierte Zweischrankentheorie). Seit Ende der 80er Jahre war anerkannt, dass diese Wirkung auch für Vereinbarungen, die unter eine Gruppenfreistellungsverordnung fielen, galt (vgl. *Lieberknecht*, FS Pfeiffer, S. 589, 597 ff.).

Weiterhin wurden in der Verordnung 1/2003 die Ermittlungsbefugnisse, die die Kommission zur Aufklärung von Kartellverstößen einsetzen kann, deutlich erweitert. Wie die nachfolgende detaillierte Untersuchung zeigen wird, verfügt die Kommission nunmehr über effektivere und deutlich verstärkte Eingriffsmöglichkeiten als noch unter der Vorgängerverordnung 17/62.

Art. 33 VO 1/2003 enthält die Befugnis der Kommission zum Erlass einer Durchführungsverordnung, die für Teile des Verfahrens nähere Regelungen trifft. Die Durchführungsverordnung 773/2004[16] trat zusammen mit der Kartellverfahrensverordnung 1/2003 am 1. Mai 2004 in Kraft.

b) Zuständigkeit

Die Frage der Zuständigkeit für die Anwendung und Durchsetzung des europäischen Kartellrechts ist durch die Verordnung 1/2003 im Sinne einer Dezentralisierung neu geregelt worden. Während in der Verordnung 17/62 das Durchsetzungsmonopol für das EG-Wettbewerbsrecht weitgehend bei der Europäischen Kommission lag, sieht die Verordnung 1/2003 ein System paralleler Zuständigkeit im Rahmen eines „Netzwerks"[17] der nationalen Wettbewerbsbehörden und der Kommission vor. Die Vorschriften des Kapitels II der Verordnung stellen klar, dass es bei der Anwendung der Art. 81 und 82 EGV keine deutlich getrennten Zuständigkeiten von Kommission und nationalen Behörden sowie der nationalen Behörden untereinander geben wird.[18]

Die wichtigste Änderung der Verordnung 1/2003, der Übergang zur Legalausnahme, bewirkt, dass die Kommission nicht mehr wie bisher ausschließlich zuständig ist für eine Anmeldung seitens der Unternehmen mit dem Ziel, eine Freistellung nach Art. 81 Abs. 3 EGV zu erreichen. Die Anmeldungsverpflichtung der Unternehmen entfällt. Ob bei einer bestimmten Vereinbarung die Voraussetzungen des Art. 81 Abs. 3 EGV erfüllt sind, unterliegt primär der Eigeneinschätzung durch die Betroffenen und kann lediglich ex post von den nationalen Wettbewerbsbehörden und im Streitfall durch die nationalen Gerichte geprüft werden.[19]

Für die Behandlung sonstiger wettbewerbsrechtlicher Fälle ist vom Grundgedanken her vorgesehen, dass die nationalen Behörden bei der Durchsetzung gemeinschaftsrechtlicher Kartellregeln eine wichtigere Rolle als früher spielen werden und die Kommission sich auf Einzelfall-

[16] Verordnung Nr. 773/2004 der Kommission vom 7. April 2004 über die Durchführung von Verfahren auf der Grundlage der Artikel 81 und 82 EG-Vertrag durch die Kommission, ABl. vom 27.04.2004, Nr. L 123, S. 18.

[17] Vgl. Art. 11–14, 16, 22, 35 VO 1/2003.

[18] Insoweit kritisch Stellung nehmend: Monopolkommission, Sondergutachten 32, 2000, S. 28 ff., Rn. 29 ff.

[19] Vgl. dazu *Hossenfelder/Lutz*, WuW 2003, 118, 118; *Weitbrecht*, EuZW 2003, 69, 70.

entscheidungen von wesentlicher Bedeutung und mit stark grenzüberschreitendem Charakter sowie auf wettbewerbspolitische Entscheidungen konzentrieren wird.[20]

Über die Verteilung der Zuständigkeit zwischen der Kommission und den nationalen Wettbewerbsbehörden gibt die Bekanntmachung der Kommission über die Zusammenarbeit innerhalb des Netzwerks[21], die die Verordnung 1/2003 ergänzt, Aufschluss. So ist zunächst der wettbewerbliche Schwerpunkt eines Falles für die Zuständigkeitsverteilung entscheidend mit der Konsequenz, dass grundsätzlich die mitgliedstaatlichen Kartellbehörden zuständig sind.[22] Ab mehr als drei wesentlich betroffenen Mitgliedstaaten gilt jedoch die Kommission als die am besten zur Verfolgung des Kartellverstoßes geeignete Wettbewerbsbehörde.[23] Unabhängig davon hat jedoch die Europäische Kommission jederzeit die Möglichkeit, den nationalen Kartellbehörden die Zuständigkeit zu entziehen. So regelt Art. 11 Abs. 6 VO 1/2003 die Beendigung der Zuständigkeit der nationalen Wettbewerbsbehörden, sobald die Kommission ein Verfahren einleitet.

c) Verfahrensgang und Entscheidung

Die Einleitung eines Voruntersuchungs- oder Ermittlungsverfahrens vor der Kommission erfolgt nach der Verordnung 1/2003 entweder von Amts wegen oder auf eine Beschwerde hin (vgl. Art. 7 VO 1/2003). Informationen, die die Kommission bewegen, ein Verfahren einzuleiten, kann sie auf verschiedene Arten erhalten. In Betracht kommen Beschwerden von Unternehmen, die sich durch die wettbewerbsbeschränkenden Praktiken benachteiligt fühlen,[24] Mitteilungen der Behörden der Mitgliedstaaten, aus der Presse und von anderen interessierten Kreisen, wie beispielsweise Verbraucherverbänden.[25] Die Entscheidung über die Einleitung eines förmli-

[20] Vgl. die Bekanntmachung der Kommission über die Zusammenarbeit innerhalb des Netzes der Wettbewerbsbehörden, ABl. 2004, Nr. C 101, S. 43 ff., insbesondere Rn. 14 und 15.

[21] Bekanntmachung der Kommission über die Zusammenarbeit innerhalb des Netzes der Wettbewerbsbehörden, ABl. 2004, Nr. C 101, S. 43 ff.

[22] Vgl. die Bekanntmachung der Kommission über die Zusammenarbeit innerhalb des Netzes der Wettbewerbsbehörden, ABl. 2004, Nr. C 101, S. 43 ff., insbesondere Rn. 9 und 10.

[23] Vgl. die Bekanntmachung der Kommission über die Zusammenarbeit innerhalb des Netzes der Wettbewerbsbehörden, ABl. 2004, Nr. C 101, S. 43 ff., Rn. 14.

[24] Ca. 30 % der Fälle, die von der Europäischen Kommission untersucht werden, gehen auf Mitteilungen von Unternehmen zurück. Vgl. dazu die Übersicht der *Europäischen Kommission* in ihrem Weißbuch über die Modernisierung der Vorschriften zur Anwendung der Artikel 85 und 86 EG-Vertrag, Arbeitsprogramm der Kommission Nr. 99/027, S. 22.

[25] Vgl. noch zur alten Rechtslage *Dannecker/Fischer-Fritsch,* S. 41 f.; *Kreis,* RIW 1981, 281, 287.

chen Verbotsverfahrens unterliegt dem Opportunitätsprinzip und steht im pflichtgemäßen Ermessen der Kommission.[26] Die Kommission kann sich aber auch dafür entscheiden, eine Beschwerde nicht weiterzuverfolgen und daher zurückzuweisen. Dies muss sie dem Beschwerdeführer mitteilen.

Sofern die Kommission sich für die Einleitung eines Voruntersuchungs- oder Ermittlungsverfahrens entscheidet, ist sie für den Wettbewerbsverstoß, den sie den betroffenen Unternehmen vorwirft, beweispflichtig. Ihr stehen zur Aufklärung und zum Beweis des vermuteten Verstoßes nach der Verordnung 1/2003 verschiedene Ermittlungsinstrumente zur Verfügung. So kann sie Informationen über Auskunftsverlangen nach Art. 18 VO 1/2003 erlangen, Nachprüfungen gemäß Art. 20 VO 1/2003 durchführen sowie Zeugen und Mitarbeiter nach Art. 19 und 20 Abs. 2 lit. e VO 1/2003 vernehmen. Darüber hinaus hat die Kommission nach Art. 17 VO 1/2003 die Möglichkeit, gesamte Wirtschaftszweige zu untersuchen oder die nationalen Wettbewerbsbehörden zu ersuchen, Ermittlungen für sie zu tätigen (Art. 22 VO 1/2003). Die letztgenannten Befugnisse der Kommission haben allerdings bisher wenig praktische Bedeutung erlangt.[27]

Bestätigt sich im Rahmen der Ermittlungen der Anfangsverdacht, leitet die Kommission vom Ermittlungsverfahren in das sogenannte Verwaltungs- oder Anhörungsverfahren (Art. 27 VO 1/2003) über, welches mit der Zusendung der sogenannten Beschwerdepunkte, einer Zusammenfassung der vorgeworfenen Zuwiderhandlungen, an die betroffenen Unternehmen bzw. Unternehmensvereinigungen beginnt (Art. 27 Abs. 1 VO 1/2003, Art. 2 VO 773/2004). Die Anhörung wird auf der Grundlage der Durchführungsverordnung 773/2004 zu der Verordnung 1/2003 vorgenommen und von einem Anhörungsbeauftragten[28] geleitet, der faire Bedingungen gewährleisten soll. Obwohl er verwaltungstechnisch dem Wettbewerbskommissar unterstellt ist, soll er bei der Ausübung seines Amtes unabhängig sein und für einen ordnungsgemäßen, der Objektivität verpflichteten Ablauf der Anhörung sorgen.[29]

Nachdem die Betroffenen sich zu den Vorwürfen haben äußern können, erstellt die Kommission den Vorentwurf einer Entscheidung, der im

[26] Vgl. die Formulierung in Art. 7 ff. VO 1/2003, wo die Rede davon ist, dass die Kommission sich für eine bestimmte Vorgehensweise entscheiden „kann".

[27] Vgl. noch zur alten Rechtlage Lenz/Borchardt-*Grill,* Art. 83 EGV, Rn. 18 (sektorenspezifische Untersuchung), Rn. 25 (Hilfsersuchen an die nationalen Behörden); Dauses-*Krück*, Rn. 391. Vgl. auch das Weißbuch über die Modernisierung der Vorschriften zur Anwendung der Artikel 85 und 86 EG-Vertrag, Rn. 115, Arbeitsprogramm der Kommission Nr. 99/027.

[28] Das Mandat des Anhörungsbeauftragten ergibt sich aus dem Beschluss 2001/462/EG, EGKS der Kommission vom 23.05.2001, ABl. 2001, Nr. L 162, S. 21.

[29] Vgl. die 3. Begründungserwägung sowie Art. 5 des Beschlusses 2001/462/EG, EGKS der Kommission vom 23.05.2001, ABl. 2001, Nr. L 162, S. 21.

sogenannten Beratenden Ausschuss für Kartell und Monopolfragen erörtert wird (Art. 14 VO 1/2003). Unter Berücksichtigung der Ergebnisse des Beratenden Ausschusses erlässt die Kommission als Kollegialorgan eine Entscheidung. Die Entscheidung kann nach Art. 7 VO 1/2003 in einer bußgeldbewehrten Feststellung und Verpflichtung zur Abstellung der Zuwiderhandlung oder einer Erklärung, nach der Verpflichtungszusagen von Unternehmen Bindungswirkung haben (Art. 9 VO 1/2003), liegen. Sie wird dem Betroffenen zugestellt und gemäß Art. 30 VO 1/2003 veröffentlicht.

Gegen diese Entscheidung sowie gegen die Zwischenentscheidungen, beispielsweise die Entscheidung, eines der Ermittlungsinstrumente einzusetzen oder ein Buß- oder Zwangsgeld zu erlassen, können die Beschwerten Klage auf Aufhebung beim Europäischen Gericht erster Instanz erheben (Art. 230 i. V. m. Art. 225 EGV).

Der Sanktionsrahmen für kartellverfahrensrechtliche Zuwiderhandlungen wurde durch die Verordnung 1/2003 deutlich erhöht. Das nach der Vorgängerverordnung vorgesehene Zwangsgeld betrug maximal 5000 Euro pro Tag und kann nunmehr bis zu 5 % des im Vorjahr erzielten durchschnittlichen Tagesumsatzes[30] erreichen (vgl. Art. 24 Abs. 1 VO 1/2003). Ebenso wurden die Bußgelder für Verfahrensverstöße nach Art. 23 Abs. 1 VO 1/2003 auf bis zu 1 % des im vorausgegangenen Geschäftsjahr erzielten Gesamtumsatzes erhöht. Weitgehend unverändert blieben demgegenüber die Bußgeldrahmen für die Ahndung von Verstößen gegen Art. 81 und 82 EGV (Art. 23 Abs. 2 VO 1/2003), die sich auf bis zu 10 % des Geschäftsumsatzes im Vorjahr belaufen dürfen.

II. Informationsermittlungsbefugnisse der Europäischen Kommission

Die Ermittlungsinstrumente der Kommission ermöglichen ihr das Erlangen von Informationen und Beweismaterial über vermutete Zuwiderhandlung im Rahmen eines Kartellverfahrens. Die Befugnisse sind in der Verfahrensverordnung 1/2003 aufgeführt.

Zunächst soll eine Untersuchung der Ermittlungsbefugnisse der Kommission über die Möglichkeiten und den Umfang der Informationserhebung Aufschluss geben. Wegen der Bedeutung für spätere Fragen ist dabei ein besonderes Augenmerk auf die Mitwirkungspflichten der Adressaten von Ermittlungshandlungen zu richten. Im Anschluss an die Erörterung der Ermittlungsinstrumente wird auf vom Gesetz vorgesehene Schutzmechanismen und Grenzen insbesondere mit Blick auf den Schutz von Informationen eingegangen werden.

[30] Vgl. Art. 24 Abs. 1 VO 1/2003.

1. Die Ermittlungsinstrumente

Der Kommission stehen seit der Verordnung 1/2003 zur Aufklärung eines Sachverhalts im Wesentlichen drei förmliche Ermittlungsinstrumente zur Verfügung: das Auskunftsverlangen, die Nachprüfung und die Zeugenvernehmung. Daneben hat sie die Möglichkeit, bestimmte Wirtschaftszweige zu untersuchen (Art. 17 VO 1/2003), von der sie jedoch bislang nur sehr selten Gebrauch gemacht hat.[31] Von daher konzentriert sich die nachfolgende Darstellung auf die drei oben genannten wesentlichen Informationsermittlungsinstrumente.

Alle drei Ermittlungshandlungen setzen voraus, dass ein Anfangsverdacht vorliegt.[32] Dies folgt aus dem Tatbestandsmerkmal der „Erforderlichkeit" von Untersuchungen zur Erfüllung der im Rahmen des Kartellrechts der Kommission übertragenen Aufgaben, das einen konkreten Verdacht voraussetzt.[33] Hierzu müssen hinreichende Anhaltspunkte dafür sprechen, dass ein Sachverhalt kartellrechtlich relevant ist.[34] Allerdings ist für eine Ermittlungshandlung nicht Bedingung, dass gerade das betroffene Unternehmen Gegenstand der Untersuchung ist oder einen möglichen Verstoß gegen Wettbewerbsregeln begangen hat.[35] Ausreichend ist, dass es über relevante Informationen verfügen kann.

---

[31] Vgl. schon oben Teil 2, A. I. 2. b); Lenz/Borchardt-*Grill,* Art. 83, Rn. 18; *Schwarze/Weitbrecht,* S. 52 f., Rn. 5 sowie das Weißbuch über die Modernisierung der Vorschriften zur Anwendung der Artikel 85 und 86 EG-Vertrag, Rn. 115, Arbeitsprogramm der Kommission Nr. 99/027. Siehe aber den 29. Wettbewerbsbericht der Europäischen Kommission (1999), S. 43, Nr. 74 über die Einleitung einer sektorspezifischen Untersuchung im Telekommunikationsbereich und die ersten Ergebnisse im 30. Wettbewerbsbericht der Europäischen Kommission (2000), Nr. 157 ff.

[32] Vgl. *Schwarze/Weitbrecht,* S. 52 f., Rn. 4. Noch zu der Verordnung 17/62 *Rohlfing*, S. 71; Dannecker/Fischer-*Fritsch*, S. 41; *Kerse*, E. C. Antitrust Procedure, S. 114 f., Rn. 3.03; *Lange*, S. 540, Rn. 68; Langen/Bunte-*Sauter*, VO Nr. 17/62, Rn. 13.

[33] Dies noch zu der Verordnung 17/62 feststellend und insoweit übertragbar: EuG „SEP", Slg. 1991 II, 1497, 1510, Rn. 25, 1512, Rn. 29 f.

[34] Vgl. noch zu der Verordnung 17/62 Wiedemann-*Dieckmann*, Handbuch des Kartellrechts, § 42, Rn. 4; Immenga/Mestmäcker-*Burrichter/Hauschild,* EG-Wettbewerbsrecht, Bd. II, VO 17/62, Art. 11, Rn. 1.

[35] Vgl. zu Art. 18 VO 1/2003 GK-*Schütz,* 5. Aufl., Art. 18, Rn. 1. Siehe noch zu der alten, aber insoweit vergleichbaren Rechtslage unter der Verordnung 17/62 *Ortiz Blanco*, S. 103/121 f.; Immenga/Mestmäcker-*Burrichter/Hauschild*, EG-Wettbewerbsrecht, Bd. II, VO 17/62, Vorbem. Art. 11–14, Rn. 4; Groeben/Thiesing/Ehlermann-*de Bronett*, Art. 87 EGV, VO 17, Rn. 18. Es ist jedoch unwahrscheinlich, dass die Kommission bei Unternehmen, die sie nicht eines Wettbewerbsverstoßes verdächtigt, eine Nachprüfung vornehmen wird. Allerdings kommt auch dies vor, wie die Entscheidung der Kommission „Fides" (ABl. 1979, Nr. L 57, S. 22 = CMLR 1979, 650) zeigt. Üblicherweise wird sie in solchen Fällen jedoch ein Auskunftsverlangen an die Unternehmen richten.

a) Auskunftsverlangen gemäß Artikel 18 VO 1/2003

Ein sehr wirksames und dementsprechend oft eingesetztes Mittel zum Erhalt von Informationen ist das sogenannte Auskunftsverlangen. Die Vorschriften über das Auskunftsverlangen der Kommission in der neuen Kartellverordnung sind im Wesentlichen die gleichen geblieben wie nach der Verordnung 17/62.[36] Art. 18 Abs. 1 der VO 1/2003 sieht vor, dass die Kommission von Unternehmen und Unternehmensvereinigungen „alle erforderlichen Auskünfte“ verlangen kann. Ohne Vorwegnahme der nachfolgenden detaillierten Untersuchung zeigt schon diese Formulierung, dass die Befugnisse der Kommission zum Verlangen von Auskünften umfassend sind.

Nach Art. 18 Abs. 4 VO 1/2003 ist die Auskunft entweder durch die Inhaber der Unternehmen, deren Vertreter oder bei juristischen Personen, Gesellschaften und Vereinigungen ohne Rechtspersönlichkeit durch die nach Gesetz oder Satzung zur Vertretung berufenen Personen im Namen des Unternehmens bzw. der Unternehmensvereinigung zu erteilen. Über den Regelungsgehalt des Art. 11 VO 17/62 hinaus stellt Art. 18 Abs. 4 S. 2 VO 1/2003 nunmehr klar, dass die Auskünfte auch durch bevollmächtigte Rechtsanwälte erteilt werden können, wenngleich die Mandanten dafür verantwortlich bleiben, dass die erteilten Auskünfte vollständig, sachlich richtig und nicht irreführend sind. Ferner sind nach Art. 18 Abs. 5 VO 1/2003 auch die Regierungen und Wettbewerbsbehörden verpflichtet, der Kommission alle Auskünfte, die sie zur Durchsetzung der Wettbewerbsregeln benötigt, zu erteilen.

Durch die Verwendung des Begriffs „Versendung“ in Art. 18 Abs. 2 VO 1/2003 wird klargestellt, dass das Auskunftsverlangen schriftlich[37] ergehen muss. Ferner sind die Rechtsgrundlage, der Zweck und die benötigten Auskünfte sowie eine Frist zu nennen.

Hinsichtlich der Frage der Kooperationspflicht ist dem Auskunftsverlangen als solchem immanent, dass ohne die Mitwirkung der Adressaten keine Resultate zu erzielen sind. Dabei ist es nicht von vornherein ausgeschlossen, dass Unternehmen bereitwillig an der Aufklärung eines Sachverhalts mitarbeiten werden. Insbesondere Konkurrenten, die unter dem kartellwidrigen Verhalten ihres Wettbewerbers auf dem Markt leiden, werden geneigt sein, der Kommission zur Verfolgung des Wettbewerbsverstoßes wichtige Informationen preiszugeben. Hingegen werden

---

[36] Vgl. die Regelung des Art. 11 VO 17/62.

[37] Bislang erfüllt die Europäische Kommission das Merkmal der Schriftlichkeit, indem sie das Auskunftsverlangen entweder per Brief oder per Fax stellt. Der elektronische Weg der E-mails wird noch nicht genutzt, wenngleich Art. 18 VO 1/2003 dies nicht notwendigerweise ausschließt, da auch eine E-mail grundsätzlich schriftlich erfolgt.

Hauptbetroffene, gegen die ermittelt wird, die Tendenz haben, der Kommission belastende Informationen vorzuenthalten, so dass hier von Bedeutung ist, inwieweit die Kommission die Mitarbeit erzwingen kann. Im Rahmen der Betrachtung der verschiedenen Formen des Auskunftsverlangens soll auch diese Frage geklärt werden.

aa) Einfaches Auskunftsverlangen und Auskunftsentscheidung

Art. 18 VO 1/2003 unterscheidet zwischen dem sogenannten einfachen Auskunftsverlangen und der Auskunftsentscheidung. Anders als die Verordnung 17/62 ist das Verfahren nach der neuen Verordnung nicht mehr zweistufig aufgebaut. Während nach alter Rechtslage ein Auskunftsverlangen durch Entscheidung erst ein erfolgloses einfaches Auskunftsverlangen voraussetzte (vgl. Art. 11 Abs. 5 VO 17/62), räumt Art. 18 Abs. 1 VO 1/2003 der Kommission nunmehr ein Wahlrecht ein, erforderliche Auskünfte von Unternehmen oder Unternehmensvereinigungen entweder durch einfaches Auskunftsverlangen oder durch Entscheidung anzufordern.

Das einfache Auskunftsverlangen ist in Art. 18 Abs. 2 VO 1/2003 geregelt. Bei Einsatz dieses Ermittlungsinstruments ist der Adressat nicht verpflichtet, die von der Kommission gestellten Fragen zu beantworten.[38] Eine Kooperationspflicht ist bei dem einfachen Auskunftsverlangen somit nicht vorgesehen, weil der Adressat frei entscheiden kann, ob er Auskünfte erteilen will. Entschließt er sich jedoch, das Auskunftsverlangen zu beantworten, hat dies wahrheitsgemäß zu erfolgen.[39] Die Auskunft muss exakt sein und darf den Sachverhalt nicht in einem verzerrten Bild erscheinen lassen.[40] Bei der Beantwortung müssen die Unternehmensvertreter immer den Gegenstand der Anfrage im Blick haben und gegebenenfalls wichtige Umstände auch ohne explizite Anfrage offenbaren.[41] Sofern der Adressat des Auskunftsverlangens unwahre oder unvollständige Angaben macht, steht es im Ermessen der Kommission, ein Bußgeld nach Art. 23 Abs. 1 lit. b VO 1/2003 gegen das Unternehmen zu verhängen (vgl. Art. 18 Abs. 2 VO 1/2003). Auf diese Möglichkeit hat sie vorab hinzuweisen (Art. 18 Abs. 2 VO 1/2003).

Die Kommission kann, wenn sie erwartet, dass das Unternehmen auf ein einfaches Auskunftsverlangen keine Informationen preisgeben wird, die Auskünfte gemäß Art. 18 Abs. 1 und 3 VO 1/2003 durch eine förmliche Entscheidung verlangen. Im Gegensatz zum einfachen Auskunftsver-

---

[38] Vgl. noch zu der Regelung unter der Verordnung 17/62 Groeben/Thiesing/Ehlermann-*de Bronett*, Art. 87 EGV, VO 17, Rn. 23.

[39] Vgl. GK-*Schütz,* 5. Aufl., Art. 18, Rn. 3.

[40] Siehe nur Kommission, ABl. 1982, Nr. L 58, S. 19, 21, Rn. 21.

[41] Vgl. noch zu der Regelung unter der Verordnung 17/62 *Kerse*, E. C. Antitrust Procedure, S. 118 f., Rn. 3.07; *Weiß*, S. 129.

langen ist der Adressat einer Auskunftsentscheidung verpflichtet, die gewünschten Informationen zu erteilen.[42] Sofern das Unternehmen dieser Verpflichtung durch eine Nichterteilung oder nur unvollständige Erteilung der Informationen nicht nachkommt, ist die Kommission befugt, Geldbußen, die sich auf bis zu 10 % des Jahresumsatzes des Unternehmens belaufen können, bzw. Zwangsgelder festzusetzen (vgl. Art. 18 i. V. m. Art. 23 Abs. 1 lit. b und Art. 24 Abs. 1 lit. d VO 1/2003)[43]. Auf die Möglichkeit der Bebußung bzw. Zwangsgeldfestsetzung hat die Kommission in der Auskunftsentscheidung hinzuweisen (Art. 18 Abs. 3 VO 1/2003). Bei formellen Auskunftsentscheidungen gibt es mithin eine umfassende Mitwirkungspflicht der Unternehmen, der durch die Möglichkeit der Verhängung von Buß- und Zwangsgeldern Geltung verschafft wird.

Ferner gelten auch bei der Auskunftsentscheidung die vorab beim einfachen Auskunftsverlangen genannten Kriterien hinsichtlich der Richtigkeit und Vollständigkeit der Antwort.

Da es sich bei der Auskunftsentscheidung um einen Rechtsakt eines Gemeinschaftsorgans handelt, hat das Unternehmen die Möglichkeit, vor dem Europäischen Gericht erster Instanz mit dem Ziel Klage zu erheben, die Entscheidung nach Art. 230 EGV aufheben zu lassen. Auch darauf hat die Kommission den Betroffenen hinzuweisen (Art. 18 Abs. 3 a. E. VO 1/2003).

bb) Inhalt des Auskunftsverlangens

Es stellt sich die Frage, welche Art von Informationen die Kommission im Rahmen einer Ermittlung nach Art. 18 VO 1/2003 verlangen kann. Dabei gebührt dem Problem, ob die Kommission auch Unterlagen anfordern kann, eine separate Betrachtung.

aaa) Allgemeine Voraussetzungen

Inhaltlich kann die Kommission mit dem Auskunftsverlangen die Mitteilung aller Tatsachen verlangen, die zur Durchsetzung der Wettbewerbsregeln nach Art. 81 und 82 EGV erforderlich sind.

Für die Rechtmäßigkeit des Auskunftsverlangens müssen hinsichtlich der Art der verlangten Informationen vier Voraussetzungen gegeben sein. Zunächst ist ein Bezug zu einem hinreichend konkreten Sachverhalt er-

[42] Vgl. noch zu der Regelung unter der Verordnung 17/62 Groeben/Thiesing/Ehlermann-*de Bronett*, Art. 87 EGV, VO 17, Rn. 23.

[43] Im Unterschied zu der Verordnung 17/62 ist nunmehr die Solidarhaftung der Mitglieder einer Unternehmensvereinigung von Art. 23 Abs. 4 VO 1/2003 vorgesehen. Damit soll dem früher auftretenden Problem begegnet werden, dass bei der Festsetzung von Geldbußen gegen Unternehmensvereinigungen der Umsatz der an der Vereinigung beteiligten Unternehmen als Basis genommen wird, die Beitreibung der Geldbuße sich jedoch mangels Solidarhaftung nicht durchführbar erweist; vgl. dazu insbesondere EuG „SCK und FNK“, Slg. 1997 II, 1739 ff.

forderlich, da Auskunftsersuchen ins Blaue hinein (sogenannte „fishing expeditions") nicht zulässig sind.[44] Von der Kommission können nur solche Auskünfte verlangt werden, die ihr die Prüfung der vermuteten Zuwiderhandlung ermöglichen sollen.[45] Dies kommt auch im Wortlaut des Art. 18 Abs. 1 VO 1/2003 zum Ausdruck, wonach die Kommission das Auskunftsverlangen „zur Erfüllung der ihr übertragenen Aufgaben" nutzen kann.

Zweitens muss die verlangte Auskunft geeignet sein, einen kartellrechtlichen Verdacht entweder zu erhärten oder auszuräumen.[46]

Darüber hinaus muss das Auskunftsverlangen das in Art. 18 Abs. 1 VO 1/2003 genannte Merkmal der Erforderlichkeit erfüllen.[47] Dies ist der Fall, wenn unter Berücksichtigung des Verfahrensstands bei objektiver Betrachtung die Möglichkeit eines Zusammenhangs zwischen der Ermittlungshandlung und dem Verfahrensziel nicht ausgeschlossen werden kann.[48]

Die vierte Voraussetzung ist der Grundsatz der Verhältnismäßigkeit, der beachtet werden muss.[49] Das von der Kommission eingesetzte Mittel darf nicht außer Verhältnis zu dem mit ihm verfolgten Zweck stehen. Konkret auf das Auskunftsverlangen bezogen bedeutet dies, dass der Untersuchungszweck nicht auf weniger einschneidende Weise erreicht werden kann und die Verpflichtung zur Auskunftserteilung für das betroffene Unternehmen keine Belastung darstellt, die zu den Erfordernissen der Untersuchung außer Verhältnis steht.[50]

bbb) Befugnis zum Anfordern von Unterlagen

Umstritten ist die Frage, ob die Kommission im Rahmen ihres Auskunftsrechts die Befugnis hat, neben Auskünften auch die Übersendung von Unterlagen zu verlangen. Gegner einer entsprechend weiten Auslegung der Vorschrift über das Auskunftsverlangen argumentierten mit dem Wortlaut des Art. 18 VO 1/2003 sowie des früheren Art. 11 VO 17/62, der bezüglich dieser Frage keine Unterschiede zu der neuen Vorschrift aufweist. Ihrer Ansicht nach bietet weder Art. 18 VO 1/2003 eine ausreichende Rechtsgrundlage für die Anforderung von Dokumenten noch sei dies bei

---

[44] Vgl. noch zu der alten Rechtslage *Lange*, S. 541, Rn. 72; Immenga/Mestmäcker-*Burrichter/Hauschild*, EG-Wettbewerbsrecht, Bd. II, VO 17/62, Art. 11, Rn. 1.

[45] Vgl. zu der Verordnung 17/62 EuG „SEP", Slg. 1991 II, 1497, 1509 f., Rn. 25; *Hanebuth*, Auskunftsrecht, S. 122 ff., 138; Lenz/Borchardt-*Grill*, Art. 83 EGV, Rn. 14.

[46] Vgl. zum deutschen Recht Wiedemann-*Werner*, Handbuch des Kartellrechts, § 52, Rn. 17.

[47] Vgl. zu der Rechtslage unter der Verordnung 17/62 *Bellamy/Child*, S. 88, Rn. 12-007; *Lange*, S. 541, Rn. 72; Lenz/Borchardt-*Grill*, Art. 83 EGV, Rn. 14.

[48] Vgl. nur EuG „SEP", Slg. 1991 II, 1497, 1518, Rn. 51 noch zu der Verordnung 17/62. Siehe auch *Hanebuth*, Auskunftsrecht, S. 138 f.

[49] Vgl. EuG „SEP", Slg. 1991 II, 1497, 1509 f., Rn. 25; *Lange*, S. 541, Rn. 72.

[50] Vgl. EuG „SEP", Slg. 1991 II, 1497, 1518, Rn. 51.

Art. 11 VO 17/62 der Fall gewesen.[51] So enthielten beide Regelungen keine Verpflichtung zur Vorlage von Unterlagen, die die Richtigkeit der Auskunft beweisen würden.[52]

Rein grammatikalisch ist dem Wort „Auskunft" lediglich zu entnehmen, dass es eine Weitergabe erbetener Informationen beinhaltet, nicht jedoch, auf welche Weise dies erfolgen soll. Dementsprechend geht auch weder aus Art. 18 VO 1/2003 noch aus Art. 11 VO 17/62 hervor, wie die Auskunft erteilt werden muss.[53] Die Formulierung des Art. 18 VO 1/2003 bezieht sich nur auf zu erteilende „Auskünfte". Eine Einschränkung auf eine nur mündliche Auskunftserteilung kann dem Art. 18 VO 1/2003 nicht entnommen werden.

Auch die Regelungssystematik spricht nicht gegen eine weite Auslegung. Insbesondere kann nicht angeführt werden, dass die Ermittlungsbeamten Unterlagen auch im Rahmen einer Nachprüfung[54] erlangen könnten und sie daher keiner solchen Befugnis bei Einsatz des Auskunftsverlangens bedürfen. Denn beide Ermittlungsinstrumente sind selbständig nebeneinander einsetzbar.[55] Ebenso wie bei einer Nachprüfung den Ermittlungsbehörden nicht verwehrt ist, auch mündliche Erklärungen zu verlangen, besteht im Rahmen eines Auskunftsverlangens kein regelungssystematischer Hinderungsgrund, dass auch die Übersendung von Unterlagen erbeten werden darf.

Sinn und Zweck der Vorschrift des Art. 18 VO 1/2003 ist, der Kommission die effiziente Ermittlung von Informationen zu ermöglichen. Diesem entspricht es, auch die Auskunftserteilung durch Übergabe von schriftlichem Material zu erfassen.

Aufgrund der weit gefassten Formel dieser Vorschriften geht auch die europäische Rechtsprechung davon aus, dass neben geforderten Auskünften im engeren Sinn auch die Anforderung von Dokumenten erfasst ist.[56] So hat der EuGH beispielsweise in seinem Urteil

---

[51] Vgl. zu Art. 18 VO 1/2003 GK-*Schütz*, 5. Aufl., Art. 18, Rn. 5 und zu Art. 11 VO 17/62 *Gleiss/Hirsch*, Art. 11 VO Nr. 17, Rn. 22; *Gillmeister*, S. 136; Immenga/Mestmäcker-*Burrichter/Hauschild*, EG-Wettbewerbsrecht, Bd. II, VO 17/62, Art. 11, Rn. 20.

[52] Siehe zu Art. 11 VO 17/62 *Gillmeister*, S. 136.

[53] Die Zulässigkeit der Anforderung von Unterlagen bejahend: *Ortiz Blanco*, S. 109; Lenz/Borchardt-*Grill*, Art. 83 EGV, Rn. 14.

[54] Die Nachprüfung ähnelt einer Durchsuchung, bei der die Kommissionsbeamten die Gebäude und mittlerweile auch Privatwohnungen der Firmenmitglieder prüfen können. Siehe dazu näher im nächsten Gliederungspunkt Teil 2, A. II. 1. b).

[55] Siehe dazu die Stellungnahmen des EuGH in seinen Urteilen „National Panasonic", Slg. 1980, 2033, 2055, Rn. 13 ff. und „Orkem", Slg. 1989, 3283, 3283, Ls. 2 zu dem Verhältnis von Auskunftsverlangen und Nachprüfung unter der Verordnung 17/62.

[56] Vgl. zu der Vorgängervorschrift des Art. 11 VO 17/62: EuGH „AM & S", Slg. 1982, 1575, 1610, Rn. 16; vgl. auch EuGH „Orkem", Slg. 1989, 3283, 3347, Rn. 14,

„AM & S"[57] festgestellt, dass der anwaltliche Schriftwechsel zu den in Art. 11 VO 17/62 (heute Art. 18 VO 1/2003) und Art. 14 VO 17/62 (heute Art. 20 VO 1/2003) genannten Unterlagen gehöre.[58] Damit hat er mittelbar anerkannt, dass Schriftstücke sowohl durch eine Nachprüfung als auch durch ein Auskunftsverlangen erlangt werden können. Ebenso statuierte er in der Rechtssache „Orkem"[59], dass keine aus der Verordnung 17/62 abzuleitende Erwägung verfahrensmäßiger Art die Kommission hindern würde, über Art. 11 VO 17/62 Unterlagen anzufordern.[60] Da die Regelung des Art. 18 VO 1/2003 im Vergleich zu der Vorgängervorschrift des Art. 11 VO 17/62 insoweit keine Unterschiede aufweist, kann diese Rechtsprechung auch heute noch Geltung beanspruchen.

Von Seiten der Unternehmen scheint es bislang keine grundsätzlichen Vorbehalte gegen das von der Kommission praktizierte Anfordern von Unterlagen gegeben zu haben.[61] Dazu mag beigetragen haben, dass die Übermittlung von Unterlagen das Verfahren wesentlich vereinfachen und beschleunigen kann und möglicherweise eine Nachprüfung der Kommission nach Art. 20 VO 1/2003 in den Unternehmen entbehrlich macht.

Aufgrund der Tatsache, dass die Formulierung des Art. 18 VO 1/2003 weit gefasst ist, nichts darauf hindeutet, dass die Form der Auskunftserteilung durch Übersendung von Dokumenten ausgeschlossen ist und dieser weiten Auslegung auch die Rechtsprechung hinsichtlich des insoweit vergleichbaren Art. 11 VO 17/62 folgt, ist davon auszugehen, dass das Anfordern von Unterlagen von der Ermächtigung des Art. 18 VO 1/2003 gedeckt ist.

b) Das Nachprüfungsverfahren gemäß Artikel 20 VO 1/2003

Während das Auskunftsverlangen auf die Beschaffung von Informationen gerichtet ist, dient das Nachprüfungsverfahren nach Art. 20 VO 1/2003 insbesondere dazu, die Richtigkeit und Tragweite von Informationen festzustellen, über die die Kommission bereits zumindest ansatzweise verfügt.[62]

---

sowie GA *Darmon*, der sich in seinen Schlussanträgen zu der Rechtssache „Orkem", Slg. 1989, 3301, 3316, Rn. 56, mit dieser Frage befasste und für eine weite Auslegung des damaligen Art. 11 VO 17/62 (heute Art. 18 VO 1/2003) und das Erfassen von Unterlagen plädierte.

[57] EuGH „AM & S", Slg. 1982, 1575 ff.

[58] EuGH „AM & S", Slg. 1982, 1575, 1610, Rn. 18; vgl. auch die Argumentation von GA *Darmon* in seinen Schlussanträgen zu der Rechtssache „Orkem", Slg. 1989, 3283, 3316, Rn. 56.

[59] EuGH „Orkem", Slg. 1989, 3283 ff.

[60] EuGH „Orkem", Slg. 1989, 3283, 3347, Rn. 14; vgl. auch GA *Darmon* in seinen Schlussanträgen zu der Rechtssache „Orkem", Slg. 1989, 3283, 3316, Rn. 56.

[61] Vgl. *Kreis*, RIW 1981, 281, 285.

[62] Vgl. EuGH „National Panasonic", Slg. 1980, 2033, 2055 f., Rn. 13. Siehe auch Dauses-*Krück/Sauter*, § 3, Rn. 67.

Die Nachprüfung kann die Kommission entweder selbst durchführen oder durch die nationalen Kartellbehörden durchführen lassen (Art. 20 i. V. m. Art. 22 Abs. 2 VO 1/2003).[63] Auch für das Nachprüfungsverfahren ist ein Anfangsverdacht in Form der Vermutung des Vorliegens eines Wettbewerbsverstoßes erforderlich.[64]

aa) Ablauf des Verfahrens

Hinsichtlich des Verfahrensablaufs unterscheidet Art. 20 VO 1/2003 Nachprüfungen unter Vorlage eines schriftlichen Prüfungsauftrags (Art. 20 Abs. 3 VO 1/2003) und Nachprüfungen aufgrund einer Entscheidung (Art. 20 Abs. 4 VO 1/2003). Der Unterschied zwischen beiden liegt wie auch bei dem einfachen und formellen Auskunftsverlangen in ihrer Rechtswirkung. Die Nachprüfung unter Vorlage eines schriftlichen Prüfungsauftrages entfaltet für die betroffenen Unternehmen keine Duldungspflicht der Nachprüfung als solcher. Es begründet lediglich die Pflicht des Unternehmens, dass es – sofern es die Nachprüfung zulässt – die zur Prüfung angeforderten Unterlagen vollständig vorlegt sowie die verlangten mündlichen Erklärungen dazu wahrheitsgemäß erteilt.[65] Eine Zuwiderhandlung kann mit Bußgeldern geahndet werden, worauf wiederum in dem schriftlichen Auftrag hinzuweisen ist (Art. 20 Abs. 3 VO 1/2003). Der wesentliche Unterschied zu der Nachprüfung aufgrund einer Entscheidung liegt jedoch darin, dass einem Unternehmen, welches die Nachprüfung nicht duldet, keinerlei Sanktionen auferlegt werden dürfen.[66]

---

[63] Üblicherweise erfolgen die Nachprüfungen durch Beamte der Europäischen Kommission. Allerdings hat die Kommission keine Möglichkeit, Zwangsmittel anzuwenden (dazu noch näher unten Teil 2, A. II. 1. b) bb) bbb). Die nationalen Kartellbehörden sind jedoch vorher über die anstehende Nachprüfung informiert bzw. werden angehört (vgl. Art. 20 Abs. 3 S. 2 und Abs. 4 S. 3 VO 1/2003) und können von der Kommission hinzugerufen werden, soweit sich die betroffenen Unternehmen weigern, ihnen den Zugang zu dem Gebäude, den Unterlagen etc. zu geben. In diesem Fall wird das Hinzutreten der nationalen Kartellbehörden wichtig, die sich aufgrund nationalen Verfahrensrechts insbesondere durch vorsorglich beantragte richterliche Zwangsmittel wie einen Durchsuchungsbefehl Zutritt zu dem Gebäude/den Unterlagen verschaffen können und der Kommission so die Erfüllung ihres Nachprüfungsauftrags ermöglichen. Siehe insbesondere zu der Prüfungskompetenz des nationalen Richters unten Teil 2, A. II. 1. b) bb) ddd).

[64] Vgl. EuGH „Orkem", Slg. 1989, 3283, 3346, Rn. 10 f.; Kommission „FNICF", 27.10.1982, ABl. 1982, Nr. L 319, S. 12, 14; *Dannecker/Fischer-Fritsch*, S. 49; *Joshua*, ELR 1983, 3, 8 ff.

[65] Vgl. Dauses-*Krück/Sauter*, § 3, Rn. 75.

[66] Dies lässt sich aufgrund eines Umkehrschlusses aus Art. 23 Abs. 1 lit. c VO 1/2003 entnehmen, worin Geldbußen nur für den Fall vorgesehen sind, dass eine Nachprüfung nach Art. 20 Abs. 4 VO 1/2003 nicht geduldet wurde. Von Nachprüfungen nach Art. 20 Abs. 3 VO 1/2003, also solchen aufgrund schriftlichen Auftrags, ist nicht die Rede.

Hingegen haben die Unternehmen Nachprüfungen, die die Kommission durch Entscheidung angeordnet hat, zu dulden (vgl. Art. 20 Abs. 4 VO 1/2003) und bei ihrer Durchführung zu kooperieren. Die Nichtbefolgung dieser Pflicht kann Sanktionen in Form von Geldbußen (Art. 23 Abs. 1 lit. c VO 1/2003) oder Zwangsgeldern (Art. 24 Abs. 1 lit. e VO 1/2003) nach sich ziehen.

Für die Rechtmäßigkeit beider Formen der Nachprüfung ist die Bezeichnung des Gegenstands und des Zwecks der Nachprüfung Voraussetzung. Darüber hinaus muss die Nachprüfung, die durch Entscheidung angeordnet ist, den Zeitpunkt des Beginns der Nachprüfung bestimmen, auf die Möglichkeit, Buß- und Zwangsgelder zu verhängen sowie auf das Recht, vor den europäischen Gerichten Klage gegen die Entscheidung zu erheben (Art. 20 Abs. 4 VO 1/2003), hinweisen.

Die beiden Arten der Nachprüfungen stehen nicht in einem Rangverhältnis zueinander.[67] Vielmehr hat sich die Kommission aufgrund Erwägungen der Zweck- und Verhältnismäßigkeit zwischen ihnen zu entscheiden.[68] Die Möglichkeit zum sofortigen Erlass einer Nachprüfungsentscheidung ist auch sinnvoll, da sich in vielen Fällen der Untersuchungszweck nur durch überraschende Prüfungshandlungen mit Duldungspflicht erreichen lässt.[69]

bb) Umfang der Nachprüfungsbefugnisse der Kommission

Die Kommission verfügt über die in Art. 20 Abs. 2 VO 1/2003 aufgelisteten Befugnisse. Danach haben ihre Beamten sowie die ermächtigten Begleitpersonen das Recht, die Räumlichkeiten, Grundstücke und Transportmittel der Unternehmen zu betreten und die Bücher und sonstige Geschäftsunterlagen, unabhängig davon, in welcher Form sie vorliegen, zu prüfen (Art. 20 Abs. 2 lit. a, b VO 1/2003). Dazu zählen nicht nur schriftlich niedergelegte Informationen, sondern insbesondere auch Daten in elektronischen Speichermedien, wie Disketten, CD-Roms, Mikrofiches oder E-mails.[70] Der Nachprüfung unterfallen grundsätzlich auch private Unterlagen mit unter anderem auch geschäftlichen Informationen, wie beispielsweise der Terminkalender eines Managers.[71] Die Kom-

---

[67] Zu der Parallelproblematik unter der Verordnung 17/62: EuGH „National Panasonic", Slg. 1980, 2033, 2054 f., Rn. 11; „Hoechst", Slg. 1989, 2859, 2925, Rn. 22. Vgl. zu der Verordnung 1/2003 *Jephcott/Lübbig*, S. 136 f.

[68] Zu der Parallelproblematik unter der Verordnung 17/62: EuGH „National Panasonic", Slg. 1980, 2033, 2054 f., Rn. 11; „Hoechst", Slg. 1989, 2859, 2925, Rn. 22. Vgl. auch *Gillmeister*, S. 166 ff., *Hanebuth*, Auskunftsrecht, S. 139; a. A. *Schwarze* in Schwarze, Der Gemeinsame Markt, S. 159, 166.

[69] Beispielsfälle hierzu sind: EuGH „Hoechst", Slg. 1989, 2859, 2925, Rn. 22; Kommission „Karton", ABl. 1994, L 243, S. 1, 8 ff. Vgl. auch *Joshua*, ELR 1983, 3, 6.

[70] Vgl. *Joshua*, ELR 1983, 3, 11.

[71] Vgl. *Joshua*, ELR 1983, 3, 11.

mission ist ferner berechtigt, Kopien oder Auszüge von Unterlagen anzufertigen (Art. 20 Abs. 2 lit. c VO 1/2003).

Dem Adressaten einer Nachprüfungsentscheidung obliegt die Verpflichtung zur Kooperation. Über die Gewährung des Zutritts hinaus hat er die aktive Mitwirkungspflicht, den Kommissionsinspektoren die Unterlagen und Informationen, die sie suchen, zugänglich zu machen. So hat der Unternehmensvertreter die gewünschten Dokumente beizubringen, Einsicht zu gewähren und auch den Zugang zu Informationen auf anderen Daten und Speichermedien zu ermöglichen. Sollten sich die Unternehmensvertreter der Nachprüfung widersetzen, kann die Kommission Buß- und Zwangsgelder nach Art. 23 Abs. 1 lit. c und Art. 24 Abs. 1 lit. e VO 1/2003 verhängen.

aaa) Versiegelungsrecht

Im Zuge der Verstärkung ihrer Ermittlungsbefugnisse hat die Kommission in Art. 20 Abs. 2 lit. d VO 1/2003 erstmals das Recht eingeräumt bekommen, betriebliche Räume oder Bücher „für die Dauer und in dem Ausmaß zu versiegeln, wie es für die Nachprüfung erforderlich ist". Hinsichtlich des weit formulierten zeitlichen Umfangs wird in Erwägungsgrund 25 der Verordnung präzisiert, dass die Dauer der Versiegelung in der Regel 72 Stunden nicht überschreiten sollte.

bbb) Durchsuchungs- und Beschlagnahmerecht

Vielfach diskutiert wurde und wird das Problem, ob die Kommission im Rahmen der Nachprüfungen auch befugt ist, „Durchsuchungen" vorzunehmen. Die Begrifflichkeit der „Durchsuchung" beinhaltet ein Zwangselement.[72] Es erlaubt die gegen den Willen des Berechtigten mit unmittelbarem Zwang durchgesetzte Suche nach Gegenständen und sonstigen Unterlagen, die der Inhaber von sich aus (ohne Zwang) nicht offen legt.[73] Der Unterschied zu einem generellen Zutritts- und Einsichtsrecht liegt damit in dem der Durchsuchungsbefugnis innewohnenden Zwangselement.

Die Befürworter eines Durchsuchungsrechts der Europäischen Kommission greifen bei ihrer Begründung zumeist auf das „Hoechst" Urteil[74] des Europäischen Gerichtshofs zurück. Darin hat der EuGH entschieden, dass die Nachprüfungsbefugnisse der Kommission sehr umfassend sind. So folge aus dem Betretungsrecht, dass die Bediensteten der Kommission

[72] Vgl. noch zu der Diskussion unter der Verordnung 17/62 Schröter/Jakob/Mederer-*de Bronett*, VO 17/62, Art. 14, Rn. 4.

[73] Vgl. EuGH „Hoechst", Slg. 1989, 2859, 2927, Rn. 31, worin der Gerichtshof feststellte, dass ohne Einwilligung des Verantwortlichen des Unternehmens eine Durchsuchung nicht möglich sei. Dieser Grundsatz wurde von dem EuGH bestätigt in „Dow Chemical Ibérica", Slg. 1989, 3165, 3189, Rn. 28. Vgl. auch zum Durchsuchungsbegriff BVerfGE 28, 285, 287; 51, 97, 106 f.

[74] EuGH „Hoechst", Slg. 1989, 2859 ff.

befugt sind, nach von ihr nicht benannten Informationsquellen zu suchen.[75] Aus dieser Aussage ziehen Vertreter eines Durchsuchungsrechts den Schluss, dass ein solches dem Sinne nach schon deshalb besteht, weil die Kommission zur Nachprüfung von Unterlagen befugt ist, welche ihr nicht bekannt sind oder sie vorher nicht explizit bezeichnet hat.[76]

Sowohl die Mehrheit in der Literatur[77] als auch – bei genauer Analyse seiner Entscheidungen – der Europäische Gerichtshof[78] haben sich gegen ein Durchsuchungsrecht der Kommission ausgesprochen. Es wird darauf hingewiesen, dass die Mitwirkungspflicht der Unternehmen bezüglich der Vorlage von Unterlagen im Rahmen von Nachprüfungen nicht mit einem Durchsuchungsrecht der Kommission gleichgestellt werden kann.[79]

Für eine Antwort auf die Frage, ob der Kommission ein Zwangselemente beinhaltendes „Durchsuchungsrecht" zusteht, ist die Regelung des Art. 20 VO 1/2003 auszulegen. Der Wortlaut des Art. 20 Abs. 2 lit. a VO 1/2003 gewährt der Kommission lediglich ein Zutrittsrecht. Das Betretungsrecht impliziert das Recht, die Objekte in den Räumen in Augenschein nehmen zu können.[80] Die Beamten haben damit die Möglichkeit, selbst zu bestimmen, welche Räumlichkeiten sie betreten und besichtigen sowie in welche Unterlagen sie Einsicht nehmen wollen.[81] Sie müssen daher – bildhaft ge-

---

[75] EuGH „Hoechst", Slg. 1989, 2859, 2926, Rn. 27.

[76] Vgl. *Engel/Freier*, EWS 1992, 361, 370; *Scholz* WuW 1990, 99, 105. Siehe auch *Dallmann*, S. 170 f., der eine Durchsuchungsbefugnis der Kommission anerkennt und sie mit dem Erfordernis eines gemeinschaftsrechtlichen Durchsuchungsbefehls als allgemeinem Rechtsgrundsatz verknüpft. *Kulka* (DB 1989, 2115, 2116) bejaht ebenfalls grundsätzlich ein Durchsuchungsrecht. Eine Analyse der von ihm verwendeten Begrifflichkeit ergibt jedoch, dass er darunter nicht die Durchsuchung im engeren Sinne gegen den Willen des Betroffenen versteht.

[77] Literaturstimmen gegen ein Durchsuchungsrecht der Kommission sind unter anderem zu der Verordnung 1/2003 GK-*Schütz*, 5. Aufl., Art. 20, Rn. 8 f.; zu der Verordnung 17/62 Streinz-*Niggemann*, EUV/EGV, nach Art. 83 EGV, KartVO, Rn. 41; *Rehmann*, NJW 1987, 3061, 3062; Lenz/Borchardt-*Grill*, Art. 83 EGV, Rn. 24; *Gillmeister*, S. 198; Groeben/Thiesing/Ehlermann-*de Bronett*, Art. 87 EGV, VO Nr. 17, Rn. 26; *Nockelmann*, S. 23 ff.; *Rohlfing*, S. 110 f.; *Whish*, S. 222 f.

[78] Vgl. die insoweit deutliche Aussage des EuGH in der Entscheidung „Hoechst", Slg. 1989, 2859, 2927, Rn. 31: „Dagegen können sie [die Bediensteten der Kommission] sich nicht gewaltsam Zugang zu Räumen oder Möbeln verschaffen oder die Beschäftigten des Unternehmens zwingen, ihnen den Zugang hierzu zu gewähren; sie können auch keine Durchsuchungen ohne Einwilligung der Verantwortlichen des Unternehmens vornehmen." Siehe aber *Dallmann*, S. 168 f., der den Standpunkt vertritt, der EuGH habe nicht zum Durchsuchungsrecht Stellung bezogen, sondern nur zum Recht zur zwangsweisen Durchsetzung der Suche. Dies zeigt deutlich, dass Ausgangspunkt (und „Endpunkt") der Behandlung der Frage des „Durchsuchungsrechts" eine begriffliche Klärung dieses Rechts ist.

[79] In diesem Sinne auch die Schlussanträge des GA *Mischo* in dem „Hoechst" Urteil, Slg. 1989, 2859, 2878, Rn. 16 ff.

[80] Vgl. zu der insoweit auf die heutige Rechtslage übertragbaren Diskussion noch unter der Verordnung 17/62 *Nockelmann*, S. 24.

[81] Noch zu der Verordnung 17/62 EuGH „Hoechst", Slg. 1989, 2859, 2927, Rn. 31.

sprochen – nicht die Hände auf dem Rücken halten, sondern können aktiv nach Unterlagen fragen und suchen. Die Unternehmensmitarbeiter sind im Rahmen ihrer Mitwirkungspflicht auch zur Kooperation verpflichtet. Die Frage nach dem „Durchsuchungsrecht" stellt sich jedoch, wenn die Betroffenen nicht zur Kooperation bereit sind und den Kommissionsbediensteten beispielsweise den Zutritt zu dem Unternehmensgelände oder die Suche nach Unterlagen verwehren. Für diesen Fall lässt der Wortlaut des Art. 20 VO 1/2003 kein Durchsuchungsrecht, das gegen den Willen der Betroffenen zwangsmäßig durchsetzbar ist, erkennen.

Auch eine Untersuchung der Entstehungsgeschichte der Norm ergibt keinen Hinweis auf das Bestehen eines Durchsuchungsrechts. Weder die vorbereitenden Dokumente für die Verordnung 1/2003 noch die Vorläuferverordnung 17/62 statuieren ein solches Recht. Auch die Materialien aus dem Gesetzesverfahren für die Verordnung 17/62 lassen keine Rückschlüsse auf ein Durchsuchungsrecht der Kommission zu. Wichtige Hinweise kann insoweit der Bericht des Binnenmarktausschusses des Parlaments,[82] der sogenannte Deringer-Bericht,[83] geben. Der Binnenmarktausschuss beriet den ursprünglichen Kommissionsvorschlag der Verordnung 17/62 und bereitete einen Entschließungsantrag für das Parlament vor. Bezugnehmend auf die hier aufgeworfene Frage spricht der Deringer-Bericht von einem Untersuchungsrecht, stellt aber klar, dass es nur eine Befugnis sein kann, die sich aus dem Zusammenwirken europäischer und nationaler Behörden ergibt.[84] Die Untersuchung der Gesetzeshistorie lässt somit nicht den Schluss einer Anerkennung des Durchsuchungsrechts der Kommission zu.

Aus regelungssystematischer Sicht kann dem Aufbau des Art. 20 VO 1/2003 entnommen werden, dass die Befugnisse der Kommission in Absatz 2 detailliert aufgeführt sind, ein Recht zur zwangsweisen Durchsuchung jedoch nicht erwähnt wird. Insbesondere bei einem solch eingriffsintensiven Ermittlungsrecht wie einer Durchsuchung unter Anwendung unmittelbaren Zwangs muss davon ausgegangen werden, dass es explizit genannt worden wäre, wenn es der Kommission zustehen sollte. Darüber hinaus trifft Art. 20 Abs. 6 VO 1/2003 eine Regelung für den Fall, dass sich ein Unternehmen der Nachprüfung widersetzt. In diesem Fall haben die Mitgliedstaaten die erforderliche Unterstützung zur Durchsetzung von Zwangsmaßnahmen im Wege der Amtshilfe zu gewähren. Sofern die Kommission selbst ein Durchsuchungsrecht hätte, wäre diese Regelung systematisch überflüssig.

---

[82] Deringer-Bericht, Sitzungsdokumente des Europäischen Parlaments 1961–62, Dokument 57, S. 29.

[83] Benannt wurde der Bericht nach dem Berichterstatter Arved Deringer.

[84] Deringer-Bericht, Sitzungsdokumente des Europäischen Parlaments 1961–62, Dokument 57, S. 30.

Auch nach Sinn und Zweck der Regelung steht das Durchsuchungsrecht den mitgliedstaatlichen Behörden zu. Dem Art. 20 Abs. 6 VO 1/2003 ist für die Aufteilung der Kompetenzen von Kommission und nationalen Behörden zu entnehmen, dass Zwangsmaßnahmen durch die nationalen Behörden erfolgen. Im Umkehrschluss kann man der Vorschrift entnehmen, dass die Kommission selbst keine solchen Rechte anwenden kann, da ihr keinerlei Zwangsbefugnisse für den Fall eingeräumt werden, dass sich ein Unternehmen der Nachprüfung widersetzt. Ihr wird nur ein Sanktionsrecht wegen verweigerter Mitwirkung durch Verhängung eines Bußgeldes (Art. 23 Abs. 1 lit. c VO 1/2003) und zur Erwirkung der Duldung der Nachprüfung die Möglichkeit der Verhängung eines Zwangsgeldes eingeräumt (Art. 24 Abs. 1 lit. e VO 1/2003), nicht jedoch das Recht, den Vollzug einer Nachprüfung zu erzwingen. Dieses steht den nationalen Behörden zu.

Die Auslegung der Norm ergibt mithin, dass die Europäische Kommission nicht über ein Durchsuchungsrecht verfügt. Sie hat nach dem Gesetz ein Zugangsrecht, welches neben dem Recht, alle Räumlichkeiten zu betreten, auch das Recht umfasst, darin Einblick in die Schränke, Schreibtische, Unterlagen und elektronische Daten zu nehmen.[85] Die Adressaten einer Nachprüfung sind dabei zur Mitwirkung verpflichtet, gegen ihren Willen darf die Kommission sich jedoch nicht eigenmächtig Zugang verschaffen.[86] Für jegliche Zwangs- und Vollstreckungsmaßnahmen muss auf die Hilfe der Mitgliedstaaten, ihrer Behörden und Gerichte zurückgegriffen werden. Allerdings liegt es nahe, dass ein Unternehmen mit Blick darauf, dass die Rechte der Kommission auf jeden Fall mit Hilfe der nationalen Behörden durchgesetzt werden könnten, auch bereit ist, der Kommission ohne Anwesenheit der nationalen Behörden Einblick zu gewähren. Das Druckmittel der Kommission, im Falle des Widersetzens die nationalen Behörden einzuschalten, dürfte sich in der Praxis als sehr wirksam erweisen.

Ähnlich gelagert ist auch die Frage nach einem Beschlagnahmerecht der Kommission, das eine (zwangsweise) Sicherung der Beweise beinhaltet. Die Erwägungen, die gegen ein Durchsuchungsrecht der Kommission sprechen, können auch gegen ein Beschlagnahmerecht der Kommission angeführt werden. In der Fassung des Art. 20 Abs. 2 VO 1/2003 ist nur von einer „Prüfung" der Unterlagen die Rede. Dies erfordert wiederum ein Dulden bzw. zum Teil ein Mitwirken der Unternehmen. Allerdings be-

---

[85] Vgl. Schröter/Jakob/Mederer-*de Bronett*, VO 17/62, Art. 14, Rn. 4, der – noch zu Zeiten der Verordnung 17/62 – davon ausging, dass das Nachprüfungsrecht eine Ermittlungshandlung sui generis ist. Nach *Schriefers*, WuW 1993, 98, 105, erlaubt das Nachprüfungsrecht zwar ein Suchen, nicht jedoch ein Durchsuchen im Sinne des deutschen Rechts gegen den Willen des betroffenen Unternehmens.

[86] Noch zu der Verordnung 17/62: EuGH „Hoechst", Slg. 1989, 2859, 2927, Rn. 31; *Joshua*, ELR 1983, 3, 9 f.; *Kreis*, RIW 1981, 281, 291.

inhaltet diese Formulierung ihrem Wortlaut nach keine zwangsweise, also gegen den Willen der Betroffenen vorgenommene Beschlagnahme von Dokumenten.

In der Gesetzgebungsgeschichte gibt es keinerlei Hinweise für ein Beschlagnahmerecht.

Auch aus systematisch-teleologischer Sicht ergibt sich kein solches Recht. Vor Ort verfügen die Bediensteten der Kommission lediglich nach Art. 20 Abs. 2 lit. c VO 1/2003 über die Befugnis, Kopien oder Auszüge „gleich welcher Art" aus den Büchern und Unterlagen anzufertigen oder zu erlangen. Neben einem Recht zur Beschlagnahme wäre dieser Artikel regelungssystematisch überflüssig. Für jegliche Zwangsmaßnahmen sieht das Gesetz vielmehr vor, dass die Kommission auf die Unterstützung seitens des Mitgliedstaats zurückgreifen muss (vgl. Art. 20 Abs. 6 VO 1/2003). Dies entspricht auch der üblichen Aufgabenverteilung zwischen Kommission und Behörden und Gerichten der Mitgliedstaaten.

Zusammenfassend steht den Beamten der Europäischen Kommission selbst weder ein Recht auf zwangsweise Durchsetzung einer Durchsuchung noch ein Beschlagnahmerecht zu. Sie kann aber auf die (Vollzugs-)Hilfe nationaler Behörden zurückgreifen.

ccc) Befugnis zum Betreten von anderen Räumlichkeiten

Im Zuge der Reform des Verwaltungsverfahrens und damit einhergehend der Verstärkung der Ermittlungsbefugnisse der Kommission wurden auch in örtlicher Hinsicht ihre Befugnisse bei der Nachprüfung wesentlich erweitert.[87] Während nach dem Wortlaut des ehemaligen Art. 14 Abs. 1 S. 2 VO 17/62 der Kommission nur das Recht zum Betreten von Unternehmensräumen, nicht aber von Privaträumen von Unternehmensmitarbeitern zustand, ist sie nunmehr auch zu Nachprüfungen in solchen Räumen, Transportmitteln und Grundstücken, die nicht dem Unternehmen zugeordnet sind, befugt (Art. 21 VO 1/2003)[88]. Die Verordnung

[87] Vgl. die Rechtsprechung des EuGH gegen die Anerkennung des Grundrechts auf Unverletzlichkeit der Wohnung im europäischen Kartellverfahren. In seinem „Hoechst" Urteil, Slg. 1989, 2859, 2924, Rn. 17 ff., hat der EuGH festgestellt, dass ein Grundrecht der Unverletzlichkeit der Wohnung, wie es Art. 13 GG garantiere, zwar als ein dem Recht der Mitgliedstaaten entspringender allgemeiner Rechtsgrundsatz für die Privatwohnungen natürlicher Personen anzuerkennen sei, nicht jedoch für Unternehmen, da die Rechtsordnungen der Mitgliedstaaten in Bezug auf Art und Umfang des Schutzes von Geschäftsräumen gegen behördliche Eingriffe Unterschiede aufwiesen. Vgl. die kritischen Stimmen in der Literatur, *Kulka*, DB 89, 2115, 2116 f. sowie *Scholz*, WuW 1990, 99, 100 ff. Letzterer spricht von einem „materiellen Grundrechtsdefizit des europäischen Gemeinschaftsrechts".

[88] Interessant ist, dass in der neuen Fusionskontrollverordnung 139/2004 (ABl. 20.01.2004, Nr. L 24, S. 1), die ebenfalls am 1. Mai 2004 in Kraft getreten ist, die Nachprüfungsbefugnisse in Art. 13 VO 139/2004 nicht um das Recht zur Durchsuchung in Privaträumen der Mitarbeiter erweitert wurden.

nennt insbesondere „Wohnungen von Unternehmensleitern und Mitgliedern der Aufsichts- und Leitungsorgane sowie sonstigen Mitarbeitern".

Nachprüfungen in Privaträumen (Räumlichkeiten, Transportmittel, Grundstücke) nach Art. 21 VO 1/2003 dürfen aber nur in Fällen der schwerwiegenden Verletzung der Art. 81 und 82 EGV angeordnet werden (Art. 21 Abs. 1 EGV). Ferner muss ein begründeter Verdacht vorliegen, dass die einschlägigen Unterlagen in solchen Privaträumen aufbewahrt werden, was sich auch in den Gründen für die Nachprüfungsentscheidung widerspiegeln muss.

Hinsichtlich einiger Details in der Verfahrensweise, wie zum Beispiel die Frage, ob eine Nachprüfungsentscheidung nach Art. 21 VO 1/2003 nur an den Unternehmensmitarbeiter oder auch das Unternehmen zu adressieren ist, hat die Verordnung keine Regelung getroffen.

Die Kommission begründet die Erweiterung ihrer Ermittlungsbefugnisse mit ihrem Interesse an einer effizienten Nachprüfung.[89] Die Erfahrung habe gezeigt, dass Geschäftsunterlagen teilweise in Wohnungen von Führungskräften und Mitarbeitern der Unternehmen aufbewahrt werden,[90] womit sie bisher bei Nachprüfungen vor der Kommission sicher waren. Während früher solche Unterlagen nur durch ein auf ihre Herausgabe gerichtetes Auskunftsverlangen erlangt werden konnten,[91] steht der Kommission mittlerweile auch ein Nachprüfungsrecht in Privaträumen von Mitarbeitern der Unternehmen zu.

ddd) Richtervorbehalt

Sofern eine Unterstützungshandlung in Form einer Zwangsmaßnahme nach Art. 20 Abs. 6 VO 1/2003 nach dem Recht des Mitgliedstaats die Genehmigung eines Gerichts voraussetzt, so ist diese – möglicherweise auch vorsorglich – von den nationalen Behörden zu beantragen (Art. 20 Abs. 7 VO 1/2003).

Die Anordnung einer Nachprüfung in „anderen Räumlichkeiten" im Sinne von Art. 21 Abs. 1 VO 1/2003 bedarf in jedem Fall der Bestätigung durch einen Richter des Mitgliedstaats, in dessen Territorium die Nachprüfung stattfinden soll (Art. 21 Abs. 3 VO 1/2003). Allerdings darf der nationale Richter weder bei der Beantragung von Zwangsmaßnahmen nach Art. 20 Abs. 6 VO 1/2003 noch bei der Nachprüfung von Wohnungen gemäß Art. 21 Abs. 1 VO 1/2003 die Notwendigkeit der Nachprü-

[89] Vgl. Erwägungsgrund Nr. 26 der Verordnung 1/2003, ABl. vom 04.01.2003, Nr. L 1, S. 1.

[90] Vgl. Erwägungsgrund Nr. 26 der Verordnung 1/2003, ABl. vom 04.01.2003, Nr. L 1, S. 1.

[91] Zur umstrittenen Frage der Befugnis zum Anfordern von Unterlagen im Rahmen des Auskunftsverlangens nach Art. 18 VO 1/2003 (früher Art. 11 VO 17/62) bereits oben Teil 2, A. II. 1. a) bb) bbb).

fung in Frage stellen und die Übermittlung der in den Akten der Kommission enthaltenen Informationen verlangen (vgl. Art. 20 Abs. 8, 21 Abs. 3 VO 1/2003).[92] Der Umfang seiner Prüfung beschränkt sich laut der Verordnung darauf, das Vorliegen der Echtheit der Nachprüfungsentscheidung der Kommission zu überprüfen und die beabsichtigten Zwangsmaßnahmen auf Willkür oder Unverhältnismäßigkeit hin zu untersuchen.

Zur Überprüfung der Rechtmäßigkeit der Entscheidung sind die nationalen Gerichte somit nicht befugt. Diese ist dem Europäischen Gerichtshof vorbehalten (Art. 20 Abs. 8, Art. 21 Abs. 3 a. E. VO 1/2003).

c) Zeugenvernehmung und mündliche Erklärungen

Bei der Befugnis der Kommission, Zeugen zu vernehmen, muss zwischen der Befragung von Personen außerhalb der Nachprüfung und der Zeugenvernehmung während der Nachprüfung unterschieden werden.

aa) Zeugenvernehmung außerhalb von Nachprüfungen

In der Verordnung 17/62 war ein Recht der Kommission, Zeugen zu vernehmen und diese Zeugenaussagen als Beweismittel zu verwerten, nicht vorgesehen. Eine solche Regelung wurde mit Art. 19 VO 1/2003 eingeführt, wonach die Kommission alle natürlichen und juristischen Personen zum Gegenstand der Untersuchung befragen kann.

Allerdings stellt Art. 19 Abs. 1 S. 2 VO 1/2003 klar, dass die Zeugen ihrer Befragung zustimmen müssen. Die Kommission hat demnach keine Möglichkeit, eine Zeugenaussage zu erzwingen. Der Bußgeldkatalog des Art. 23 VO 1/2003 sieht folgerichtig auch keine Ahndung einer Verweigerung der Zeugenaussage nach Art. 19 VO 1/2003 vor.

bb) Mündliche Erklärungen im Rahmen von Nachprüfungen

Des Weiteren sind die Mitarbeiter der Kommission im Rahmen einer Nachprüfung nach Art. 20 VO 1/2003 befugt, Fragen an die Unternehmensmitarbeiter zu stellen.

Ein solches Recht war schon früher in Art. 14 Abs. 1 lit. c VO 17/62 verankert. Danach konnten die Inspektoren der Kommission im Rahmen einer Nachprüfung „mündliche Erklärungen an Ort und Stelle anfordern". Dies wurde dahingehend ausgelegt, dass die die Nachprüfung

---

[92] Dies entspricht inhaltlich den genannten Aspekten in einem erst kürzlich erlassenen Urteil des EuGH („Roquette Frères", Slg. 2002 I, 9011, 9057 ff., Rn. 39 ff.). Darin hat der Gerichtshof die Verpflichtung der Kommission statuiert, dafür zu sorgen, dass das einzelstaatliche Gericht über alle Mittel verfügt, derer es zur Ausübung der ihm obliegenden (eingeschränkten) Kontrolle bedarf. Darunter fällt nach dem EuGH aber nicht die Übermittlung der Akten (EuGH „Roquette Frères", Slg. 2002 I, 9011, 9062 f., Rn. 61 f.).

durchführenden Beamten lediglich zu einzelnen bei der Nachprüfung aufgefundenen Dokumenten Fragen stellen konnten mit dem Ziel, den Gang der Nachprüfung zu fördern und gegebenenfalls weitere Beweismittel aufzuspüren.[93] Ein allgemeines Recht, Mitarbeiter der beteiligten Unternehmen zu Tatsachen hinsichtlich des vermuteten Verstoßes gegen Wettbewerbsvorschriften zu befragen, konnte daraus jedoch nicht abgeleitet werden.[94]

Das Recht auf Befragung während einer Nachprüfung wurde nunmehr in der neuen Verordnung 1/2003 konkretisiert und erweitert. Nach Art. 20 Abs. 2 lit. e VO 1/2003 ist die Kommission befugt, „von allen Vertretern oder Mitgliedern der Belegschaft des Unternehmens oder der Unternehmensvereinigung Erläuterungen *zu Tatsachen oder Unterlagen* zu verlangen, die mit Gegenstand und Zweck der Nachprüfung in Zusammenhang stehen, und ihre Antworten zu Protokoll zu nehmen". Über die Ermächtigungsregelung nach der ehemaligen Verfahrensverordnung hinaus können die ermittelnden Kommissionsmitarbeiter nunmehr bei Nachprüfungen auch Fragen „zu Tatsachen" stellen, sofern sie einen Zusammenhang zu dem Nachprüfungszweck aufweisen. Eine Begrenzung des Fragerechts auf gefundene Unterlagen besteht nicht mehr. Insoweit haben sich die Befugnisse der Kommission schon dem Wortlaut des Art. 20 Abs. 2 lit. e VO 1/2003 zufolge wesentlich erweitert.

Die Kommission kann ferner über die erhaltenen Antworten ein Protokoll führen (Art. 20 Abs. 2 lit. e VO 1/2003).

Nach Art. 23 Abs. 1 lit. d VO 1/2003 kann dem Unternehmen ein Bußgeld in der Höhe von bis zu 1 % seines im Vorjahr erzielten Gesamtumsatzes auferlegt werden, wenn die Erklärung im Rahmen der Nachprüfung unrichtig ist und diese falsche Auskunft eines Mitarbeiters später auf Anfrage der Kommission vom Unternehmen nicht berichtigt wird.

Mitarbeiter eines Unternehmens, die im Rahmen einer Nachprüfungsentscheidung befragt werden, sind verpflichtet, die gewünschten Informationen umfassend (und wahrheitsgemäß) zu erteilen. Anderenfalls kann die Kommission ein Bußgeld gegen das Unternehmen verhängen

[93] Vgl. GK-*Schütz,* 5. Aufl., Art. 20, Rn. 5; *Weitbrecht*, EuZW 2003, 69, 71.

[94] Früher wurde die Befugnis der Kommission, Fragen im Rahmen einer Nachprüfung zu stellen, sehr eng verstanden. Fragen zu anderen Themen als solchen, die einen Zusammenhang zu aufgefundenen Unterlagen aufwiesen, durften lediglich im Rahmen eines Auskunftsverlangens gestellt werden. Vgl. zu der Vorschrift des Art. 14 Abs. 1 lit. c VO 17/62 EuGH „National Panasonic", Slg. 1980, 2033, 2056, Rn. 15; *Kerse*, E. C. Antitrust Procedure, S. 142, Rn. 3.35; *Winterfeld*, RIW 1981, 801, 802 ff.; Streinz-*Niggemann*, EUV/EGV, nach Art. 83 EGV, Rn. 60. Auch das unter der Verordnung 1/2003 im Rahmen von Nachprüfungen bestehende Fragerecht der Kommission in diesem Sinne eng auslegend *Jephcott/Lübbig*, S. 150 f., die sich jedoch nicht mit den erfolgten Änderungen im Wortlaut des Art. 20 VO 1/2003 gegenüber Art. 14 VO 17/62 auseinander setzen.

(Art. 23 Abs. 1 lit. d VO 1/2003). Insoweit trifft die Betroffenen eine bußgeldbewehrte Kooperationsverpflichtung.

2. Schutzmechanismen und Grenzen im Rahmen der Informationsermittlung

Die umfangreichen Ermittlungsbefugnisse der Kommission werfen die Frage auf, welche grundsätzlichen Schutzmechanismen für die Adressaten, seien es die verdächtigten Unternehmen selbst oder Dritte, mit Blick auf problematische Informationen vorgesehen sind.

a) Verschwiegenheitsverpflichtung

Im Hinblick auf die Behandlung der Informationen innerhalb der Kommission bzw. zwischen Kommission und mitgliedstaatlichen Kartellbehörden ist mit Blick auf den Schutz solcher Informationen von Bedeutung, dass im Verwaltungsverfahren, welches der Entscheidung der Kommission in Kartellsachen vorausgeht, der Grundsatz der Amtsverschwiegenheit herrscht.[95]

Primärrechtlich verankert ist dieser Grundsatz in Art. 287 EGV, der die Mitglieder der Organe der Gemeinschaft, der Ausschüsse sowie die Gemeinschaftsbeamten und sonstigen Bediensteten dazu verpflichtet, „Auskünfte, die ihrem Wesen nach unter das Berufsgeheimnis fallen, nicht preiszugeben". Für den Bereich des Kartellrechts wird diese Verschwiegenheitsverpflichtung zudem durch Art. 28 VO 1/2003 konkretisiert. Dessen Wortlaut orientiert sich größtenteils an der Regelung des Art. 287 EGV, bezieht aber zusätzlich die zuständigen Behörden der Mitgliedstaaten sowie ihre Beamten und sonstigen Bediensteten in die Geheimhaltungspflicht ein. Sie sind verpflichtet, geheime Kenntnisse, die sie bei der Anwendung der Verordnung 1/2003 erlangt oder ausgetauscht haben und die ihrem Wesen nach unter das Berufsgeheimnis fallen, nicht preiszugeben (Art. 28 Abs. 2 VO 1/2003), unabhängig von der Art der Mitteilung.[96]

Der Begriff des Berufsgeheimnisses, der dem englischen „professional secrecy" und dem französischen „secret professionnel" entspricht, ist weder im EG-Vertrag noch in der Kartellverordnung 1/2003 näher definiert. Nach allgemeiner Ansicht zählen zum Berufsgeheimnis alle Angaben, die den Kommissionsmitarbeitern im Rahmen ihrer dienstlichen Tätigkeit nach der Verordnung 1/2003 bekannt werden, die der Allgemeinheit nicht zugänglich sind und für die ein Geheimhaltungsinteresse be-

[95] Vgl. GK-*Schütz*, 5. Aufl., Art. 28, Rn. 1; Groeben/Thiesing/Ehlermann-*de Bronett*, Art. 87 EGV, VO 17, Rn. 11 ff.; *Kerse*, E. C. Antitrust Procedure, S. 359 f., Rn. 8.22.

[96] Insoweit geht die Regelung des Art. 28 Abs. 2 VO 1/2003 über die des Art. 287 EGV hinaus, der sich nur auf die Kommission und ihre Bediensteten bezieht.

steht.[97] Diese inhaltliche Ausformung legt nahe, dass der verwendete Begriff „Berufsgeheimnis" von der Schutzrichtung her zwar möglicherweise im englischen und französischen, aber nicht im deutschen Sprachgebrauch den Kern der Geheimhaltungsverpflichtung trifft. Denn diese ist keineswegs im Sinne einer beschränkten freiberuflichen Verschwiegenheitspflicht zu verstehen, wie es der Begriff des „Berufsgeheimnisses" nahe legen könnte, sondern vielmehr als *Amtsgeheimnis*,[98] dem die Amtsträger der Gemeinschaft in der Ausübung ihrer Tätigkeit unterliegen.

Konkret gehören zu den geschützten Kenntnissen insbesondere Betriebs- und Geschäftsgeheimnisse sowie sonstige Informationen, die geheimhaltungsbedürftig und damit vertraulich sind. Ausgenommen von der Verschwiegenheitspflicht sind solche Angaben, die der Allgemeinheit zugänglich sind.[99]

Die in dienstlicher Eigenschaft erlangten Kenntnisse dürfen nicht preisgegeben werden. Dies betrifft grundsätzlich sowohl unbeteiligte Dritte als auch Verfahrensbeteiligte.[100]

Sinn und Zweck der Geheimhaltungspflicht ist in erster Linie die Wahrung der Interessen derjenigen Unternehmen, bei denen die Kommission aufgrund ihrer umfassenden Informationsermittlungsbefugnisse nach den Artikeln 18 ff. VO 1/2003 Auskünfte und Unterlagen erhalten hat.[101]

Absicherung erfahren die vom Kartellverfahren Betroffenen durch die Regelung des Art. 288 Abs. 2 EGV, der eine Schadensersatzpflicht der Gemeinschaft vorsieht, die die Geschädigten im Falle eines Verstoßes gegen Art. 287 EGV und Art. 28 Abs. 2 VO 1/2003 geltend machen können.[102]

---

[97] Vgl. allgemein Groeben/Schwarze-*Grunwald/Brühann*, EU-/EG-Kommentar, Bd. 4, Art. 287 EGV, Rn. 13; Schröter/Jakob/Mederer-*de Bronett*, VO Nr. 17, Art. 20, Rn. 3; *Bellamy/Child*, Rn. 12-059; *Kerse*, E. C. Antitrust Procedure, S. 360 f., Rn. 8.23; vgl. auch GA *Lenz* in seinen Schlussanträgen zu der Rechtssache „Akzo", Slg, 1986, 1965, 1977.

[98] Vgl. auch GA *Lenz* in seinen Schlussanträgen zu der Rechtssache „Akzo", Slg. 1986, 1965, 1977; *Lieberknecht*, WuW 1988, 833, 845; *Kerse*, E. C. Antitrust Procedure, S. 360 f., Rn. 8.23. *Meitinger*, S. 49, ist der Ansicht, dass nicht ohne weiteres der Begriff des Berufsgeheimnisses durch den des Amtsgeheimnisses ersetzt werden kann. Im Ergebnis kann es allerdings nicht darauf ankommen, welche Formulierung verwendet wird, sondern welchen Inhalt die Verschwiegenheitspflicht aufweist. Letztere ist im Sinne einer Amtsverschwiegenheit zu verstehen.

[99] Vgl. GA *Lenz* in seinen Schlussanträgen zu der Rechtssache „Akzo", Slg. 1986, 1965, 1977.

[100] Siehe GA *Lenz* in seinen Schlussanträgen zu der Rechtssache „Akzo", Slg. 1986, 1965, 1978.

[101] Vgl. auch EuGH „Hoffmann-La Roche", Slg. 1979, S. 461, 512 f., Rn. 14; Groeben/Thiesing/Ehlermann-*Grunwald*, Art. 214 EGV, Rn. 2.

[102] Dies hat der EuGH in seinem Urteil „Stanley Adams", Slg. 1985, 3539 ff. klargestellt. Im konkreten Fall hat der EuGH die EG-Kommission verurteilt, dem früheren Produktmanager von Hoffmann-La Roche, *Stanley Adams*, die Hälfte seines erlittenen

b) Verbot der zweckfremden Verwertung von Ermittlungsergebnissen

Nach Art. 28 Abs. 1 VO 1/2003 dürfen die aufgrund Art. 17 bis 22 VO 1/2003, also aufgrund der Ermittlungsinstrumente der Kommission, erlangten Informationen „... nur zu dem Zweck verwertet werden, zu dem sie eingeholt wurden". Der Zweck der Ermittlungshandlungen ist der den Unternehmen nach Art. 18 Abs. 2 und 3 VO 1/2003 sowie Art. 20 Abs. 3 VO 1/2003 bekannt gegebene. Zum einen soll die Zweckbestimmung die schon oben[103] erwähnten „Fishing Expeditions" verhindern, bei denen die Kommission ohne konkreten Anfangsverdacht ermittelt, um herauszufinden, ob ein Unternehmen wettbewerbswidrige Praktiken anwendet. Der Kommission müssen bereits Anhaltspunkte für das Vorliegen eines Wettbewerbsverstoßes vorliegen, damit sie ihre Ermittlungsinstrumente einsetzen darf. Zum anderen ist durch die Regelung des Art. 28 Abs. 1 VO 1/2003 die Verwertung der erlangten Informationen begrenzt. Nach Art. 28 Abs. 1 i.V.m. Art. 12 VO 1/2003 sind zwar die Wettbewerbsbehörden der Mitgliedstaaten und die Kommission befugt, einander vertrauliche Informationen mitzuteilen. Der zweite Absatz des Art. 12 VO 1/2003 schränkt dies jedoch entsprechend Art. 28 Abs. 1 VO 1/2003 dahingehend ein, dass die ausgetauschten Informationen nur zu dem Zweck der Anwendung von Art. 81 oder 82 EGV und in Bezug auf den konkreten Untersuchungsgegenstand als Beweismittel verwendet werden dürfen, außer wenn das einzelstaatliche Wettbewerbsrecht im gleichen Fall und parallel zum gemeinschaftlichen Wettbewerbsrecht angewandt wird (Art. 12 Abs. 2 S. 2 VO 1/2003). Hieraus folgt erstens, dass in nationalen Kartellstraf- und -ordnungswidrigkeitsverfahren die bei Einsatz der Ermittlungsinstrumente erlangten Informationen, wenn nicht ein nationales Kartellverfahren parallel läuft, lediglich für Verfahren nach den europäischen Wettbewerbsregeln als Beweismittel verwertet werden dürfen. Zweitens bedingt die Anforderung zweier parallel laufender Kartellverfahren, dass in dem entsprechenden Fall die Anwendungsschwelle des europäischen Kartellrechts (Zwischenstaatlichkeitsklausel) erfüllt sein muss.

Schadens zu zahlen. Die Kommission hatte ihre Pflicht verletzt, den Namen ihres Informanten bei einem Wettbewerbsverfahren gegen die schweizer Firma zu schützen. Adams hatte 1973 die Kommission über die Preispraxis von Hoffmann-La Roche gegenüber Großverbrauchern bei Vitaminen informiert. Das Urteil bezog sich zwar auf die Verordnung 17/62, die entscheidende gesetzliche Regelung des Art. 20 Abs. 2 VO 17/62 entspricht jedoch im Wesentlichen dem Art. 28 Abs. 2 VO 1/2003. Es ist somit davon auszugehen, dass sich die Schlussfolgerung der Existenz eines Schadensersatzanspruchs bei Verletzung der Geheimhaltungspflicht von Beamten der Kommission und Behörden der Mitgliedstaaten die gleiche bleibt.

[103] Siehe oben Teil 2, A. II. 1. a) bb) aaa).

Darüber hinaus beinhaltet die Vorschrift des Art. 28 Abs. 1 VO 1/2003, dass Informationen, die ein Unternehmen als unbeteiligter Dritter zur Verfügung gestellt hat, nicht in einem neuen Verfahren gegen diese selbst oder gegen andere als Beweismittel verwertet werden, selbst wenn sie den Nachweis eines Rechtsverstoßes beinhalten. Nichts hindert jedoch die Kommission oder die nationalen Behörden daran, aufgrund der durch die Informationen erhaltenen Anhaltspunkte ein neues Verfahren einzuleiten.

Art. 28 Abs. 1 VO 1/2003 erlegt den Ermittlungsbehörden beim Umgang mit erlangten Informationen Schranken auf und stellt somit eine zentrale Vorschrift für die auskunftspflichtigen bzw. einer Nachprüfung unterworfenen Unternehmen dar. Ein Verstoß gegen das Verwertungsverbot nach Art. 28 Abs. 1 VO 1/2003 kann zum einen zur Aufhebung der Entscheidung oder Maßnahme und zum anderen – im Falle eines Schadens – zu einer Schadensersatzverpflichtung der Gemeinschaft nach Art. 288 Abs. 2 EGV führen.

B. Deutsche Regelungen

Das deutsche Kartellrecht ist im Gesetz gegen Wettbewerbsbeschränkungen (GWB) geregelt. Vor dem Hintergrund der Änderung des europäischen Kartellrechts durch die Verordnung 1/2003, des darin enthaltenen Wechsels zum System der Legalausnahme und der verstärkten Dezentralisierung, legte das Bundesministerium für Wirtschaft und Arbeit im Dezember 2003 einen Referentenentwurf zur Änderung des GWB vor. Im Mai 2004 beschloss die Bundesregierung einen „Entwurf eines Siebten Gesetzes zur Änderung des Gesetzes gegen Wettbewerbsbeschränkungen“[104]. Als Termin für das Inkrafttreten des im Bundesrat zustimmungspflichtigen Gesetzes war in Anlehnung an das Datum für den Systemwechsel im Gemeinschaftsrecht der 1. Mai 2004 geplant. Dieser Termin konnte jedoch insbesondere wegen der anhaltenden Diskussionen um die Lockerung der pressefusionskontrollrechtlichen Vorschriften nicht eingehalten werden. Mit einigen Änderungen gegenüber dem Entwurf vom Mai 2004 trat am 1. Juli 2005 das „Siebte Gesetz zur Änderung des Gesetzes gegen Wettbewerbsbeschränkungen“[105] (im Folgenden: 7. GWB-Novelle) in Kraft.[106]

---

[104] Gesetzentwurf der Bundesregierung vom 28. Mai 2004 zur 7. GWB-Novelle, Drucksache 441/04.

[105] BGBl. 2005, Teil I, Nr. 44 vom 20.07.2005.

[106] Vgl. ausführlicher zu dem Gesetzgebungsverfahren und den Diskussionen im Falle der 7. GWB-Novelle *Kahlenberg/Haellmigk*, BB 2005, 1509, 1509; *Karl/Reichelt*, DB 2005, 1436, 1436.

Inhaltlich wird mit der 7. GWB-Novelle der schon mit der 6. GWB-Novelle[107] eingeschlagene Weg einer verstärkten Harmonisierung des deutschen Kartellrechts mit der Gemeinschaftsordnung weiter verfolgt.

I. Überblick über das kartellrechtliche Regelwerk

1. Materiellrechtliche Regelungen

In § 1 GWB ist das Verbot von Kartellvereinbarungen, -beschlüssen und abgestimmten Verhaltensweisen vorgesehen. Dem Wortlaut nach entspricht er nunmehr dem Art. 81 Abs. 1 EGV, allerdings unter Verzicht auf die Regelungsbeispiele. Damit sind mittlerweile auch im deutschen Recht sowohl auf horizontaler als auch auf vertikaler Ebene Vereinbarungen zwischen Unternehmen, Beschlüsse von Unternehmensvereinbarungen und aufeinander abgestimmte Verhaltensweisen, die eine Einschränkung des Wettbewerbs bezwecken oder bewirken, verboten. In Anlehnung an Art. 81 Abs. 3 EGV sieht § 2 GWB Freistellungstatbestände vor.

Durch die Neuregelung des § 1 GWB fällt die früher bestehende unterschiedliche Behandlung von horizontalen und vertikalen Vereinbarungen im deutschen Kartellrecht weg. Bislang waren lediglich horizontale Vereinbarungen von § 1 GWB a. F. erfasst und verboten. Im Bereich der vertikalen Vereinbarungen waren nur sogenannte Inhaltsbindungen für Preise und Konditionen per se verboten (§ 14 GWB a. F.), während andere Vertriebsbindungen vom Grundsatz her erlaubt waren, aber einer Missbrauchsaufsicht unterlagen.

Die Regelungen zum Missbrauch einer marktbeherrschenden Stellung in den §§ 19, 20, 21 GWB entsprechen im Wesentlichen den Regelungen der alten Rechtslage. Sie enthalten das Verbot der missbräuchlichen Ausnutzung einer marktbeherrschenden Stellung, das Boykottverbot sowie das Diskriminierungsverbot von marktbeherrschenden Unternehmen.

Die 7. GWB-Novelle stellt sich als Reaktion auf die Neuorganisation des europäischen Kartellrechts dar. Selbst wenn die Verordnung 1/2003 rechtlich keine Harmonisierung materiellen Rechts erzwang, machten die Änderungen im europäischen Recht die ohnehin bestehenden Unterschiede zum GWB noch spürbarer. So ergab sich mit der Kartellverfahrensverordnung 1/2003 sowohl durch den Übergang zum Prinzip der Legalausnahme als auch durch die Neuregelung des Verhältnisses zwischen materiellem nationalem und europäischem Wettbewerbsrecht der zwar nicht rechtliche, aber faktische Bedarf nach einer Angleichung. Während bislang grundsätzlich europäisches und nationales Wettbewerbsrecht un-

[107] Vgl. dazu *Baron*, WuW 1998, 651, 651; *Kahlenberg*, BB 1998, 1593, 1593.

abhängig nebeneinander zwei selbständige Schranken bildeten,[108] gilt nunmehr nach Art. 3 VO 1/2003 im Bereich des Art. 81 EGV ein erweiterter Vorrang des Gemeinschaftsrechts. Soweit eine Vereinbarung geeignet ist, den Handel zwischen Mitgliedstaaten zu beeinträchtigen und damit die Anwendungsschwelle des EG-Kartellrechts erreicht, müssen die nationalen Wettbewerbsbehörden auch Art. 81 und 82 EGV anwenden. Umgekehrt kann eine Vereinbarung aufgrund nationalen Rechts nur noch dann verboten werden, wenn sie auch nach Art. 81 EGV[109] verboten ist.[110] Um die schwierige, praktisch kaum durchführbare Abgrenzungsfrage, ob eine Vereinbarung oder Verhaltensweise geeignet ist, den Handel zwischen den Mitgliedstaaten zu beeinträchtigen, zu vermeiden, bot sich eine Angleichung des deutschen Rechts an das europäische Recht an. So wird einer unerwünschten Zweiteilung des in Deutschland anwendbaren europäischen Wettbewerbsrechts und abweichenden nationalen Regelungen für Fälle von rein innerstaatlicher Bedeutung begegnet.[111] Dem wurde in Deutschland durch die Angleichung des § 1 GWB an die Regelung des Art. 81 Abs. 1 EGV Rechnung getragen und damit einhergehend die Gleichbehandlung zwischen horizontalen und vertikalen Vereinbarungen.

Nach Art. 3 Abs. 2 S. 2 VO 1/2003 gilt der unbedingte Vorrang des EG-Wettbewerbsrechts nicht für die Missbrauchsaufsicht, die in Art. 82 EGV geregelt ist. Die 7. GWB-Novelle hat daher von der Möglichkeit des nationalen Gesetzgebers, strengere Vorschriften zur Unterbindung oder Ahndung einseitiger Handlungen von Unternehmen vorzusehen, Gebrauch gemacht und seine Vorschriften zur Missbrauchsaufsicht über marktbeherrschende und marktstarke Unternehmen nach §§ 19, 20, 21 GWB weitgehend beibehalten.

---

108 Ausnahmen von der „Zweischrankentheorie“ bildete die Freistellung nach Art. 81 Abs. 3 EGV, in der man einen positiven Eingriff der Gemeinschaft sah, dem Vorrang vor nationalem Recht in dem Sinne zukam, dass nationales Wettbewerbsrecht die freigestellte Vereinbarung nicht mehr verbieten konnte (vgl. EuGH „Walt Wilhelm“, Slg. 1969, 1, 1 f., Ls. 2/3, sogenannte modifizierte Zweischrankentheorie). Eine weitere Ausnahme stellten Vereinbarungen dar, die unter eine Gruppenfreistellungsverordnung fielen, vgl. *Lieberknecht*, FS Pfeiffer, S. 589, 597 ff.

109 Bei Art. 82 EGV gilt dies nur beschränkt, siehe dazu die folgenden Ausführungen in diesem Gliederungspunkt.

110 Vgl. die Regelung in Art. 3 Abs. 2 VO 1/2003.

111 Dabei handelt es sich wettbewerbspolitisch nicht um einen Rückschritt, wie es *Möschel* (WuW 2003, 571, 571) mit Blick auf die im Zuge der Annäherung an europäisches Recht erfolgte Gleichsetzung horizontaler und vertikaler Wettbewerbsbeschränkung behauptet. Der Schritt in Richtung eines einheitlichen Rechts dient vielmehr der Rechtsklarheit und dem Bedürfnis von grenzüberschreitend tätigen Unternehmen nach möglichst identischen Wettbewerbsregeln. Ausführlicher zu dieser Diskussion *Schmidt*, BB 2003, 1237, 1243; *Kahlenberg/Haellmigk*, BB 2004, 389, 390. Die 7. GWB-Novelle aus verfassungsrechtlicher Sicht betrachtend *Meessen*, WuW 2004, 733 ff.

2. Verfahrensrechtliche Regelungen

Vom Grundsatz her ist das deutsche Kartellverfahren in zwei voneinander zu trennende Verfahren unterteilt. Es gibt zum einen das Verwaltungsverfahren, das sich nach den §§ 54 ff. GWB richtet, und zum anderen das Bußgeldverfahren, das nach § 81 GWB in Verbindung mit dem Gesetz über Ordnungswidrigkeiten durchgeführt wird.

Während die neue europäische Kartellverfahrensverordnung 1/2003 weitgehende Neuerungen auf materiellrechtlicher Ebene mit sich bringt, sind die verfahrensrechtlichen Regelungen keinem Harmonisierungsbedürfnis unterworfen. Jeder Mitgliedstaat wendet das Kartellrecht – auch das gemeinschaftsrechtliche – unter Nutzung seines eigenen nationalen Verfahrensrechts an. Unabhängig davon sind im Zuge der 7. GWB-Novelle kleine Änderungen in verfahrensrechtlicher Hinsicht eingetreten.

a) Zuständigkeit

Mit dem Vollzug des Kartellrechts sind die in § 48 Abs. 1 GWB genannten Kartellbehörden, namentlich das Bundeskartellamt, das Bundesministerium für Wirtschaft und Arbeit und die nach Landesrecht zuständige oberste Landesbehörde als Landeskartellbehörde betraut.

Das Verhältnis zwischen den einzelnen Kartellbehörden ist in § 48 Abs. 2 GWB geregelt. Der umfassendste Aufgabenbereich fällt dem Bundeskartellamt zu, da es für alle Angelegenheiten zuständig ist, die nicht explizit einer anderen Kartellbehörde zugewiesen sind, wenn die Wirkung eines Kartellverstoßes über ein Land hinausreicht und sie deshalb nicht von den Landesbehörden verfolgt werden. Für die Anwendung des in den Artikeln 81 und 82 EGV geregelten europäischen Kartellrechts sind das Bundeskartellamt oder die Landeskartellämter, falls deren Zuständigkeit nach den §§ 48, 49 GWB gegeben ist, zuständig. Die nach dem europäischen Recht den nationalen Kartellbehörden übertragenen Aufgaben haben sich durch die Kartellverordnung 1/2003 wesentlich erweitert. Viele der bislang von der Europäischen Kommission verfolgten Kartellfälle fallen zukünftig in den Aufgabenbereich der nationalen Behörden als Teil des „Netzwerks“[112]. Die Teilnahme am europäischen Netzwerk der Wettbewerbsbehörden (§ 50 Abs. 2 und 4 GWB) und die Wahrnehmung anderer Aufgaben (§ 50 Abs. 5 GWB) sind dem Bundeskartellamt vorbehalten. Die Kompetenz des Bundesministeriums für

112 Wie in Teil 2, A. I. 2. b) schon angesprochen, ist seit der Verordnung 1/2003 diejenige nationale Behörde für die Verfolgung von Kartellrechtswidrigkeiten zuständig, in deren geographischen Zuständigkeitsbereich sich der wettbewerbliche Schwerpunkt des Falls befindet. Dies bedeutet, dass grundsätzlich die nationalen Behörden zuständig sind. Ausschlaggebend hierfür ist das neue Konzept des „Netzwerks“ der Wettbewerbsbehörden, vgl. Art. 11–14, 16, 22, 35 VO 1/2003.

Wirtschaft und Arbeit beschränkt sich auf die Ministererlaubnis für Zusammenschlüsse (§ 42 GWB).

Das Bundeskartellamt hat eine justizähnliche Verfahrensgestaltung. Nach § 51 GWB werden die Entscheidungen in sogenannten Beschlussabteilungen getroffen, die aus einem Vorsitzenden und zwei Beisitzern bestehen.[113]

Neben den oben genannten Behörden ist die Monopolkommission zuständig für die periodische Erstellung von Gutachten über die Zusammenschlusskontrolle, wettbewerbspolitische Fragestellungen sowie für Sondergutachten (§ 44 Abs. 1 S. 3 und 4 GWB). Dabei stehen ihr aber keine Ermittlungs- bzw. Entscheidungsbefugnisse zu.[114]

b) Verfahrensgang und Entscheidung

Für die Einleitung des Verfahrens ist zwischen den beiden Verfahrensarten des Verwaltungs- und des Bußgeldverfahrens zu unterscheiden. Während Ersteres gemäß § 54 Abs. 1 GWB auf Antrag oder von Amts wegen eingeleitet wird, richtet sich Zweiteres gemäß § 81 GWB nach dem Gesetz über Ordnungswidrigkeiten (OWiG). Dabei wird die Verfolgung von der zuständigen Behörde nach §§ 35 Abs. 1, 36 Abs. 1 Nr. 1 OWiG von Amts wegen betrieben und unterliegt nach § 47 OWiG dem Opportunitätsprinzip und damit dem pflichtgemäßen Ermessen der Behörde. Nach § 46 OWiG gelten die allgemeinen Vorschriften über das Strafverfahren entsprechend.

Zur Informations- und Beweisermittlung stehen der Kartellbehörde ebenso wie im europäischen Verfahren verschiedene Instrumente zur Verfügung, die sie während des Verfahrens einsetzen kann.[115]

Das Verwaltungsverfahren endet mit dem Erlass einer Verfügung der Kartellbehörde, insbesondere in Form einer Untersagung bzw. Abstellungsverfügung bezüglich eines wettbewerbswidrigen Verhaltens (§ 32 GWB). Gegen die Verfügungen der Kartellbehörden ist die Beschwerde nach § 63 ff. GWB zulässig, über die das für den Sitz der Kartellbehörde zuständige Oberlandesgericht entscheidet (§ 63 Abs. 4 GWB). Gegen dessen Entscheidung kann unter der Voraussetzung des § 76 GWB Rechtsbeschwerde beim Bundesgerichtshof eingelegt werden.

Das Bußgeldverfahren schließt mit einem Bußgeldbescheid der Kartellbehörde ab (§§ 81 GWB i. V. m. 65 OWiG), der die in § 66 OWiG genannten inhaltlichen Anforderungen erfüllen muss. Einen Bußgeldbescheid kann der Betroffene durch Einspruch bei dem zuständigen

---

[113] Damit hat der Gesetzgeber sich bewusst an den Aufbau von Kollegialgerichten angelehnt, um so die neutrale, objektive und sachliche Entscheidungsfindung zu unterstreichen. Vgl. *Emmerich*, S. 362; *Möschel*, S. 688, Rn. 1072.

[114] Vgl. *Bunte*, S. 293; *Emmerich*, S. 363 f.

[115] Siehe dazu unter dem nachfolgenden Gliederungspunkt Teil 2, B. II.

Oberlandesgericht angreifen (§ 83 GWB). Gegen dessen Entscheidung ist nach §§ 79 f. OWiG die Rechtsbeschwerde beim Bundesgerichtshof zulässig (§ 84 GWB).

II. Informationsermittlungsbefugnisse der Kartellbehörden

Zur Informationsermittlung stehen der Kartellbehörde im Verwaltungsverfahren verschiedene Befugnisse zur Verfügung, die in erster Linie in den §§ 57 GWB und 59 GWB geregelt sind. § 57 GWB sieht vor, dass die Kartellbehörde alle Beweise erheben kann, die erforderlich sind, unter anderem auch durch Zeugenvernehmung. Absatz 1 Nr. 1 und 2 des § 59 GWB beinhalten die Möglichkeit der Kartellbehörde, Auskünfte zu verlangen, zu deren Erteilung die Adressaten dann nach § 59 Abs. 2 GWB verpflichtet sind. § 59 Abs. 1 Nr. 3 GWB betrifft die Nachprüfungsbefugnis der Kartellbehörden. Die Nachprüfung beschränkt sich auch im deutschen Recht lediglich auf die Befugnis zum Zutritt zu dem Unternehmensgebäude und zum Erhalt von Dokumenten, flankiert von einer in diesem Umfang bestehenden Mitwirkungspflicht der Adressaten. Bei einem Recht, das die zwangsweise Durchsetzung der Suche nach Unterlagen umfasste, wäre die Grenze zu der in § 59 Abs. 4 GWB vorgesehenen Durchsuchung überschritten.[116]

Nach § 58 GWB kann die Kartellbehörde Gegenstände, die als Beweismittel von Bedeutung sein können, beschlagnahmen.

Im Bußgeldverfahren stehen der Kartellbehörde nach § 81 GWB in Verbindung mit § 46 f. OWiG die Befugnisse, über die die Staatsanwaltschaft in einem Ermittlungsverfahren nach der StPO bei der Verfolgung von Straftaten verfügt, zu.[117] Die strafprozessualen Befugnisse sind unter anderem die Beschlagnahme nach §§ 94 ff. StPO, Durchsuchungen nach § 161 a StPO und Beantragung richterlicher Durchsuchungshandlungen nach § 162 StPO.

Bei den Ermittlungsbefugnissen ist eine strenge Trennung zwischen Verwaltungs- und Bußgeldverfahren wegen der unterschiedlichen Reichweite von Gegenrechten besonders bedeutsam. Die Mitwirkungspflicht beispielsweise, die im Kartellverwaltungsverfahren für die Adressaten besteht, kann im Bußgeldverfahren nicht angenommen werden, da dort der Betroffene wegen seiner strafprozessualen Rechte jede Einlassung verweigern kann.[118]

---

[116] Vgl. GK-*Junge*, 4. Aufl., § 46, Rn. 22; a. A. Immenga/Mestmäcker-*Klaue,* GWB-Kommentar, § 59 GWB, Rn. 61.

[117] Vgl. *Grützner/Reimann/Wissel*, S. 23, Rn. 18.

[118] Vgl. *Grützner/Reimann/Wissel*, S. 25, Rn. 18; *Hermanns*, Ermittlungsbefugnisse, S. 18–21.

Im Verhältnis zu den Ermittlungsbefugnissen der Europäischen Kommission sind die Befugnisse der deutschen Kartellbehörden weitgehend ähnlich ausgestaltet. Lediglich im Bußgeldverfahren verfügen die Kartellbehörden in Deutschland über die Eingriffsrechte der Staatsanwaltschaft und können damit auch unmittelbaren Zwang anwenden. Diese Befugnis hat die Europäische Kommission nicht.[119]

III. Schutzmechanismen und Grenzen im Rahmen der Informationsermittlung

Auch die deutschen Behörden unterliegen einem dienstlichen Amtsgeheimnis, das ihnen auferlegt, Informationen, die sie in dienstlicher Eigenschaft erlangt haben, zu wahren. Ebenso bezieht die in Art. 28 Abs. 2 VO 1/2003 enthaltene Verschwiegenheitspflicht nationale Kartellbehörden ein. Eine strafrechtliche Absicherung erfährt das Amtsgeheimnis durch die Regelung des § 203 Abs. 2 StGB[120], wonach die unbefugte Preisgabe von Informationen durch einen Amtsträger strafrechtliche Folgen für diesen hat.

Die Regelung des § 50 a Abs. 2 GWB enthält die Parallelvorschrift zu Art. 28 Abs. 1 VO 1/2003 über das Verbot zweckfremder Verwertung von Informationen. § 50 a Abs. 2 GWB stellt darüber hinaus klar, dass die Kartellbehörde Informationen, die sie im Rahmen des Austauschs vertraulicher Angaben erhalten hat, nur zum Zweck der Anwendung der Kartellregeln des EG-Vertrages sowie in Bezug auf den Untersuchungsgegenstand als Beweismittel verwenden darf, für den sie von der ermittelnden Behörde erhoben wurden. Lediglich wenn nationale Kartellvorschriften parallel zu den europäischen angewandt werden und nicht zu anderen Ergebnissen führen, können die Informationen auch für die Anwendung der GWB-Regeln verwendet werden. Dies entspricht den Anforderungen des Art. 12 Abs. 2 VO 1/2003.

In § 50 a Abs. 3 GWB sind die Einschränkungen wiedergegeben, die § 12 Abs. 3 VO 1/2003 für die Verwendung der Informationen von den nationalen Behörden gegen natürliche Personen[121] aufstellt. Nach beiden

---

[119] Siehe die Ausführungen zum Durchsuchungs- und Beschlagnahmerecht der Kommission oben Teil 2, A. II. 1. b) bb) bbb).

[120] § 203 Abs. 1 StGB sieht für jedermann eine Freiheitsstrafe bis zu einem Jahr oder Geldstrafe vor, und § 203 Abs. 2 StGB stellt hinsichtlich Amtsträgern klar: „Ebenso wird bestraft, wer unbefugt ein fremdes Geheimnis, namentlich ein zum persönlichen Lebensbereich gehörendes Geheimnis oder ein Betriebs- oder Geschäftsgeheimnis, offenbart, das ihm als 1. Amtsträger 2. für den öffentlichen Dienst besonders Verpflichteten […] anvertraut worden oder sonst bekannt geworden ist."

[121] Im Gegensatz zum europäischen Kartellrecht, in dem die Sanktionen strikt unternehmensbezogen sind, können in den nationalen Rechtsordnungen zum Teil auch natürliche Personen für kartellwidriges Verhalten belangt werden. Aus dem Grund sieht

Vorschriften dürfen ausgetauschte Informationen in den Mitgliedstaaten nur dann als Beweismittel gegen natürliche Personen verwendet werden, wenn das Recht der übermittelnden Behörde ähnlich geartete Sanktionen in Bezug auf Verstöße gegen Art. 81 und 82 EGV vorsieht, oder – sofern dies nicht der Fall ist – wenn die Informationen in einer Weise erhoben worden sind, die hinsichtlich der Wahrung der Verteidigungsrechte natürlicher Personen das gleiche Schutzniveau wie nach dem für die Kartellbehörde geltenden innerstaatlichen Recht gewährleistet.

C. Ergebnis zu Teil 2

Die Betrachtung des Kartellverfahrens auf Gemeinschaftsebene und in Deutschland hat ergeben, dass durch die Verordnung 1/2003 ein grundlegender Systemwechsel auf europäischer Ebene eingeleitet wurde. Durch die unmittelbare Anwendbarkeit des Artikels 81 Abs. 3 EGV, der nunmehr verstärkt dezentralen Anwendung der Art. 81 und 82 EGV durch die nationalen Kartellbehörden und der faktischen Verdrängungswirkung des Art. 81 EGV gegenüber nationalem Wettbewerbsrecht sind auch die nationalen Kartellgesetze, wie an den Änderungen in Deutschland erkennbar, in erheblichem Maße betroffen.

Mit Blick auf die Informationsermittlung ist auf europäischer Ebene eine bedeutende Erweiterung der Befugnisse der Kommission festzustellen. Zusätzlich zu den schon bestehenden Möglichkeiten des Auskunftsverlangens und der Nachprüfung verfügt die Kommission nunmehr auch über die Befugnis, im Rahmen von Nachprüfungen Versiegelungen vorzunehmen, Privaträume und Kraftfahrzeuge von Mitarbeitern eines betroffenen Unternehmens zu überprüfen und Zeugen zu vernehmen. Darüber hinaus sieht die neue Verfahrensverordnung eine deutliche Erhöhung der Sanktionen für Verfahrensverstöße vor. Diese Änderungen erfolgten mit dem Ziel, die Effizienz der Informationsermittlung bei der Durchsetzung der Kartellregeln zu sichern.

Die Ermittlungsinstrumente der Kommission basieren in wesentlichem Umfang auf der Kooperation der Adressaten. Letztere sind zum Teil freiwillig dazu bereit, zum Teil können sie von der Kommission im Rahmen des Einsatzes ihrer Ermittlungsinstrumente dazu verpflichtet werden. Verpflichtende Ermittlungshandlungen stellen insbesondere das formelle Auskunftsverlangen und die Nachprüfungsentscheidung dar. Auch verpflichtenden Charakter haben die bei der Nachprüfung verlangten Unterstützungshandlungen der Adressaten wie Erläuterungen und Mitwirkung

die Verordnung 1/2003 in Art. 12 Abs. 3 VO 1/2003 Regelungen für die Informationsverwertung als Beweis gegen natürliche Personen vor.

beim Auffinden von Unterlagen. Darüber hinaus kann die Kommission im Wege der Amtshilfe auf die Möglichkeiten nationaler Behörden zur zwangsweisen Durchsetzung von Ermittlungen wie das Durchsuchungs- und Beschlagnahmerecht zurückgreifen.

Inhaltlich ähneln sich die Befugnisse der Kommission und der deutschen Kartellbehörden. Eine deutsche Besonderheit ist die Trennung in Verwaltungs- und Bußgeldverfahren, die der einheitlichen Verfahrensgestaltung auf europäischer Ebene gegenüber steht. Auch die Schutzmechanismen des Amtsgeheimnisses sowie des Verbots zweckfremder Verwertung der erlangten Informationen sind in vergleichbarer Weise geregelt.

Im Ergebnis ist für das europäische Kartellverfahren festzuhalten, dass die Kommission umfassende Informationsermittlungsbefugnisse hat, aufgrund derer sie Informationen erlangen kann. Insofern stellt sich die Frage, in welchem Umfang und auf welche Weise die verschiedenen Kategorien von Informationen im Rahmen des Kartellverfahrens geschützt sind.

Teil 3: Auskunftsverweigerungsrecht wegen drohender Selbstbezichtigung

A. Problemstellung

Im Kartellrecht ist die Kommission – wie gesehen – beweispflichtig für den Wettbewerbsverstoß, den sie den Unternehmen vorwirft. Um Beweismaterial zu erlangen, gibt ihr die Verfahrensverordnung 1/2003, wie auch in weniger umfangreichem Maße die frühere Verordnung 17/62, die oben aufgezeigten Ermittlungsinstrumentarien zur Hand. Den Unternehmen, die von einer Untersuchung nach der Verordnung 1/2003 entweder als Betroffene oder auch als unbeteiligte Dritte, von denen die Kommission Informationen über Wettbewerbsverstöße anderer erlangen will, berührt sind, obliegt bei Einsatz bestimmter Ermittlungsbefugnisse die sanktionsbewehrte Verpflichtung, an der Aufdeckung des kartellrechtswidrigen Verhaltens mitzuwirken.[122] Eine solche Pflicht zur Mithilfe bei der Sicherung von Beweisen durch das betroffene Unternehmen selbst zieht jedoch das Problem nach sich, ob die Unternehmen auch Informationen offenbaren müssen, aus denen ein Wettbewerbsverstoß ihrerseits hervorgeht. Dies ist insbesondere im Rahmen von formellen Auskunftsverlangen nach Art. 18 Abs. 3 VO 1/2003 der Fall, bei denen die Adressaten unter Sanktionsandrohung verpflichtet sind, der Kommission umfassend Informationen zu übermitteln. Bei Nachprüfungsentscheidungen beschränkt sich die Kooperationsverpflichtung der Unternehmen grundsätzlich auf die Gewährung von Zutritt und das Zugänglichmachen von Informationen. Dabei ist die Gefahr der Selbstbezichtigung zwar gering, aber denkbar. Deutlich stellt sich das Problem der Selbstbelastung im Rahmen der Nachprüfung aber dann, wenn die Kommission von Mitarbeitern des Unternehmens Erklärungen anfordert (Art. 20 Abs. 1 lit. e VO 1/2003) und sie damit aktiv zur Mitwirkung bei der Aufdeckung des Wettbewerbsverstoßes verpflichtet.

Die existierenden Schutzmechanismen der Verschwiegenheitsverpflichtung der Behörden aufgrund des Amtsgeheimnisses und der Pflicht, die erlangten Informationen nur für den verfolgten Zweck zu nutzen, sind nicht in der Lage, ein möglicherweise bestehendes Auskunftsverweigerungsrecht wegen der Gefahr der Selbstbezichtigung zu ersetzen, da sie in

[122] Siehe die Ausführungen im Rahmen der Untersuchung der jeweiligen Ermittlungsinstrumente zu der Kooperationspflicht der Adressaten, Teil 2, A. II. 1.

zeitlicher Hinsicht zu spät ansetzen. Sie regeln lediglich die Weitergabe und Verwertung von Informationen, die die Kommission im Rahmen ihrer Ermittlungen erlangt hat. Die Frage, ob die Unternehmen überhaupt verpflichtet sein sollten, selbstbelastende Informationen weitergeben zu müssen, ob ihnen also zugemutet werden kann, an ihrer eigenen Überführung eines kartellwidrigen Verhaltens mitwirken zu müssen, behandeln sie hingegen nicht.

Auch die Erfüllung der rechtlichen Erfordernisse bei einer Ermittlungsmaßnahme, wie die Nennung ihrer Rechtsgrundlage und des Zwecks, sind nicht in der Lage zu vermeiden, dass die von der Kommission unter Wahrung dieser Anforderungen verlangten Informationen eventuell selbstbelastender Natur sein können. Selbst die Anregung, die Kommission solle die Art des vermuteten Kartellverstoßes[123] mitteilen, vermag das grundlegende Problem, dass sich Unternehmen trotz dieser erhöhten Anforderung in der Zwangslage sehen können, selbstbelastende Auskünfte preisgeben zu müssen oder anderenfalls Sanktionen ausgesetzt zu sein, nicht zu lösen.

Wirksam geschützt wären die betroffenen Unternehmen in solchen Situationen nur, wenn ihnen das Recht zustünde, Informationen und Auskünfte im Falle der Gefahr der Selbstbezichtigung zu verweigern. Der Grundsatz „nemo tenetur se ipsum accusare“ beschreibt das Recht eines Angeklagten oder Zeugen, nicht an seiner eigenen Überführung mitwirken zu müssen.[124] Unternehmen im Kartellverfahren, denen bei der Verweigerung von Informationen Sanktionen drohen, befinden sich aber grundsätzlich in der Zwangslage, zu einer Auskunft verpflichtet zu sein, auch wenn diese belastend ist.

Stünde den Unternehmen ein höherrangiges, aus dem nemo tenetur-Grundsatz folgendes Gegenrecht bei den Ermittlungen der Kommission zu, obläge ihnen nicht die Pflicht, zur Aufdeckung eigenen wettbewerbswidrigen Verhaltens beizutragen. Ob ihnen im europäischen Kartellrecht ein solches Gegenrecht, das sie den Ermittlungsbefugnissen der Kommission entgegensetzen könnten, gewährleistet wird, ist Gegenstand der nachfolgenden Untersuchung.

---

[123] Dies fordert *Joshua*, ELR 1983, 3, 8.

[124] Der Grundsatz wird gemeinhin auch als „Freiheit von Zwang“ zur Aussage und zur Mitwirkung im Strafverfahren beschrieben (vgl. BVerfGE 38, 105, 113; *Rogall*, S. 59 ff.; *Bosch*, S. 17 ff). Diese Formulierung ist jedoch ungenau, da der Beschuldigte vielfach zur Mitwirkung im Strafverfahren (z. B. zur Anwesenheit in der Hauptverhandlung) verpflichtet ist, so dass der Begriff Mitwirkung nach allgemeiner Ansicht nur eine aktive Beteiligung des Beschuldigten umfassen kann. Ebenso ungenau und widersprüchlich ist eine andere Bezeichnungen des nemo tenetur-Prinzips, diejenige des „Verbots der Selbstbezichtigung“, denn niemandem ist es verboten, sich selbst zu belasten. Vgl. ausführlich zum nemo tenetur-Grundsatz *Bosch*, S. 17 ff.; *Rogall*, S. 59 ff.

B. Rechtliche Verankerung im Gemeinschaftsrecht

I. Verankerung des Auskunftsverweigerungsrechts im geschriebenen Gemeinschaftsrecht

Weder das Primärrecht noch das Sekundärrecht, im Speziellen die Verordnung 1/2003, enthalten einen Grundsatz, nach welchem ein Unternehmen im Rahmen eines Kartellverfahrens Auskünfte verweigern darf, wenn es anderenfalls der Gefahr der Selbstbelastung ausgesetzt würde. Lediglich in Erwägungsgrund 23 der Verordnung 1/2003 findet sich der Hinweis, dass die Betroffenen nicht verpflichtet sind, eine Zuwiderhandlung einzugestehen, jedoch Tatsachen und Unterlagen, die einen Kartellverstoß belegen können, trotzdem vorlegen müssen. In der Verordnung selbst wird jedoch auf diese Problematik nicht mehr eingegangen.

Das in Art. 296 Abs. 1 lit. a EGV geregelte Auskunftsverweigerungsrecht von mitgliedstaatlichen Regierungen kann nicht als Ausdruck des nemo tenetur-Grundsatzes gewertet werden. Diese Vorschrift erlaubt es einem Mitgliedstaat, Informationen auf an ihn gerichtete Auskunftsverlangen zu verweigern, wenn deren Preisgabe nach Ansicht seiner Regierung „wesentlichen Sicherheitsvorschriften" widerspricht. Auch Unternehmen, die in sicherheitsrelevanten Bereichen tätig sind, können unter Berufung auf Sicherheitsinteressen zunächst die Aussage verweigern[125] und die Entscheidung des Mitgliedstaats, ob er auf die Geheimhaltung verzichtet, abwarten. Allerdings beschränkt sich dieses Recht nur auf einen sehr speziellen Wirtschaftssektor, der mit der Herstellung von Rüstungsgütern und ähnlichem betraut ist.[126] Dieses Auskunftsverweigerungsrecht dient auch nicht dem aus dem nemo tenetur-Prinzip folgenden Grundsatz, sich nicht selbst einer sanktionsbewehrten Tat bezichtigen zu müssen, sondern allein der Wahrung von innen- und außenpolitischen Sicherheitsinteressen der Mitgliedstaaten. Es weist von daher eine andere Schutzrichtung auf als das hier diskutierte Auskunftsverweigerungsrecht.

Im geschriebenen Gemeinschaftsrecht nehmen allein Art. 50 § 1 der Verfahrensordnung des Europäischen Gerichtshofs[127], der eine Entscheidungskompetenz des Gerichtshofs bei Zeugen, die die Aussage verweigern, vorsieht, und Art. 69 § 2 Abs. 2 der Verfahrensverordnung des Ge-

[125] Vgl. *Würdinger*, WuW 1964, 579, 583.

[126] Vgl. Lenz/Borchardt-*Kreuschitz*, Art. 296 EGV, Rn. 5 f.

[127] Art. 50 § 1 der Verfahrensordnung des EuGH vom 19.06.1991, ABl. 1991, Nr. L 176, S. 7 besagt: „Lehnt eine Partei einen Zeugen oder Sachverständigen wegen Unfähigkeit, Unwürdigkeit oder aus sonstigen Gründen ab und verweigert ein Zeuge oder Sachverständiger die Aussage, die Eidesleistung oder die dem Eid gleichgestellte feierliche Erklärung, so entscheidet der Gerichtshof".

richts erster Instanz[128] Bezug auf ein dem nemo tenetur-Prinzip entspringendes Aussageverweigerungsrecht. Diese Vorschriften sind jedoch auf das gerichtliche Verfahren und nicht auf das Kartellverfahren zugeschnitten und lassen sich auch durch eine großzügige Auslegung nicht auf dieses übertragen.[129]

Im Rahmen des Gesetzgebungsverfahrens zu der Vorgängerverordnung der Verordnung 1/2003, der Verordnung 17/62, wurde das Auskunftsverweigerungsrecht allerdings angesprochen. Nach einem Bericht von Arved Deringer für den Binnenmarktausschuss[130] beinhaltete der Vorschlag zum damaligen Art. 9 Abs. 4 der VO 17/62 ein Verweigerungsrecht des Auskunftspflichtigen auf Fragen, die ihn, Angehörige oder die von ihnen vertretenen Unternehmen bei der Anwendung der nationalen Prozessordnung zur Zeugnisverweigerung berechtigen würden.[131] Diese Passage wurde von dem Europäischen Parlament in gleicher Form in seine Entschließung zum damaligen Art. 9 VO 17/62 aufgenommen.[132] Der Ministerrat lehnte jedoch den Vorschlag des Parlaments für eine gesetzliche Normierung des Auskunftsverweigerungsrechts ab, so dass dieses auch in der Verordnung 17/62 keine gesetzliche Verankerung erfuhr. Dass die deutsche Regierung bei der Verabschiedung der Verordnung zu Protokoll gegeben hat, sie gehe auch ohne ausdrückliche Regelung von dem Bestehen eines Auskunftsverweigerungsrechts aus,[133] ist insoweit ohne Bedeutung. Bei der angedachten Norm handelte es sich trotz des Verweises auf nationale Vorschriften um eine Regelung im europäischen Recht. Eine Art Selbstbindung Deutschlands kann daran nichts ändern, da sich das europäische Wettbewerbsrecht nach europäischen Normen richtet und sich die Kommission bei ihren Ermittlungen lediglich an europäischem Verfahrensrecht messen lassen muss.

Fraglich ist jedoch, ob die Tatsache, dass sich in den Gesetzestexten keine Anhaltspunkte für ein Auskunftsverweigerungsrecht im Kartellrecht finden, auf ein „beredtes Schweigen" schließen lässt, welches gegen die Existenz eines Auskunftsverweigerungsrechts spräche.[134] Dieser Gedan-

[128] Die Regelung des Art. 69 § 2 Abs. 2 der Verfahrensverordnung des EuG vom 02.05.1991, ABl. 1991, Nr. L 136, S. 1, lautet: „ Die gleiche Geldbuße kann gegen einen Zeugen verhängt werden, der ohne berechtigten Grund die Aussage, die Eidesleistung oder gegebenenfalls die dem Eid gleichgestellte feierliche Erklärung verweigert."

[129] Vgl. *Hanebuth*, S. 240 ff.; *Weiß*, S. 360.

[130] Deringer-Bericht, Sitzungsdokumente des Europäischen Parlaments 1961–62, Dokument 57, S. 29. Vgl. auch die Schilderung von *Deringer*, WuW 1988, 933, 942.

[131] Deringer-Bericht, Sitzungsdokumente des Europäischen Parlaments 1961–62, Dokument 57, S. 43.

[132] ABl. vom 15.11.1961, S. 1406, 1413.

[133] Vgl. *Kühlhorn*, WuW 1986, 7, 11.

[134] So GA *Slynn* in seinen Schlussanträgen zu der Rechtssache „AM & S", Slg. 1982, 1575, 1659 f.; GA *Darmon* in Schlussanträgen zur Rechtssache „Orkem", Slg. 1989, 3283, 3324; Rn. 88; 3326, Rn. 93; 3334, Rn. 123; *Kreis*, RIW 1981, 281, 285; *Schwarze* in Schwarze, Der Gemeinsame Markt, S. 159, 165, m. w. N.

kengang lässt allerdings unbeachtet, dass die Gründe für die Ablehnung eines Auskunftsverweigerungsrechts im Gesetzgebungsverfahren zu der Verordnung 17/62 durch den Rat nicht grundsätzlicher Natur waren. Er führte gegen die Einbeziehung des Vorschlags des Parlaments lediglich an, es seien erst noch gründliche Untersuchungen zu der Anwendung und Tragweite des Rechts in den Mitgliedstaaten erforderlich, da der Bezug auf die nationalen Prozessordnungen die Gefahr der unterschiedlichen Reichweite des Rechts nach sich zögen.[135] Dies macht deutlich, dass der Rat nicht ein Auskunftsverweigerungsrecht wegen drohender Selbstbezichtigung als solches ablehnte, sondern den im Vorschlag des Parlaments enthaltenen Bezug zum nationalen Recht, der die Gefahr einer unterschiedlichen Rechtsgestaltung in der Gemeinschaft mit sich brachte. Die Entstehungsgeschichte der Kartellverfahrensordnungen lässt damit nicht den Schluss zu, dass das Fehlen einer Regelung des Auskunftsverweigerungsrechts im Gemeinschaftsrecht als grundsätzliche Ablehnung eines solchen verstanden werden muss.[136]

Bis heute gibt es im geschriebenen Gemeinschaftsrecht lediglich den Hinweis in Erwägungsgrund 23 der VO 1/2003, aber keine geschriebene gesetzliche Regelung über ein Auskunftsverweigerungsrecht wegen drohender Selbstbezichtigung betroffener Unternehmen im Kartellverfahren, so dass festgehalten werden kann, dass insoweit eine Regelungslücke besteht.

II. Existenz eines allgemeinen Rechtsgrundsatzes zum Auskunftsverweigerungsrecht

Die existierende Lücke im europäischen Recht könnte durch einen ungeschriebenen allgemeinen Rechtsgrundsatz, der betroffenen Unternehmen im Kartellverfahren ein Auskunftsverweigerungsrecht einräumt, auszufüllen sein. Um die Frage nach einem bestimmten allgemeinen Rechtsgrundsatz mit konkretem Inhalt klären zu können, ist vorab eine Untersuchung des Instituts der allgemeinen Rechtsgrundsätze in grundsätzlicher Weise erforderlich, um so Erkenntnisse über die Gewinnungsmethodik allgemeiner Rechtsgrundsätze zu erhalten.

[135] Siehe *Deringer*, WuW 1988, 933, 942; *Hermanns*, Ermittlungsbefugnisse, S. 137; *Schumacher*, WuW 1962, 475, 475; *Sedemund* in Schwarze, Verwaltungsrecht im Werden, S. 45, 58.; a. A. *Schwarze* in Schwarze, Der Gemeinsame Markt, S. 165; GA *Darmon* in Schlussanträgen zur Rechtssache „Orkem“, Slg. 1989, 3283, 3324; Rn. 88; 3326, Rn. 93; 3334, Rn. 123.

[136] Ebenso *Hermanns*, Ermittlungsbefugnisse, S. 137; *Canenbley*, S. 74, 84; *Schumacher*, WuW 1962, 475, 475; *Sedemund* in Schwarze, Verwaltungsrecht im Werden, S. 45, 57 f.

1. Das Institut der allgemeinen Rechtsgrundsätze

Die allgemeinen Rechtsgrundsätze sind als Bestandteil des Gemeinschaftsrechts in Art. 6 Abs. 2 EU-Vertrag (im Folgenden auch „EUV") erwähnt. Danach achtet die Union die Grundrechte, wie sie in der Europäischen Menschenrechtskonvention gewährleistet sind und wie sie sich aus den gemeinsamen Verfassungsüberlieferungen der Mitgliedstaaten als allgemeine Grundsätze des Gemeinschaftsrechts ergeben.

Bei der Begrifflichkeit der allgemeinen Rechtsgrundsätze bestehen Differenzen, da die Terminologie sowohl vom Gerichtshof als auch in der Literatur uneinheitlich ist.[137] Im Wesentlichen beschränken sich jedoch die Unterschiede allein auf die Wortwahl und haben keine rechtlichen Auswirkungen auf die Inhalte der Rechtsgrundsätze.[138]

Zu den allgemeinen Rechtsgrundsätzen zählen neben den Gemeinschaftsgrundrechten insbesondere die rechtsstaatlich gebotenen Garantien des Verwaltungsverfahrens.[139] Das Konzept der allgemeinen Rechtsgrundsätze, wie es im Europarecht Anwendung findet, entstammt dem französischen Recht, wonach einem Rechtssystem die sogenannten „principes généraux du droit" immanent sind und vom Richter in seiner Entscheidung lediglich „erkannt" werden.[140]

Im Zusammenhang mit dem Institut der allgemeinen Rechtsgrundsätze ist insbesondere von Interesse, weshalb sie überhaupt notwendig sind, wer befugt ist, allgemeine Rechtsgrundsätze zu ermitteln und welcher Methodik die Rechtsgewinnung unterliegt.

a) Notwendigkeit allgemeiner Rechtsgrundsätze

Die Notwendigkeit der Entwicklung allgemeiner Rechtsgrundsätze, die zum ungeschriebenen Teil des Gemeinschaftsrechts zählen, liegt in der

137 Siehe die Übersicht über die verschiedenen verwendeten Begriffe: *Pernice*, S. 27 ff.; *Schwarze*, Europäisches Verwaltungsrecht, S. 63; *Rengeling*, EuR 1984, 331, 341.

138 Zumindest trifft dies auf die vom EuGH verwendete Wortwahl zu. Er benutzt neben dem Begriff der „allgemeinen Rechtsgrundsätze" (zum Beispiel EuGH „Meiko-Konservenfabrik", Slg. 1983, 2539, 2548, Rn. 11) Ausdrücke wie „allgemeine Grundsätze des Gemeinschaftsrechts" (EuGH „Heylens", Slg. 1987, 4097, 4117, Rn. 14), „fundamentale Grundsätze des Gemeinschaftsrechts (EuGH „Französische Republik./. Kommission", Slg. 1987, 4393, 4415, Rn. 12) und „tragende Grundsätze" (EuGH „Glöckner Werke/Hoesch", Slg. 1962, 653, 691). Diese Begriffe enthalten jedoch keine inhaltlichen Bedeutungsunterschiede, sondern stellen lediglich unterschiedliche Bezeichnungen für ein rechtliches Institut dar (vgl. auch *Schwarze*, Europäisches Verwaltungsrecht, S. 63). Anders als der Gerichtshof benutzen Vertreter in der Literatur gezielt unterschiedliche Begrifflichkeiten, um innerhalb der allgemeinen Rechtsgrundsätze je nach Geltungsgrund und Rang zu differenzieren und zu systematisieren, siehe *Rengeling*, EuR 1984, 331, 342 f.; *Schwarze*, Europäisches Verwaltungsrecht, S. 63; Groeben/Thiesing/Ehlermann-*Krück*, Art. 164 EGV, Rn. 22.

139 Vgl. Groeben/Thiesing/Ehlermann-*Beutler*, Art. F EUV, Rn. 54.

140 Vgl. *Bleckmann*, Europarecht, S. 216, Rn. 580; *Chaltiel*, RMC 1997, 34, 36.

Lückenhaftigkeit des Gemeinschaftsrechts begründet.[141] Ausschlaggebend hierfür sind die Art des Zustandekommens und das Wesen des Gemeinschaftsrechts, das nur als Teilrechtsordnung konzipiert ist und sich in erster Linie mit wirtschaftlichen und sozialen Sachverhalten befasst. Zudem ist die Gemeinschaftsrechtsordnung dauerhaft in der Entwicklung befindlich und offen gestaltet, um dem Vertragsziel der fortschreitenden Integration, wie sie unter anderem in Art. 2 EUV und Art. 2 EGV zum Ausdruck kommt, Rechnung tragen zu können.[142] Dem Ausfüllen der Lücken kommt somit eine gesteigerte Bedeutung zu. Aufgrund der Schwerfälligkeit und der nicht seltenen Handlungsunfähigkeit des Gemeinschaftsgesetzgebers kann nur in beschränktem Maße auf geschriebene Normen Rückgriff genommen werden.[143] Häufig sind lediglich die europäischen Gerichte (in der Vergangenheit der EuGH) in der Lage, durch richterliche Rechtsfortbildung die Weiterentwicklung des gemeinschaftlichen Systems zu übernehmen und damit die rechtsstaatliche Legitimation und Funktionsfähigkeit des Gemeinschaftsrechtssystems zu sichern.[144]

b) *Kompetenz der europäischen Gerichte zur Ermittlung allgemeiner Rechtsgrundsätze*

Wegen des in den Gemeinschaftsverträgen enthaltenen Prinzips der enumerativen Einzelermächtigung[145] muss die Kompetenz der europäischen Gerichte zur Ermittlung allgemeiner Rechtsgrundsätze aus den Verträgen hervorgehen.

Eine solche Zuweisung findet sich in Art. 220, 230 EGV.[146] Beide Artikel behandeln den Gerichtshof als Organ der Gemeinschaft, das aus dem EuGH und dem Gericht erster Instanz gebildet wird.[147]

Nach Art. 220 EGV obliegt den europäischen Gerichten die Wahrung des Rechts bei der Auslegung und Anwendung des Vertrages. In der Ver-

[141] Vgl. *Beutler/Bieber/Pipkorn/Streil*, S. 219, Rn. 377; *Constantinesco*, S. 815; Lenz/Borchardt-*Borchardt*, Art. 220 EGV, Rn. 22.

[142] Vgl. *Schwarze*, Europäisches Verwaltungsrecht, S. 63; *ders.* in Schwarze, Verwaltungsrecht im Werden, S. 11; *Lindemann*, S. 33.

[143] Vgl. *Schwarze* in Schwarze, Der Europäische Gerichtshof, S. 11, 13; *Kirchhoff*, DB 1989, 2261, 2262.

[144] Ein prägnantes Beispiel ist die richterrechtliche Entwicklung eines Grundrechtsschutzes auf Gemeinschaftsebene sowie die Ausarbeitung der rechtsstaatlichen Grundsätze des Verwaltungsrechts in Teilbereichen des insoweit Lücken aufweisenden Primär- und Sekundärrechts, vgl. statt vieler *Rengeling*, Grundrechtsschutz, S. 165 ff.

[145] Die Rechtssetzungsorgane der Gemeinschaften bedürfen zur Regelung einer Materie einer ausdrücklichen Kompetenzzuweisung in den Gründungsverträgen. Dieses Prinzip der enumerativen Einzelermächtigung ist ausdrücklich in Art. 5 EUV und Art. 5 Abs. 1 EGV verankert.

[146] Siehe Lenz/Borchardt-*Borchardt*, Art. 220 EGV, Rn. 22; *Streinz*, Europarecht, S. 138, Rn. 356. Vgl. auch die allgemeinen Ausführungen zur Rolle der rechtsprechenden Gewalt in der europäischen Integration von *Zuleeg*, JZ 1994, 1 ff.

[147] Vgl. Lenz/Borchardt-*Borchardt*, Art. 220 EGV, Rn. 2.

wendung des Wortes „Recht“ kommt ein weiter materieller Rahmen und die Konzeption der Gemeinschaft als Rechtsgemeinschaft zum Ausdruck, die auch in den Gründungsverträgen eine spezifische Verankerung gefunden hat.[148] Zudem ist der Begriff des „Rechts“ von dem sonst üblichen Bezugsmaßstab „Vertrag“ insoweit abgegrenzt, als ihm eine allgemeine, über die lediglich geschriebene Bestimmung hinausgehende Reichweite beigemessen wird.[149]

Einen weiteren Anhaltspunkt für die Kompetenz zur Bestimmung allgemeiner Rechtsgrundsätze bietet Art. 230 EGV, wonach der Gerichtshof über die Rechtmäßigkeit der Gemeinschaftsorgane wacht. Dieser Aufgabe kann er nur gerecht werden, wenn er die Befugnis hat, die dafür erforderlichen Kontrollkriterien und -maßstäbe herauszuarbeiten.[150] Nur so ist es ihm auch möglich, auf die fortschreitende Integration und Dynamisierung des Gemeinschaftsrechts zu reagieren.

Die Notwendigkeit eines rechtsfortbildenden Tätigwerdens zum Ausfüllen von Lücken hat auch der EuGH selbst schon im Jahre 1957 in seinem „Algera“ Urteil[151] erkannt, in welchem er sich nach Feststellen einer Regelungslücke im Vertrag verpflichtet fühlte, eine Entscheidung zu treffen, um sich nicht dem Vorwurf der Rechtsverweigerung auszusetzen.[152]

Zusammenfassend ist es den europäischen Gerichten mithin auf der Basis der Art. 220, 230 EGV möglich, zum Ausfüllen von Lücken im geschriebenen Gemeinschaftsrecht durch die Entwicklung allgemeiner Rechtsgrundsätze rechtsfortbildend tätig zu werden.

c) Inhalt und Rang allgemeiner Rechtsgrundsätze

Der Gerichtshof hat im Laufe seiner Rechtsprechung zahlreiche allgemeine Rechtsgrundsätze des Gemeinschaftsrechts unterschiedlichen Inhalts entwickelt. Diese bezogen sich zum einen auf Individualrechtspositionen wie beispielsweise der allgemeine Gleichheitssatz,[153] der Grundsatz des rechtlichen Gehörs,[154] der Grundsatz des Vertrauensschutzes,[155] die Grundsätze über den Widerruf von Verwaltungsakten[156] und der Verhält-

---

[148] Darauf stützt sich auch die Folgerung, dass das geschriebene Gemeinschaftsrecht zu entwickelnder und zu konkretisierender ungeschriebener Rechtsgrundsätze bedarf, vgl. *Girnau*, S. 33.

[149] In diesem Sinne Groeben/Schwarze-*Gaitanides,* EU-/EG-Kommentar, Bd. 4, Art. 220 EGV, Rn. 18.

[150] Siehe nur EuGH „Internationale Handelsgesellschaft“, 1970, 1125, 1135, Rn. 4.

[151] EuGH „Algera“, Slg. 1957, 83, 118.

[152] EuGH „Algera“, Slg. 1957, 83, 118.

[153] Vgl. zum Beispiel EuGH „Groupement des hauts fourneaux et anciéries belges./. Hohe Behörde“, Slg. 1958, 231, 257.

[154] Siehe nur EuGH „SNUPAT“, Slg. 1961, 111, 169.

[155] Vgl. nur EuGH „van Deetzen“, Slg. 1991 I, 5119, 5153, Rn. 13–19.

[156] Vgl. nur EuGH „Algera“, Slg. 1957, 83, 118.

nismäßigkeitsgrundsatz[157]. Zum anderen hat der Gerichtshof objektive Strukturprinzipien als allgemeine Rechtsgrundsätze ermittelt. Als Beispiel seien die Grundsätze der rechtsschutzintensiveren Auslegung[158] und der ordentlichen Verwaltungsführung[159] genannt.[160]

Für die Bestimmung des Rangs eines entwickelten allgemeinen Rechtsgrundsatzes sind sein Inhalt und sein Bedeutungsgehalt ausschlaggebend.[161] Trägt ein allgemeiner Rechtsgrundsatz in erster Linie Prinzipien des Primärrechts oder Rechtsnormen mit primärrechtlichem Charakter Rechnung, dann ist er dem Primärrecht im Rang gleichgestellt. Ist ein allgemeiner Rechtsgrundsatz im Sekundärrecht verankert, so ist er auch dort anzusiedeln. Die Trennungslinie verläuft für gewöhnlich zwischen verfassungsrechtlichen, insbesondere grundrechtlichen und rechtsstaatlich bedeutsamen Rechtssätzen und verwaltungsrechtlichen Grundsätzen.[162]

Die entwickelten Rechtsgrundsätze binden die Gemeinschaften und ihre Organe. Sie haben im Falle primärrechtlichen Rangs auch die Funktion von Auslegungskriterien für das Sekundärrecht und bilden insoweit einen Rechtmäßigkeitsmaßstab. So hat der Gerichtshof bereits mehrfach Sekundärrecht wegen eines Verstoßes gegen allgemeine Rechtsgrundsätze, wie den Verhältnismäßigkeitsgrundsatz[163], den Grundsatz des Vertrauensschutzes[164] oder den Gleichheitssatz[165] für nichtig erklärt. Ferner hat er von einer primärrechtskonformen, also an den Rechtsgrundsätzen orientierten Auslegung des Sekundärrechts Gebrauch gemacht, indem er Sekundärrecht so auslegte, dass den Anforderungen übergeordneter allgemeiner Rechtsgrundsätze genügt wurde.[166]

---

[157] Statt vieler EuGH „Fédération charbonnière de Belgique./.Hohe Behörde“, Slg. 1956, 297, 311; „Testa“, Slg. 1980, 1979, 1997 f., Rn. 21; „National Panasonic“, Slg. 1980, 2033, 2059 f., Rn. 28; „Denkavit“, Slg. 1984, 2171, 2185, Rn. 25.

[158] Vgl. nur EuGH „Humblet“, Slg. 1960, 1163, 1189.

[159] Vgl. nur EuGH „Société des usines à tubes de la sarre“, Slg. 1957, 213, 234; „Guillot“ 1974, 791, 803, Rn. 3/5.

[160] Siehe weitere Beispiele für allgemeine Rechtsgrundsätze bei *Lecheler*, S. 145 ff. und *Kakouris* in Ilioppoulos-Stangas, Grundrechtsschutz im europäischen Raum, S. 183, 193 ff.

[161] Vgl. *Bleckmann*, Studien zum Gemeinschaftsrecht, S. 104; *Schwarze*, Europäisches Verwaltungsrecht, S. 68 f.; *Streinz*, Europarecht, S. 137, Rn. 354.

[162] Vgl. *Ipsen*, Europäisches Gemeinschaftsrecht, S. 732 ff.; *Schwarze*, Europäisches Verwaltungsrecht, S. 69.

[163] Vgl. nur EuGH „SA Buitoni“, Slg. 1979, 677, 684 f., Rn. 16/18.

[164] Vgl. zum Beispiel EuGH „Comptoir National Technique Agricole“, Slg. 1975, 533, 549, Rn. 44; „Spagl“, Slg. 1990 I, 4539, 4577, Rn. 8.

[165] Vgl. statt vieler EuGH „Ruckdeschel u. a.“, Slg. 1977, 1753, 1769 f., Rn. 4 ff.

[166] Ein Beispiel hierfür ist die Auslegung des ehemaligen Art. 14 VO 17/62, der die Nachprüfungsbefugnis im Kartellverfahren betraf, dergestalt, dass dem Rechtsgrundsatz des Schutzes der Vertraulichkeit anwaltlichen Briefverkehrs Rechnung getragen wurde (EuGH „AM & S“, Slg. 1982, 1575, 1611, Rn. 22 ff.). Dazu auch näher unten Teil 4.

d) Methodik und Quellen der Rechtsgewinnung

Methodisch orientieren sich die europäischen Gerichte bei der Gewinnung von Rechtsprinzipen an verschiedenen Quellen, aus denen sich Anhaltspunkte für die Existenz eines allgemeinen Rechtsgrundsatzes ergeben. Insbesondere die Grundsätze des Gemeinschaftsrechts, die Rechtsordnungen der Mitgliedstaaten und völkerrechtliche Verträge bieten eine Grundlage und einen Anknüpfungspunkt für die Erarbeitung von Prinzipien und Wertungen zu einem allgemeinen Rechtsgrundsatz.[167] Darüber hinaus stellt sich die Frage, welche Bedeutung die Charta der Grundrechte bei der Erarbeitung allgemeiner Rechtsgrundsätze spielt bzw. in Zukunft spielen wird.

aa) Bedeutung des geschriebenen Gemeinschaftsrechts

Der EuGH hat wiederholt Rechtsgrundsätze entwickelt, indem er an primären und sekundären gemeinschaftsrechtlichen Normen oder Prinzipien anknüpft und den darin zugrunde liegenden Gedanken und Inhalt herausarbeitet.[168] Er erachtet dabei bestimmte Regeln des Vertrags oder des abgeleiteten Rechts als einfachen Ausdruck der Grundrechte.

Insofern haben die Ziele, Kompetenznormen, Einzelregelungen und einzelne Gewährleistungen im europäischen Recht besondere Bedeutung bei der Bestimmung von Inhalt und Grenzen allgemeiner Rechtsgrundsätze.

bb) Gemeinsame Verfassungsüberlieferungen und völkerrechtliche Verträge

Für die Entwicklung der allgemeinen Rechtsgrundsätze führt der Gerichtshof in ständiger Rechtsprechung seit der Rechtssache „Nold“[169] aus, dass die gemeinsamen Verfassungsüberlieferungen der Mitgliedstaaten und die internationalen Verträge über den Schutz der Menschenrechte, an deren Abschluss die Mitgliedstaaten beteiligt waren oder denen sie beigetreten sind, Berücksichtigung finden.[170]

aaa) Bedeutung der mitgliedstaatlichen Rechtsordnungen

Bei der Gewinnung allgemeiner Rechtsgrundsätze bieten die Rechtsordnungen der Mitgliedstaaten einen Vorrat von Lösungsmöglichkeiten.[171]

---

[167] Vgl. *Beutler*, RIW 1982, 820, 825; *Lenz/Mölls*, WuW 1991, 771, 778 f.

[168] Zum Beispiel für den Gleichheitssatz, EuGH „Ruckdeschel u.a.“, Slg. 1977, 1753, 1769 f., Rn. 4 ff.; für das rechtliche Gehör, EuGH „Musique diffusion française“, Slg. 1983, 1825, 1880, Rn. 10. Einen guten Überblick über weitere aus dem Gemeinschaftsrecht entwickelten Grundrechte bieten *Manchini/Bucci* in Ilipoulos-Strangas, Grundrechtsschutz im europäischen Raum, S. 208, 210 f.

[169] EuGH „Nold“, Slg. 1974, 491 ff.

[170] So EuGH „Nold“, Slg. 1974, 491, 507, Rn. 13; „Schräder“, Slg. 1989, 2237, 2267 f., Rn. 14.

[171] Vgl. *Hirsch* in Kreuzer/Scheuing/Sieber, S. 9, 11.

Ein Rückgriff auf rechtsvergleichende Untersuchung ist insbesondere dann von Interesse, wenn bei der Ermittlung von Inhalt und Grenzen der Rechtsgrundsätze das geschriebene Gemeinschaftsrecht nur begrenzte Anhaltspunkte bietet. Die Anlehnung an nationale Vorschriften ermöglichte es den europäischen Gerichten, die allgemeinen Rechtsgrundsätze zwar unter Rückkopplung an die nationalen Rechtstraditionen[172] und unter Berücksichtigung der ideengeschichtlichen Verwurzelung des Grundrechtsschutzes[173] zu entwickeln, aber aufgrund der Erarbeitung eines autonomen Systems auf gemeinschaftsrechtlicher Ebene einer Kontrolle von europäischen Rechtsakten am Maßstab nationaler Grundrechte die Grundlage zu entziehen.[174]

Der Gerichtshof macht hierbei deutlich, dass er sich nicht an die in den Mitgliedstaaten gefundenen Lösungen gebunden sieht. Sie dienen ihm vielmehr als Anregungen für Lösungen und stellen damit Rechtserkenntnisquellen dar.[175]

Auch wenn demnach keinerlei strikte Bindung des Gerichtshofs an seine Rechtserkenntnisquellen zu verzeichnen ist, bleibt die Frage, ob sich eine Orientierung des Gerichtshofs bei der Entwicklung allgemeiner Rechtsgrundsätze in Form eines Maximal- oder Minimalstandards feststellen lässt. Während nach Ersterem keine Maßnahme rechtens sein kann, die mit den von den Verfassungen der Mitgliedstaaten anerkannten und geschützten Grundrechten unvereinbar ist,[176] bedeutet die Minimalorientierung, dass die Anerkennung eines Rechtsgrundsatzes nur dann erfolgt, wenn er in irgendeiner Form in jedem Mitgliedstaat vorhanden ist.[177]

Einige Entscheidungen des Gerichtshofs[178] wurden – ohne dass dies in einer Gesamtschau des jeweiligen Urteils zu überzeugen vermag[179] – im

---

[172] Vgl. *Ress/Ukrow*, EuZW 1990, 499, 500.

[173] Vgl. *Pauly*, EuR 1998, 242, 254.

[174] Siehe in diesem Sinne *Schockweiler*, EuR 1996, 123, 124.

[175] Dies zeigt auch die Wortwahl: vgl. EuGH „Algera", Slg. 1957, 83, 118, in dem die entsprechende Frage „unter *Berücksichtigung* der in Gesetzgebung, Lehre und Rechtsprechung der Mitgliedstaaten anerkannten Regeln" entschieden wird (Hervorhebungen von der Verf.). Vgl. auch *Gillmeister*, S. 215; *Streinz*, Europarecht, S. 134, Rn., 361.

[176] Vgl. die Definition bei EuGH „Nold", Slg. 1974, 491, 507, Rn. 13; EuGH „Schräder", Slg. 1989, 2237, 2267 f., Rn. 14.

[177] Vgl. die Definition bei *Schwarze*, Europäisches Verwaltungsrecht, S. 69.

[178] Für den Minimalstandard wird neben der Rechtssache „Hoechst" (Slg. 1989, 2859, 2924, Rn. 17) insbesondere die Rechtssache „Orkem" (Slg. 1989, 3283 ff.) angeführt, in welcher der Gerichtshof den untersuchten Rechtsgrundsatz ablehnte, da er nicht in allen Rechtsordnungen aufzufinden war. Vertreter dieser mittlerweile nicht mehr aktuellen Theorie: *Heldrich*, JZ 1960, 681, 685.

[179] Das in obiger Fußnote genannte Argument, das Urteil „Orkem" sei ein Beleg für die Orientierung des EuGH an einem Minimalstandard, ist nicht überzeugend. Denn der EuGH hat nie zum Ausdruck gebracht, dass es ein notwendiges Erfordernis ist, ei-

Sinne einer Minimalorientierung interpretiert, andere deuten eine Maximalorientierung des EuGH[180] an.

Die Rechtsprechungspraxis ergibt jedoch, dass der EuGH sich nicht scheut, den Schutz von Grund- und Verfahrensrechten auch dann zu gewährleisten, wenn sie in der Verfassungsordnung nicht aller Mitgliedstaaten verankert sind.[181] Er orientiert sich somit nicht am „kleinsten gemeinsamen Nenner" in den mitgliedstaatlichen Rechtsordnungen, was einem Minimalstandard entspräche. Damit trägt er dem Umstand Rechnung, dass die Unterschiede in den Rechtsordnungen der Mitgliedstaaten oftmals historisch bedingt sind, so dass man aus dem Fehlen einer Gewährleistung in einem Staat nicht auf eine grundsätzliche Negierung der entsprechenden Garantie schließen kann.[182] Gleichzeitig hat der Gerichtshof aber auch der Methodik des Maximalstandards in der Rechtssache „Hoechst" mit der Ablehnung des relativ hohen deutschen Schutzstandards in Bezug auf Geschäftsräume eine Absage erteilt.[183]

Der Gerichtshof trifft somit grundsätzliche Wertentscheidungen im Gemeinschaftsrecht nicht implizit bereits durch die Wahl einer bestimmten Methode, sondern auf der Basis einer Begründung, die nach Erkenntnisgewinnung aus verschiedenen Rechtsordnungen zu einer gemeinschaftsadäquaten Lösung führt.

Ein sinnvoller Weg zur Gewinnung allgemeiner Rechtsgrundsätze wäre, im Wege der wertenden Rechtsvergleichung für die konkrete Fragestellung die beste Lösung zu suchen und dabei den wirtschaftlichen,

---

nen Rechtsgedanken in allen Mitgliedstaaten vorzufinden. So hat er sich genau in dem „Orkem" Urteil nicht damit begnügt, zu statuieren, dass der allgemeine Rechtsgrundsatz nicht in jedem Mitgliedstaat zu finden ist, sondern prüfte darüber hinaus noch die EMRK und den Internationalen Pakt über bürgerliche und politische Rechte (vgl. EuGH „Orkem", Slg. 1989, 3283, 3350 f., Rn. 29 ff.). Ginge er tatsächlich davon aus, dass ein Grundsatz für sein Bestehen in jedem Mitgliedsland zu finden sein müsste, ist nicht nachvollziehbar, weshalb er, nachdem er schon das Nichtbestehen des geprüften Rechts in einigen Rechtsordnungen festgestellt hat, darüber hinaus noch völkerrechtliche Verträge prüft. Vgl. dazu auch *Weiß*, S. 51, 57 ff.

[180] Beispiele für eine Maximalorientierung des EuGH sind seine Urteile „Nold", Slg. 1974, 491, 507, Rn. 13 und „Schräder", Slg. 1989, 2237, 2267 f., Rn. 14.

[181] Beispiel hierfür ist die Berufsfreiheit, die außerhalb von Deutschland nur teilweise und dann in unterschiedlicher Intensität geschützt ist, vgl. EuGH „Nold", Slg. 1974, 491, 507, Rn. 14. Vgl. auch Grabitz/Hilf-*Pernice*, Art. 164, Rn. 60; *Hirsch* in Kreuzer/Scheuing/Sieber, S. 9, 12; *Sobotta*, S. 300 f.

[182] Vgl. Grabitz/Hilf-*Pernice*, Art. 164, Rn. 60.

[183] Vgl. EuGH „Hoechst", Slg. 1989, 2859, 2924, Rn. 17 ff. Der Maximalstandard birgt das Problem in sich, dass die Feststellung eines Prinzips zumeist mit der Abwägung zu Lasten anderer Prinzipien – oftmals Grundrechten – einhergeht. Eine solche Vorgehensweise gestaltet sich zumindest dann schwierig, wenn sich Maximalpositionen wie zum Beispiel der Schutz von Menschenwürde und die Meinungsfreiheit oder der Lebensschutz des Ungeborenen und die Selbstbestimmung der Frau in verschiedenen Mitgliedstaaten widersprechen.

sozialen und politischen Zusammenhängen Rechnung zu tragen.[184] Dies ermöglicht die Berücksichtigung der Besonderheit der Europäischen Gemeinschaft als supranationalem Gebilde mit spezifischen Zielen und Zwecken. Bei der Entwicklung eines allgemeinen Rechtsgrundsatzes sind die Lösungen in den Mitgliedstaaten zur Kenntnis zu nehmen, zu vergleichen, zu werten und abzuwägen. Besonders deutlich zeigt sich diese Art der Rechtsgewinnung in den Schlussanträgen der Generalanwälte.[185] Auch wenn sich der Gerichtshof nicht ausdrücklich zu einer solchen Vorgehensweise bekennt, legt er bei der Entwicklung allgemeiner Rechtsgrundsätze oftmals die vom Generalanwalt erfolgten rechtsvergleichenden Ausführungen zugrunde und sucht unter Berücksichtigung der gemeinschaftsrechtlichen Dimension der zu ermittelnden Rechte nach einer angemessenen Regelung.[186] Deutlich ist allerdings, dass für den Gerichtshof die Herausarbeitung eines konsequenten Systems zur Gewinnung allgemeiner Rechtsgrundsätze nachrangige Bedeutung hat gegenüber dem Bestreben, die effektive und einheitliche Anwendung von Zielen und Zwecken des Gemeinschaftsrechts[187] sicherzustellen.

Zusammenfassend kann lediglich festgehalten werden, dass nach der Methodik des Gerichtshofs die Verfassungen der Mitgliedstaaten Anregungen und Erkenntnisse für eventuelle Lösungen geben können, die unter Berücksichtigung der gemeinschaftsrechtlichen Dimension zu einem mit der Struktur und den Zielen der Gemeinschaft zu vereinbarenden Rechtssatz führen.

bbb) Bedeutung völkerrechtlicher Verträge

Weitere Anknüpfungspunkte für die inhaltliche Konkretisierung allgemeiner Rechtsgrundsätze sind internationale Verträge über den Schutz der Menschenrechte, an deren Abschluss die Mitgliedstaaten beteiligt waren. Auch diese stellen für die europäischen Gerichte lediglich Erkenntnisquellen für mögliche Lösungen dar.[188]

---

[184] Vgl. Grabitz/Hilf-*Pernice/Meyer,* nach Art. 6 EUV, Rn. 49; Groeben/Schwarze-*Beutler,* EU-/EG-Kommentar, Bd. 1, Art. 6 EUV, Rn. 63; *Hegels*, S. 38 ff.; Lenz/Borchardt-*Borchardt,* Art. 220 EGV, Rn. 28 f.; *Oppermann,* Europarecht, S. 186, Rn. 483; *Pernice,* NJW 1990, 2409, 214; *Nicolaysen,* S. 120; *Schwarze,* Europäisches Verwaltungsrecht, S. 70 ff.

[185] Siehe als Beispiele hierfür die folgenden Schlussanträge von Generalanwälten: GA *Gand*, EuGH „Kampfmeyer", Slg. 1967, 331, 367; GA *Roemer*, EuGH „Klomp", Slg. 1969, 43, 53 ff.; GA *Slynn*, EuGH „AM & S", Slg. 1982, 1575, 1651 ff.

[186] Vgl. nur die rechtsvergleichenden Ausführungen des GA *Slynn* in der Rechtssache „AM & S", Slg. 1982, 1575, 1651 ff., die dem Urteil des EuGH als Basis dienten („AM & S", Slg. 1982, 1575, 1610 f., Rn. 19 ff.).

[187] Siehe dazu noch näher unten Teil 3, B. II. 1. d) cc).

[188] Dies zeigt das Urteil des EuGH „Nold", (Slg. 1974, 491, 507, Rn. 13), wonach internationale Verträge „*Hinweise*" geben, die zu „*berücksichtigen*" sind. Die Formu-

Ein völkerrechtlicher Vertrag, auf den der EuGH bei der Entscheidungsfindung zurückgegriffen hat, ist der Internationale Pakt über bürgerliche und politische Rechte.[189] Als wichtigster internationaler Vertrag, der Anhaltspunkte für Grundrechte bzw. grundrechtsgleiche Rechte auf gemeinschaftsrechtlicher Ebene gibt, kann aber seit der „Rutili" Entscheidung[190] die Europäische Konvention zum Schutz der Menschenrechte und Grundfreiheiten vom 4. November 1950 (im Folgenden „EMRK") bezeichnet werden. Obwohl einige Urteile den Schluss nahe legen, der Gerichtshof würde die EMRK als verbindlichen Mindeststandard für die Gemeinschaft ansehen,[191] beruft er sich in anderen Urteilen auf seine ständige Rechtsprechung[192] und fügt hinzu, dass die völkerrechtlichen Verträge einschließlich der EMRK nur „Hinweise" geben würden, wenngleich der EMRK eine „besondere Bedeutung" zukäme.[193] In Konsequenz sehen sich die europäischen Gerichte auch nicht an die Rechtsprechung der jeweiligen Straßburger Instanzen, welche früher die Kommission für Menschenrechte war und seit dem 1. November 1998 ein nur noch mit hauptamtlichen Richtern besetzter Gerichtshof für Menschenrechte ist,[194] gebunden.[195] Festzuhalten ist, dass die EMRK ebenso wie die anderen völkerrechtlichen Verträge eine Rechtserkenntnisquelle des Gerichtshofs bei der Gewinnung von Allgemeinen Rechtsgrundsätzen darstellt.

Besondere Bedeutung kommt der EMRK jedoch insbesondere aufgrund der Tatsache zu, dass ihr alle Mitgliedstaaten der EU beigetreten sind.[196] In ihr kommt damit ein Rechtskonsens zwischen den Mitgliedstaaten in Bezug auf die grund- und verfahrensrechtlichen Garantien, denen sie sich verpflichtet fühlen, zum Ausdruck, so dass sie eine besonders

lierung belegt den vorsichtigen Umgang des Gerichtshofs mit der Übernahme von Rechten.

[189] Vgl. EuGH „Orkem", Slg. 1989, 3283, 3351, Rn. 31.

[190] EuGH „Rutili", Slg. 1975, 1219, 1232, Rn. 32.

[191] Vgl. EuGH „Hauer", Slg. 1979, 3727, 3745 f., Rn. 18 f.; „Regina/Kent Kirk", Slg. 1984, 2689, 2718; „Kommission./.Niederlande", Slg. 1991 I, 4069, 4097, Rn. 30, in welchem der EuGH hinsichtlich des Art. 10 EMRK sogar von den „von der Gemeinschaftsordnung geschützten Grundrechten" gesprochen hat.

[192] Vgl. EuGH „Kommission./.Deutschland", Slg. 1989, 1263, 1290, Rn. 10.

[193] Vgl. EuGH „ERT/Dimotiki Etairia", Slg. 1991 I, 2925, 2963 f., Rn. 41; „Johnston", Slg. 1986 I, 1651, 1682, Rn. 33.

[194] Zu dem 11. Protokoll zur EMRK und der Schaffung eines Europäischen Gerichtshofs für Menschenrechte *Meyer-Ladewig*, NJW 1998, 512 f.

[195] Vgl. EuG „Mannesmannröhren-Werke", Slg. 2001 II, 729, 758, Rn. 75. Vgl. auch *Rodriguez Iglesias*, FS Ryssdal, S. 19 f., der zwar einerseits die Bedeutung der EMRK und der Rechtsprechung des EGMR hervorhebt, andererseits jedoch unterstreicht, dass die EMRK lediglich Erkenntnisquelle ist und der Europäische Gerichtshof sich nicht an die Rechtsprechung des EGMR gebunden fühlt.

[196] Dies trifft auch für die Union nach der Erweiterung zu.

sichere Orientierungshilfe für die europäischen Gerichte beim Auffinden allgemeiner Rechtsgrundsätze darstellt.[197]

Über die Bekenntnisse zur Wahrung der Grundrechte in der Präambel hinaus befindet sich seit Maastricht in Art. 6 Abs. 2 EUV eine Erklärung zu den Grundrechten im Vertragstext, die die von der Rechtsprechung beigemessene Bedeutung der Verfassungsüberlieferungen und der EMRK betont. Danach achtet die Union die Grundrechte, wie sie die EMRK gewährleistet und wie sie sich aus den gemeinsamen Verfassungsüberlieferungen der Mitgliedstaaten als allgemeine Grundsätze des Gemeinschaftsrechts ergeben. Für die Überwachung der Handlungen von Gemeinschaftsorganen bei der Einhaltung der in Art. 6 Abs. 2 EUV niedergelegten Grundsätze ist der Gerichtshof nach Art. 46 lit. d EUV in Verbindung mit den oben untersuchten Artikeln 220, 230 EGV zuständig.

cc) Einschränkung

Wie schon angesprochen, stellt der Gerichtshof bei seiner Rechtsgewinnung einschränkend klar, dass die in den Verfassungen der Mitgliedstaaten und völkerrechtlichen Verträgen verankerten Rechte nicht notwendigerweise auch im Gemeinschaftsrecht Vorrang haben.[198] Vielmehr müssen sie im Hinblick auf die soziale Funktion der geschützten Rechtsgüter gesehen werden und gelten daher in der Regel nur unter dem Vorbehalt, dass sich die gewonnenen Prinzipien auch in die Ziele und Struktur der Gemeinschaft einfügen lassen.[199] Dazu gehören insbesondere die im öffentlichen Interesse liegenden Ziele der Gemeinschaft.[200] Insofern hat der EuGH in dogmatischer Hinsicht als Schranke der gewonnenen Grundrechte bzw. grundrechtsgleichen Rechte die Struktur und Ziele der Gemeinschaft identifiziert. Mit der Herausarbeitung des Verhältnismäßigkeitsprinzip und der Wesensgehaltsgarantie (so zum Beispiel in den Rechtssachen „Nold“[201] und „Hauer“[202]) weist auch das europäische Recht „Schranken-Schranken“ auf.[203]

---

[197] Vgl. auch Grabitz/Hilf-*Pernice*, Art. 164 EGV, Rn. 50; *Sobotta*, S. 308. So auch die Kommission in ihrem Grünbuch zu den Verfahrensgarantien in Strafverfahren innerhalb der Europäischen Union vom 19.03.2003, KOM(2003) 75, S. 18.

[198] Vgl. EuGH „Nold“, Slg. 1974, 491, 507 f., Rn. 13 f.; „Wachauf“, Slg. 1989, 2609, 2639, Rn. 18.

[199] Vgl. EuGH „Internationale Handelsgesellschaft“, Slg. 1970, 1125, 1135, Rn. 4, vgl. auch *Gillmeister*, S. 215; *Hirsch* in Kreuzer/Scheuing/Sieber, S. 9, 17; *Ipsen*, Europäisches Gemeinschaftsrecht, S. 113 f.; *Streinz*, Europarecht S. 140 f., Rn. 360.

[200] Vgl. EuGH „Wachauf“, Slg. 1989, 2609, 2639, Rn. 18; „Arzneimittelimporte“, Slg. 1992 I, 2575, 2609, Rn. 23. Siehe auch *Streinz*, Europarecht, S. 140 f., Rn. 360; Grabitz/Hilf-*Pernice*, Art. 164 EGV, Rn. 62 a.

[201] Vgl. EuGH „Nold“, Slg. 1974, 491, 507 f., Rn. 14.

[202] Vgl. EuGH „Hauer“, Slg. 1979, S. 3727, 3747, Rn. 23.

[203] Vgl. dazu *Pernice*, NJW 1990, 2409, 2416; *Krogsgaard*, LIEI 1993/1, 99, 100; *Pauly*, EuR 1998, 242, 260.

Zusammenfassend kann festgehalten werden, dass die Methode des EuGH eine spezifisch gemeinschaftsrechtliche Methode der Rechtsfindung darstellt, da er seine Erkenntnisse aus den genannten Quellen bezieht, darüber hinaus aber unter Berücksichtigung der besonderen Gemeinschaftsinteressen die Regelung sucht, die sich bestmöglich in die Struktur und die Ziele der Gemeinschaft einfügt.

dd) Bedeutung der Charta der Grundrechte der Europäischen Union

Der Europäische Rat beschloss auf seiner Tagung in Köln vom 2. bis 4. Juni 1999 eine Charta der Grundrechte zu erstellen. Im Oktober 1999 beauftragte er in Tampere ein Gremium mit der Erarbeitung der Grundrechtecharta, das sich den Namen „Konvent" gab. Nach neun Monaten Arbeit präsentierte der Konvent der Öffentlichkeit einen Charta-Entwurf, der am 7. Dezember 2000 als „Charta der Grundrechte der Europäischen Union"[204] feierlich proklamiert wurde.

Die Charta der Grundrechte ist Bestandteil des Vertrags über eine Verfassung für Europa, der am 18. Juni 2004 von dem Europäischen Rat beschlossen und am 29. Oktober 2004 von den Staats- und Regierungschefs der 25 EU-Mitgliedstaaten sowie der drei Kandidatenländer Bulgarien, Rumänien und der Türkei unterzeichnet wurde. Möglicherweise wird die Grundrechtecharta im Rahmen des Verfassungsvertrages allgemeine Bindungswirkung entfalten. Für ein Inkrafttreten des Vertrages über eine Verfassung für Europa ist die Ratifizierung in jedem der 25 Mitgliedstaaten nach dem nationalen Verfassungsrecht erforderlich.[205] Frühestens tritt das Vertragswerk am 1. November 2006 in Kraft, wenn es bis dahin von allen 25 Staaten ratifiziert ist, andernfalls zu Beginn des zweiten Monats nach der letzten Ratifizierung. Nach dem negativen Ausgang der Referenden über den Vertrag über eine Verfassung in Frankreich[206] und den Niederlanden[207] hat der Europäische Rat am 16./17. Juni 2005 beschlossen, eine „Reflexionsphase" einzuläuten und diese zu einer intensiven Debatte über die Verfassung in den Mitgliedstaaten zu nutzen. Damit ist der Ratifizierungsprozess zwar nicht beendet, aber er führt zu einer Anpassung des Zeitplans in einigen Mitgliedstaa-

---

[204] Charta der Grundrechte der Europäischen Union, ABl. 2000, Nr. C 364, S. 1.

[205] In einigen Ländern wie in Deutschland erfolgt die Ratifizierung des Verfassungsvertrages durch die Parlamente. Die Verfassungen anderer Länder sehen hingegen Referenden vor. Zum Teil ist in den Mitgliedstaaten sowohl eine parlamentarische Ratifizierung als auch ein Referendum möglich, so dass das jeweils zuständige Verfassungsorgan über die weitere Vorgehensweise zu entscheiden hat.

[206] In Frankreich lehnte bei dem Referendum am 29. Mai 2005 die Mehrheit den Vertrag über eine Verfassung für Europa ab.

[207] In den Niederlanden fand das Referendum über den Verfassungsvertrag mit ebenfalls negativem Ergebnis am 1. Juni 2005 statt.

ten.[208] Für die Grundrechtecharta bedeutet dies, dass abzuwarten bleibt, ob sie im Rahmen des Verfassungsvertrages, einer abgeänderten Version des Verfassungsvertrages oder auf andere Weise allgemeine Bindungswirkung entfalten wird.

Die Grundrechtecharta soll ihrer Präambel zufolge den Schutz der Grundrechte stärken, indem sie sie „sichtbarer" macht. Ihre Aufgabe ist die Bekräftigung der Grundrechte,

> „die sich vor allem aus den gemeinsamen Verfassungstraditionen und den gemeinsamen internationalen Verpflichtungen der Mitgliedstaaten, aus dem Vertrag über die Europäische Union und den Gemeinschaftsverträgen, aus der Europäischen Konvention zum Schutze der Menschenrechte und Grundfreiheiten, aus den von der Gemeinschaft und dem Europarat beschlossenen Sozialchartas sowie aus der Rechtsprechung des Gerichtshofs der Europäischen Gemeinschaften und des Europäischen Gerichtshofs für Menschenrechte ergeben".[209]

Zweck der Grundrechtecharta ist somit, im Sinne der Rechtsklarheit die bestehenden Grundrechte transparent zu machen und dem Unionsbürger anschaulich vor Augen zu führen.

Die Charta enthält in ihren ersten 50 Artikeln einen modernen und umfassenden Grundrechtskatalog. In den vier Schlussbestimmungen sieht sie horizontale Regelungen zum Anwendungsbereich, zu den Grundrechtsschranken, dem Verhältnis zur EMRK und zu nationalem Verfassungsrecht sowie dem Rechtsmissbrauchsverbot vor. Nach Art. 51 Abs. 1 der Charta gilt sie „für die Organe und Einrichtungen der Union unter Einhaltung des Subsidiaritätsprinzips und für die Mitgliedstaaten ausschließlich bei der Durchführung des Rechts der Union". Damit ist der Anwendungsbereich der Charta festgelegt.

Im Gegensatz zu den Grundrechtsverpflichteten sind die Grundrechtsträger nicht im Allgemeinen definiert. Jeder Artikel bestimmt individuell den Personenkreis, der sich auf das Recht berufen kann. Manche Regelungen verbürgen nur Rechte für „Unionsbürgerinnen und Unionsbürger"[210], andere beziehen sich auf „jede Person". In letzterem Fall ist davon auszugehen, dass sowohl natürliche als auch, je nach Grundrecht, juristische Personen Inhaber der garantierten Rechte sein können.[211]

Das Verhältnis der Charta zur EMRK ist in Art. 52 Abs. 3 der Charta festgelegt:

---

[208] So wurde beispielsweise der Ratifikationsprozess in Großbritannien vor dem Hintergrund des negativen Ausgangs der Referenden in Frankreich und den Niederlanden vorerst suspendiert (Stand: 01.09.2005).

[209] Vgl. die Präambel der Charta der Grundrechte der Europäischen Union, ABl. 2000, Nr. C 364, S. 1 ff.

[210] Vgl. Art. 15 Abs. 2, Art. 39, 40 und 46 Charta.

[211] Vgl. *Weber*, NJW 2000, 537, 541. Ebenso Meyer-*Borowsky*, EU-Charta, Art. 51, Rn. 35, der darlegte, dass der Konvent entgegen mehrerer Vorschläge davon

> „Soweit diese Charta Rechte enthält, die den durch die Europäische Konvention zum Schutze der Menschenrechte und Grundfreiheiten garantierten Rechte entsprechen, haben sie die gleiche Bedeutung und Tragweite, wie sie ihnen in der genannten Konvention verliehen wird. Diese Bestimmung steht dem nicht entgegen, dass das Recht der Union einen weiter gehenden Schutz gewährt."

Diese Regelung zielt darauf ab, die notwendige Kohärenz zwischen der Charta und der EMRK zu sichern, indem sie die jeweilige Gewährleistung in der Grundrechtecharta an die parallele Vorschrift in der EMRK hinsichtlich des Anwendungsbereichs bindet.[212] Daraus folgt aber auch, dass die Rechte nicht nur in Bedeutung und Tragweite übereinstimmen, sondern auch grundsätzlich den gleichen Einschränkungen unterliegen wie die parallelen Garantien in der EMRK.[213] Mit dem letzten Satz soll der Union jedoch die Möglichkeit gegeben werden, ein höheres Schutzniveau zu gewährleisten.

Zu der Frage des Schutzniveaus nimmt Art. 53 der Charta nochmals ausdrücklich Stellung. Danach ist keine Bestimmung der Charta

> „[...] als Einschränkung oder Verletzung der Menschenrechte und Grundfreiheiten auszulegen, die in dem jeweiligen Anwendungsbereich durch das Recht der Union und das Völkerrecht sowie durch die internationalen Übereinkommen, bei denen die Union, die Gemeinschaft oder alle Mitgliedstaaten Vertragsparteien sind, darunter insbesondere die Europäische Konvention zum Schutze der Menschenrechte und Grundfreiheiten, sowie durch die Verfassungen der Mitgliedstaaten anerkannt werden."

Die Vorschrift verfolgt das stark politisch motivierte Ziel zu dokumentieren, dass sich die Charta auf existierende höhere Schutzstandards nicht auswirkt, um der Besorgnis der Mitgliedstaaten vor einer erforderlichen Verfassungsänderung zu begegnen.[214]

Hinsichtlich der Schranken stellt Art. 52 der Charta klar, dass gesetzlich vorgesehene Einschränkungen der anerkannten Rechte und Freiheiten unter Wahrung des Verhältnismäßigkeitsgrundsatzes und der We-

---

absah, eine vergleichbare Regelung wie Art. 19 Abs. 2 GG zu den juristischen Personen einzufügen. In einigen Rechten der Charta werden die juristischen Personen ausdrücklich als Grundrechtsträger erwähnt (zum Beispiel beim Recht auf Zugang zu Dokumenten, Art. 42 Grundrechtecharta, auf Anrufung des Bürgerbeauftragten, Art. 43 Grundrechtecharta, oder beim Petitionsrecht, Art. 44 Grundrechtecharta). Daraus jedoch den Schluss argumentum e contrario zu ziehen, dass sich juristische Personen auf die anderen Grundrechte nicht berufen könnten, stünde im Widerspruch zu Art. 52 Abs. 3 S. 1 der Charta, nach dem die verbürgten Rechte mindestens den gleichartigen Rechten der EMRK entsprechen müssen. Die EMRK billigt aber viele ihrer Rechte auch juristischen Personen zu.

[212] Vgl. die Erläuterungen zu den Bestimmungen der Charta der Grundrechte, Dok. CHARTE 4473/00 CONVENT 49, S. 48.

[213] Vgl. die Erläuterungen zu den Bestimmungen der Charta der Grundrechte, Dok. CHARTE 4473/00 CONVENT 49, S. 48.

[214] Vgl. Meyer-*Borowsky*, EU-Charta, Art. 53, Rn. 12 f.

sensgehaltsgarantie nur vorgenommen werden dürfen, wenn sie „notwendig sind und den von der Union anerkannten Zielen des Gemeinwohls oder den Erfordernissen des Schutzes der Rechte und Freiheiten anderer tatsächlich entsprechen." Diese Formulierung entspricht inhaltlich den vom Gerichtshof festgestellten und oben beschriebenen Einschränkungen.

Wenngleich die Grundrechtecharta bislang noch keine allgemeine Bindungswirkung entfaltet,[215] wird sie mittlerweile immer häufiger vom Gericht erster Instanz[216] und den Generalanwälten[217] zitiert.[218] Schon jetzt sind jedoch das Europäische Parlament und die Kommission über ihre jeweiligen Selbstbindungserklärungen an die Grundrechtecharta gebunden.[219]

Gerade in der vorliegenden Frage des Umfangs und Inhalts von Schutzrechten im Kartellverfahren darf die Grundrechtecharta keinesfalls unbeachtet bleiben. Zum einen hat die Europäische Kommission die Charta als für sich bindend erklärt. Zum anderen wird die Bedeutung der Charta für das europäische Kartellverfahren in Erwägungsgrund 37 der Verordnung 1/2003 in deutlichen Worten hervorgehoben:

> „Diese Verordnung wahrt die Grundrechte und steht im Einklang mit den Prinzipien, die insbesondere in der Charta der Grundrechte der Europäischen Union verankert sind. Demzufolge ist diese Verordnung in Übereinstimmung mit diesen Rechten und Prinzipien auszulegen und anzuwenden."

---

215 Es bleibt abzuwarten, ob die Grundrechtecharta im Rahmen des Vertrags über eine Verfassung für Europa, einer abgeänderten Version desselben, auf andere Weise oder möglicherweise gar keine allgemeine Bindungswirkung entfalten wird.

216 Vgl. unter anderem EuG „max.mobil", Slg. 2002 II, 313, 333, Rn. 48, 337, Rn. 57.

217 Vgl. unter anderem die Schlussanträge von GA *Alber*, „TNT Traco", Slg. 2001 I, 4109, 4133, Rn. 94; GA *Jacobs*, „Union de Pequeños Agricoltores", Slg. 2002 I, 6677, 6692, Rn. 39; GA *Léger* „Hautala", Slg. 2001 I, 9565, 9579, Rn. 51, 9584, Rn. 73, 9585 f., Rn. 78 ff.

218 Allerdings ist sie auch von den Generalanwälten sowie dem Gericht erster Instanz, sofern es um die rechtliche Einordnung ging, für grundsätzlich (noch) nicht allgemein bindend erklärt worden.

219 Vgl. die Erklärung der Parlamentspräsidentin *Nicole Fontaine* anlässlich des Europäischen Rates von Nizza vom 7. Dezember 2000: „Eine Unterschrift bedeutet eine Verpflichtung [...]. Alle Bürgerinnen und Bürger der Union sollten wissen, dass die Charta [...] ab sofort für unsere Versammlung [...] Gesetz sein wird. Sie wird von nun an die Richtschnur für alle Akte des Europäischen Parlaments sein, die unmittelbar oder mittelbar für die Bürger der gesamten Union von Belang sind." Siehe auch die Rede des ehemaligen Kommissionspräsidenten *Romano Prodi* in Dokument Nr. IP/00/1423, KOM, vom 7. Dezember 2000, die folgende Aussage enthält: „Durch die feierliche Verkündung der EU-Grundrechtecharta verpflichten sich alle Organe, diese Charta überall dort, wo die Union tätig wird, zu beachten. [...] Die Bürgerinnen und Bürger können sich darauf verlassen, dass die Kommission alles tun wird, damit sie [...] eingehalten wird".

Daher ist unabhängig von der Frage einer eventuellen zukünftigen Inkorporierung der Charta in die Verträge und der dadurch bedingten allgemeinen Rechtsverbindlichkeit die Charta schon aufgrund der Bezugnahme in der Verordnung 1/2003 sowie der Selbstbindung der Kommission bei der Untersuchung von Rechten im Kartellverfahren zu berücksichtigen. Die Verordnung und die in ihr enthaltenen Rechte sind im Lichte der in der Charta genannten Prinzipien auszulegen und anzuwenden.

Auch wenn die Charta der Grundrechte (noch) keine der explizit in Art. 6 Abs. 2 EUV genannten Rechtserkenntnisquellen ist, ist sie von nicht zu unterschätzender Bedeutung bei der Gewinnung allgemeiner Rechtsgrundsätze. Sie ist Ausdruck der sonstigen Erkenntnisquellen des Gerichtshofs,[220] aber im Gegensatz zu diesen noch zusätzlich auf die Ziele und die Struktur der Gemeinschaft zugeschnitten. Inhaltlich lehnt sie sich vielfach eng an die EMRK an, führt aber zugleich die Verfassungstraditionen der Mitgliedstaaten unter Berücksichtigung der spezifischen Ausgestaltung des Gemeinschaftsrechts zusammen.[221] Die Charta stellt daher eine Bündelung des europäischen Grundrechtsbestandes in den Mitgliedstaaten dar und macht damit in den meisten Fällen eine ausführliche Begründung, dass ein bestimmtes Grundrecht in den gemeinsamen Verfassungsüberlieferungen der Mitgliedstaaten eine Verankerung findet, entbehrlich.

e) Konsequenzen für die folgenden Untersuchungen

Die Eingangsfrage war, ob im Gemeinschaftsrecht ein allgemeiner Rechtsgrundsatz mit dem Inhalt eines Auskunftsverweigerungsrechts wegen drohender Selbstbezichtigung anzuerkennen ist. Dieser hätte als Teil des ungeschriebenen Rechts lückenfüllende Funktion und müsste auch im Kartellverfahren von der Kommission beachtet werden.

Ausgangspunkt der nachfolgenden Untersuchung wird eine Betrachtung der Kommissions- und Rechtsprechungspraxis sein, um festzustellen, ob ein allgemeiner Rechtsgrundsatz dort anerkannt wird. Sodann ist zu betrachten, ob sich aus dem Gemeinschaftsrecht, den Rechtsordnungen der Mitgliedstaaten und völkerrechtlichen Verträgen, denen die Mitgliedstaaten beigetreten sind oder an deren Abschluss sie beteiligt waren, und der Grundrechtecharta Erkenntnisse über die Existenz eines solchen Rechtsgrundsatzes gewinnen lassen.

Bei der Untersuchung der Rechtsordnungen der Mitgliedstaaten ist jedoch grundsätzlich Zurückhaltung geboten. Unabhängig von der Tat-

[220] Vgl. Lenz/Borchardt-*Zimmerling*, Art. 6 EUV, Rn. 28. Einige Autoren bezweifeln jedoch, dass der EuGH sie einstweilen als selbständige Rechtserkenntnisquelle behandeln wird (vgl. *Grabenwarter*, DVBl 2001, 1, 11; *Schwarze*, EuZW 2001, 517, 517 f.).

[221] Vgl. dazu Calliess/Ruffert-*Kingreen*, Art. 6, Rn. 40 b; Groeben/Schwarze-*Gaitanides*, EU-/EG-Kommentar, Bd. 4, Art. 220 EGV, Rn. 36.

sache, dass eine Rechtsvergleichung der jeweiligen Regelungen in allen Mitgliedstaaten auch eine sorgsame Untersuchung der jeweiligen kartellrechtlichen Systeme und der Ermittlungsbefugnisse der Behörden zur Voraussetzung haben müsste, sprechen auch grundsätzliche Erwägungen gegen eine zu nahe Orientierung an Erkenntnissen aus rechtsvergleichenden Untersuchungen der Situation in den Mitgliedstaaten. Zum einen besteht die Gefahr, sich an dem „kleinsten gemeinsamen Nenner" zu orientieren (Minimalorientierung) und so dem zugrunde liegenden Problem nicht gerecht zu werden. Zum anderen befindet sich die Gemeinschaft in einem stetigen Erweiterungsprozess. Der Beitritt neuer Mitglieder, deren Recht möglicherweise von dem Recht der ehemaligen Staaten abweicht, lässt es sinnvoll erscheinen, sich beim Entwickeln von Lösungen nicht zu eng bzw. ausschließlich an mitgliedstaatlichen Lösungen als Herleitungs- und Argumentationsbasis zu orientieren. Dann ergibt sich auch nicht die Folgefrage, ob die bisher entwickelten allgemeinen europäischen Rechtsgrundsätze nur Bestand haben, wenn sich nachträglich herausstellt, dass sie auch in den neuen Staaten bekannt sind.[222] Hinzu kommt, dass die gemeinsamen Verfassungsüberlieferungen in die Charta der Grundrechte eingegangen sind, so dass eine Untersuchung der dort garantierten Rechte eine ausführliche Auseinandersetzung mit den jeweiligen nationalen Gewährleistungen entbehrlich macht.

Im Rahmen der nachfolgenden Untersuchung soll daher bei der Herleitung allgemeiner Rechtsgrundsätze das besondere Augenmerk auf Rechte und Prinzipien des Gemeinschaftsrechts, der EMRK und der Grundrechtecharta gelegt werden. Bei der Rechtsvergleichung nationaler Rechtsordnungen wird schwerpunktmäßig das deutsche Recht betrachtet und detailliert untersucht werden. Im Übrigen soll ein Überblick über die Regelungen in anderen ausgewählten Rechtsordnungen eine grundsätzliche Einschätzung über das Maß an Regelungsübereinstimmung ermöglichen.

Ein im Rahmen dieser Untersuchung eventuell erkanntes Recht ist sodann auf seine Vereinbarkeit mit Zielen und Strukturprinzipien der Gemeinschaft zu überprüfen, um als allgemeiner Rechtsgrundsatz Geltung beanspruchen zu können.

2. Kommissions- und Rechtsprechungspraxis

Für die Beantwortung der Frage, ob im Gemeinschaftsrecht ein allgemeiner Rechtsgrundsatz mit dem Inhalt besteht, dass Unternehmen durch Gewährleistung eines Auskunftsverweigerungsrechts im Kartellverfahren nicht zu selbstbezichtigenden Auskünften gezwungen sein dürfen, ist von Interesse, ob die Kommission und der Gerichtshof in ihrer bisherigen

---

222 Vgl. zu dieser Fragestellung *Bleckmann*, Europarecht, S. 236, Rn. 608.

Praxis einen allgemeinen Rechtsgrundsatz mit diesem Inhalt hergeleitet und anerkannt haben.

Die Kommission hatte vor dem Jahre 1989 den betroffenen Unternehmen die Einräumung eines Auskunftsverweigerungsrechts wegen der Gefahr der Selbstbezichtigung verweigert.[223] So hatte sie gegen das Unternehmen „Orkem SA" eine Auskunftsentscheidung im Rahmen von kartellrechtlichen Ermittlungen erlassen, gegen die die betroffenen Unternehmen wegen drohender Selbstbezichtigung Klage gemäß Art. 230 EGV erhoben.

Der EuGH hat daraufhin erstmals in der „Orkem" Entscheidung[224] im Jahre 1989 zu der Frage des Schutzes vor einem Zwang zur Selbstbezichtigung im Gemeinschaftsrecht Stellung genommen:[225] Ein Auskunftsverweigerungsrecht wegen der Gefahr der Selbstbelastung stelle, soweit Unternehmen betroffen seien, keinen allgemeinen Grundsatz des Gemeinschaftsrechts dar, welcher in einem kartellrechtlichen Bußgeldverfahren anzuerkennen sei.[226] Zur Begründung verwies der Gerichtshof auf die damals geltende Verordnung 17/62, aus der sich ein solches Auskunftsverweigerungsrecht nicht ergebe.[227] Vielmehr statuiere diese eine umfassende Mitwirkungspflicht der betroffenen Unternehmen an der Aufklärung des Sachverhalts.[228] Diese Überlegung hat auch für die Verordnung 1/2003 noch grundsätzliche Gültigkeit, da sie ebenso wie die Vorgängerverordnung kein Auskunftsverweigerungsrecht, sondern lediglich Kooperationspflichten der Betroffenen vorsieht.

Der Gerichtshof argumentierte in seiner „Orkem" Entscheidung weiter, dass in den Rechtsordnungen der Mitgliedstaaten ein Auskunftsverweigerungsrecht allgemein nur natürlichen Personen im Rahmen von Strafverfahren zustünde, nicht aber juristischen Personen bei Zuwiderhandlungen wirtschaftlicher Art.[229] Ebenso wenig ergebe sich ein solches aus internationalen Verträgen, denen die Mitgliedstaaten beigetreten seien.[230] Bezüglich Art. 6 EMRK ließe weder der Wortlaut noch die Rechtsprechung des Europäischen Gerichtshofs für Menschenrechte darauf schließen, dass ein Unternehmen, gegen das eine kartellrechtliche Unter-

223 Siehe die Entscheidungen der Kommission, „Fabbrica Pisana", ABl. 1980, Nr. L 75, S. 30 und „Fabbrica Sciarra", ABl. 1980, Nr. L 75, S. 35. Vgl. auch *Fischer/Iliopoulos*, NJW 1983, 1931, 1032; *Grützner/Reimann/Wissel*, S. 167, Rn. 273; *Kerse*, E. C. Antitrust Procedure, S. 151, Rn. 3.44; *Kreis*, RIW 1981, 281, 285.

224 EuGH „Orkem", Slg. 1989, 3283 ff.

225 Vgl. auch die Entscheidung des EuGH „Solvay", Slg. 1989, 3355 f., in der der EuGH sich für die Gründe pauschal auf „Orkem" bezogen hat.

226 EuGH „Orkem", Slg. 1989, 3283, 3350, Rn. 28 ff.

227 EuGH „Orkem", Slg. 1989, 3283, 3350, Rn. 27 ff.

228 EuGH „Orkem", Slg. 1989, 3283, 3350, Rn. 27.

229 EuGH „Orkem", Slg. 1989, 3283, 3350. Rn. 29.

230 EuGH „Orkem", Slg. 1989, 3283, 3350 f., Rn. 30 f.

suchung im Gange ist, nicht gegen sich selbst als Zeuge aussagen muss.[231] Art. 14 des Internationalen Paktes über bürgerliche und politische Rechte (im Folgenden „IPbürgR") sehe zwar in seinem Abs. 3 Buchstabe g ausdrücklich ein Auskunftsverweigerungsrecht wegen der Gefahr der Selbstbezichtigung vor, beziehe sich jedoch nur auf gerichtliche Strafverfahren und sei nicht auf das Kartellverfahren übertragbar.[232] Eine rechtsvergleichende Betrachtung ließe daher nicht den Rückschluss auf die Existenz eines Auskunftsverweigerungsrechts bei Gefahr der Selbstbezichtigung zu.[233]

Im Anschluss an diese Überlegungen entwickelt der Europäische Gerichtshof jedoch eine Argumentationskette, die im Ergebnis zumindest zu einer Beschränkung der Aussagepflicht der Unternehmen führt. Er leitet diese Beschränkung aus dem Grundsatz der „Wahrung der Rechte der Verteidigung" her, den er als fundamentalen Grundsatz der Gemeinschaftsordnung anerkennt.[234] Diese Rechte würden nicht erst für das streitige Verfahren nach Mitteilung der Beschwerdepunkte gelten, sondern schon im vorgeschalteten Verfahren nach der Verordnung 17/62 (heute Verordnung 1/2003) Wirkung entfalten.[235] Konkret bedeutet dies nach dem EuGH, dass die Unternehmen zwar Auskünfte über Gegenstand und Modalität des vermuteten Kartellverstoßes erteilen müssen, selbst wenn diese dazu verwendet werden könnten, Beweise für ein wettbewerbswidriges Verhalten der Unternehmen zu erbringen.[236] Sie seien aber nicht verpflichtet, Auskünfte über Umstände wie Ziele und Zwecke des wettbewerbswidrigen Verhaltens zu geben, durch die sie direkt Verstöße gegen die Kartellvorschriften eingestehen müssten.[237] Der Gerichtshof räumt damit den vom Kartellverfahren Betroffenen ein Geständnisverweigerungsrecht, aber kein umfassendes Auskunftsverweigerungsrecht bei Gefahr drohender Selbstbelastung ein.

An dieser Rechtsprechung hielt der EuGH auch in seinem Urteil „Otto BV"[238] und seinem Zementurteil „Aalborg/Irish Ce-

[231] EuGH „Orkem", Slg. 1989, 3283, 3350, Rn. 30,

[232] EuGH „Orkem", Slg. 1989, 3283, 3351, Rn. 31,

[233] EuGH „Orkem", Slg. 1989, 3283, 3350. Rn. 29 ff.

[234] EuGH „Orkem", Slg. 1989, 3283, 3351, Rn. 31; ebenso bereits EuGH „Michelin", Slg. 1983, 3461, 3498 f., Rn. 7.

[235] EuGH „Orkem", Slg. 1989, 3283, 3351, Rn. 33.

[236] EuGH „Orkem", Slg. 1989, 3283, 3351 f., Rn. 34/38.

[237] EuGH „Orkem", Slg. 1989, 3283, 3351, Rn. 35 f.

[238] EuGH „Otto BV", Slg. 1993 I, 5683 ff. Bei dieser Entscheidung handelte es sich um ein Vorlageverfahren, in dem der Gerichtshof zu der Frage Stellung nahm, ob in nationalen Kartellverfahren ebenfalls ein beschränktes Geständnisverweigerungsrecht im Sinne der EuGH Rechtsprechung zu gelten habe. Der Gerichtshof führte dazu aus, dass das durch ihn gewährte Verweigerungsrecht zwar nicht im nationalen Verfahren gelte, dass die Kommission jedoch die in einem nationalen Verfahren unter Verletzung des Geständnisverweigerungsrechts erlangte Informationen nicht für ein europäisches Ver-

ment"[239] fest. Immerhin hat der Gerichtshof in einem jüngeren Urteil „PVC II" anerkannt, dass seit seinem „Orkem" Urteil in der Rechtsprechung des EGMR „neue Entwicklungen" eingetreten sind.[240] Er vermied jedoch unter Berufung auf die Tatsache, dass die Unternehmen die Beantwortung der Fragen ohnehin verweigert oder die Umstände geleugnet hätten und von daher kein Verweigerungsrecht verletzt worden sei,[241] die inhaltliche Klärung des Umfangs eines Auskunftsverweigerungsrecht.

Das Europäische Gericht erster Instanz hat in seinen Entscheidungen „Société Générale"[242], „PVC"[243] und zuletzt in dem Urteil „Mannesmannröhren-Werke"[244] aus dem Jahre 2001 die „Orkem" Rechtsprechung bestätigt. In Letzterem bezieht sich das EuG zwar auf Art. 6 der EMRK, bezeichnet jedoch die von dem EuGH in der „Orkem" Rechtsprechung hergeleiteten Rechte als gleichwertig mit dem durch die einschlägigen Artikel der EMRK gewährten Schutz.[245] Inhaltlich bewertet das Gericht den Fall anhand der von dem EuGH in „Orkem" herausgearbeiteten Grundsätze.[246] Es entschied, dass verdächtigen Unternehmen kein „absolutes Auskunftsverweigerungsrecht"[247] zusteht und sie Auskunft zu Tatsachen geben sowie Unterlagen vorlegen müssen, selbst wenn diese Angaben zu ihrer Überführung dienen können.[248] Wäre es anders, so das EuG, würde die Kommission bei ihren Ermittlungen ungerechtfertigt behindert und ihre Befugnisse verlören die „praktische Wirksamkeit".[249]

Im Zuge der Vorbereitungen zur neuen Verfahrensverordnung war die Kommission der Ansicht, dass die Vorschriften über das Auskunftsverlangen und anderer Ermittlungsbefugnisse keiner Änderung bezüglich

fahren als Beweis verwenden dürfe. Darüber hinaus stellte der Gerichtshof fest, dass in einem Verfahren, welches zu straf- oder verwaltungsrechtlichen Sanktionen führen kann, die Verfahrenssubjekte eines größeren Schutzes bedürfen als in einem Zivilverfahren.

239 Noch nicht in der amtlichen Sammlung veröffentlichtes Urteil des EuGH vom 07.01.2004 „Aalborg/Irish Cement", verbundene Rechtssachen C-204/00 P; C-205/00 P; C-211/00 P; C-213/00 P; C-217/00 P; C-219/00 P, Rn. 65.

240 EuGH „PVC II", Slg. 2002 I, 8375, 8790 f., Rn. 274.

241 Vgl. EuGH „PVC II", Slg. 2002 I, 8375, 8712, Rn. 284 ff.

242 EuG „Société Générale", Slg. 1995 II, 547, 569 ff., Rn. 72 ff.

243 EuG „PVC", Slg. 1999 II, 931, 1061 ff., Rn. 444 bis 449, 451–454.

244 EuG „Mannesmannröhren-Werke", Slg. 2001 II, 729 ff. In diesem Fall richtete die Kommission an ein Unternehmen, das selbst verdächtig war, eine Entscheidung, mit der sie Auskünfte über Treffen anforderte, auf denen verbotene Absprachen im Sinne des Art. 81 EGV erfolgt sein konnten. Das Unternehmen hat diese Entscheidung angefochten.

245 Vgl. EuG „Mannesmannröhren-Werke", Slg. 2001 II, 729, 758, Rn. 77.

246 Vgl. EuG „Mannesmannröhren-Werke", Slg. 2001 II, 729, 755 ff., Rn. 65 ff.

247 EuG „Mannesmannröhren-Werke", Slg. 2001 II, 729, 755, Rn. 66.

248 EuG „Mannesmannröhren-Werke", Slg. 2001 II, 729, 755 f., Rn. 65 bis 71.

249 EuG „Mannesmannröhren-Werke", Slg. 2001 II, 729, 755 f. Rn. 65 bis 67.

des Auskunftsverweigerungsrechts bedürfen.[250] Dass die „Orkem" Kriterien auch noch nach in Kraft treten der Verfahrensverordnung 1/2003 die Basis für die Kommissionspraxis darstellen, ergibt sich aus Erwägungsgrund 23 der Verordnung 1/2003. Danach sind Unternehmen, die sich Ermittlungshandlungen der Kommission ausgesetzt sehen, zwar nicht gezwungen, eine Zuwiderhandlung einzugestehen, sie sind jedoch verpflichtet, Fragen nach Tatsachen zu beantworten und Unterlagen vorzulegen, selbst wenn diese den Beweis für den Kartellverstoß erbringen können.[251]

Im Ergebnis wird in der europäischen Rechtsprechung die Existenz eines Auskunftsverweigerungsrechts wegen der Gefahr der Selbstbelastung verneint. Fragen, die nur tatsächliche Umstände betreffen, sind zulässig und müssen von den Betroffenen beantwortet werden, selbst wenn diese gegen sie verwendet werden können. Die europäischen Gerichte legen der Kommission lediglich das Verbot auf, die Adressaten zu Antworten zu verpflichten, durch die konkret die Zuwiderhandlung oder das auf einen Kartellverstoß gerichtete Verhalten eingestanden werden müsste. Es dürfen somit nur Geständnisse oder geständnisgleiche Antworten verweigert werden.

3. Analyse der Argumente der „Orkem" Rechtsprechung

Die Literatur bewertet die „Orkem" Rechtsprechung des EuGH überwiegend kritisch.[252] So wird angemerkt, dass die Abgrenzung zwischen unerlaubter Ausforschung und erlaubter Befragung bei den vom Gerichtshof gewählten Worten fließend und kaum deutlich zu ziehen ist[253] und die Herleitung der Rechte der betroffenen Unternehmen aus den Verteidigungsrechten in der Praxis nur zu einem unzureichenden Geständnisverweigerungsrecht führt.[254]

Da, wenn man es genau betrachtet, nur komplette Geständnisse nach der Rechtsprechung des Gerichtshofs ausgeschlossen sind, kann die Kommission durch eine geschickte Fragestellung die Unternehmen im Ergebnis doch zu einem Geständnis veranlassen. Beispielsweise könnte die

[250] Vgl. die entsprechenden Erläuterungen der Kommission in ihrem Entwurf vom 27.09.2000, KOM (2000) 582 endg.

[251] Vgl. Erwägungsgrund 23 der Verordnung 1/2003.

[252] Vgl. nur *Jones/Sufrin*, S. 859; *Schriefers*, WuW 1993, 101; *Van Bael/Bellis*, S. 168.

[253] Vgl. *Korah*, EC Competition Law, S. 163; *Pache*, EuZW 2001, 351, 352; *Schriefers*, WuW 1993, 101.

[254] Vgl. *Scholz*, WuW 1990, 99, 104; *Winterfeld*, RIW 1992, 524, 527 f.; *Kerse*, CMLR 1994, 1375, 1378; *Van Bael/Bellis*, S. 168. *Lasok*, ECLR 1990, 90, 91 und *Kerse*, E. C. Antitrust Procedure, S. 152, Rn. 3.44 weisen darauf hin, dass mit einem solch engen Auskunftsverweigerungsrecht nur Fragen in der Art „have you stopped beating your wife?" erfasst seien. A. A. *Wils*, CDE 1996, 329, 345.

Kommission die Fragen dergestalt formulieren, dass jeweils nur Auskünfte zu einzelnen Tatsachen gegeben werden müssten, die aber zusammen genommen den Nachweis eines wettbewerbswidrigen Verhaltens erbringen würden.[255] Dies hat zur Folge, dass die Grenzen des Schutzes vor dem Zwang zur Selbstbezichtigung stark verwässert sind. Das Recht zur Verweigerung von Antworten, wenn sie einem Geständnis gleich kämen, weist von daher nicht den Schutzumfang eines dem nemo tenetur-Grundsatz entsprechenden Rechts auf Auskunftsverweigerung wegen der Gefahr der Selbstbelastung auf.

Es ist auch fraglich, ob die Argumente des Gerichtshofs, die gegen ein Auskunftsverweigerungsrecht sprechen, überzeugend sind und heute noch Gültigkeit besitzen.

Gegen die Anerkennung eines Auskunftsverweigerungsrechts wegen der Gefahr der Selbstbezichtigung führt der EuGH in seiner „Orkem“ Entscheidung an, dass der Nachweis eines allgemeinen Rechtsgrundsatzes nicht möglich sei, da in den entsprechenden Rechtsvorschriften der Mitgliedstaaten ein solches Recht nicht durchweg existiere.[256] Zum einen lässt sich jedoch, wie die oben erfolgte Untersuchung gezeigt hat,[257] der Rechtsprechung des Gerichtshofs nicht entnehmen, dass die Existenz eines Rechts in allen Mitgliedstaaten für die Gewinnung eines Rechtsgrundsatzes zwingende Voraussetzung ist.[258] Zum anderen birgt dieses Argument ein grundsätzliches Problem in sich. Nicht alle mitgliedstaatlichen Wettbewerbsbehörden haben Ermittlungsbefugnisse, die in ihrem Umfang denen der Kommission entsprechen.[259] Sofern die Ermittlungsbefugnisse jedoch weniger weitreichend in den Mitgliedstaaten sind als die der Kommission und kein Auskunftsverweigerungsrecht wegen der Gefahr der Selbstbezichtigung gewährt wird, lässt dies nicht den Schluss zu, im europäischen Kartellverfahren sei ein solches Recht ebenfalls nicht erforderlich.

In seiner Begründung in der Rechtssache „Orkem“ verwies der Europäische Gerichtshof weiterhin darauf, dass das Recht, nicht gegen sich selbst als Zeuge aussagen zu müssen, sich keineswegs aus der Rechtspre-

---

[255] Vgl. Immenga/Mestmäcker-*Burrichter/Hauschild*, EG-Wettbewerbsrecht, Bd. II, VO 17/62, Art. 11, Rn. 24 und 27.

[256] EuGH „Orkem“, Slg. 1989, 3283, 3350, Rn. 29; vgl. auch *Kreis*, RIW 1981, 281, 285; *Schwarze* in Schwarze, Der Gemeinsame Markt, S. 159, 166 f.

[257] Siehe die Ausführungen zu der Bedeutung mitgliedstaatlicher Regelungen bei der Gewinnung allgemeiner Rechtsgrundsätze, Teil 3, B. II. 1. d) bb) aaa).

[258] Vgl. dazu auch *Bleckmann*, Europarecht, S. 226, Rn. 609; Grabitz/Hilf-*Pernice*, Art. 164, Rn. 60.

[259] Siehe *Winterfeld*, RIW 1992, 524, 528. Vgl. auch *Würdinger*, WuW 1964, 579, 584, der darauf hinweist, dass die nationalen Ordnungen wesentlich voneinander abweichen. Berücksichtigt werden muss jedoch, dass diese Einschätzung aus dem Jahre 1964 stammt.

chung des Europäischen Gerichtshofs für Menschenrechte (im Folgenden auch „EGMR") ergibt.

Diesem Argument ist seit dem Urteil „Funke"[260] des EGMR aus dem Jahre 1993, welches für eine andere Auslegung spricht, die Grundlage entzogen.[261] Dem Urteil „Funke" lag ein französisches Zollverfahren zugrunde und die Frage, ob der Beschuldigte unter Androhung einer Buße dazu gezwungen werden durfte, mündliche Auskunft über seine Bankkonten zu erteilen und den Zollbehörden eine schriftliche Auflistung der Konten zu liefern. In den Entscheidungsgründen von „Funke" stellt der EGMR fest, dass der Beschwerdeführer den französischen Zollbehörden keinerlei Informationen preisgeben muss, die einen Verstoß gegen französische Vorschriften aufdecken könnten. Dies würde nämlich eine Pflicht begründen, Beweise gegen sich selbst erbringen zu müssen, was eine Verletzung des in Art. 6 Abs. 1 EMRK verankerten nemo tenetur-Prinzips darstellt. Ebenso steht die Bestrafung der Verweigerung der Aussage im Widerspruch zu den Garantien des Art. 6 Abs. 1 EMRK.[262] Der EGMR hat damit ein vollumfängliches Auskunftsverweigerungsrecht statuiert.

In dem Urteil wurde darüber hinaus entschieden, dass das auf Art. 6 Abs. 1 EMRK beruhende Verbot des Zwangs zur Selbstbezichtigung neben dem Strafverfahren auch im Verwaltungsverfahren Geltung beanspruchen kann.[263]

Der Gerichtshof für Menschenrechte hat seine Rechtsprechung mittlerweile in der Entscheidung „Saunders"[264] aus dem Jahre 1996 sowie zuletzt 2001 in dem Urteil „J.B. gegen die Schweiz"[265] bestätigt. Nach der Rechtsprechung des EGMR existiert daher ein Verbot des Zwangs zur Selbstbezichtigung, womit dem Auskunftspflichtigen allen verbindlichen

[260] EGMR „Funke./.Frankreich", Urteil vom 25.02.1993, Serie A, Vol. 256 A.

[261] Vgl. auch *van Overbeek*, ECLR 1994, 127, 132; *Dannecker*, ZStW 1999, 256, 284.

[262] EGMR „Funke./.Frankreich", Urteil vom 25.02.1993, Serie A, Vol. 256 A, Rn. 41 ff.

[263] Vgl. *van Overbeek*, ECLR 1994, 127, 130.

[264] EGMR „Saunders./.Vereinigtes Königreich", Urteil vom 17.12.1996, Decisions & Reports 1996-VI, S. 2044 ff., worin der EGMR erklärte, das Recht, nicht gegen sich selbst aussagen zu müssen, sei ein „allgemein anerkannter internationaler Standard im Zentrum von Artikel 6 Abs. 1 EMRK", vgl. Decisions & Reports 1996-VI, S. 2044, 2064, Rn. 68. In dieser Sache waren in einem komplexen Wirtschaftsstrafverfahren Aussagen durch Androhung von Zwangsgeld und eventueller Gefängnisstrafe eingeholt worden.

[265] EGMR „J.B./.Schweiz", Urteil vom 03.05.2001, Decisions & Reports 2001, Rn. 64/68 = NJW 2002, 499 ff. In einem kombinierten Verfahren, das sowohl zur Festsetzung von Steuern als auch zur Festsetzung von Bußgeld wegen Steuerhinterziehung führen konnte, hatten die Schweizer Steuerbehörden die Vorlage von Dokumenten über die Herkunft von Einkünften verlangt und Zwangsgelder festgesetzt. Der EGMR sah darin einen Verstoß gegen das in Art. 6 Abs. 1 EMRK geschützte Recht, sich nicht selbst belasten zu müssen.

Informationsverlangen ein Gegenrecht zur Hand gegeben wird. Für die Auslegung der Menschenrechtskonvention ist die Rechtsprechung des EGMR ausschlaggebend. Die Argumentation des EuGH, die Europäische Menschenrechtskonvention sehe kein Verbot der Selbstbezichtigung vor, ist somit seit den neueren Urteilen des EGMR nicht mehr auf dem aktuellen Stand.

Das Europäische Gericht erster Instanz hat in seinem Urteil „Mannesmannröhren-Werke"[266] Bezug auf Art. 6 Abs. 1 EMRK und die Rechtsprechung des EGMR genommen.[267] Das Gericht setzte sich jedoch nicht inhaltlich mit der „Funke" Rechtsprechung auseinander, sondern verlieh lediglich seiner (unzutreffenden) Ansicht Ausdruck, dass die nach der ständigen EuGH Rechtsprechung gewährten Verteidigungsrechte im Gemeinschaftsrecht gleichwertig mit den aus Art. 6 Abs. 1 EMRK folgenden seien.[268] Dies zeigt zunächst, dass sich das EuG der Gefahr der Uneinheitlichkeit des europäischen Grundrechtsschutzes bewusst ist und sich bemüht, unter Nennung des Art. 6 Abs. 1 EMRK und der Rechtsprechung des EGMR inhaltliche Differenzen zu vermeiden. Die gewählte Formulierung des Gerichts kann jedoch nicht darüber hinweg täuschen, dass das im europäischen Kartellverfahren anerkannte Geständnisverweigerungsrecht im Schutzumfang hinter einem aus dem nemo tenetur-Grundsatz folgenden Auskunftsverweigerungsrecht bei drohender Selbstbelastung zurückbleibt. Bei einem Auskunftsverweigerungsrecht, das dem nemo tenetur-Prinzip Rechnung trägt, darf niemand gezwungen werden, aktiv an seiner eigenen Verfolgung und Sanktionierung beizutragen. Genau ein solches ist in Art. 6 Abs. 1 EMRK nach der Rechtsprechung des EGMR verankert. Das Gericht erster Instanz legte für seine Entscheidung jedoch ausdrücklich die „Orkem" Kriterien zugrunde, wonach vom europäischen Kartellverfahren betroffene Unternehmen verpflichtet sind, tatsächliche Angaben zu machen, auch wenn sie als Beweis gegen sie verwendet werden dürfen.[269] Damit bleibt es deutlich hinter dem in Art. 6 Abs. 1 EMRK verankerten Schutzumfang zurück. Während manche Autoren bei der „Orkem" Entscheidung noch beschwichtigten, die Divergenz bezüglich der Selbstbelastungsfreiheit beruhe ledig-

[266] EuG „Mannesmannröhren-Werke", Slg. 2001 II, 729 ff.

[267] EuG „Mannesmannröhren-Werke", Slg. 2001 II, 729, 758, Rn. 77. Auf die trotz allem bestehende Divergenz zwischen der Rechtsprechung des EuGH und des EGMR hinweisend, *Busch*, S. 131 ff.; *Spielmann* in Alston, The EU and Human Rights, S. 757, 769 f.

[268] EuG „Mannesmannröhren-Werke", Slg. 2001 II, 729 ff. Dass zwischen der Rechtsprechung des EuGH/EuG und des Europäischen Gerichtshofes für Menschenrechte „insoweit gewisse Widersprüche" bestehen, hat auch *Rodriguez Iglesias*, FS Bernhardt, S. 1269, 1276, festgestellt. Vgl. auch die kritische Analyse des Urteils „Mannesmannröhren-Werke" von *Willis*, ECLR 2001, 313, 317.

[269] EuG „Mannesmannröhren-Werke", Slg. 2001 II, 729, 758, Rn. 78.

lich auf dem Umstand, dass es zum Zeitpunkt der Entscheidung des Gerichtshofs in „Orkem" noch keine Rechtsprechung des EGMR gegeben habe,[270] zeigt das Urteil „Mannesmannröhren-Werke" des EuG, dass die Gemeinschaftsgerichte an ihrer Rechtsprechung trotz der Entscheidung des EGMR in Sachen „Funke" festhalten. Dabei setzt sich das Gericht auch acht Jahre nach „Funke" nicht mit der Entscheidung des EGMR auseinander, obwohl sich der Kläger ausdrücklich auf Letzteres beruft.[271]

4. Herleitung des Auskunftsverweigerungsrechts wegen der Gefahr der Selbstbezichtigung

Es stellt sich mithin die Frage, ob ein dem nemo tenetur-Prinzip folgendes Auskunftsverweigerungsrecht wegen der Gefahr der Selbstbezichtigung im Gemeinschaftsrecht als Ausfluss eines allgemeinen Rechtsgrundsatzes existiert. Zunächst sind das Gemeinschaftsrecht und dabei insbesondere die ihm zugrunde liegenden Prinzipien auf Aussagen hin zu untersuchen, die für einen allgemeinen Rechtsgrundsatz eines solchen Auskunftsverweigerungsrechts sprechen können.

a) Rechtsstaatsprinzip

In Betracht kommt eine Verankerung eines Auskunftsverweigerungsrechts in dem Rechtsstaatsprinzip.

aa) Das Rechtsstaatsprinzip im Gemeinschaftsrecht

Der Grundsatz der Rechtsstaatlichkeit stellt eines der konstitutionellen Prinzipien des Gemeinschaftsrechts dar.[272] In Art. 2 EUV wird als eines der Ziele „die Erhaltung und Weiterentwicklung der Union als Raum der Freiheit, der Sicherheit und des Rechts" genannt (Art. 2 Spiegelstrich 4 EUV). Selbst wenn die in Art. 2 EUV niedergelegten Ziele nicht justiziabel sind, stellen sie eine wichtige Auslegungs- und Anwendungshilfe für die Prinzipienbildung im Rahmen des EG-Vertrages dar.[273] Ebenso ist das

---

[270] In diesem Sinne *Rodriguez Iglesias*, FS Bernhardt, S. 1269, 1276; *van Overbeek*, ECLR 1994, 127, 132.

[271] Vgl. die Darstellung des Klägervorbringens in EuG „Mannesmannröhren-Werke", Slg. 2001 II, 729, 733 ff., Rn. 33 ff.

[272] Vgl. *Schwarze*, EU-Kommentar, Art. 2 EUV, Rn. 18; vgl. auch *Scholz*, FS Steindorff, S. 1413, 1414. Von nur begrifflicher und nicht inhaltlicher Bedeutung und von daher vorliegend unbeachtlich ist der Streit, ob von einem Rechts*staats*prinzip (so *Scholz*, FS Steindorff, S. 1413, 1414) gesprochen werden kann, oder ob dies aufgrund mangelnder Staatsqualität der Gemeinschaft zu verneinen ist (*Grabitz*, FS Kutscher, S. 215, 216). Vgl. auch *Ipsen,* in *Schwarze*, Der Europäische Gerichtshof, S. 29, 58 f. und *Zuleeg*, FS Carstens, Bd. 1, S. 289, 299, die von einem *Rechtsprinzip* reden.

[273] Vgl. *Schwarze*, EU-Kommentar, Art. 2 EUV, Rn. 24; siehe auch *Ipsen* in Schwarze, Der Europäische Gerichtshof, S. 29, 58 f.

Rechtsstaatsprinzip als Grundsatz der Gemeinschaft in Art. 6 Abs. 1 EUV niedergelegt, wonach die Union „auf den Grundsätzen der Freiheit, der Demokratie, der Achtung der Menschenrechte und Grundfreiheiten sowie der *Rechtsstaatlichkeit*" beruht. Es stellt ein objektives Prinzip bei der hoheitlichen Tätigkeit der Union dar und bindet die Träger hoheitlicher Gewalt durch die Festsetzung von Grenzen bei deren Ausübung.[274] Auch die europäischen Gerichte bekennen sich zu dem Grundsatz der Rechtsstaatlichkeit, der das Gemeinschaftsrecht als Ganzes prägt.[275] Hiervon umfasst ist auch das gemeinschaftsrechtliche Kartellrecht und Kartellverfahrensrecht.

Dem Verwaltungsverfahren fällt eine mit Blick auf das Rechtsstaatsprinzip besondere Bedeutung zu. Der formalisierte Ablauf des Verwaltungsverfahrens nach rechtsstaatlichen Regeln sichert die Wahrung individueller Rechte und Interessen. Insbesondere soweit (Grund)Rechtspositionen des Einzelnen betroffen sind, soll das Verfahren der Sicherung und Durchsetzung dieser Rechte dienen, indem es dem Rechtssubjekt ermöglicht, seine persönliche Rechts- und Interessenposition effektiv gegenüber der Verwaltung geltend zu machen.[276] Dem Einzelnen bzw. dem Rechtssubjekt wird so ein Auftreten gegenüber der Exekutive ermöglicht, das abgesichert ist durch rechtsstaatliche Verfahrensgarantien.

Das rechtsstaatliche Erfordernis eines Verfahrensrechtsschutzes wird umso relevanter, je weiter die Eingriffs- und Entscheidungsbefugnisse der Verwaltung reichen.[277] Mit der Existenz umfangreicher Handlungsspielräume der Verwaltung geht eine größere Gefahr individueller Rechts- und Interessenverletzung der Verwaltungssubjekte durch ihnen gegenüber praktiziertes behördliches Verhalten einher, der durch effektive verfahrensrechtliche Schutzmechanismen begegnet werden muss. Unbestritten ist, dass im Kartellrecht die Kommission über die bei weitem stärksten Eingriffsbefugnisse im Rahmen ihrer Administrativfunktion gegenüber Gemeinschaftssubjekten verfügt.[278] Diesen weitreichenden Befugnissen der Kommission ein Auskunftsverweigerungsrecht wegen der

[274] Vgl. Lenz/Borchardt-*Zimmerling*, Anh. zu Art. 6 EUV, Rn. 9 ff.

[275] Vgl. nur EuGH „Granaria", Slg. 1979, 623, 637, Rn. 5.

[276] Vgl. insoweit in der deutschen Verwaltungs- und Verfassungsdogmatik den vieldiskutierten Mühlheim-Kährlich-Beschluss des BVerfG (BVerfGE 53, 30, 65 f.).

[277] In diesem Sinne auch *Schwarze*, Europäisches Verwaltungsrecht, S. 1188, zu dem gemeinschaftsrechtlichen Untersuchungsgrundsatz: „Die Verpflichtung zur Prüfung der konkreten Umstände des einzelnen Falles erscheint (...) nachgerade als ein notwendiger Ausgleich für die der Verwaltung zugestandene weitgehende Ermessensbefugnis, als ein Korrektiv, das – unter dem Aspekt der Wahrung rechtsstaatlicher Grundsätze beim Verwaltungshandeln – die Einräumung einer Ermessensbefugnis an die Exekutive überhaupt erst erträglich macht."

[278] Mit Ausnahme des Beamtenrechts, vgl. *Schwarze*, Europäisches Verwaltungsrecht, S. 811, Fn. 483.

Gefahr der Selbstbelastung entgegen zu setzen, würde bedeuten, die verfahrensrechtliche Position des Subjekts des Kartellverfahrens zu stärken und die Eingriffsmöglichkeiten der Kommission einzuschränken.

Fraglich ist jedoch, ob das Rechtsstaatsprinzip allein ausreicht für eine Herleitung eines allgemeinen Rechtsgrundsatzes, nach welchem Unternehmen im Kartellrecht die Auskunft verweigern dürfen, wenn sie sich damit selbst belasten würden.[279] Das Rechtsstaatsprinzip zählt zu den in seinen Erfüllungsbedingungen grundsätzlich offenen Prinzipien, die eine unverrückbare Basis der europäischen Grundordnung darstellen, bei denen es aber im Ermessen der jeweiligen rechtssetzenden und handelnden Gewalt steht, die spezifischen Regeln und konkreten Verhaltensanforderungen auszugestalten.[280] Das Rechtsstaatsprinzip ist als Begriff demnach nicht so fest umrissen, als dass es Rückschlüsse auf konkrete Verfahrensgrundsätze zuließe.

Allerdings bieten aus dem Rechtsstaatsprinzip hergeleitete Rechte Anhaltspunkte für eine inhaltliche Ausgestaltung rechtsstaatlicher Garantien. So könnte sich ein Auskunftsverweigerungsrecht wegen der Gefahr der Selbstbezichtigung aus dem Recht auf ein faires Verfahren ergeben.

bb) Das Recht auf ein faires Verfahren

Bei der aus dem angloamerikanischen Rechtskreis entlehnten Gewährleistung auf ein „fair trial" handelt es sich um eine Ausprägung des Rechtsstaatsprinzips.[281] Charakteristisch für das Recht auf ein faires Verfahren ist, dass es den Verfahrensbeteiligten sowohl ausreichende Mitwirkungsrechte sichern als sie auch vor Benachteiligungen schützen will. Dazu gehört insbesondere das Prinzip der Waffengleichheit, wonach den Verfahrensbeteiligten bei der Vertretung ihrer eventuell gegenläufigen Interessen gleichermaßen effektive Befugnisse gewährleistet werden sollen.[282]

Auch in der Rechtsprechung der europäischen Gerichte ist das Recht auf ein faires Verfahren wiederzufinden.[283] Danach erkennt das Gemeinschaftsrecht den allgemeinen Grundsatz an, nach dem jedermann An-

---

[279] Dies vertreten u. a. *Nockelmann*, S. 85; *Dannecker*, ZStW 1999, 256, 286.

[280] Vgl. *Buchwald*, Der Staat 1998, 189, 191 f., der insoweit feststellt: „Niemand kann vollständig und abschließend angeben, worin der End- oder Idealzustand von Rechtsstaatlichkeit besteht […]."

[281] Vgl. Meyer-*Eser*, EU-Charta, Art. 47, Rn. 34; *Roxin*, Strafverfahrensrecht, § 3, S. 12 f., Rn. 9.

[282] Vgl. insbesondere Meyer-*Eser*, EU-Charta, Art. 47, Rn. 34; *Roxin*, Strafverfahrensrecht, § 11, S. 77, Rn. 13 zur Waffengleichheit im Strafrecht zwischen Anklage und Verteidigung.

[283] Siehe EuG „Mannesmannröhren-Werke", Slg. 2001 II, 729, 758, Rn. 77; „Pecastaing", Slg. 1980, 691, 716, Rn. 21 f.; „Baustahlgewerbe", Slg. 1998 I, 8417, 8496, Rn. 21; zum Teil nennt der EuGH dieses Recht auch im Zusammenhang mit dem Anspruch auf rechtliches Gehör, vgl. „Alvis", Slg. 1963, 107, 123 ff.

spruch auf einen fairen Prozess hat.[284] Darüber hinaus weisen die jüngeren Urteile des Europäischen Gerichts erster Instanz eine Tendenz zu einer individualschutzfreundlicheren Auslegung und Erweiterung der Verfahrensgarantien im Sinne eines ausgeprägten rechtsstaatlichen Verständnisses auf.[285]

Bislang haben die europäischen Gerichte das Recht auf ein faires Verfahren allerdings noch nicht dahingehend konkretisiert, dass es auch ein Auskunftsverweigerungsrecht bei der Gefahr der Selbstbezichtigung enthält.[286] Dies wäre jedoch grundsätzlich angemessen. Insbesondere die schützende Ausprägung des Rechts, die durch die Garantie der Waffengleichheit im gesamten Verfahren den Schutz der Subjekte des Verfahrens vor Benachteiligungen bezweckt, spricht für die Anerkennung eines Auskunftsverweigerungsrechts der betroffenen Unternehmen im Kartellverfahren. Das kartellrechtliche Ermittlungsverfahren der Gemeinschaft ist mit erheblichen Grundrechtseingriffen für die Adressaten einer Ermittlungsmaßnahme verbunden. Die Kommission hat umfassende Ermittlungsbefugnisse, die für den Beweis von Wettbewerbsverstößen oftmals auf einer bußgeldbewehrten Kooperationsverpflichtung der Adressaten basieren. Sofern die Unternehmen ohne ein Auskunftsverweigerungsrecht unter Sanktionsandrohung zu ihrer eigenen Überführung verpflichtet sind, können sie der Kommission keine effektiven Verteidigungsrechte, die eine Waffengleichheit beider Teile bewirken würde, entgegensetzen. Die Betroffenen besäßen in diesem Fall keine verfahrensbeeinflussenden Rechte, die ein Gegengewicht zu der Stellung und den Möglichkeiten der Kommission darstellen würden. Erst wenn die Betroffenen frei entscheiden können, wie weitgehend sie der Kommission selbstbelastende Informationen zukommen lassen wollen, genügt der Ablauf des Kartellverfahrens den Ansprüchen an eine rechtsstaatliche Wahrheitsfindung in einem fairen Verfahren.

Diese Erwägungen sprechen dafür, dass in dem aus dem Rechtsstaatsprinzip folgenden Recht auf ein faires Verfahren vom Grundsatz her ein Auskunftsverweigerungsrecht wegen der Gefahr der Selbstbezichtigung im Kartellverfahren verankert ist. Da dieses Recht jedoch mangels An-

---

[284] EuG „Mannesmannröhren-Werke", Slg. 2001 II, 729, 758, Rn. 77; „Baustahlgewerbe", Slg. 1998 I, 8417, 8496, Rn. 21.

[285] Vgl. die „Soda" Urteile des EuG („Solvay", Slg. 1995 II, 1175 ff. und „ICI", Slg. 1995 II, 1847 ff.), deren Urteilsbegründung einen solchen Schluss für das Akteneinsichtsrecht als Verfahrensrecht zulassen (vgl. dazu näher unten Teil 5, C. V. 1. a) aa) aaa) (2)). Siehe auch der bislang nicht in der amtlichen Sammlung veröffentlichte Beschluss des EuG in der Rechtssache „Akzo/Akcros", T-125/03 R und T-253/03 R, vom 30.10.2003, in dem auf rechtsstaatliche Verfahrensrechte der Beteiligten im Kartellverfahren eingegangen wird (siehe dazu näher unten Teil 4, C. III. 1.).

[286] Siehe das jüngste Urteil des EuG in diesem Sinne: EuG „Mannesmannröhren-Werke", Slg. 2001 II, 729, 755 ff., Rn. 66 ff., 77.

haltspunkte im Gesetz und in der Rechtsprechung noch keine genauen Konturen erfahren hat, ist von Interesse, ob es seine Konkretisierung durch die als Erkenntnisquelle dienenden Rechtsordnungen der Mitgliedstaaten, völkerrechtlichen Verträgen und die Grundrechtecharta findet. Die insgesamt gewonnene Aussage zu einem Auskunftsverweigerungsrecht ist sodann daraufhin zu untersuchen, ob sie eventuell aus Gründen der Verwirklichung der Ziele des Kartellrechts eingeschränkt werden muss.

b) Erkenntnisse aus den Rechtsordnungen der Mitgliedstaaten

Eine detaillierte Untersuchung der deutschen Rechtsordnung und eine Betrachtung anderer europäischer Rechtsordnungen sollen Hinweise geben, ob in nationalen Rechtsordnungen ein Auskunftsverweigerungsrecht wegen der Gefahr der Selbstbezichtigung für kartellrechtliche Ermittlungen besteht.

aa) Die deutsche Rechtslage

Das Recht, die Aussage im Falle drohender Selbstbelastung verweigern zu dürfen, ist sowohl im deutschen Kartellverwaltungsverfahren als auch im Kartellordnungswidrigkeitenverfahren anerkannt, allerdings auf der Basis unterschiedlicher Rechtsgrundlagen.

Für das Verwaltungsverfahren ist dem zur Auskunft Verpflichteten in § 59 Abs. 5 GWB ein ausdrückliches Auskunftsverweigerungsrecht wegen der Gefahr der Bezichtigung seiner selbst oder einem in § 383 Abs. 1 Nr. 1 bis 3 ZPO genannten Angehörigen wegen einer Straftat oder Ordnungswidrigkeit gewährleistet. Der Kartellverstoß kann den Tatbestand einer Ordnungswidrigkeit verwirklichen. Da der zugrunde liegende Interessenkonflikt für die Vertreter juristischer Personen der gleiche ist, wenn die von ihnen repräsentierten Unternehmen verfolgt werden, gilt das Auskunftsverweigerungsrecht aus § 59 Abs. 5 GWB auch dann, wenn entsprechende Nachteile für das Unternehmen drohen.[287]

Von besonderem Interesse, weil nicht ausdrücklich geregelt, ist die Frage nach der Existenz eines Auskunftsverweigerungsrechts im Bußgeldverfahren. § 59 Abs. 5 GWB ist in diesem Teil des Verfahrens nicht anwendbar, da zu den „in diesem Gesetz (...) übertragenen Aufgaben" im Sinne des § 59 Abs. 1 GWB nicht die Durchführung des Bußgeldverfahrens zählt.[288]

---

[287] Vgl. Immenga/Mestmäcker-*Klaue*, GWB-Kommentar, § 59 GWB, Rn. 39; GK-*Junge*, 4. Aufl., § 46 GWB, Rn. 11; *Winterfeld*, RIW 1992, 524, 528; *Rohlfing*, S. 50; *Sedemund* in Schwarze, Verwaltungsrecht im Werden, S. 45, 58; a. A. *Langen/Niederleithinger/Schmidt*, § 46, Rn. 16.

[288] Vgl. hierzu ausführlicher *Gillmeister*, S. 324 ff.; *Rohlfing*, S. 51.

In dem in §§ 81 ff. GWB geregelten Bußgeldverfahren gelten über § 46 OWiG die allgemeinen Vorschriften des Strafverfahrens, in welchem sich der Beschuldigte und der Zeuge auf umfangreiche Aussage- und Auskunftsverweigerungsrechte berufen kann.[289]

Vom Strafverfahren betroffen können im deutschen Recht jedoch nur natürliche Personen sein, nicht hingegen Unternehmen.[290] Gegen Letztere kann jedoch nach § 30 Abs. 1 OWiG ebenfalls eine Geldbuße festgesetzt werden. Es fragt sich deshalb, ob auch eine vom Kartellverfahren betroffene juristische Person die Aussage durch ihre Organe gegenüber den ermittelnden Behörden verweigern darf.

Insoweit besteht eine Lücke im Gesetz, bei der zu untersuchen ist, ob sie durch verfassungskonforme Rechtsfortbildung geschlossen werden kann. Dabei kann der verfassungsrechtliche Hintergrund eines Auskunftsverweigerungsrechts wegen drohender Selbstbezichtigung Aufschluss über die Zielrichtung der Gewährleistung und daraus folgend auf seine Anwendungsmöglichkeit auf vom kartellrechtlichen Bußgeldverfahren betroffene juristische Personen geben. Als Verankerung kommen insoweit das aus der Menschenwürde folgende Persönlichkeitsrecht nach Art. 2 Abs. 1 GG in Verbindung mit Art. 1 GG und das Rechtsstaatsprinzip aus Art. 20 GG in Betracht.

Das aus dem Allgemeinen Persönlichkeitsrecht und der Menschenwürde hergeleitete Auskunftsverweigerungsrecht liegt in dem Interessenkonflikt einer Person begründet, der nicht zugemutet werden kann, an der Überführung mitwirken zu müssen, mit der Folge, dass das öffentliche Interesse an der Aufklärung zurücktreten muss. Einem persönlichen Interessen- und Gewissenskonflikt können nur natürliche Personen unterliegen, nicht jedoch über Art. 19 Abs. 3 GG juristische Personen.[291]

Für das Auskunftsverweigerungsrecht Bedeutung hat jedoch auch das Rechtsstaatsprinzip, das als objektiven Verfahrensgrundsatz das Recht beinhaltet, die Aussage bei Gefahr von Selbstbezichtigung zu verweigern.[292] In Verbindung mit Art. 2 Abs. 1 GG gewährleistet das Rechtsstaatsprinzip ein Recht auf ein faires Verfahren, auf das sich der Einzelne berufen kann.[293] Dies umfasst auch juristische Personen, auf die über Art. 19 Abs. 3 GG die Garantien ebenfalls anwendbar sind. Sie sind in

[289] Vgl. insoweit die Vorschriften der §§ 52, 53, 53 a, 55 und 136 Abs. 1 S. 2 StPO.

[290] Dies ist nicht in allen Ländern der EU der Fall. In Großbritannien ist nach Section 72 (2b) Competition Act 1998 auch das Unternehmen strafrechtlich verantwortlich. Auch in anderen Mitgliedstaaten können Unternehmen Subjekt strafrechtlicher Verfolgung sein (vgl. die Übersicht in DRiZ 1999, 52 ff.).

[291] Vgl. insoweit BVerfGE 95, 220, 241 f.

[292] Vgl. *Günther*, GA 1978, 193, 200; *Weiß*, S. 379 gibt den Hinweis, dass der Grundsatz der Rechtsstaatlichkeit die eigentliche Wurzel des Auskunftsverweigerungsrechts sei.

[293] Vgl. BVerfGE 38, 105, 111/113; 66, 313, 318.

gleicher Weise wie natürliche Personen von dem Ordnungswidrigkeitenverfahren betroffen,[294] so dass ihnen auch entsprechende rechtsstaatlich gebotene Verfahrensgrundsätze gewährleistet werden müssen.

Ein Auskunftsverweigerungsrecht wegen der Gefahr eigener Überführung steht demnach auch juristischen Personen im deutschen kartellrechtlichen Bußgeldverfahren zu.[295] Es ist im Wege richterlicher Rechtsfortbildung unter Rückgriff auf die verfassungsrechtlichen Gewährleistungen des Rechtsstaatsprinzips in Art. 20 GG und dem daraus folgenden Recht auf ein faires Verfahren zu begründen.

bb) Sonstige mitgliedstaatliche Regelungen

Wie auch der EuGH in seinem Urteil „Orkem" festgestellt hat, divergieren die Rechtsordnungen der Mitgliedstaaten bei der Gewährleistung eines Auskunftsverweigerungsrechts wegen drohender Selbstbezichtigung. Zwar ist eine Untersuchung der einschlägigen Rechtsordnung der Mitgliedstaaten möglich,[296] sie ergibt jedoch, dass die einzelstaatlichen Wettbewerbsrechte inklusive der Ermittlungsbefugnisse der Behörden sehr voneinander abweichen. Dementsprechend gibt es auch Unterschiede in der Gewährleistung der rechtsstaatlichen Garantien. Daraus den Schluss zu ziehen, ein Auskunftsverweigerungsrecht wegen der Gefahr der Selbstbezichtigung sei abzulehnen, ist jedoch zu kurz gedacht. Vielmehr ist die Gewährung eines Auskunftsverweigerungsrechts in solchen Rechtsordnungen, in denen die Behörden beschränktere Ermittlungsrechte als die Kommission haben und die betroffenen Unternehmen nicht zu selbstbelastenden Aussagen verpflichtet werden können, schon gar nicht erforderlich.

Es ergeben sich darüber hinaus auch grundsätzliche Bedenken gegen eine Herleitung des Auskunftsverweigerungsrechts zum Schutz vor Selbstbezichtigung allein aus den Regelungen der Mitgliedstaaten. Dies birgt die Gefahr in sich, ein solches Recht auf den „kleinsten gemeinsamen Nenner" der Rechte der Mitgliedstaaten zu beschränken, was der verfahrensrechtlichen Relevanz und der rechtsstaatlichen Bedeutung

---

[294] Vgl. *Bauer*, WuW 1989, 304, 305; *Deringer*, WuW 1988, 933, 941; *Gillmeister*, S. 38 f.

[295] Siehe GK-*Junge*, 4. Aufl., § 46, Rn. 11; *Winterfeld*, RIW 1992, 524, 528.

[296] Vgl. *Kühlhorn*, WuW 1986, 7, 12, der zu dem Ergebnis kam, dass ein Auskunftsverweigerungsrecht in unterschiedlichem Umfang in den Mitgliedstaaten gewährleistet ist. Die rechtsvergleichende Untersuchung von *Roß*, S. 39 ff. zeigte ebenfalls, dass die Regelungen zum Auskunftsverweigerungsrecht je nach Mitgliedstaat verschieden sind. *Alvarez Ligabue*, S. 71, bejahte zwar im Anschluss an die Untersuchung der mitgliedstaatlichen Lösungen die Herleitung eines allgemeinen Rechtsgrundsatzes aus den nationalen Rechtsordnungen, musste jedoch ebenfalls eingestehen, dass in einigen nationalen Wettbewerbsordnungen (zum Beispiel England und Frankreich) das Auskunftsverweigerungsrecht nur eingeschränkt Geltung hat.

eines solchen Auskunftsverweigerungsrechts nicht gerecht werden würde.

c) Herleitung aus der Europäischen Menschenrechtskonvention

Ein völkerrechtlicher Vertrag, der Erkenntnisse über Art und Umfang eines Auskunftsverweigerungsrechts wegen der Gefahr der Selbstbelastung geben kann, ist die Europäische Menschenrechtskonvention. Als Rechtserkenntnisquelle misst ihr der Europäische Gerichtshof besondere Bedeutung zu.

aa) Herleitung aus Artikel 6 Absatz 1 EMRK

In Betracht kommt insoweit eine Herleitung aus dem in Art. 6 Abs. 1 EMRK verankerten Recht auf ein faires Verfahren, aus dem auch der Europäische Gerichtshof für Menschenrechte in seinen Urteilen „Funke“[297] und „J. B. gegen Schweiz“[298] auf ein Auskunftsverweigerungsrecht wegen der Gefahr der Selbstbezichtigung geschlossen hat.[299] Allerdings lag dem „Funke“ Urteil eine Streitigkeit aus dem französischen Zollrecht und der Rechtssache „J. B. gegen Schweiz“ eine steuerrechtliche Fragestellung zugrunde. Insofern ist zu untersuchen, ob ein Auskunftsverweigerungsrecht aus Art. 6 Abs. 1 EMRK auch für betroffene Unternehmen im europäischen Kartellverfahren grundsätzlich Geltung beanspruchen kann.

Der Wortlaut des Art. 6 Abs. 1 S. 1 EMRK besagt Folgendes:

> „Jede Person hat ein Recht darauf, dass über Streitigkeiten in bezug auf ihre zivilrechtlichen Ansprüche und Verpflichtungen oder über eine gegen sie erhobene strafrechtliche Anklage von einem unabhängigen und unparteiischen, auf Gesetz beruhenden Gericht in einem fairen Verfahren, öffentlich und innerhalb angemessener Frist verhandelt wird.“

Die Formulierung des Art. 6 Abs. 1 EMRK enthält keinen ausdrücklichen Hinweis auf ein Auskunftsverweigerungsrecht im Allgemeinen und erst recht keinen auf eines von Unternehmen oder Unternehmensvereinigungen in Kartellverfahren. Dem Wortlaut zufolge hat jedoch jede Person ein Recht auf ein faires Verfahren. Zu prüfen ist mithin, ob die Rechtsgarantie des fairen Verfahrens in Art. 6 Abs. 1 EMRK auch ein Auskunftsverweigerungsrecht betroffener Unternehmen im Kartellverfahren umfasst.

---

[297] EGMR „Funke./.Frankreich“, Urteil vom 25.02.1993, Serie A, Vol. 256 A.

[298] EGMR „J.B./.Schweiz“, Urteil vom 03.05.2001, Decisions & Reports 2001, § 64 = NJW 2002, 499.

[299] Die Herleitung eines Auskunftsverweigerungsrechts aus Art. 6 Abs. 1 EMRK befürwortend Immenga/Mestmäcker-*Burrichter/Hauschild*, EG-Wettbewerbsrecht, Bd. II, Art. 11 VO 17/62, Rn. 26; *Gumbel*, S. 139; *Weiß*, JZ 1998, 289, 296; *van Overbeek*, ECLR 1994, 127, 132; grundsätzlich befürwortend *Rohlfing*, S. 66.

aaa) Erfordernis eines gerichtlichen Verfahrens

Problematisch könnte zunächst sein, dass dem Wortlaut des Art. 6 Abs. 1 S. 1 EMRK zufolge dieses Recht in Verfahren vor einem Gericht gilt, die Europäische Kommission jedoch keine Gerichtsqualität besitzt.[300] Einer engen Interpretation der Norm steht jedoch entgegen, dass die dem Gerichts- und dem Verwaltungsverfahren zugrunde liegenden rechtsstaatlichen Erwägungen keine Unterschiede aufweisen.[301] Dies hat auch der EuGH implizit in seiner „Orkem" Entscheidung anerkannt. So hat er festgestellt, dass sich auch Unternehmen, gegen die eine Untersuchung auf dem Gebiet des Wettbewerbsrechts durchgeführt wird, grundsätzlich auf Art. 6 EMRK berufen können, wenngleich er nachfolgend seiner Ansicht Ausdruck verlieh, dass diese Norm der EMRK kein allgemeines Recht gewähre, nicht gegen sich selbst als Zeuge aussagen zu müssen.[302] Ebenso erkannte das Europäische Gericht erster Instanz jüngst an, dass der in Art. 6 Abs. 1 EMRK enthaltene Rechtsgedanken des „fair trial" auch im kartellrechtlichen Untersuchungsverfahren Geltung beanspruchen kann.[303] Obwohl es sich in dem einschlägigen Urteil „SCK/FNK"[304] um eine Frage der überlangen Verfahrensdauer und nicht des Auskunftsverweigerungsrechts handelte, kann daraus abgeleitet werden, dass die Rechtsprechung den Grundsatz des fairen Verfahrens gegenüber der Kommission für anwendbar erachtet.

Für eine Anwendbarkeit der Regeln des Art. 6 Abs. 1 S. 1 EMRK auch gegenüber der Kommission spricht ferner, dass bei kartellrechtlichen Streitigkeiten auf der Ebene der gerichtlichen Prüfung durch die Gerichte der Gemeinschaft nur noch in sehr beschränktem Umfang Tatsachen ermittelt werden, so dass sich die rechtsstaatlichen Anforderungen an das verwaltungsrechtliche Kartellverfahren durch die Kommission noch erhöhen.[305]

[300] So argumentiert zum Beispiel der EuGH in der Rechtssache „FEDETAB", Slg. 1980, 3125, 3248, Rn. 81. Vgl. auch *Kuyper/van Rijn*, YBEL 1982, 1, 10 ff., die vertraten, der in Art. 6 EMRK verankerte Grundsatz der „Waffengleichheit" gelte nicht im EG-Kartellrecht. Generell zu der Problematik *Kühlhorn,* WuW 1986, 7, 9. In seinem „Orkem" Urteil, Slg. 1989, 3283, 3350, Rn. 30 hat der EuGH seine in den oben genannten Entscheidungen ablehnende Haltung insoweit revidiert.

[301] Vgl. Immenga/Mestmäcker-*Burrichter/Hauschild*, EG-Wettbewerbsrecht, Bd. II, VO 17/62, Art. 11, Rn. 25; *Weiß*, JZ 1998, 289, 290 f.

[302] EuGH „Orkem", Slg. 1989, 3283, 3350, Rn. 30, Anders insoweit das Urteil des EuG „Mannesmannröhren-Werke", Slg. 2001 II, 729 ff., in welchem das EuG Bezug auf die Rechtsprechung des EGMR genommen hat.

[303] Vgl. insoweit die neuere Rechtsprechung des EuG zu dem aus Art. 6 Abs. 1 EMRK folgenden Verbot der übermäßigen Verfahrensdauer, EuG „SCK und FNK", Slg. 1997 II, 1739, 1764, Rn. 56.

[304] EuG „SCK/FNK", Slg. 1997 II, 1739, 1764, Rn. 56.

[305] Vgl. zur Gleichstellung der Rechtsschutzerfordernisse im Verwaltungs- und Gerichtsverfahren auch *Gillmeister*, S. 154.

bbb) Anwendbarkeit im Ermittlungsverfahren

Auch in zeitlicher Hinsicht sind die Grundsätze des Art. 6 Abs. 1 EGMR schon im Ermittlungsverfahren anwendbar. Die Argumentation, im Zeitpunkt eines Auskunftsverlangens oder einer anderen Ermittlungsmaßnahme ginge es nur um eine reine Tatsachensammlung und nicht schon um die Verfolgung eventueller Wettbewerbsverstöße,[306] verkennt, dass die Kommission erst aufgrund eines Anfangsverdachts tätig werden darf. Sie ermittelt daher schon in diesem Stadium gezielt zur Aufdeckung von Wettbewerbsverstößen und mit Blick auf eine mögliche bußgeldrechtliche Entscheidung. Für den Anwendungsbereich der EMRK hat der Europäische Gerichtshof für Menschenrechte dies in der Rechtssache „Funke" deutlich gemacht mit dem Hinweis, dass die fundamentalen Grundsätze aus Art. 6 EGMR schon im Rahmen der Ermittlungen greifen.[307] Nur einen solchen Schluss lässt auch das der EMRK zugrunde liegende Effektivitätsprinzip, wonach dem Einzelnen nicht nur illusorische, sondern konkrete und wirksame Rechte garantiert werden sollen,[308] zu. Vor allem im Rahmen des europäischen Kartellverfahrens ist der frühe Verfahrensabschnitt vor der Kommission für die Tatsachenermittlung von entscheidender Bedeutung, so dass das Fehlen von Rechten in diesem Stadium die Wirksamkeit der Verteidigungsmöglichkeiten der Betroffenen im ganzen Verfahren in Frage stellt.

Nicht sinnvoll ist eine Änderung der kartellrechtlichen einheitlichen Verfahrensgestaltung in zwei Verfahrensabschnitte.[309] Die Differenzierung des Verfahrens in ein Verwaltungsverfahren ohne Anerkennung eines Auskunftsverweigerungsrechts und in ein daran anschließendes Bußgeldverfahren ab Mitteilung der Beschwerdepunkte, in denen sich die Adressaten einer Vorermittlungshandlung auf ein Auskunftsverweigerungsrecht berufen können, würde die Wirksamkeit eines Auskunftsverweigerungsrechts stark beeinträchtigen. Selbst wenn die Anerkennung eines Verwertungsverbots bewirkte, dass die erlangten Informationen ohne die Zustimmung des Unternehmens nicht zu seinem Nachteil verwertet werden können,[310] so bietet das Verwertungsverbot doch einen geringeren Schutz als ein Auskunftsverweigerungsrecht. Der Kommission steht es nämlich jederzeit offen, ein neues Untersuchungsverfahren einzuleiten

---

306 Vgl. in diesem Sinne *Kreis*, RIW 1981, 281, 287.

307 Vgl. das Urteil des EGMR „Funke./.Frankreich", Urteil vom 25.02.1993, Serie A, Vol. 256 A, Rn. 41 ff., in welchem zollbehördliche Ermittlungen zugrunde lagen und der EGMR eine Verletzung des Art. 6 Abs. 1 EMRK festgestellt hat.

308 Vgl. zum Grundsatz des effektiven Grundrechtsschutzes die Entscheidungen des EGMR „Airey", 09.10.1979, Serie A, Vol. 32, Rn. 24 und „Artico", 13.05.1980, Serie A, Vol. 37, Rn. 32 f.

309 So schlägt es *Gillmeister*, S. 161, vor.

310 Vgl. *Gillmeister*, S. 161.

und die Kenntnisse, die sie im ersten Verfahren gewonnen hat, dahin gehend zu nutzen, gezielt auf die Suche nach neuen Beweisen zu gehen. Damit ist den am Kartellverfahren Beteiligten jedoch kein ausreichender Schutz garantiert. Zudem würde eine solche Zweiteilung der Struktur des europäischen Kartellverfahrens, das als einheitliches Verfahren gestaltet ist, widersprechen.

Eine Wirkung der zugestandenen Rechte schon im Voruntersuchungsverfahren vor Übersendung der Beschwerdepunkte hat auch der EuGH für das europäische Kartellrecht in der Rechtssache „Orkem" anerkannt.[311] Ebenso erachtete das Gericht erster Instanz die Gewährleistung der Rechte der Betroffenen schon vom ersten Stadium einer kartellrechtlichen Untersuchung an als erforderlich.[312]

Festzuhalten bleibt, dass die Übertragbarkeit der Rechte aus Art. 6 Abs. 1 EMRK auf das europäische Kartellverfahren nicht an der zeitlichen Komponente im Rahmen des Ermittlungsverfahrens scheitert.

ccc) Vergleichbarkeit des kartellrechtlichen Bußgelds mit einer Strafe

Es stellt sich jedoch die Frage, ob Art. 6 Abs. 1 EMRK wortlautgemäß dahingehend ausgelegt werden muss, dass das in ihm enthaltene nemo tenetur-Prinzip nur auf strafrechtliche Anklagen Anwendung findet oder ob seinem Sinn und Zweck zufolge auch das europäische Kartellverfahren erfasst ist. Hiergegen wird oftmals eingewandt, dass das Kartellrecht ein Verwaltungsverfahren sei und der Sanktion der Strafcharakter fehle.[313] Insbesondere die Formulierung des Art. 23 Abs. 5 VO 1/2003 wie auch des ehemaligen Art. 15 Abs. 4 VO 17/62 stützen diese Annahme. Zunächst ist in Art. 23 VO 1/2003 nur von Geldbußen die Rede, was Bedenken an der Übertragbarkeit auf ein strafrechtliches Verfahren im Sinne der EMRK hervorruft.[314] Darüber hinaus stellt Art. 23 Abs. 5 VO 1/2003 ausdrücklich klar, dass die im Sinne dieser Norm getroffenen Entscheidungen „[...] keinen strafrechtlichen Charakter haben". Diese Formulierung des Gesetzes ist jedoch vor dem Hintergrund zu sehen, dass die Mitgliedstaaten der Europäischen Union keine Kompetenzen zur Regelung und Durchsetzung von Kriminalstrafen übertragen haben,[315] so

[311] EuGH „Orkem", Slg. 1989, 3283, 3351, Rn. 33. Der EuGH hat zwar im Umfang die Rechte lediglich als Geständnisverweigerungsrecht definiert. Dies ändert aber nichts an seiner grundsätzlichen Aussage, dass „bestimmte Verteidigungsrechte [...] schon im Stadium der Voruntersuchung zu beachten ..." sind.

[312] EuG „Mannesmannröhren-Werke", Slg. 2001 II, 729, 758, Rn. 77.

[313] Vgl. zu der schon unter der Verordnung 17/62 existierenden Problematik: Groeben/Thiesing/Ehlermann-*Grunwald*, Art. 213 EGV, Rn. 45; *Ehlermann/Oldenkopp*, S. 1.5.

[314] Zu der Parallelvorschrift des Art. 15 Abs. 4 VO 17/62 *Kühlhorn*, WuW 1986, 7, 14; *Ortiz Blanco*, S. 42, Fn. 4.

[315] Vgl. *Eser/Huber*, S. 1990; *Winkler*, S. 84.

dass eventuellen so begründeten Widerständen seitens der Mitgliedstaaten schon im Vorfeld durch Einfügen dieses Absatzes entgegnet wurde.

Zu dem grundsätzlichen Einwand, die im Kartellverfahren verhängte Geldbuße sei keine Strafe, sind zunächst die Fälle „Öztürk“[316] und „Lutz“[317] heranzuziehen, in welchen der EGMR festgestellt hat, dass der Begriff des „Strafrechts“ autonom auszulegen ist und nicht der Definitionsmacht der Mitgliedstaaten überlassen ist. Anderenfalls träte die ungewünschte Folge ein, dass die Konventionsstaaten es in der Hand haben, durch die formale Qualifizierung einer Sanktion und die Zuordnung einer Materie in ihrem nationalen Recht die Geltung der Prinzipien des Art. 6 EMRK auszuschließen.[318] Allein aufgrund der Formulierung des Art. 23 Abs. 5 VO 1/2003 kann eine Übertragbarkeit der Garantien des Art. 6 Abs. 1 EMRK nicht verneint werden.

Einen Anhaltspunkt für die Klassifizierung der Geldbußen im europäischen Kartellverfahren bietet die Behandlung der Sanktionen im deutschen Ordnungswidrigkeitenrecht, das dem System der Geldbußen im Gemeinschaftsrecht als Vorbild gedient hat.[319] Nach ganz überwiegender Ansicht sind Geldbußen des deutschen Rechts dem Strafrecht im weiteren Sinne zuzuordnen, so dass auch die rechtsstaatlichen Garantien des Strafverfahrens im Bußgeldverfahren gewahrt werden müssen.[320] Diese Überlegung kann grundsätzlich auch im europäischen Kartellrecht Geltung beanspruchen.

Um jedoch eine präzise Antwort auf die Frage zu erhalten, ob das in Art. 6 Abs. 1 EMRK für „Strafverfahren“ verankerte Auskunftsverweigerungsrecht auch auf das europäische Kartellverfahren übertragbar ist, ist zu untersuchen, ob die Wertungen, die einer Herleitung des Schweigerechts nach Art. 6 Abs. 1 EMRK zugrunde liegen, auch im gemeinschaftsrechtlichen Kartellverfahren Geltung beanspruchen können. Sinn und Zweck des Auskunftsverweigerungsrechts ist, dass niemand gezwungen werden soll, an seiner eigenen Bestrafung aktiv mitzuwirken.[321] Frag-

[316] Urteil des EGMR „Öztürk./.Deutschland“ vom 21.02.1984, Serie 1984 A, Vol. 73 = NJW 1985, 1273.

[317] Urteil des EGMR „Lutz“ vom 25.08.1987, Serie 1987 A, Vol. 123 = EuGRZ 1987, 399. Sowohl im Fall „Öztürk“ als auch im Fall „Lutz“ ging es um Bußgelder wegen Verstößen gegen die deutsche Straßenverkehrsordnung. Nach deutschem Recht sind diese Bußgelder keine Kriminalstrafen.

[318] Vgl. EGMR „Öztürk./.Deutschland“ vom 21.02.1984, Serie 1984 A, Vol. 73, Rn. 50 und 54; „Lutz“ vom 25.08.1987, Serie 1987 A, Vol. 123, Rn. 52. Siehe hierzu ferner *Kerse*, CMLR 1994, 1375, 1478. Vgl. auch zur autonomen Auslegung des EGMR *Spaniol*, S. 134 f.

[319] Zu der Vorbildfunktion der Sanktionen im deutschen Ordnungswidrigkeitenrecht für die Geldbußen im Gemeinschaftsrecht siehe *Tiedemann,* S. 57.

[320] Vgl. *Winkler*, S. 78 f.; a. A. Golsong/Karl/Miehsler/Petzold/Rogge/Vogler/Wildhaber-*Vogler,* Art. 6 EMRK, Rn. 233 f.

[321] Siehe auch oben Teil 3, A. und die Übersicht bei *Bosch,* S. 17 ff.; *Kühlhorn*, WuW 1986, 7, 13.

lich ist, ob der Charakter der Bußgeldsanktion im Kartellverfahren mit dem einer Strafe vergleichbar ist. Übergreifendes Merkmal der Strafe ist, dass sie eine Reaktion auf eine dem Schuldprinzip entsprechend schuldhaft begangene Tat darstellt und als Sanktion sowohl ein Unwerturteil über das vergangene Verhalten fällen soll als auch präventiv mit Blick auf eventuelle neue gesetzeswidrige Verhaltensweisen abschreckende Wirkung entfalten soll.[322]

Vergleichbar mit der Strafe untersteht die im Kartellverfahren verhängte Geldbuße dem Schuldprinzip. Dies ergibt sich aus Art. 23 Abs. 1 VO 1/2003, wonach eine Sanktionierung ein vorsätzliches oder fahrlässiges Verhalten voraussetzt.

Fraglich ist, ob das kartellrechtliche Bußgeld auch ein Unwerturteil über das kartellwidrige Verhalten bildet. Es steht zwar außer Frage, dass das Unwerturteil einer Kartellsanktion nicht sozialethischer Natur im strafrechtlichen Sinne ist. Allerdings kommt auch in einer Bußgeldsanktion ein Unwerturteil zum Ausdruck, selbst wenn die Verwerflichkeit in ihrer Intensität nicht der einer Strafsanktion entspricht.[323] Die Bußgelder des Art. 23 VO 1/2003 beanstanden eine in der Vergangenheit liegende Verhaltensweise, die nicht als gemeinschaftskonform angesehen wird. Ihre Zielsetzung ist eindeutig die Sanktionierung eines Fehlverhaltens und diesbezüglich erfolgt ein „Unwerturteil".

Diese Erkenntnis erhärtet sich noch bei Betrachtung der Schwere der Sanktionen. Die wegen Wettbewerbsverstößen nach Art. 81 und 82 EGV zu verhängenden Geldbußen können sich nach Art. 23 Abs. 2 VO 1/2003 auf bis zu 10 % des im vorausgegangenen Geschäftsjahr erzielten Gesamtumsatzes belaufen. Unter Berücksichtigung der Tatsache, dass die Unternehmen die Geldbußen aus ihrem versteuerten Gewinn zu zahlen haben, sind sie als erheblich einzustufen. Angesichts der Schwere der Sanktionen kann ihnen auch die präventive, abschreckende Wirkung nicht abgesprochen werden.[324] Unternehmen, gegenüber denen eine Geldbuße verhängt wird, empfinden das als einschneidende finanzielle Belastung, so dass die Sanktion geeignet erscheint, sie von zukünftigen Kartellverstößen abzuhalten. Auch die Leitlinien der Kommission zur

---

322 Vgl. nur *Tröndle/Fischer*, § 46 StGB, Rn. 2.

323 Vgl. Frankfurter Kommentar-*Kindhäuser*, Art. 15 VO 17/62, Rn. 4 (noch zu der Verordnung 17/62); *Göhler*, Ordnungswidrigkeitengesetz, Vor § 1, Rn. 9; Karlsruher Kommentar-*Bohnert*, Einl., Rn. 85.

324 Ebenso *Eichler/Peukert*, AnwBl 2002, 189, 197. Als Beispiel kann auf das „Vitaminkartell" verwiesen werden, an dem acht Unternehmen beteiligt waren und für welches die Kommission eine Geldbuße in Höhe von 855,22 Millionen Euro verhängt hat. Dieses Bußgeld hat die Kommission noch aufgrund des Art. 15 VO 17/62 verhängt. Vgl. statt vieler *Lenaerts*, EuR 1997, 17, 23/37; *van Overbeek*, ELR 1994, 127, 130, die schon die Geldbußen unter der Verordnung 17/62 als Strafsanktionen bzw. als erheblich qualifiziert haben.

Festsetzung von Geldbußen[325] zielen darauf ab, „die Geldbuße auf einen Betrag festzusetzen, der hinreichend abschreckende Wirkung entfaltet". Dass diesen Leitlinien Folge geleistet wurde, zeigt die im „Vitaminkartell" verhängte 855,22 Millionen Euro[326] Geldbuße.

Aufgrund der beschriebenen Eigenschaften der Bußgelder im Kartellverfahren kann ihnen die Vergleichbarkeit mit strafrechtlichen Sanktionen nicht abgesprochen werden.[327] Dies lässt sich auch den Schlussanträgen mehrerer Generalanwälte des Europäischen Gerichtshofs entnehmen, wonach die im europäischen Kartellverfahren verhängten Bußgelder strafrechtlichen Charakter haben.[328] Die Unterscheidung zwischen den im Strafverfahren und im Kartellverfahren verhängten Sanktionen ist somit nur ein gradueller, der sich nur in der Intensität des Unwerturteils widerspiegelt, nicht aber darüber hinaus.[329] Beide beinhalten einen Schuldvorwurf, in dem sich ein Unwerturteil ausdrückt, haben den Anspruch, eine angemessene Reaktion auf ein gesetzeswidriges Verhalten darzustellen und entfalten angesichts ihrer Schwere präventive Wirkung.

Es erscheint daher als eher formalistische Argumentation, den im Kartellverfahren verhängten Geldbußen aufgrund ihrer Bezeichnung als „Geldbußen" und wegen der Regelung des Art. 23 Abs. 5 VO 1/2003 den Charakter einer repressiven Sanktion im Sinne des Art. 6 Abs. 1 EMRK abzusprechen. Nach der Ratio des Rechts auf ein faires Verfahren und wegen der Vergleichbarkeit der kartellrechtlichen Sanktion mit einer Strafsanktion kann das Auskunftsverweigerungsrecht zum Schutz vor Selbstbezichtigung auch im kartellrechtlichen Bußgeldverfahren Geltung

---

325 Leitlinien zur Festsetzung von Geldbußen gemäß der Verordnung 17/62 und Art. 65 Abs. 3 EGKS-Vertrag, ABl. 1985, Nr. C 9, S. 3.

326 Siehe die Pressemitteilung der Europäischen Kommission IP/01/1625 vom 21.11.2001. Einen Überblick über die jüngst von der Kommission verhängten Bußgelder bietet *Lampert*, BB 2002, 2237, 2237 f.

327 Im Ergebnis ebenso *Gillmeister,* S. 153; *Grützner/Reimann/Wissel*, S. 153, Rn. 232; im Ergebnis a. A. Golsong/Karl/Miehsler/Petzold/Rogge/Vogler/Wildhaber-*Vogler,* Art. 6 EMRK, Rn. 233 f.; Hanebuth, Auskunftsrecht, S. 165; *Kreis*, RIW, 1981, 281, 296.

328 Vgl. zum Beispiel GA *Léger* in EuGH „Baustahlgewerbe", Slg. 1998 I , 8417, 8431, Rn. 31 und GA *Vesterdorf* in EuGH „Hercules", Slg. 1999 I, 4235, 4243, Rn. 14. Letzterer betont zwar die wegen vergleichbarer Sanktionsdrohung bestehende Ähnlichkeit des Strafverfahrens mit dem Kartellverfahren, geht jedoch im Ergebnis davon aus, dass den Beschuldigten in beiden Verfahren nicht gleich hohe Schutzrechte gewährt werden müssen.

329 Ebenfalls den repressiv punitiven Charakter der im Kartellverfahren verhängten Geldbußen befürwortend: *Dannecker*, ZStW 1999, 256, 286; *Gillmeister* S. 153; *Grützner/Reimann/Wissel*, S. 153, Rn. 232; a. A. *Hanebuth*, Auskunftsrecht, S. 165; *Kreis*, RIW 1981, 281, 296. Ebenfalls anderer Ansicht *Oehler*, S. 564, Rn. 938 f., der die Geldbuße nicht zum Strafrecht im weiteren Sinne zählt, sondern als Sanktion sui generis auffasst.

beanspruchen. Davon ist im Ergebnis auch die Europäische Menschenrechtskonvention im Fall „Société Sténuit“[330] ausgegangen.

ddd) Juristische Personen als Verweigerungsberechtigte

Betroffene im Kartellverfahren sind Unternehmen oder Unternehmensvereinigungen. Ein Unternehmen im Sinne der europäischen Kartellvorschriften kann jede wirtschaftlich tätige Einheit sein.[331] Darunter fallen grundsätzlich sowohl juristische als auch natürliche Personen.[332] Sofern das betroffene Unternehmen eine natürliche Person ist, unterliegt die natürliche Person selbst bei einer drohenden Selbstbezichtigung einem Gewissenskonflikt, der die Annahme eines Auskunftsverweigerungsrechts rechtfertigt. Problematischer ist es jedoch, wenn – wie es ganz überwiegend der Fall sein wird – das betroffene Unternehmen eine juristische Person ist, da ein Gewissenskonflikt bei einer juristischen Person zweifelhaft erscheint. Daher ist bei der Herleitung eines Auskunftsverweigerungsrechts für betroffene Unternehmen im Kartellrecht aus Art. 6 Abs. 1 EMRK von elementarer Bedeutung, ob der persönliche Anwendungsbereich nur natürliche oder auch juristische Personen umfasst.

Der Wortlaut der Vorschrift, in der nur allgemein von „Personen“, denen diese Rechte zustehen, die Rede ist, lässt keinen eindeutigen Schluss zu. Basierend auf der Annahme, dass ein Auskunftsverweigerungsrecht seine Rechtfertigung in dem Schutz vor einem persönlichen Gewissenskonflikt und damit der Menschenwürde findet, könnte die Anerkennung eines solchen Rechts für juristische Personen abzulehnen sein.[333] Ein

330 Bericht vom 30. Mai 1991, Serie A, Vol. 232 A, Rn. 65 ff, 68 ff. In diesem Fall kam es zu keiner Entscheidung des EGMR, da sich die Parteien vorher gütlich geeinigt hatten. Die Société Sténuit hatte sich an einer Submissionsabsprache beteiligt und war von der französischen Kartellbehörde, dem Minister für Wirtschaft und Finanzen, mit einer Geldbuße in Höhe von 50.000,00 Francs belegt worden. Sténuit machte geltend, ihre Sache falle unter ein Amnestiegesetz vom 04.08.1981. Im Verfahren vor den französischen Gerichten hatten die französische Regierung und der Conseil d`Etat ihre ablehnende Haltung im Wesentlichen damit begründet, dass es sich lediglich um eine administrative Strafe und keine Kriminalstrafe handele und dass diese Strafe nicht von einem Gericht verhängt worden war. Bevor es zur Zurückziehung der Rechtssache durch den EGMR kam, hatte die Europäische Kommission für Menschenrechte bereits einstimmig eine Verletzung des Art. 6 EMRK festgestellt.

331 Vgl. *Emmerich*, S. 385.

332 Dies hat der EuGH explizit in der verbundenen Rechtssache „SNUPAT“, Slg. 1961, 109, 164 festgestellt.

333 Vgl. insoweit das Bundesverfassungsgericht, welches für das deutsche Recht erneut in einer Entscheidung vom 26.02.1997, BVerfGE 95, 220, 241 f., dargelegt hat, dass ein Schutz vor Selbstbezichtigung Teil des allgemeinen Persönlichkeitsrechts nach Art. 2 Abs. 1 GG i. V. m. Art. 1 Abs. 1 GG sei. Danach sollte der Einzelne nicht in eine Konfliktlage gebracht werden, sich selbst strafbarer Handlungen oder Verfehlungen bezichtigen zu müssen oder in Versuchung zu geraten, durch Falschaussage ein neues Delikt zu begehen oder wegen seines Schweigens in Gefahr der Anwendung von Zwangsmitteln zu geraten. Für juristische Personen sei die Konfliktlage allerdings nicht

Argument hierfür wäre, dass einem Gewissenskonflikt nur natürliche Personen unterliegen, die Gefahr laufen, sich durch ihre Aussage einer sanktionsbewehrten Verfolgung auszusetzen. Zwar erfolgt auch die Auskunftserteilung im Kartellverfahren durch die für ein Unternehmen vertretungsberechtigten natürlichen Personen, allerdings besteht gegen sie keine Sanktionsandrohung, da diese im Kartellverfahren strikt unternehmensbezogen sind. Diesen Gedankengang weiterführend, wäre ein persönlicher Gewissenskonflikt als Ausfluss der Menschenwürde für die vertretungsberechtigten Personen eines vom Kartellverfahren betroffenen Unternehmens abzulehnen, ebenso wie das Auskunftsverweigerungsrecht selbst.

Zunächst ist jedoch schon zweifelhaft, ob die Prämisse, ein Auskunftsverweigerungsrecht wegen der Gefahr der Selbstbezichtigung ergäbe sich alleinig aus der Menschenwürde, haltbar ist. Art. 6 EMRK gewährt grundsätzlich rechtsstaatliche Verfahrensgarantien. Die Gewährleistung des Auskunftsverweigerungsrechts trägt dem allgemeinen rechtsstaatlichen Gedanken der Waffengleichheit als Teil eines fairen Verfahrens Rechnung. Ein Verfahrensbeteiligter soll den staatlichen Eingriffsbefugnissen von Behörden entsprechend effektive Rechte zu seiner Verteidigung entgegen setzen können. Dazu zählt auch die Möglichkeit, nicht verpflichtet zu sein, sich selbst zu belasten. Diese rechtsstaatlich verankerten Rechte gelten grundsätzlich für jeden Verfahrensbeteiligten, unabhängig davon, ob er eine juristische oder natürliche Person ist.

Deutlich wird dies auch bei einer Betrachtung der Garantien der EMRK, die nicht ausschließlich für natürliche Personen gelten.[334] So lässt es Art. 34 EMRK zu, dass sich auch Personengruppen und nichtstaatliche Organisationen an den Gerichtshof für Menschenrechte richten. Dies findet auch im strafrechtlichen Bereich seine Anwendung, da in anderen Nationen ein strafrechtliches Vorgehen gegen juristische Personen nicht unbekannt ist.[335] Im europäischen Kartellverfahren richten sich die Sanktionen ebenfalls gegen juristische Personen. Es ist kein Grund ersichtlich, weshalb

---

vergleichbar, da gegen sie lediglich eine Geldbuße festgesetzt werden könne, die aber laut BVerfG weder einen Schuldvorwurf noch eine ethische Missbilligung enthalte, sondern nur einen Ausgleich für die aus der Tat gezogenen Vorteile schaffen solle. Diese Argumentation muss jedoch aus den oben genannten Gründen wegen der grundsätzlichen Vergleichbarkeit beider Sanktionsarten abgelehnt werden.

[334] So auch die Europäische Menschenrechtskonvention in „Société Stenuit", Bericht vom 30.05.1991, Serie A, Vol. 232 A, Rn. 66, der nicht vom EGMR beschieden wurde, weil es vorher zu einer gütlichen Einigung kam. Siehe auch *Grabenwarter*, S. 120, Rn. 5; vgl. *Frowein* zu der Vorgängervorschrift des Art. 34 EMRK in Frowein/Peukert-*Peukert*, EMRK-Kommentar, Art. 25, Rn. 15 f.; ebenso Golsong/Karl/Miehsler/Petzold/Rogge/Vogler/Wildhaber-*Rogge*, Art. 25 EMRK, Rn. 139.

[335] Vgl. zur Strafbarkeit juristischer Personen im Ausland der Überblick von *Vadillo*, Wirtschaftsstrafrecht, S. 297, 301 ff.

ihnen nicht der gleiche rechtsstaatliche Schutz in einem Verfahren gewährt werden sollte wie juristischen Personen anderer Nationen.

Darüber hinaus spricht auch das im Gemeinschaftsrecht anerkannte allgemeine Diskriminierungsverbot[336] für eine Anerkennung des Auskunftsverweigerungsrechts für juristische Personen im Kartellverfahren. Wie einleitend erwähnt, können sowohl juristische als auch natürliche Personen ein „Unternehmen" im kartellrechtlichen Sinne sein. Die Verweigerung eines Auskunftsverweigerungsrechts bei betroffenen juristischen Personen im Kartellverfahren verstieße jedoch gegen das Diskriminierungsverbot, wenn ein solches Recht bei natürlichen Personen als Unternehmensträgern anerkannt würde.[337]

Auch die Behauptung, im europäischen Kartellverfahren könne bei betroffenen juristischen Personen kein Gewissenskonflikt entstehen, so dass kein Auskunftsverweigerungsrecht gewährt werden müsse,[338] ist in dieser Form nicht überzeugend. Ebenso wie es der juristischen Person innewohnt, dass nicht sie selbst, sondern lediglich ihr Vertreter handelt, liegt es in der Natur der juristischen Person, dass sie selbst keinem Gewissenskonflikt unterliegen kann. Eine juristische Person bildet generell ihren Willen durch ihre Organe. Ein Gewissenskonflikt kann sich damit auf der Ebene der die juristische Person vertretenden Personen einstellen,[339] auch wenn die Kommission im Gegensatz zu vielen nationalen Kartellbehörden[340] nicht die Kompetenz hat, gegen diese direkt vorzugehen. Auch können die von der Europäischen Kommission erlangten Beweise nur unter Einhaltung der Voraussetzungen des Art. 12 Abs. 3 VO 1/2003[341] (im Wesentlichen die Einhaltung der nach nationalem Recht geltenden Ver-

---

336 Vgl. EuG „Meyr-Melnhof", Slg. 1998 II, 1751, 1856, Rn. 352.

337 So auch *Rohlfing*, S. 50; *Winterfeld*, RIW 1981, 801, 805.

338 Vgl. das Bundesverfassungsgericht, welches die Problematik juristischer Personen und ein ihnen (nicht) zustehendes Auskunftsverweigerungsrecht wegen der Gefahr der Selbstbezichtigung behandelt (zwar nicht bezogen auf das europäische Kartellrecht, aber in grundsätzlicher Weise): BVerfGE 95, 220, 241 f.

339 Vgl. *Dannecker*, ZStW, 1999, 256, 287; *Eichler/Peukert*, AnwBl 2002, 189, 195; *Weiß*, JZ 1998, 289, 296. Im Endeffekt sind es auch die Vertreter oder Organe einer juristischen Person, von denen in den Ermittlungen der Kommission die Mitwirkung verlangt wird. Daraus kann man schließen, dass bei der Frage nach einem möglichen Gewissenskonflikt ebenfalls auf sie abgestellt werden muss.

340 Vgl. zum Beispiel in Deutschland, wo sich der Bußgeldbescheid sowohl an das Unternehmen als auch an die handelnden Personen richten kann (vgl. dazu auch *Commichau/Schwartz*, S. 141 f., Rn. 563). In diesem Fall hat auch die natürliche Person ein Auskunftsverweigerungsrecht.

341 Art. 12 Abs. 3 VO 1/2003 besagt folgendes: „Nach Abs. 1 ausgetauschte Informationen können nur als Beweismittel verwendet werden, um Sanktionen gegen natürliche Personen zu verhängen, wenn [...] die Informationen in einer Weise erhoben worden sind, die hinsichtlich der Wahrung der Verteidigungsrechte natürlicher Personen das gleiche Schutzniveau wie nach dem für die empfangende Behörde geltenden innerstaatlichen Recht gewährleistet [...]."

fahrensrechte) gegen die natürlichen Personen in einem nationalen Verfahren verwendet werden. Gleichwohl wären die natürlichen Personen im Rahmen einer Nachprüfung oder eines Auskunftsverlangens ohne ein Auskunftsverweigerungsrecht verpflichtet, ein Fehlverhalten einzugestehen, das auch ihr eigenes ist, da sie die handelnden Personen für die juristische Person sind. Da hinter jedem Unternehmen (in Form einer juristischen Person) natürliche Personen stehen, sind auch sie es, die durch eine dem Unternehmen auferlegte hohe Geldstrafe, wenngleich im europäischen Recht nicht unmittelbar,[342] so doch zumindest mittelbar betroffen sind.[343] Die handelnden Personen unterliegen damit dem Konflikt, ohne das Schweigerecht zu einer Preisgabe von Informationen verpflichtet zu sein und damit zu dem Beweis und der nachfolgenden Sanktionierung des Kartellverstoßes der juristischen Person beizutragen, obgleich sie dadurch auch gezwungen sind, eigenes Fehlverhalten einzugestehen und zumindest zu einer mittelbaren Bestrafung ihrer selbst beizutragen.[344] Ohne ein Recht auf Auskunftsverweigerung würde von den organschaftlichen Vertretern verlangt, sich zum Werkzeug (auch) der eigenen Überführung zu machen.[345] Die Verlagerung des Gewissenskonflikts auf die Vertretungsberechtigten entspricht dem Wesen der juristischen Person. Insofern liegt wesensmäßig ein vergleichbarer Gewissenskonflikt der natürlichen und der juristischen Person vor.

Der Anwendungsbereich eines Auskunftsverweigerungsrechts wegen der Gefahr der Selbstbezichtigung umfasst mithin auch juristische Personen, die von einem europäischen Kartellverfahren betroffen sind.

eee) Vereinbarkeit mit der Struktur des Kartellverfahrens

Abschließend ist zu untersuchen, ob die Anerkennung eines Auskunftsverweigerungsrechts mit der Struktur des europäischen Kartellverfahrens zu vereinbaren ist. Problematisch könnte dies wegen einer eventuellen Umkehrung des Verhältnisses zwischen Nachprüfung und Auskunftsverlangen sein. Dabei argumentieren einige Autoren, die Nachprüfung sei im Verhältnis zum Auskunftsverlangen der schwerwiegendere Eingriff und

342 Das europäische Recht richtet sich lediglich gegen Unternehmen. Sofern das Unternehmen eine juristische Person ist, kann die Geldbuße nur gegen die juristische Person, nie jedoch gegen die für die juristische Person handelnden Organe verhängt werden. Lediglich nach nationalem Recht könnten die Organe (natürliche Personen) eines Unternehmens belangt werden. Eine Verwertung der von der Kommission erlangten Beweise unterliegt jedoch den Grenzen, die Art. 12 VO 1/2003 regelt und die sicher stellen sollen, dass angemessene rechtsstaatliche Garantien gewahrt werden.

343 So auch *Eichler/Peukert*, AnwBl 2002, 189, 195.

344 Siehe *Streinz*, Bundesverfassungsgerichtlicher Grundrechtsschutz und Europäisches Gemeinschaftsrecht, S. 455; *Dannecker*, ZStW, 1999, 256, 287; *Weiß*, JZ 1998, 289, 296.

345 Ebenso *Gillmeister*, S. 158; *Streinz*, Bundesverfassungsgerichtlicher Grundrechtsschutz und Europäisches Gemeinschaftsrecht, S. 455.

dürfe nach Sinn und Zweck der Kartellverfahrensverordnung erst erfolgen, wenn eine Auskunftsentscheidung fruchtlos geblieben sei.[346] Falls jedoch ein Auskunftsverweigerungsrecht anerkannt würde, was die betroffenen Unternehmen zur Nichtbeantwortung eines Auskunftsverlangens berechtigte, sei die Kommission häufiger als es die Intention des Gesetzgebers der kartellrechtlichen Verfahrensordnung gewesen sei, zu einschneidenden Nachprüfungen gezwungen.[347]

Einer solchen Auslegung steht jedoch die insoweit zutreffende Rechtsprechung des Gerichtshofs entgegen, der ausdrücklich nicht von einem Stufenverhältnis zwischen den beiden Instrumentarien ausgeht.[348] In verschiedenen Urteilen legt der EuGH dar, dass die Befugnis, Auskünfte zu verlangen nach Art. 18 VO 1/2003 (früher Art. 11 VO 17/62) und die Befugnis, Nachprüfungen vorzunehmen nach Art. 20 VO 1/2003 (früher Art. 14 VO 17/62) selbständig nebeneinander stehen.[349] Für die Ablehnung eines Subsidiaritätsverhältnisses zwischen diesen beiden Ermittlungsinstrumenten spricht auch, dass die Gemeinschaftsgesetzgeber in der neuen Kartellverfahrensverordnung 1/2003 trotz der bisherigen Rechtsprechung inhaltlich keine Änderungen des Gesetzestextes vorgenommen haben. Dem kann entnommen werden, dass sie keinen Handlungsbedarf gesehen haben, durch einen geänderten Wortlaut ein Abweichen der Rechtsprechung von ihrer Auslegung, wonach beide Ermittlungsinstrumentarien unabhängig nebeneinander stehen, zu erreichen. Der Anerkennung eines Auskunftsverweigerungsrechts stehen daher keine aus der Struktur des Kartellverfahrens folgenden Gründe entgegen.

---

346 Noch auf der Basis der Verordnung 17/62 argumentierend, aber insoweit übertragbar: *Engel/Freier*, EWS 1992, 361, 368; *Schwarze* in Schwarze, Der Gemeinsame Markt, S. 159, 166.

347 Vgl. *Samkalden*, CMLR 1965/1966, 158, 180; *Schwarze* in Schwarze, Der Gemeinsame Markt, S. 159, 166.

348 Vgl. zu den Parallelvorschriften der Verordnung 17/62: EuGH „National Panasonic", Slg. 1980, 2033, 2055, Rn. 13 ff.; EuGH „Orkem", Slg. 1989, 3283, 3284, Ls. 2.

349 Vgl. EuGH „National Panasonic", Slg. 1980, 2033, 2055, Rn. 13/2060, Rn. 29; ebenso EuGH „Orkem", Slg. 1989, 3283, 3284, Ls. 2. Zwar lag dieser Aussage die umgekehrte Frage zugrunde, ob ein schon durchgeführtes Nachprüfungsverfahren ein Auskunftsverlangen unzulässig werden lässt. Allerdings statuiert der EuGH daraufhin in allgemeiner Weise, dass jede Befugnis für sich selbständig ist. Dies muss generell für das Verhältnis beider Ermittlungsinstrumente zueinander gelten. Vgl. auch GA *Wagner* in der Rechtssache „National Panasonic", Slg. 1980, 2033, 2066, der deutlich macht, dass die Kommission sich beider Ermittlungsinstrumente unabhängig voneinander bedienen könne; ebenso GA *Darmon* in den Schlussanträgen zu der Rechtssache „Orkem", Slg. 1989, 3283, 3316, Rn. 57 ff. Vgl. auch Groeben/Thiesing/Ehlermann-*de Bronett*, Art. 87 EGV, VO 17, Rn. 18.

fff) Zwischenergebnis

Es kann festgehalten werden, dass sich aufgrund der festgestellten Vergleichbarkeit und gegebenen Schutzrichtung des Grundsatzes des fairen Verfahrens ein Auskunftsverweigerungsrecht wegen der Gefahr der Selbstbezichtigung der Betroffenen im europäischen Kartellverfahren aus Art. 6 Abs. 1 EMRK herleiten lässt.

bb) Herleitung aus Artikel 6 Absatz 2 EMRK

Das Auskunftsverweigerungsrecht wegen drohender Selbstinkriminierung könnte auch in Art. 6 Abs. 2 EMRK, der Unschuldsvermutung, verankert sein.[350] Danach gilt „jede Person, die einer Straftat angeklagt ist, [...] bis zum gesetzlichen Beweis ihrer Schuld als unschuldig". Daraus könnte folgen, dass eine Person, der die Unschuldsvermutung zugute kommt, nicht gehalten sein kann, selbstbelastende Umstände vorzutragen und an ihrer eigenen Verfolgung teilzunehmen.[351]

Unbeachtet bleibt dabei jedoch, dass Sinn und Zweck der Unschuldsvermutung ist, die Anforderung an ein Verfahren zu konkretisieren, das von den Staatsstellen in unparteiischer, unvoreingenommener Weise geführt werden soll.[352] Die Unschuldsvermutung stellt grundsätzlich nur Anforderungen an die verfolgende Behörde und sagt nichts über eine eventuell bestehende Mitwirkungspflicht bzw. ein dagegen gewährleistetes Recht der Betroffenen aus.[353] Sie greift vielmehr erst auf der folgenden „Verfahrensstufe" ein, wenn man ein Auskunftsverweigerungsrecht bejaht hat. Sofern der Beschuldigte davon Gebrauch macht, dürfen die Verfolgungsbehörden bzw. Gerichte für ihn keine negativen Schlüsse daraus ziehen.[354] Insofern ergibt sich das Auskunftsverweigerungsrecht nicht zwingend aus der Unschuldsvermutung. Die Existenz der Unschuldsvermutung ist vielmehr ein notwendiges Pendant zu einem Auskunftsverweigerungsrecht.

Art. 6 Abs. 2 EMRK eignet sich daher nicht zur Herleitung eines Auskunftsverweigerungsrechts.

cc) Herleitung aus Artikel 10 EMRK

Eine weitere Möglichkeit ist die Verankerung eines Auskunftsverweigerungsrechts in der Meinungsfreiheit nach Art. 10 EMRK. Diese umfasst nicht nur das positive Recht, Meinungen zu äußern, sondern auch das negative Recht, Stillschweigen zu bewahren.[355] Jemanden zur Aussage im

[350] So *Wessels*, JuS 1966, 169, 173; *Blum*, Auskunftsrechte, S. 245, Fn. 4.
[351] Dies erwägend *Arndt*, NJW 1966, 869, 870.
[352] Vgl. *Cohen-Jonathan*, S. 437; *Rogall*, S. 110.
[353] Vgl. auch *Weiß*, S. 371.
[354] Vgl. *Rüping*, JR 1974, 135, 138.
[355] Vgl. EGMR „K./.Österreich", Urteil vom 02.06.1993, Serie A, Vol. 255 B, § 45, Rn. 11; *Eichler/Peukert*, AnwBl 2002, 189, 193.

Rahmen von Ermittlungen nach Art. 18 und 20 VO 1/2003 zu verpflichten, könnte ein Eingriff in die negative Meinungsäußerungsfreiheit darstellen.[356] Um dies zu vermeiden, müsste den Betroffenen ein Auskunftsverweigerungsrecht zustehen.

Zwar bezieht sich die Meinungsäußerungsfreiheit nicht nur auf Meinungen, sondern auch auf Tatsachen und sonstige Informationen. In den Ermittlungen der Kommission stehen diese Tatsachen jedoch nicht notwendigerweise im Zusammenhang mit der Meinungsäußerung der Betroffenen. Daher ist schon die Schutzbereichseröffnung fraglich.

In jedem Fall unterliegt die Meinungsfreiheit den Einschränkungsmöglichkeiten nach Art. 10 Abs. 2 EMRK. Sie kann daher

> „... Einschränkungen [...] unterworfen werden, die gesetzlich vorgesehen und in einer demokratischen Gesellschaft notwendig sind für die nationale Sicherheit, die territoriale Unversehrtheit oder die öffentliche Sicherheit, zur Aufrechterhaltung der Ordnung oder zur Verhütung von Straftaten, zum Schutz der Gesundheit oder der Moral, zum Schutz des guten Rufes oder der Rechte anderer ...".

Bei einer Herleitung des Auskunftsverweigerungsrechts aus der negativen Meinungsfreiheit müsste konsequenterweise im jeweiligen Fall auch überprüft werden, ob der Eingriff eingeschränkt werden kann. Ein Eingriff in ein bedeutendes Recht wie das Auskunftsverweigerungsrechts wegen der Gefahr der Selbstbezichtigung, das zu den grundlegenden rechtsstaatlichen Garantien gehört, ist jedoch durch keine der oben genannten Einschränkungsmöglichkeiten (zum Beispiel aus Gründen des Schutzes der Gesundheit oder Moral) zu rechtfertigen. Art. 10 Abs. 2 EMRK passt daher als Erkenntnisquelle für die Herleitung eines Auskunftsverweigerungsrechts nicht.

Es liegt näher, das Auskunftsverweigerungsrecht im Rahmen der Europäischen Menschenrechtskonvention aus Art. 6 Abs. 1 EMRK herzuleiten.

d) Internationaler Pakt über bürgerliche und politische Rechte

Der Internationale Pakt über bürgerliche und politische Rechte (im Folgenden auch „IPbürgR")[357] wurde am 19. Dezember 1966 von der Generalversammlung der Vereinten Nationen verabschiedet. Nach Art. 14 Abs. 3 lit. g IPbürgR darf ein wegen einer strafbaren Handlung Angeklagter nicht gezwungen werden, gegen sich selbst als Zeuge auszusagen oder sich schuldig zu bekennen. Art. 14 Abs. 3 lit. g IPbürgR enthält somit eine ausdrückliche Normierung des aus dem nemo tenetur-Prinzip folgenden Auskunftsverweigerungsrechts wegen drohender Selbstbezichtigung.

---

[356] Vgl. *Eichler/Peukert*, AnwBl 2002, 189, 193.

[357] IPbürgR, vom 19.12.1966, BGBl. 1973, 1534 ff.; abgedruckt in Satorius II, Nr. 20.

Problematisch ist allerdings, ob man auch Art. 14 Abs. 3 lit. g IPbürgR wie Art. 6 Abs. 1 EMRK extensiv dahingehend auslegen darf, dass über das Strafverfahren hinaus auch das kartellrechtliche Bußgeldverfahren und neben dem gerichtlichen Verfahren auch verwaltungsrechtliche Ermittlungen gegenüber juristischen Personen in seinen Schutzbereich fallen. Grundsätzlich ist die weite Auslegung eines Vertragswerks wie der EMRK unproblematischer als die weltweiter völkerrechtlicher Verträge. Die extensive Interpretation ist bei der EMRK auf den europäischen Rechtsraum, das heißt die Mitgliedstaaten des Europarats, beschränkt und befindet sich damit noch im Bereich der dort herrschenden gemeinsamen Rechtsauffassungen.[358] Zusätzlich wird sie flankiert durch eine umfangreiche Rechtsprechung der Organe der EMRK, die für die Auslegung des Vertrages zuständig sind und damit den Inhalt der jeweiligen Gewährleistungen präzisieren.

Grundsätzlich gebieten aber völkerrechtliche Grundsätze eine Auslegung vorrangig am Wortlaut.[359] Art. 31 Wiener Vertragsrechtskonvention stellt als Grundregel auf, dass ein Vertrag in Übereinstimmung mit der gewöhnlichen Bedeutung der im Vertrag verwendeten *Worte* in ihrem Zusammenhang und im Lichte des Ziels des Vertrages ausgelegt werden soll. Eine Interpretation der Norm soll daher in erster Linie am Vertragstext erfolgen unter Berücksichtigung des Vertragsziels.[360] Dem Wortlaut nach bezieht sich Art. 14 Abs. 3 lit. g IPürgR lediglich auf die Angeklagten in einem strafrechtlichen Verfahren. Der Bereich des Strafrechts umfasst bei einer engen Wortlautauslegung nicht ein Verwaltungsverfahren mit Bußgeldsanktionen. Die Rechtsprechungstätigkeit des Menschenrechtsausschusses, die weit weniger reich ist als die der Straßburger Instanzen,[361] bietet bislang auch keine präzisierenden Anhaltspunkte, die eine Auslegung der „strafrechtlichen Anklage“ über das Strafrecht im engeren Sinne hinaus rechtfertigen würden. Der Text des Art. 14 Abs. 3 lit. g IPbürgR spricht daher gegen eine weite Auslegung des Anwendungsbereichs auch auf das kartellrechtliche Bußgeldverfahren.

Eine Anwendbarkeit des Art. 14 Abs. 3 lit. g IPbürgR auf juristische Personen ist vor diesem Hintergrund ebenfalls bedenklich.

Problematisch ist ferner die Erweiterung des Art. 14 Abs. 3 lit. g IPbürgR auf Rechte außerhalb des Gerichts vor einer Verwaltungsbehörde. Neben der nach dem Wortlaut fehlenden Regelung sprechen auch sys-

---

358 Vgl. dazu Frowein/Peukert-*Frowein*, EMRK-Kommentar, Einführung, Rn. 7; *Klein* in Kreuzer/Scheuing/Sieber, S. 39, 53.

359 Vgl. *Seidl-Hohenveldern/Stein*, Völkerrecht, S. 79 , Rn. 335.

360 Vgl. *Ipsen*, Völkerrecht, S. 117, Rn. 6 ff.; *Seidl-Hohenveldern/Stein*, Völkerrecht, S. 79, Rn. 335; ähnlich auch *Weiß*, JZ 1998, 289, 291. Im Ergebnis ebenso EuGH „Orkem“, Slg. 1989, 3283, 3351, Rn. 31.

361 Vgl. *Klein* in Kreuzer/Scheuing/Sieber, S. 39, 49.

tematische Erwägungen dagegen. Der vorangestellte Art. 14 Abs. 1 IPbürgR erwähnt nämlich einleitend den Grundsatz der Gleichheit „vor Gericht". Aus diesem Grunde kann die Norm im Gegensatz zu Art. 6 Abs. 1 EMRK nicht ohne weiteres auf verwaltungsrechtliche Ermittlungsverfahren erweitert werden.[362]

Die Auslegung von Art. 14 Abs. 3 lit. g IPbürgR zeigt, dass er sich nicht für eine Herleitung eines Auskunftsverweigerungsrechts betroffener juristischer Personen im europäischen Kartellrecht eignet.

e) Charta der Grundrechte der Europäischen Union

Der Grundsatz des fairen Verfahrens findet in der Grundrechtecharta seine Verankerung in Art. 41 Abs. 1 und Art. 47 Abs. 2.

Konkret sieht die Grundrechtecharta in Art. 41 Abs. 1 das Recht auf eine gute Verwaltung vor, wonach jede Person ein Recht auf ein gerechtes und unparteiisches Verfahren vor den Organen der Union hat. Als eine wichtige Ausprägung enthält das Recht auf eine gute Verwaltung den Anspruch auf ein faires Verfahren,[363] das die Verwaltung, also auch die Kommission, bei ihrem Verfahren zu wahren hat. Art. 41 Abs. 1 der Charta ist auf die Wahrung einer Rechtsgemeinschaft gestützt und er erhält den (nicht bindenden) Erläuterungen des Präsidiums zufolge seine Ausprägung durch die Rechtsprechung des Europäischen Gerichtshofs.[364] Der Gerichtshof ist jedoch bislang noch auf dem Stand der „Orkem" Rechtsprechung und erkennt somit noch kein Auskunftsverweigerungsrecht an. Aus diesem Grund erscheint eine Herleitung des Auskunftsverweigerungsrechts aus Art. 41 Abs. 1 der Charta zunächst problematisch.

Zu einem anderen Schluss kommt man jedoch bei Berücksichtigung des Art. 47 Abs. 2 der Charta. Dieser sieht im Rahmen der justiziellen Grundrechte das Recht auf ein faires Verfahren vor. Er wurde in Anlehnung an Art. 6 Abs. 1 EMRK entwickelt,[365] entspricht ihm größtenteils, ist jedoch nicht wie Art. 6 Abs. 1 EMRK im Wortlaut auf Straf- und Zivilverfahren beschränkt. Damit wird die Reichweite des Art. 47 Abs. 2 der Grundrechtscharta schon von der Formulierung auf verwaltungsrechtliche Verfahren erweitert. Aufgrund der Regelung des Art. 52 Abs. 3 Charta ist Art. 47 Abs. 2 Grundrechtecharta die Bedeutung und Tragweite des ihm entsprechenden und durch den EGMR präzisierten Art. 6 Abs. 1 EMRK beizumessen. Daraus folgt, dass Art. 47 Abs. 2 Grund-

[362] Ebenso *Weiß*, JZ 1998, 289, 291.

[363] Vgl. Calliess/Ruffert-*Kingreen,* Art. 6 EUV, Rn. 192.

[364] Vgl. die Erläuterungen des Präsidiums des Konvents, Charte 4473/00 zu Art. 47 Abs. 2, S. 36.

[365] Vgl. die Erläuterungen des Präsidiums des Konvents, Charte 4473/00 zu Art. 47 Abs. 2; vgl. auch Meyer-*Eser*, EU-Charta Art. 47, Rn. 20.

rechtecharta ebenso wie der nahezu gleichlautende Art. 6 Abs. 1 EMRK ein Auskunftsverweigerungsrecht bei der Gefahr von Selbstbezichtigung als Bestandteil des Rechts auf ein faires Verfahren enthält.

Eine Zusammenschau der beiden Vorschriften der Grundrechtecharta, die das Recht auf ein faires Verfahren regeln, Art. 41 Abs. 1 und Art. 47 Abs. 2 der Charta, ergibt somit, dass auch Betroffene im europäischen Kartellverfahren Anspruch auf eine faire Verfahrensgestaltung haben und ihnen daraus folgend ein Auskunftsverweigerungsrecht wegen drohender Selbstbelastung zusteht.

Das Auskunftsverweigerungsrecht geht somit aus Art. 41 Abs. 1 i.V.m. Art. 47 Abs. 2 der Grundrechtecharta hervor.

Insofern bleibt festzuhalten, dass ein Auskunftsverweigerungsrecht wegen drohender Selbstbezichtigung im europäischen Kartellrecht seine Verankerung im Rechtsstaatsprinzip und dem daraus folgenden Recht auf ein faires Verfahren der Europäischen Union, konkretisiert durch Art. 6 Abs. 1 EMRK und Art. 41 Abs. 1 i.V.m. Art. 47 Abs. 2 Grundrechtecharta, findet.

5. Einschränkung aufgrund der Ziele des Gemeinschaftsrechts

Der Anerkennung eines allgemeinen Rechtsgrundsatzes mit dem Inhalt, dass Betroffenen des Kartellverfahrens bei drohender Selbstbezichtigung ein Auskunftsverweigerungsrecht zusteht, könnten die Ziele des europäischen Kartellverfahrens entgegenstehen.

Fraglich ist somit, ob ein Auskunftsverweigerungsrecht das Erreichen des Ziels des Wettbewerbsrechts in Gefahr bringen würde. Die Kartellregeln dienen dazu, den freien Wettbewerb und die Verwirklichung des Gemeinsamen Marktes zu ermöglichen und die negativen Folgen von wettbewerbswidrigen Absprachen wie höhere Preise und eine geringere Angebotsvielfalt vom Verbraucher fern zu halten. Es liegt somit im Allgemeininteresse, solche Verhaltensweisen und Vereinbarungen zu verhindern, aufzudecken und zu ahnden. Ziel des Kartellrechts und der verfahrensrechtlichen Regelungen ist somit die Durchsetzung des öffentlichen Interesses an der Einhaltung der Wettbewerbsregeln und der hierfür erforderlichen effektiven Verfolgung von Wettbewerbsverstößen.[366] Das Erreichen dieses Ziels obliegt nach Art. 85 EGV der Kommission als Hüterin des Wettbewerbs in der Gemeinschaft, und ihr stehen dazu die nach der Verordnung 1/2003 gewährten Instrumentarien zur Verfügung.

Der Anerkennung eines Auskunftsverweigerungsrechts könnte entgegenstehen, dass die Ermittlungsbefugnisse der Kartellbehörde dadurch in einem Maße beschränkt würden, dass der Kommission die Erfüllung ih-

[366] Vgl. Lenz/Borchardt-*Grill*, Art. 83 EGV, Rn. 15.

rer Aufgabe ungerechtfertigt erschwert wäre.[367] Schon jetzt hat die Kommission kein Recht auf zwangsweise Durchsuchung.[368] Im Rahmen der Nachprüfung könnten die Unternehmensvertreter bei der Gefahr der Selbstbelastung unter Berufung auf ihr Auskunftsverweigerungsrecht ihre Mithilfe bei der Suche und dem Zugänglichmachen von Unterlagen verweigern. Ebenso wäre die bestehende Befugnis aus Art. 18 VO 1/2003 eingeschränkt, da sie gerade darauf beruht, dass die an dem wettbewerbswidrigen Verhalten betroffenen Unternehmen wesentlich zur Sachverhaltsaufklärung beitragen.[369]

Obwohl man sich grundsätzlich die Frage stellen könnte, inwieweit die größtmögliche Wirksamkeit von Ermittlungsmaßnahmen den entscheidenden Maßstab für die Einschränkung von Grundrechten darstellen darf,[370] ist vorliegend schon die Annahme, die Effektivität der Ermittlungsmaßnahmen würde durch ein Auskunftsverweigerungsrecht in dem Maße leiden, dass das Ziel einer wirksamen Verfolgung von Wettbewerbsverstößen nicht erfüllt werden könne, nicht haltbar.

Zunächst ist in diesem Zusammenhang zu vermerken, dass mit der Verordnung 1/2003 die Ermittlungsbefugnisse der Kommission in wesentlichen Punkten im Sinne der Effektivität des Verfahrens konkretisiert und erweitert wurden. So erhielt die Kommission zum Beispiel die ausdrückliche Möglichkeit, Zeugen zu befragen, das Recht auf Nachprüfungen wurde in räumlicher Hinsicht auf Privatwohnungen leitender Mitarbeiter erweitert, und sie verfügt nunmehr über die Möglichkeit, Versiegelungen vorzunehmen. Ferner wurde das Stufenverhältnis von einfachem und formellem Auskunftsverlangen abgeschafft. Darüber hinaus wurde der Umfang der Bußgelder für den Fall, dass die Unternehmen gegenüber der Kommission unrichtige Angaben machen oder nur unvollständig Unterlagen vorlegen, von 100 bis 5000 Euro nach Art. 15 Abs. 1 VO 17/62 auf einen Betrag von bis zu 1% des im vorausgegangenen Geschäftsjahr erzielten Gesamtumsatzes gemäß Art. 23 Abs. 1 VO 1/2003 deutlich erhöht. Dasselbe gilt für die Höhe der Zwangsgelder, die gegen Unternehmen festgesetzt werden können, welche eine im Wege der Entscheidung verlangte Auskunft nicht erteilen oder sich einer durch Entscheidung an-

---

367 Noch unter Zugrundelegung der Verordnung 17/62 Stellung nehmend: Lenz/Borchardt-*Grill*, Art. 83 EGV, Rn. 15; *Dannecker*, ZStW 1999, 256, 286; vgl. auch EuG „PVC II“, Slg. 1999 II, 931, 1062, Rn. 448.

368 Vgl. *Dannecker*, ZStW 1999, 256, 286 zu der vergleichbaren Problematik unter der Verordnung 17/62. Eine Erweiterung der Ermittlungsbefugnisse um ein Durchsuchungs- und Beschlagnahmerecht der Kommission befürwortend, *Alvarez Ligabue*, S. 104.

369 Zu der Verordnung 1/2003 *Ritter/Braun*, S. 1065; noch bezogen auf die Parallelvorschrift des Art. 14 VO 17/62 vgl. *Joshua*, ECLR 1982, 173, 179.

370 Vgl. den hierzu sehr kritischen Beitrag von *Schohe*, NJW 2002, 492, 493.

geordneten Nachprüfung widersetzen.[371] Durch diese Anpassung werden Unternehmen aufgrund der zu erwartenden abschreckenden Sanktionen eher geneigt sein, bei den Ermittlungsmaßnahmen der Kommission im Rahmen des rechtsstaatlich Zulässigen zu kooperieren, so dass der Effektivität gedient sein wird.

Umgekehrt darf auch nicht unberücksichtigt bleiben, dass eine Wettbewerbsaufsicht auch leiden kann, wenn die betroffenen Personen zu einer Auskunft gezwungen werden und sie aus Selbstschutzgründen eventuell unrichtige oder irreführende Angaben machen.[372] Solche Aussagen können die Ermittlungen in falsche Richtungen leiten und die Wahrheitsfindung mehr erschweren als es bei einem rein passiven Verhalten der Fall gewesen wäre.[373]

Darüber hinaus ist es der Kommission – wie der „Hoechst" Fall[374] zeigt – bei einer Weigerung der Mitwirkung von Unternehmen möglich, eine Nachprüfungsentscheidung zu erlassen und die nationalen Behörden zur Vornahme einer Durchsuchung in Anspruch zu nehmen. Solche Durchsuchungen verstoßen nicht gegen den nemo tenetur-Grundsatz, da sie nur passiv geduldet werden müssen und sich die Betroffenen nicht durch eigenes Handeln einer sanktionsbewehrten Tat bezichtigen müssen. Die europäische Kartellbehörde ist also keineswegs machtlos, wenn sich ein Betroffener auf sein Auskunftsverweigerungsrecht beruft.

Auch bei Anerkennung eines Auskunftsverweigerungsrechts kann die Kommission demnach mit den ihr zur Verfügung stehenden Möglichkeiten und unter Zuhilfenahme der nationalen Behörden ihre Aufgabe einer effektiven Wettbewerbsaufsicht erfüllen und die Ziele der Wettbewerbsregeln sichern.

Insoweit ergibt sich keine Kollision zwischen dem Ziel des gemeinschaftsrechtlichen Kartellrechts und dem rechtsstaatlich verankerten Schutz vor Selbstbelastung.

6. Rang des Auskunftsverweigerungsrechts

Entscheidend für den Rang eines Rechts sind die Art und der Inhalt des Rechtsgrundsatzes.[375] Der Grundsatz des fairen Verfahrens ist im Rechts-

[371] Während früher Art. 16 der VO 17/62 Zwangsgelder von 50 bis 1000 Euro für jeden Tag des Verzugs vorgesehen waren, kann die Kommission nunmehr Beträge bis zu 5 % des im vorausgegangenen Geschäftsjahr erzielten durchschnittlichen Tagesumsatzes für jeden Tag des Verzugs ansetzen (Art. 24 Abs. 1 VO 1/2003).

[372] Vgl. *Günther*, GA 1978, 193, 202.

[373] Vgl. *Günther*, GA 1978, 193, 202.

[374] Vgl. EuGH „Hoechst", Slg. 1989, 2859, 2921 ff., Rn. 5 ff., wo es der Kommission möglich war, entgegen der Weigerung des Unternehmens durch eine Nachprüfungsentscheidung und deren Vollzug unter Mithilfe der nationalen Behörden an die von ihr verlangten Dokumente zu gelangen.

[375] Vgl. *Schwarze*, Europäisches Verwaltungsrecht, S. 66 f., 68. Speziell auf das Auskunftsverweigerungsrecht wegen drohender Selbstbezichtigung bezogen, herrscht wei-

staatsprinzip, welches ein Primärrecht darstellt, verankert. Da das Auskunftsverweigerungsrecht wegen der Gefahr der Selbstbezichtigung aus dem Grundsatz des fairen Verfahrens folgt und seine Konkretisierung in Art. 6 Abs. 1 EMRK sowie Art. 41 Abs. 1 i. V. m. Art. 47 Abs. 2 Grundrechtecharta findet, ist es dem Rang nach bei den primärrechtlichen Quellen des Gemeinschaftsrecht anzusiedeln.

C. Konkreter Schutzumfang des Auskunftsverweigerungsrechts

Nachdem im vorangegangenen Abschnitt festgestellt wurde, dass ein Auskunftsverweigerungsrecht im Falle drohender Selbstbelastung als allgemeiner Rechtsgrundsatz im Gemeinschaftsrecht verankert ist, soll nunmehr der konkrete Schutzumfang des Auskunftsverweigerungsrechts in sachlicher, zeitlicher und persönlicher Hinsicht untersucht werden.

I. Schutzumfang in sachlicher Hinsicht

Der sachliche Schutzumfang des Auskunftsverweigerungsrechts wird zum einen deutlich durch die Erörterung der Frage, welche Informationen genau der Kommission vorenthalten bleiben dürfen, und zum anderen im Rahmen einer Abgrenzung zu einem *Aussage*verweigerungsrecht. Darüber hinaus ist zu betrachten, in welchen Situationen ein Adressat einer Ermittlungshandlung im Europäischen Kartellverfahren die Auskunft verweigern darf.

1. Anwendbarkeit auf selbstbelastende Informationen

Ein aus dem nemo tenetur-Prinzip folgendes Auskunftsverweigerungsrecht verbürgt das Recht, nicht gegen sich selbst aussagen zu müssen. Daraus folgt, dass sich das Auskunftsverweigerungsrecht inhaltlich auf alle Informationen beziehen muss, mit denen ein Unternehmen Gefahr laufen würde, den Beweis einer eigenen Zuwiderhandlung gegen die Artikel 81 und 82 EGV zu erbringen. Das Verweigerungsrecht gilt demnach unbeschränkt für alle Informationen, die eine Selbstbelastung für das Unternehmen bedeuten können. Eine Reduzierung dergestalt, dass nur die Verpflichtung zur Erteilung von Antworten bezogen auf den Zweck oder das Ziel einer wettbewerbswidrigen Verhaltensweise unzulässig sind, ist nicht gerechtfertigt.

---

testgehend Einigkeit, dass es in der Rangordnung des Gemeinschaftsrechts über dem Sekundärrecht einzuordnen ist, siehe *Kühlhorn*, WuW 1986, 7, 12 f.; vgl. auch GA *Darmon*, Slg. 1989, 3283, 3326.

Da das Auskunftsverweigerungsrecht sich nur auf *selbst*belastende Informationen bezieht, greift es nicht, wenn lediglich die Gefahr besteht, dass ein anderes Unternehmen eines Kartellverstoßes bezichtigt würde.[376]

Nicht verhindern kann ein Unternehmen, welches sich auf das Auskunftsverweigerungsrecht wegen drohender Selbstbezichtigung beruft, dass die Kommission aus dieser Tatsache Schlüsse zieht und gezielt ihre Ermittlungen in eine bestimmte Richtung lenkt. Ziel des Auskunftsverweigerungsrechts ist, dass sich niemand selbst belasten muss. Dieses ist erreicht, wenn das betroffene Unternehmen seine Mitwirkungshandlung bei dem Einsatz eines Ermittlungsinstruments der Kommission verweigert. Darüber hinausgehend bietet das Auskunftsverweigerungsrecht keinen Schutz.

Die Überprüfbarkeit der Frage, ob eine Information tatsächlich die Gefahr einer Selbstbelastung in sich birgt und ob sich damit ein Unternehmen zu Recht auf das Auskunftsverweigerungsrecht berufen hat, ist eine verfahrensrechtliche Problematik, zu der unten[377] ausführlich Stellung genommen wird. Nur kurz sei an dieser Stelle erwähnt, dass ein Auskunftsverweigerungsrecht durch eine unabhängige Instanz überprüfbar sein muss, um der Gefahr eines Missbrauchs des Rechts oder der unrechtmäßigen Berufung auf das Verweigerungsrecht durch die Unternehmen zu begegnen.

---

[376] Interessant ist dabei allerdings die Frage, ob das Auskunftsverweigerungsrecht innerhalb von Konzerngesellschaften besteht, obwohl die verschiedenen Konzernteile getrennte juristische Personen sind. Wie die Rechtsprechung des EuGH in der Rechtssache „Orkem" (Slg. 1989, 3283, 3283, Ls. 1) zeigt, können beispielsweise Auskunftsverlangen gegen die Muttergesellschaft gerichtet werden, wenn das vorher an die Tochtergesellschaft adressierte Auskunftsverlangen erfolglos geblieben ist. Wegen der gesellschaftsrechtlichen Verflechtung einer Muttergesellschaft mit ihrer Tochtergesellschaft, an der sie die Mehrheitsbeteiligung hält, und dem dadurch bedingten vergleichbaren Interessenkonflikt bei der gefährdeten Aufdeckung von Rechtsverstößen der Tochterunternehmen wird im Ergebnis der Muttergesellschaft in Konzernen wohl ebenfalls ein Auskunftsverweigerungsrecht zuzugestehen sein (vgl. auch *Engel/Freier*, EWS 1992, 361, 362/365). Anderenfalls entstünde die unangemessene Situation, dass die Ermittlungsbehörde die Muttergesellschaft einerseits zu Aussagen zu Lasten ihrer Tochtergesellschaft verpflichten kann, ihr andererseits aber nicht die Wahrnehmung von Rechten zu Gunsten ihres Konzernunternehmens erlaubt. Bestätigt wird dieses Ergebnis durch eine grundsätzliche Aussage des Gerichtshofs in der Rechtssache „ICI" (Slg. 1972, 619, 665, Rn. 132/135 ff.). Ihm zufolge können die tatsächlichen Verflechtungen zwischen den eine wirtschaftliche Einheit bildenden Mitgliedern eines Konzerns zur Konsequenz haben, dass auf dem Gebiet des Wettbewerbsrechts die jeweils unterschiedliche Rechtspersönlichkeit dieser Unternehmensteile lediglich als formelles, nicht aber als substantielles Unterscheidungsmerkmal anzusehen ist. Bei dem Auskunftsverweigerungsrecht besteht eine gleichartige Interessenlage der verschiedenen Rechtspersönlichkeiten innerhalb eines Konzerns, die die Grenzen zwischen den Konzernteilen als nur formeller Natur erscheinen lässt.

[377] Im Rahmen der weiter unten behandelten verfahrensrechtlichen Absicherung des Auskunftsverweigerungsrechts (Teil 3, C. III.) wird diese Frage ausführlich erörtert.

2. Abgrenzung zum Aussageverweigerungsrecht

In inhaltlicher Hinsicht abzugrenzen ist das vorliegend untersuchte Recht von einem Aussageverweigerungsrecht.

Bei der Annahme eines Aussageverweigerungsrechts wäre das von einer Ermittlungshandlung betroffene Unternehmen bei der Gefahr des Aufdeckens möglicher Wettbewerbsverstöße in keiner Weise verpflichtet, mit der Kommission zusammenzuarbeiten, sondern könnte generell die geforderten Auskünfte ablehnen.[378] Ein Aussageverweigerungsrecht stellt damit für den Betroffenen ein umfassendes Schweigerecht dar, während ein Auskunftsverweigerungsrecht es nur punktuell erlaubt, einzelne Fragen bzw. Informationsanforderungen nicht zu beantworten.[379]

Der Anerkennung eines solch umfassenden Aussageverweigerungsrechts im europäischen Kartellverfahren steht zunächst die Formulierung des Art. 18 Abs. 3 VO 1/2003 entgegen, in welchem eine grundsätzliche Mitwirkungspflicht des Unternehmens statuiert wird. Anderenfalls wäre das Ermittlungsinstrument des Auskunftsverlangens überflüssig.[380] Dessen Wirksamkeit hängt davon ab, dass die Kommission Informationen von den betroffenen Unternehmen anfordern kann. Es liegt in der Natur des Kartellverfahrens, dass viele der zu untersuchenden Vorgänge von wirtschaftlicher Brisanz sind und daher streng geheim gehalten werden, so dass die Durchsetzung kartellrechtlicher Regeln abhängig ist von der grundsätzlichen Mitwirkung der beteiligten Unternehmen.[381] Eine solche Mitwirkung ist über das Auskunftsverlangen hinaus auch im Rahmen von Nachprüfungen, bei der die Kommission Erklärungen und sonstige Hilfestellungen verlangen kann, vorgesehen.

Dies bedeutet, dass bei der Anwendung des nemo tenetur-Grundsatzes im Kartellrecht den Unternehmen nicht zugestanden werden kann, gene-

---

[378] Vgl. *Gillmeister*, S. 30. Siehe auch die Unterscheidung im deutschen Recht, wo der Betroffene im Ordnungswidrigkeitenverfahren (ebenso wie im Strafverfahren) grundsätzlich die Aussage in vollem Umfang verweigern darf (§ 46 Abs. 1 OWiG i. V. m. §§ 163 a Abs. 4 S. 2, 136 Abs. 1 S. 2 StPO). Selbst bei wahrheitswidrigen Erklärungen braucht er keine Sanktionen zu befürchten, sofern er nicht durch die falsche Aussage eine neue Straftat begeht. Hingegen steht dem Betroffenen im kartellrechtlichen Bußgeldverfahren lediglich ein *Auskunfts*verweigerungsrecht bei Gefahr der Selbstbezichtigung zu (§ 59 Abs. 5 GWB).

[379] Vgl. *Gillmeister*, S. 30.

[380] Vgl. *Joshua*, ECLR 1982, 173, 179.

[381] Vgl. *Ortiz Blanco*, S. 102; *Kerse*, E. C. Antitrust Procedure, S. 138 f., Rn. 3.32. So auch *Dannecker/Fischer-Fritsch*, S. 42 ff, die auf die praktische Bedeutung der Mithilfe für die Aufklärung von Verfahrensverstößen hinweisen, allerdings im Ergebnis noch von einer Mitwirkungspflicht ausgehen, die keinen Platz für ein Auskunftsverweigerungsrecht wegen Gefahr der Selbstbezichtigung lässt (vgl. *Dannecker/Fischer-Fritsch*, S. 48). Inzwischen ein solches Auskunftsverweigerungsrecht befürwortend, *Dannecker*, ZStW 1999, 256, 282 ff.

rell Auskünfte zu verweigern und ihnen damit ein umfassendes Schweigerecht einzuräumen, da ein solches mit der Struktur des Kartellverfahrens nicht in Einklang zu bringen ist. Vielmehr kann es nur darum gehen, solche Informationen zurückhalten zu dürfen, die eine Gefahr der Selbstbezichtigung nach sich ziehen. Den Betroffenen eines europäischen Kartellverfahrens steht damit im Inhalt kein Aussageverweigerungsrecht, sondern lediglich ein Auskunftsverweigerungsrecht bei der Gefahr drohender Selbstbelastung zu.

3. Anforderungen an die Untersuchungshandlung

Von Bedeutung ist ferner, konkret zu bestimmen, bei welchen der eingesetzten Ermittlungsinstrumente durch die Kommission die Betroffenen ein Auskunftsverweigerungsrecht geltend machen können.

Hierbei kommt es auf den Charakter der Ermittlungshandlung an, nämlich ob diese geeignet ist, von den betroffenen Unternehmen über eine bloße Duldungspflicht hinaus eine Mitwirkung an der eigenen Überführung eines sanktionsbewehrten Kartellverstoßes zu fordern. Das Problem kann sich einerseits bei Auskünften im engeren Sinn in Form von mündlichen Erklärungen und andererseits bei sonstigen Mitwirkungshandlungen stellen.

Wie oben bei der Erörterung der Ermittlungsinstrumente schon festgestellt,[382] besteht bei dem einfachen Auskunftsverlangen im Sinne des Art. 18 Abs. 1 VO 1/2003 keine Zwangslage der Adressaten, sich selbst eines Kartellverstoßes bezichtigen zu müssen. Denn die Unternehmen sind bei dieser Ermittlungsmaßnahme nicht verpflichtet, Informationen zu erteilen. Die Nichtbeantwortung der Fragen hat keinerlei rechtliche Folgen, so dass schon das Schweigen als solches eine wirksame „Verteidigung" gegen das Auskunftsverlangen darstellt.

Ebenso wenig hat die Zeugenvernehmung nach Art. 19 Abs. 1 VO 1/2003 verpflichtenden Charakter. Die Zeugen müssen einer Befragung zustimmen und es steht ihnen offen, ihre Zustimmung zu verweigern. Für sie entwickelt sich somit nicht die Zwangslage, verpflichtet zu sein, das Unternehmen eines Verstoßes gegen europäisches Kartellrecht zu überführen.

Im Gegensatz dazu obliegt es den betroffenen Unternehmen bei dem verpflichtenden Auskunftsverlangen nach Art. 18 Abs. 3 VO 1/2003, umfassend Informationen preiszugeben. Eine Verweigerung der Antwort oder eine unrichtige und irreführende Beantwortung kann eine Geldbuße gemäß Art. 23 Abs. 1 lit. b VO 1/2003 bzw. ein Zwangsgeld i.S.d. Art. 24 Abs. 1 lit. d VO 1/2003 nach sich ziehen. Ohne ein Auskunftsverweigerungsrecht wären sie, um nicht sanktioniert zu werden, verpflich-

382 Siehe oben Teil 2, A. II. 1. a) aa).

tet, auch dann Antworten auf Fragen zu geben, wenn sie sich damit eines Kartellverstoßes bezichtigen würden.[383] Bei dem formellen Auskunftsverlangen besteht somit eine Zwangslage der Unternehmen.

Hinsichtlich der Nachprüfung nach Art. 20 Abs. 1 VO 1/2003 ist zu beachten, dass der Zugriff auf belastende Unterlagen grundsätzlich von außen durch die Kommission erfolgt. Besonders deutlich tritt jedoch im Rahmen der Nachprüfung die Gefahr des Zwangs zur Selbstinkriminierung bei der Anforderung mündlicher Erklärungen gemäß Art. 20 Abs. 1 lit. e VO 1/2003 zu Tage. Die Kommission ist danach befugt, Informationen von Mitarbeitern des betroffenen Unternehmens an Ort und Stelle zu verlangen. Die Verweigerung einer Auskunft im Rahmen von Nachprüfungen kann zu einer Bebußung der Unternehmen nach Art. 23 Abs. 1 lit. e VO 1/2003 führen. Zwar ist die Gefahr einer Selbstbezichtigung der betroffenen Unternehmen durch die Aussagen ihrer vertretungsberechtigten Mitarbeiter begrenzt, da der Umfang der zu erteilenden Auskünfte inhaltlich nur ein zu der Nachprüfung akzessorisches Recht darstellt.[384] Es zielt grundsätzlich auf ergänzende Angaben ab, wie beispielsweise Erläuterungen zu der Position eines Unterzeichnenden im Unternehmen, umfasst jedoch seit der Neuregelung in der Verordnung 1/2003 auch Erklärungen zu sonstigen Tatsachen.[385] Dies zugrunde gelegt, kann die Ermittlungsbehörde auch Informationen erfragen, mit denen eine Selbstbelastung der Betroffenen verbunden wäre, so dass sich die Frage eines möglichen Gegenrechts aus dem nemo tenetur-Grundsatz stellt.

Auch über die Erteilung von „Auskünften" im engeren Sinne hinaus, nämlich in Form der Beantwortung von Fragen, besteht die Problematik eines Rechts auf Auskunftsverweigerung bei drohender Selbstbezichtigung. Die Unternehmen können sowohl im Rahmen von Nachprüfungsentscheidungen als auch bei formellen Auskunftsverlangen zu tatsächlichem Handeln verpflichtet werden, wenn sie zum Beispiel Schriftstücke vorlegen, Kopien übermitteln bzw. Daten auf anderen Speichermedien zugänglich machen sollen, obwohl sich darin möglicherweise belastende Informationen befinden. Die Verweigerung einer solchen Mitwirkung kann negative Konsequenzen in Form von Bußgeldern Art. 23 Abs. 1

---

[383] Wie festgestellt, wird den betroffenen Unternehmen derzeit von der europäischen Rechtsprechung lediglich ein eingeschränktes Geständnisverweigerungsrecht zugebilligt (siehe oben Teil 3, B. II. 2.).

[384] Noch zu der enger gefassten Verordnung 17/62 und daher insoweit nur begrenzt übertragbar *Joshua*, ELR 1983, 3, 12; *Pliakos*, S 266; *Schwarze* in Schwarze, Der Gemeinsame Markt, S. 159, 164, der aufgrund der Tatsache, dass sich die Fragen streng an den während der Nachprüfung gefundenen Unterlagen orientieren müssen, eine Gefahr der Selbstinkriminierung ablehnt.

[385] Vgl. jedoch trotz allem die grundsätzlich weite Formulierung des Art. 20 Abs. 2 lit. e VO 1/2003, wonach die Kommission Erläuterungen „zu Tatsachen oder Unterlagen" verlangen kann. Siehe auch ausführlicher oben Teil 2, A. II. 1. c) bb).

lit. b und c VO 1/2003 sowie Zwangsgelder nach Art. 24 Abs. 1 lit. d und e VO 1/2003 zur Folge haben. Da es für die Beurteilung eines möglichen Gegenrechts auf den Charakter der Ermittlungshandlung ankommt, kann die Frage nach dem Auskunftsverweigerungsrecht sich nicht streng an der Formulierung des Rechts orientieren und nur „Auskünfte" mündlicher Art erfassen. Handlungen wie die Übersendung bzw. das Zugänglichmachen von Unterlagen im Rahmen von formellen Auskunftsverlangen und Nachprüfungsentscheidungen fallen aufgrund ihres verpflichtenden Charakters ebenfalls unter die Mitwirkungshandlungen, bei denen ein eventuelles Recht auf Auskunftsverweigerung in Betracht kommt.

Lediglich klarstellend sei erwähnt, dass bei einer Durchsuchung unter Beteiligung nationaler Behörden nur eine passive Duldungspflicht der Betroffenen besteht. Da die Behörden grundsätzlich Zwang anwenden können, sind sie nicht mehr auf die Mitwirkung der Betroffenen angewiesen, die sich dadurch auch nicht in einer Situation befinden, in der sie sich selbst belasten müssen.

Zusammenfassend ist das Auskunftsverweigerungsrecht anwendbar sowohl bei der Beantwortung von Fragen im Rahmen von formellen Auskunftsverlangen und bei mündlich angeforderten Erklärungen anlässlich einer Nachprüfungsentscheidung als auch bei sonstigen verpflichtenden Mitwirkungshandlungen wie der Vorlage von Dokumenten bzw. der Verpflichtung zum Zugänglichmachen von Informationen bei Auskunfts- und Nachprüfungsentscheidungen.

4. Schutzumfang in zeitlicher Hinsicht

Eine zeitliche Begrenzung der Geltung des Auskunftsverweigerungsrechts existiert nicht.[386] Dieses Recht verbürgt für die Betroffenen ein Gegenrecht zu den Befugnissen der Kommission, an deren Einsatz es gekoppelt ist. Ein Auskunftsverweigerungsrecht, das sich auf die Zeit nach Mitteilung der Beschwerdepunkte beschränkt,[387] kann seinen Zweck als Gegenrecht zu den umfassenden Ermittlungsbefugnissen der Kommission nicht erfüllen. Denn die Ermittlungsrechte sind grundsätzlich in jedem Verfahrensstadium, auch und sogar insbesondere im Voruntersuchungsverfahren, von der Kommission einsetzbar. Wann immer die Ermittlungsbehörde von ihnen Gebrauch macht, besteht bei drohender Selbstbezichtigung ein Verweigerungsrecht der Betroffenen.

---

[386] So auch *Weiß*, S. 359.

[387] Dafür plädierte ohne nähere Begründung GA *Darmon* in seinen Schlussanträgen zu der Rechtssache „Orkem", Slg. 1989, 3283, 3334, Rn. 124. Der Gerichtshof ist dieser Auffassung jedoch nicht gefolgt, da er das von ihm anerkannte (eingeschränkte Geständnis-) Verweigerungsrecht schon im Voruntersuchungsverfahren für anwendbar erachtet, vgl. „Orkem", Slg. 1989, 3283, 3351, Rn. 33.

Die Berufung auf das Auskunftsverweigerungsrecht ist demnach unabhängig von den Verfahrensstadien möglich. Eine Beschränkung in zeitlicher Hinsicht besteht nicht.

II. Schutzumfang in persönlicher Hinsicht

Berechtigt, sich auf ein Auskunftsverweigerungsrecht zu berufen, sind in jedem Fall natürliche Personen, sofern diese Betroffene eines Kartellverfahrens sind. Der weitaus häufigere Fall ist jedoch, dass die Kommission gegen juristische Personen ermittelt. Aus dem im Rechtsstaatsprinzip verankerten Recht auf ein faires Verfahren, welches durch Art. 6 Abs. 1 EMRK und Art. 41 Abs. 1 i.V.m. 47 Abs. 2 Grundrechtecharta konkretisiert ist, folgt, dass auch juristische Personen sich auf ein Auskunftsverweigerungsrecht wegen der Gefahr der Selbstbezichtigung berufen können.

Es stellt sich daher zunächst die Frage des Personenkreises, der für die juristische Person das Auskunftsverweigerungsrecht geltend machen kann. Dazu sollten in Konsequenz zu den obigen[388] Ausführungen diejenigen (natürlichen) Personen berechtigt sein, auf die sich ein Gewissenskonflikt bei der juristischen Person verlagert. Dies sind die handelnden Organe der juristischen Person, nämlich die nach Gesetz oder Satzung zur Vertretung berufenen Personen. Sie sind es auch, die ohne ein Schweigerecht verpflichtet wären, auch ein eigenes Fehlverhalten einzugestehen und zumindest mittelbar zu ihrer eigenen Sanktionierung beizutragen.

Auch aus rein praktischen Erwägungen bietet es sich an, dass die vertretungsberechtigten Organe einer juristischen Person das Auskunftsverweigerungsrecht geltend machen können: Es kann davon ausgegangen werden, dass sie in ihrer Organstellung das Wissen über und den Zugang zu relevante(n) Informationen haben und ihre Bedeutung für eine mögliche Selbstbezichtigung am besten einschätzen können.[389]

Von Interesse ist ferner, ob sich nur die von der Kommission bereits verdächtigten Unternehmen auf ein Auskunftsverweigerungsrecht im Falle drohender Selbstbelastung berufen dürfen, oder ob auch andere, noch nicht von einem Verfahren betroffene Unternehmen das Gegenrecht geltend machen können. Praktische Relevanz gewinnt diese Frage durch den Umstand, dass auch unbeteiligte, noch nicht verdächtigte Dritte, Adressaten von verpflichtenden Ermittlungsmaßnahmen der Kommission sein können.[390] Dadurch können sie grundsätzlich in die Situation kommen, verpflichtet zu sein, sich durch eine erfragte Information selbst zu belas-

---

388 Siehe oben Teil 3, B. II. 4. c) aa) ddd).
389 So auch *Ortiz Blanco*, S. 114.
390 Siehe oben Teil 2, A. II. 1.

ten. Dass in diesem Fall die Beweise dem Verwertungsverbot nach Art. 28 Abs. 1 VO 1/2003 unterfielen[391] und nicht in einem neuen Verfahren gegen das Unternehmen verwendet werden dürften, bietet keinen hinreichenden Schutz. Denn die Ermittlungsbehörden sind nicht gehindert, aufgrund der erhaltenen Informationen in einem neu eingeleiteten Verfahren unter Zuhilfenahme ihres erlangten Wissens gezielt nach neuen Beweisen zu suchen. Es bleibt also die Frage, ob unbeteiligte Dritte sich bei drohender Selbstbezichtigung auf ein Auskunftsverweigerungsrecht berufen können.

Wie oben gesehen, kann das Auskunftsverweigerungsrecht nicht erst ab dem Zeitpunkt der Zustellung der Beschwerdepunkte, in denen ein Unternehmen spätestens mitgeteilt bekommt, dass es Subjekt eines Verfahrens ist, gelten. Dies würde es der Kommission ermöglichen, das Weigerungsrecht der Unternehmen nahezu unkontrollierbar zu umgehen,[392] indem sie die Adressaten von Ermittlungen so lange wie möglich als nicht verdächtig einstuft.

Auch kann ein Schutz nicht erst dann greifen, wenn offenbar wird, dass die Ermittlungen sich gegen das Unternehmen selbst richten, was bei klarer Fassung der Angabe von Gegenstand und Zweck im Sinne von Art. 18 Abs. 3 und Art. 20 Abs. 3 VO 1/2003 erkennbar sein sollte. Es muss dem Unternehmen vielmehr grundsätzlich möglich sein, eine Auskunft oder Mitwirkung zu verweigern, wenn es sich selbst einer Kartellwidrigkeit beschuldigen würde, unabhängig davon, ob sich das Verfahren (schon) gegen es richtet.[393] Anderenfalls könnte das Auskunftsverweigerungsrecht seinen Sinn und Zweck, nämlich Schutz vor einer Selbstbelastung zu gewährleisten, nicht erfüllen. Abzustellen ist daher vielmehr darauf, ob das Unternehmen durch eine Auskunft gezwungen wäre, Beweise für ein eigenes kartellwidriges Verhalten zu erbringen.

Das Auskunftsverweigerungsrecht muss demnach für alle Adressaten von verpflichtenden Ermittlungshandlungen gelten, die sich infolge der von ihnen verlangten Mitwirkungen eines kartellwidrigen bußgeldbewehrten Verhaltens selbst bezichtigen könnten.

III. Verfahrensrechtliche Umsetzung und Absicherung des Auskunftsverweigerungsrechts

Bezüglich der praktischen Ausgestaltung eines Auskunftsverweigerungsrechts kann es dem Auskunftspflichtigen nicht zugemutet werden, dass er über die Aussage hinaus, er liefe bei einer Auskunft Gefahr, sich selbst zu

[391] Siehe oben Teil 2, A. II. 2. b).
[392] Vgl. *Kühlhorn*, WuW 1986, 7, 16.
[393] So auch *Kühlhorn*, WuW 1986, 7, 16.

bezichtigen, weitere Gründe für seine Auskunftsverweigerung gegenüber der Kommission glaubhaft macht. Schon dies würde ihn in die akute Gefahr einer Selbstbezichtigung bringen.[394]

Daran schließt sich die Frage an, wer die Befugnis haben darf zu bestimmen, dass die Berufung auf ein Auskunftsverweigerungsrecht wegen drohender Selbstbelastung berechtigt war.

Wäre diese Entscheidung dem Ermittlungsbeamten der Kommission oder einer ihr zugehörigen Person wie dem Anhörungsbeauftragten bzw. einem Mitarbeiter des Juristischen Dienstes zugewiesen, hätte dies zur Folge, dass die Kommission als Ermittlungsbehörde durch einen ihrer Mitarbeiter Einblick in Unterlagen, die eventuell Wettbewerbsverstöße der betroffenen Unternehmen darlegen würden, erhielte. Ziel des Auskunftsverweigerungsrechts ist jedoch gerade, der Kommission nicht durch Mitwirkung des Betroffenen einen solchen Einblick zu gewähren. Insofern kann keinem der Kommission angehörenden Bediensteten die Aufgabe zugesprochen werden, zu überprüfen, ob sich die Unternehmen zu Recht auf ein Auskunftsverweigerungsrecht berufen haben.

Eine weitere Möglichkeit stellt eine Überprüfung der von den Unternehmen als selbstbelastend klassifizierten Unterlagen und Informationen durch eine neutrale Instanz wie einen unabhängigen Sachverständigen in der Funktion eines Beweismittlers dar.[395] Die Informationen würden dieser Person zugeleitet und würden von ihr nur dann an die Kommission weiter gegeben, wenn sie sie nicht als selbstbezichtigend qualifiziert. Dieser Lösungsansatz mag noch vertretbar sein, soweit eine Überprüfung nur einer objektiven Information erforderlich ist, wie etwa konkreter Daten. An seine Grenzen stößt diese Verfahrensweise jedoch dort, wo der Sachverständige wertende Beurteilungen vornehmen müsste, um die Beweisrelevanz einer Information einschätzen zu können.[396] Dabei muss sich der Sachverständige nur auf punktuelle Informationen, nämlich die konkrete Auskunft bzw. das konkrete Schriftstück, stützen, ohne dass ihm die Ermittlungsstrategie der Kommission im Ganzen sowie der Sachverhalt in all seinen Facetten bekannt ist.[397] Bei einer Überprüfung solcher Informationen kann von den Verfahrensbeteiligten nicht verlangt werden, sich auf die (subjektive) Bewertung des Beweismittlers verlassen zu müssen. Eine solche Lösung stellt damit grundsätzlich keinen ange-

[394] Vgl. *Gillmeister*, S. 30, der sich in grundsätzlicher Weise zum deutschen Auskunftsverweigerungsrecht äußert. A. A. *Grützner/Reimann/Wissel*, S. 168 f., Rn. 277; *Gumbel*, S. 148.

[395] Vgl. als Lösung für das parallel gelagerte Problem des Geheimnisschutzes im deutschen Recht, *Werner*, FS Pfeiffer, S. 821, 834; *Krieger*, FS Steindorff, S. 989, 991; *Wieckmann*, WuW 1983, 13, 24.

[396] Siehe auch *Werner*, FS Pfeiffer, S. 821, 838; *Krieger*, FS Steindorff, S. 989, 991 für den Bereich des Geheimnisschutzes.

[397] Vgl. *Gumbel*, S. 153.

messenen Weg dar und könnte darüber hinaus auch nur de lege ferenda verwirklicht werden.

Eine dem geltenden Recht entsprechende Lösung ist hingegen die Überprüfung der eventuell selbstbelastenden Auskünfte durch das Europäische Gericht erster Instanz. Im praktischen Verfahrensablauf würde die Kommission eine Auskunfts- oder Nachprüfungsentscheidung erlassen und das Unternehmen sich unter Berufung auf eine drohende Selbstbezichtigung weigern, die Mitwirkungspflichten zu erfüllen. Die Kommission kann im Anschluss daran Buß- oder Zwangsgelder nach Art. 23, 24 VO 1/2003 festsetzen, gegen das die Adressaten gemäß Art. 230 EGV klagen können. Zwar hat die Klage nach Art. 242 EGV keine aufschiebende Wirkung, die Unternehmen können jedoch die Aussetzung der Durchführung der angefochtenen Handlung beantragen (vgl. Art. 242 EGV a. E.). Würde diese gewährt, kann die Kommission ihre Entscheidung nicht durchsetzen. Bei der Ausübung des Ermessens für die Entscheidung über die Anordnung der aufschiebenden Wirkung hat das Gericht die zugrunde liegenden rechtsstaatlichen und grundrechtsrelevanten Rechte der Unternehmen, die bei einer Missachtung des Auskunftsverweigerungsrechts verletzt wären, heranzuziehen. Aufgrund der Qualität dieser Rechte kann davon ausgegangen werden, dass das Gericht im Regelfall die aufschiebende Wirkung anzuordnen hat.

Über die Rechtmäßigkeit des Auskunftsverweigerungsrechts würde vor dem EuG entschieden und in dem Zuge auch über die eventuelle Aufhebung von Zwangs- oder Bußgeldern. Ein solches Verfahren wird sowohl dem Interesse der betroffenen Unternehmen gerecht, keine Informationen, die sie selbst belasten würden, der Kommission preiszugeben, als auch dem Interesse der Kommission, dass die Berufung auf ein Auskunftsverweigerungsrecht überprüfbar ist und damit dem Missbrauch Grenzen gesetzt sind.

Der Kommission bleibt unbenommen, andere Ermittlungsinstrumente, die nicht den nemo tenetur-Grundsatz verletzen, zur Aufklärung des Falles heranzuziehen. So hat sie die Möglichkeit, mit Hilfe der nationalen Behörden eine Durchsuchung bei dem betroffenen Unternehmen vorzunehmen. Da diese keine Mitwirkung der Betroffenen voraussetzt, kann sie auch kein Auskunftsverweigerungsrecht wegen drohender Selbstbezichtigung verletzen.

Um dem Problem Herr zu werden, dass mangels aufschiebender Wirkung der Klage eine Aufdeckung der Informationen vor der gerichtlichen Entscheidung zumindest denkbar ist, bieten sich de lege ferenda zwei Möglichkeiten.

Zunächst könnte in verfahrensrechtlicher Hinsicht die Einsetzung eines „Ermittlungsrichters“ bei dem Europäischen Gericht erster Instanz überlegt werden. Ihm fiele die Aufgabe zu, die Auskünfte nach Anhörung der

Kommission von den Unternehmen entgegenzunehmen und über die Rechtmäßigkeit des Auskunftsverweigerungsrechts und die Aufdeckung der fraglichen Informationen zu entscheiden.[398] Dies würde zum einen der Beschleunigung des Verfahrens dienen und zum anderen wäre dem Grundsatz des effektiven Grundrechtsschutzes gedient. Denn die Offenlegung der besagten Informationen würde in jedem Fall erst nach vollständiger gerichtlicher Prüfung über die Rechtmäßigkeit der bußgeldbewehrten Entscheidung erfolgen und wäre nicht wie bisher abhängig davon, ob das Gericht erster Instanz die aufschiebende Wirkung anordnet.

Die andere Möglichkeit zu gewährleisten, dass den Betroffenen in jedem Fall eine gerichtliche Überprüfung der Kommissionsentscheidung vor deren Vollzug zusteht, wäre, den Beschwerden vor dem EuG grundsätzlich aufschiebende Wirkung einzuräumen. Dies würde bedeuten, dass angefochtene Kommissionsentscheidungen nicht vom Grundsatz her sofort vollstreckbar sind und die Unternehmen zum Schutz ihrer Grundrechte nicht darauf angewiesen sind, dass das Gericht erster Instanz die aufschiebende Wirkung anordnet. Dadurch wäre dem effektiven Schutz der Grundrechte ebenfalls deutlich gedient.

De lege lata erfolgt jedoch die verfahrensrechtliche Absicherung des Auskunftsverweigerungsrechts bei drohender Selbstbezichtigung auf dem oben beschriebenen Wege einer Klage vor dem EuG und des Antrags auf Aussetzung der sofortigen Vollziehung.

D. Ergebnis zu Teil 3

Die Untersuchung der Frage, ob im europäischen Kartellrecht den Betroffenen ein Auskunftsverweigerungsrecht wegen drohender Selbstbezichtigung zugestanden wird, hat ergeben, dass ein solches weder im primärrechtlichen noch im sekundärrechtlichen geschriebenen Gemeinschaftsrecht verankert ist. Die Gemeinschaftsrechtsprechung erkennt als allgemeinen Rechtsgrundsatz nur ein begrenztes Geständnisverweigerungsrecht an und lehnt die Herleitung des Auskunftsverweigerungsrechts basierend auf der „Orkem“ Rechtsprechung des EuGH aus mittlerweile nicht mehr haltbaren Gründen ab.

Es hat sich aber gezeigt, dass das Auskunftsverweigerungsrecht wegen drohender Selbstbezichtigung in dem Recht auf ein faires Verfahren als

[398] Vgl. *Gumbel*, S. 153 f. Mit den derzeitigen prozessualen Regelungen ist ein solches Verfahren jedoch nicht vereinbar. Durch die Änderung des Ratsbeschlusses über die Einsetzung des Gerichts erster Instanz durch den Ratsbeschluss 1999/291/EG, EGKS, Euratom vom 26.04.1999 (ABl. 1999, Nr. L 114, S. 52) kann aber mittlerweile auch ein Einzelrichter beim Gericht erster Instanz entscheiden, allerdings nicht als Ermittlungsrichter.

Bestandteil des unter anderem in Art. 2 Spiegelstrich 4 EUV genannten Rechtsstaatsprinzips verankert ist. Darüber hinaus enthalten Art. 6 Abs. 1 der EMRK sowie Art. 41 Abs. 1 i.V.m. 47 Abs. 2 Grundrechtecharta den Grundsatz des fairen Verfahrens, aus dem ein Auskunftsverweigerungsrecht bei der Gefahr der Selbstbelastung folgt. Dieses kann auch im gemeinschaftsrechtlichen Kartellverfahren Geltung beanspruchen, da sich auch hier das Problem stellt, dass ein betroffenes Unternehmen bei Einsatz verpflichtender Ermittlungsinstrumente der Kommission gezwungen sein könnte, selbstbelastende Informationen preisgeben zu müssen.

Seinem Schutzumfang nach bezieht sich das Auskunftsverweigerungsrecht auf alle Informationen, mit deren Preisgabe ein Unternehmen Gefahr laufen würde, sich selbst eines Kartellverstoßes im Sinne der Art. 81 und 82 EGV zu bezichtigen. Es gewährt daher ein Auskunftsverweigerungsrecht, nicht aber ein umfassendes Schweigerecht, wie es bei einem *Aussage*verweigerungsrecht der Fall wäre.

Das Auskunftsverweigerungsrecht können die Unternehmen der Kartellbehörde in jedem Verfahrensstadium entgegensetzen, sofern diese verpflichtende Ermittlungshandlungen vornimmt. Falls die Unternehmen, wie es zumeist der Fall ist, juristische Personen sind, sind deren satzungsmäßige Organe berechtigt, das Verweigerungsrecht geltend zu machen.

Verfahrensrechtlich abgesichert wird das Auskunftsverweigerungsrecht durch die Möglichkeit der Unternehmen, gegen die buß- und zwangsgeldbewehrte Entscheidung der Kommission vor dem Gericht erster Instanz zu klagen und einen Aussetzungsantrag zu stellen. Im Rahmen eines solchen Verfahrens erfolgt auch eine gerichtliche Überprüfung der Frage, ob sich die Unternehmen zu Recht auf das Auskunftsverweigerungsrecht berufen haben, so dass auch die Interessen der Kommission gewahrt sind.

E. Ausblick zu Teil 3

Für eine Klarstellung der Existenz eines Auskunftsverweigerungsrechts wäre es sinnvoll, wenn ein solches explizit im Gemeinschaftsrecht geregelt würde.

Inhaltlich sollte es ein eigenständiges europäisches Auskunftsverweigerungsrecht sein, und kein Verweis auf die jeweils einschlägigen nationalen Ausprägungen eines solchen Rechts. Diese Idee, die Teil des abgelehnten Vorschlags des Parlaments für die Verordnung 17/62 war,[399] hat einen

[399] Vgl. Deringer-Bericht, Sitzungsdokumente des Europäischen Parlaments 1961–62, Dokument 57, S. 43. Ebenso befürworten *Deringer/Tessin* (NJW 1962, 989,

entscheidenden Nachteil. Da die Rechte in den Mitgliedstaaten (noch) unterschiedlich ausgestaltet sind, würde es ohne begründete Notwendigkeit zu einer Ungleichbehandlung der betroffenen Unternehmen bezüglich des Umfangs eines ihnen gewährten Auskunftsverweigerungsrechts führen. Von daher ist eine europäische Regelung des Auskunftsverweigerungsrechts wegen der Gefahr der Selbstbezichtigung vorzuziehen.

Leider haben die Gemeinschaftsgesetzgeber in der Verordnung 1/2003 nicht die Chance ergriffen, ein Auskunftsverweigerungsrecht anzuerkennen und für das Kartellverfahren rechtlich zu normieren. Der Wortlaut des Erwägungsgrundes 23 der Verordnung 1/2003 greift lediglich die „Orkem" Rechtsprechung des EuGH auf. Unter Berücksichtigung der Regelungen der Art. 41 Abs. 1 i.V.m. Art. 47 Abs. 2 Grundrechtecharta, die – wie gesehen – ein Auskunftsverweigerungsrecht wegen drohender Selbstbezichtigung enthalten, sind allerdings berechtigte Zweifel angebracht, ob die Verordnung 1/2003 im Einklang mit den Prinzipien der Charta der Grundrechte steht, wie in Erwägungsgrund 37 der Verordnung 1/2003 statuiert wird. Aus diesem Grund und auch wegen der rechtsstaatlichen Bedeutung des in Frage stehenden Auskunftsverweigerungsrechts wäre eine gesetzliche Regelung des Auskunftsverweigerungsrechts bei drohender Selbstbezichtigung wünschenswert gewesen und sie ist es immer noch.

Wie die Untersuchung gezeigt hat, ist ein allgemeiner Rechtsgrundsatz mit dem Inhalt des Auskunftsverweigerungsrechts schon im Rechtsstaatsprinzip verankert und konkretisiert durch die entsprechenden Regelungen der EMRK und der Grundrechtecharta. Insofern steht auch einer Änderung der Rechtsprechung hin zu einer Anerkennung des Auskunftsverweigerungsrechts wegen der Gefahr der Selbstbezichtigung nichts entgegen. Ebenso könnte die Kommission im Rahmen der Anwendung des Kartellrechts den erweiterten Schutz eines Auskunftsverweigerungsrechts gewähren, da ein solches im Gemeinschaftsrecht angelegt ist.

Besonders im Zuge der dezentralen Anwendung des Wettbewerbsrechts und der Erweiterung der Gemeinschaft um neue Mitgliedstaaten entwickelt eine angemessene Behandlung grundrechtsrelevanter Probleme im Kartellverfahren eine neue Dimension. Es steht außer Frage, dass die Kartellrechtsbehörden der Mitgliedstaaten sich bei der Anwendung der Art. 81 und 82 EGV ihrer nationalen Verfahrensvorschriften bedienen, die teilweise noch erhebliche Unterschiede aufweisen. Allerdings ist absehbar, dass die Mitgliedstaaten, da sie nunmehr auch europäisches Wettbewerbsrecht anwenden müssen, interessiert sein werden, ihre Wett-

992) eine analoge Anwendung der nationalen Vorschriften über das Auskunftsverweigerungsrecht bis eine europäische Regelung geschaffen ist.

bewerbsgesetze in gewissem Maße an europäisches Recht anzupassen.[400] Von den europäischen Kartellregeln und dem Verfahrensrecht wird von daher zukünftig vermutlich in noch stärkerem Maße als früher eine wichtige Beispiels- und Anregungswirkung ausgehen. Dies gilt auch für die Gewährleistung rechtsstaatlicher Garantien. Selbst wenn eine Angleichung der nationalen Wettbewerbsregeln bezüglich eines Auskunftsverweigerungsrechts wegen der noch bestehenden Unterschiede der Kartellrechtsordnungen mittelfristig gesehen schwer durchführbar und auch nicht notwendigerweise erforderlich ist, böte eine Normierung bzw. Anerkennung eines Auskunftsverweigerungsrechts auf europäischer Ebene einen wichtigen Maßstab für die den Unternehmen gewährten Garantien bei der Anwendung des europäischen Wettbewerbsrechts. Es ermöglichte den Mitgliedstaaten – und dabei insbesondere den neuen Mitgliedstaaten – unter Vergleich der Ermittlungsbefugnisse ihrer Wettbewerbsbehörden nach nationalem Verfahrensrecht mit denen der Kommission, wichtige Erkenntnisse über ihr Schutzniveau bezüglich rechtsstaatlicher Verfahrensgarantien zu erlangen und daraus Konsequenzen zu ziehen. Dies gilt insbesondere für die Beitrittsländer, die auf keine lange Tradition in der Anwendung kartellrechtlicher Regeln zurückblicken können.

400 Diese Entwicklung spiegelt sich auch in der 7. GWB-Novelle in Deutschland wider, die einen weiteren Schritt in Richtung einer Angleichung der nationalen Wettbewerbsregeln an die europäischen Kartellvorschriften darstellt.

Teil 4: Schutz des Informationsaustauschs zwischen Rechtsberater und Mandant

A. Problemstellung

Eine weitere Kategorie sehr problematischer Informationen, bei denen sich die Frage nach ihrer angemessenen Behandlung im Kartellverfahren stellt, sind solche, die sich aus dem Verhältnis zwischen Rechtsberater und Mandant ergeben. Wirtschaftlich tätige Unternehmen wenden sich an ihre Anwälte oder Unternehmensjuristen, um sich juristischen Rat bezüglich ihres Verhaltens auf dem Markt und zu schließender Verträge zu holen. Dies gilt insbesondere auch für Fragen des europäischen Kartellrechts, da es wegen seiner Komplexität schwer durchschaubar ist und ein eventueller Kartellverstoß Konsequenzen mit teilweise existentieller Bedeutung für die Unternehmen hat. Noch zugenommen hat die Rolle der Rechtsberater seit Inkrafttreten der Verordnung 1/2003. Aufgrund des einschneidenden Systemwechsels von der Anmeldung und Freistellung zur Legalausnahme müssen nunmehr die Unternehmen selbst beurteilen und entscheiden, ob sie die Voraussetzung einer Freistellung vom Kartellverbot des Art. 81 Abs. 3 EGV erfüllen und sind daher mehr denn je auf Hilfe und Sachkunde eines Rechtsberaters angewiesen.

Voraussetzung für eine effiziente rechtliche Beratung ist, dass der Mandant seinem Anwalt vertrauliche Informationen über kartellrechtlich relevante Umstände offenbart, um ihm eine Einschätzung der Rechtslage zu ermöglichen. Das Rechtsberaterverhältnis und die ausgetauschten Schreiben sind daher hochgradig sensibel. Nur wenn der Mandant das Gefühl hat, seine Korrespondenz mit dem Rechtsberater ist sicher vor Dritten, kann das Verhältnis zwischen Rechtsberater und Mandant offen und frei sein. Aus diesem Grund wird dem Anwalt in den nationalen Rechtsordnungen eine Schweigepflicht auferlegt und als Korrelat verfügt er über ein Recht zur Zeugnisverweigerung.[401] Darüber hinaus ist jedoch für den Mandanten von großer Wichtigkeit, dass Ermittlungsbehörden in kartellrechtlichen Verfahren keinen Zugriff von außen auf die vertrauliche Anwaltskorrespondenz erhalten.

---

401 Siehe dazu auch unten im Teil 4, B. II. 4. a) die detaillierten Ausführungen zu den Regelungen in Deutschland, wo Anwälten als Pendant zur Berufsverschwiegenheit ein Zeugnisverweigerungsrecht nach § 53 Abs. 1 S. 2 und 3 StPO zusteht.

Historisch kam dem Schutz der Korrespondenz zwischen Anwalt und Mandant besondere Aufmerksamkeit im englischen Recht zu. Die im Englischen „legal professional privilege“ genannte Lehre entwickelte sich seit dem 16. Jahrhundert[402] in verschiedenen Entscheidungen. Auch wenn die Terminologie ungenau in dem Sinne ist, dass sie fälschlicherweise die Annahme einer Privilegierung des Anwaltsstandes nahe legt,[403] obwohl der Grundsatz der Vertraulichkeit ebenso oder sogar insbesondere den Schutz der Mandanten bezweckt,[404] sollte dies nicht übergewichtet werden, da es sich letztlich nur um eine Bezeichnung handelt. Entscheidend ist jedoch die inhaltliche Ausgestaltung des Rechts.

Im europäischen Kartellverfahren ist das Bedürfnis der betroffenen Unternehmen, den Informationsaustausch mit ihrem Rechtsberater vor dem Zugriff durch die Kommission zu bewahren, vor dem Hintergrund der umfassenden Ermittlungsbefugnisse der Kommission zu sehen. Zwar hat sie keinen direkten Zugriff auf die Räumlichkeiten von externen Rechtsanwälten selbst, da sich die Ermittlungsbefugnisse der Kommission nur auf die Räume des Unternehmens beziehen. Sie hat aber die Möglichkeit, im Rahmen von Nachprüfungen in Unternehmen bzw. Privatwohnungen von Führungskräften und Mitarbeitern Einsicht in Geschäftsunterlagen und sonstige dem Ermittlungszweck dienenden Dokumente, wozu auch die Korrespondenz zwischen Anwalt und Mandant zählt, zu erlangen. Auch im Wege von Auskunftsverlangen nach Art. 18 VO 1/2003, welche auch die Übermittlung von Unterlagen umfassen können,[405] besteht die Gefahr, dass die Kommission Briefe und sonstige Vermerke, die im Wege anwaltlicher Beratung an das Unternehmen entstanden sind, anfordert.

Die vorliegende Frage ist von der Ausgangslage her vergleichbar mit der des Auskunftsverweigerungsrechts wegen der Gefahr der Selbstbezichtigung.[406] Auch hier stellt sich das Problem, inwiefern die Unternehmen verpflichtet sind, Einblick in Vorgänge zu gewähren, die aus rechtlicher Beratung stammen oder ob und wenn ja, in welchem Umfang der Informationsaustausch zwischen Rechtsberater und Mandant dem Schutz der Geheimhaltung gegenüber den ermittelnden Behörden der Europäischen Kommission unterliegt.

402 Vgl. die Entscheidungen aus dieser Zeit, die sich mit dem Grundsatz des legal privilege beschäftigten, bei *Newbold*, MLR 1990, 472, 472.

403 Dies feststellend GA *Warner* in seinen Schlussanträgen zu der Rechtssache „AM & S“ Slg. 1982, 1575, 1633; *Gillmeister*, S. 206/207, Fn. 137. Der Europäische Gerichtshof bezeichnet das Recht auch teilweise als „protection of confidentiality“, vgl. EuGH „AM & S“, Slg. 1982, 1575 ff. in der englischen Fassung.

404 Vgl. dazu näher unten Teil 4, B. II. 2.

405 Vgl. oben Teil 2, A. II. 1. a) bb) bbb).

406 Vgl. dazu die Ausführungen im vorangehenden Teil 3.

B. Rechtliche Verankerung im Gemeinschaftsrecht

Von Interesse ist zunächst, ob der Schutz der Anwaltskorrespondenz im geschriebenen Sekundär- oder Primärrecht eine Verankerung erfährt.

I. Verankerung im geschriebenen Gemeinschaftsrecht

Die Kartellverfahrensverordnung 1/2003 sieht ebenso wie die Vorgängerverordnung 17/62 keinerlei Regelung vor, die die Vertraulichkeit des Schriftverkehrs zwischen Anwalt und Mandant im Kartellverfahren gewährleistet. Insbesondere Art. 20 VO 1/2003, der die Nachprüfungen regelt, enthält keine Vorschrift, nach der der Informationsaustausch zum Zweck der Rechtsberatung privilegiert ist in dem Sinne, dass er von dem Einsichts- und Zugriffsrecht der Kommission ausgenommen ist.

Die generellen Vorschriften über die Amtsverschwiegenheit (Art. 287 EGV und Art. 28 Abs. 2 VO 1/2003) und das Verbot zweckentfremdeter Verwertung (Art. 28 Abs. 1 VO 1/2003) gewähren für das vorliegende Problem keinen ausreichenden Schutz. Sie erlegen der Kommission und den mitgliedstaatlichen Behörden lediglich auf, schon erlangte Materialien, die unter das Amtsgeheimnis fallen, nicht preiszugeben bzw. nicht entgegen des bestimmten Zwecks zu verwerten. Dabei handelt es sich jedoch lediglich um Informationen, die schon in den Besitz der Kommission bzw. der Behörden in den Mitgliedstaaten gelangt sind. Bei dem Schutz der Korrespondenz mit einem Rechtsberater kommt es hingegen darauf an, dass bereits der Zugriff der Kommission auf Dokumente beim betroffenen Unternehmen verhindert wird. Die Wirkung des Amtsgeheimnisses und der Verwertungsbeschränkung setzen hierfür zu spät an, so dass sie keinen angemessenen Schutz für die vertrauliche Rechtsberaterkorrespondenz bieten können.

Lediglich die Verfahrensordnungen des Gerichtshofs bzw. des Gerichts erster Instanz für das Gerichtsverfahren in Art. 32 § 2 VerfO EuGH[407] und Art. 38 § 2 VerfO EuG[408] sehen Vorrechte für Anwälte vor, indem sie festlegen, dass Schriftstücke und Urkunden, die sich auf das Verfahren beziehen, weder durchsucht noch beschlagnahmt werden dürfen. Allerdings betreffen diese Rechte nur das vor dem jeweiligen Gericht anhängige Verfahren und entfalten ihrer Ratio nach keine Vorwirkung für das

---

407 Verfahrensordnung des Gerichtshofs der Europäischen Gemeinschaften vom 19.06.1991, ABl. 1991, Nr. L 176, S. 7.

408 Verfahrensordnung des Gerichts erster Instanz der Europäischen Gemeinschaften vom 02.05.1991, ABl. 1991, Nr. L 136, S. 1.

kartellrechtliche Ermittlungsverfahren der Kommission. Denn die Normen der Verfahrensordnungen dienen in erster Linie dem Schutz des Anwalts, der ungehindert seine Funktion vor Gericht ausüben können soll, wohingegen die Vertraulichkeit der Anwaltskorrespondenz – wie unten[409] noch näher erörtert wird – vorrangig im Interesse des Mandanten auch schon während des Ermittlungsverfahrens zu wahren ist.[410]

Es gibt somit keine primär- oder sekundärrechtliche Regelung des Schutzes der Korrespondenz zwischen Anwalt und Mandant im europäischen Kartellverfahren. Insbesondere enthält weder die Kartellverfahrensverordnung 1/2003 noch ihre Vorgängerverordnung 17/62 eine explizite Festlegung dieses Schutzes. Man kann sich – wie schon beim Auskunftsverweigerungsrecht – die Frage stellen, ob diesem Schweigen eine klare Stellungnahme gegen einen Schutz der Anwaltskorrespondenz zu entnehmen ist.[411] Für eine solche Annahme könnte die Gesetzgebungsgeschichte sprechen.[412] Der Vorschlag im Deringer-Bericht des Binnenmarktausschusses lautete, dass „... das Berufsgeheimnis etwa der Rechtsanwälte und Wirtschaftsprüfer gewahrt bleiben [muss]“[413]. Die Entschließung des Parlaments vom 19. Oktober 1961 mit seiner Stellungnahme zu Verordnungsentwurf 17/62 greift jedoch anders als beim Auskunftsverweigerungsrecht keine Änderungswünsche zum Berufsgeheimnis auf. Mehr noch als bei der Frage des Auskunftsverweigerungsrechts vermag daher vorliegend die Begründung eines „beredten Schweigens“ aufgrund der Gesetzgebungsgeschichte nicht zu überzeugen. Bei dem Schutz der Anwaltskorrespondenz kann gerade nicht das Argument vorgebracht werden, der Rat habe den Vorschlag des Parlaments bewusst nicht übernommen und sich damit gegen die Gewährleistung eines solchen Rechts ausgesprochen. Es mangelt für solch eine Schlussfolgerung vorliegend schon an einem entsprechenden Vorschlag des Parlaments. Soweit dennoch angeführt wird, der Rat habe sich mit der Idee des Schutzes der Anwaltskorrespondenz befasst, diese jedoch dann fallen gelassen,[414] kann dies weder als Beleg für noch gegen ein Schutzbedürfnis der An-

---

[409] Vgl. die Ausführungen zu der Schutzrichtung des Legal Privilege in Teil 4, B. II. 4. a). Siehe auch *Whish*, S. 224.

[410] Im Ergebnis ebenso *Weiß*, S. 408. Demgegenüber plädiert *Gillmeister*, S. 205 für eine Vorwirkung. Dies ließe jedoch die unterschiedlichen Schutzrichtungen der Normen in den Verfahrensordnungen und des „Legal Privilege“ außer Acht.

[411] So die Kommission und die Regierung Frankreichs im Verfahren „AM & S“, vgl. die Darstellung in den Schlussanträgen von GA *Warner*, Slg. 1982, 1575, 1620 f.

[412] Vgl. GA *Warner* in seinen Schlussanträgen zu der Rechtssache „AM & S“, Slg. 1982, 1619, 1620 f.

[413] Deringer-Bericht, Sitzungsdokumente des Parlaments 1961–62, Dokument 57, Rn. 121.

[414] Vgl. GA *Slynn* in seinen Schlussanträgen zu der Rechtssache „AM & S“, Slg. 1982, 1575, 1658.

waltskorrespondenz gewertet werden, da die Gründe, die den Rat hierzu veranlasst haben, nicht bekannt sind.[415]

Es kann somit festgehalten werden, dass es im geschriebenen Gemeinschaftsrecht keine Regelung gibt, die den Informationsaustausch zwischen Rechtsberater und Mandant im Kartellverfahren unter Schutz stellen würde. Mithin besteht eine Rechtslücke, die durch einen allgemeinen Rechtsgrundsatz[416] ausgefüllt sein könnte.

II. Existenz eines allgemeinen Rechtsgrundsatzes zum Schutz der Rechtsberaterkorrespondenz

Zunächst ist von Interesse, ob die Kommissions- und Rechtsprechungspraxis über die Frage, ob und wenn ja in welcher Form ein allgemeiner Rechtsgrundsatz zum Schutz der Korrespondenz zwischen Rechtsberater und Mandant im Gemeinschaftsrecht anerkannt ist, Aufschluss geben kann.

1. Kommissions- und Rechtsprechungspraxis

Einen ersten Anhaltspunkt für die Haltung der Europäischen Kommission zu der Frage der Anerkennung eines legal professional privilege bietet ihre Antwort auf die schriftliche Anfrage des Abgeordneten Cousté aus dem Jahre 1978.[417] Darin erklärt sich die Kommission „in Anlehnung an die Regeln des Wettbewerbsrechts einiger Mitgliedstaaten" und „aus Gründen der Unparteilichkeit" bereit, Dokumente mit rechtsberatendem Inhalt nicht als Beweis für etwaige Kartellverstöße zu benutzen.[418] Allerdings fügt sie hinzu, dass es „unter Aufsicht des Gerichtshofes" ihre Sache sei, den Charakter der problematischen Unterlagen zu bewerten.[419]

Die Kommission stand damit einem Schutz der Anwaltskorrespondenz nicht grundsätzlich ablehnend gegenüber, sondern erkannte ihn vielmehr in gewissem Umfang an. Sie wollte jedoch nicht auf eine eigene Entscheidungsbefugnis hinsichtlich des Eingreifens des Vertraulichkeitsschutzes im Einzelfall verzichten, was zwangsläufig eine Durchsicht der jeweiligen Dokumente ihrerseits erforderlich macht.[420] Mit dieser Einschränkung verliert die Gewährung erheblich an Wert, da mit der Kenntnisnahme im-

[415] So auch *Weiß*, S. 407.

[416] Hinsichtlich der Methodik der Gewinnung eines allgemeinen Rechtsgrundsatzes wird auf die eingangs zum Auskunftsverweigerungsrecht gemachten Ausführungen verwiesen, siehe Teil 3, B. II. 1.

[417] Antwort vom 22.06.1978 auf die schriftliche Anfrage vom 31.03.1978, ABl. 1978, Nr. C 188, S. 31.

[418] ABl. 1978, Nr. C 188, S. 31.

[419] ABl. 1978, Nr. C 188, S. 31.

[420] Vgl. auch *Beutler*, RIW 1982, 820, 821; *Toepke*, EEC Competition Law, S. 700.

mer auch die Gefahr besteht, dass die Kommission versucht, die so gewonnenen Informationen mit anderen Beweismitteln zu belegen oder sie in anderen Verfahren zu verwenden.[421] Eine Privilegierung in dem Sinne, dass ein Schutz vor Offenlegung auch und gerade gegenüber den Ermittlungsbehörden besteht, hat sie daher in ihrer Stellungnahme an Herrn Cousté nicht akzeptiert.

Ihre Position aus der Antwort an den Abgeordneten Cousté vertrat die Kommission auch in dem Klageverfahren vor dem EuGH, der Rechtssache „AM & S".[422] Diesem Verfahren lag eine Entscheidung[423] der Kommission zugrunde, in welcher sie dem Unternehmen „Australian Mining & Smelting Europe Limited" („AM & S") aufgab, ihr bestimmte Dokumente zugänglich zu machen. Das Unternehmen verweigerte der Kommission dies unter Berufung auf die Privilegierung der Unterlagen, die Anwaltskorrespondenz enthielten.[424]

Der EuGH nahm in seinem Urteil „AM & S" Stellung zu Bestand und Umfang des Schutzes der Kommunikation zwischen Anwalt und Mandant im europäischen Kartellverfahren.

Bedeutung maß der Gerichtshof insoweit zunächst den mitgliedstaatlichen Rechtsordnungen bei. Das Gemeinschaftsrecht beruhe darauf, dass die Mitgliedstaaten auf rechtlichem Gebiet „miteinander verflochten" seien und man daher auf der Gemeinschaftsebene den Grundsätzen der mitgliedstaatlichen Rechtsordnungen Rechnung tragen müsse.[425] Die mitgliedstaatlichen Regelungen wiesen zwar Unterschiede auf, jedoch auch Gemeinsamkeiten insoweit, als der Schriftverkehr zwischen Anwalt und Mandant dann geschützt sei, wenn er von einem unabhängigen Rechtsanwalt im Interesse des Mandanten zur Verteidigung geführt würde.[426] Diese übereinstimmenden Elemente müssten auch im Gemeinschaftsrecht zum Ausdruck kommen.[427]

Der EuGH fuhr fort, dass im Lichte der aus den mitgliedstaatlichen Regelungen erwachsenden Erkenntnisse die damals geltende Verordnung 17/62 dahingehend ausgelegt werden müsse, dass im gemeinschaftsrechtlichen Kartellverfahren alle Unterlagen durch das legal professional privilege geschützt sind, die zum Zwecke der Verteidigung Gegenstand der

---

421 Darauf weist richtigerweise *Korah*, CLP 1980, 73, 81 f. hin.

422 EuGH „AM & S", Slg. 1982, 1575 ff.

423 ABl. 1979, Nr. L 199, S. 31.

424 Vgl. die Darstellung des Parteivorbringens in EuGH „AM & S", Slg. 1982, 1575, 1579 ff.

425 EuGH „AM & S", Slg. 1982, 1575, 1610, Rn. 18.

426 EuGH „AM & S", Slg. 1982, 1575, 1611, Rn. 21; ebenso GA *Warner* in seinen Schlussanträgen zu der Rechtssache „AM & S", Slg. 1982, 1575, 1632. Siehe auch insoweit die rechtsvergleichenden Ausführungen von GA *Slynn* in seinen Schlussanträgen zu der Rechtssache „AM & S", Slg. 1982, 1575, 1651 ff.

427 EuGH „AM & S", Slg. 1982, 1575, 1611, Rn. 22.

Kommunikation zwischen Anwalt und Mandant sind.[428] In zeitlicher Hinsicht gelte der Schriftwechsel ipso jure als schutzwürdig, wenn er nach Eröffnung des kartellrechtlichen Verwaltungsverfahrens geführt wurde.[429] Vor diesem Zeitpunkt geführte Korrespondenz fiele nur dann unter den Schutz, wenn ein Bezug zum Gegenstand des Verfahrens bestehe.[430]

Einschränkend legte der Gerichtshof allerdings fest, dass nur Dokumente, die aus einem Schriftwechsel mit unabhängigen Anwälten stammten, geschützt sind.[431] Die Kategorie der Unternehmensjuristen, die durch einen Dienstvertrag an den Mandanten gebunden sind, ist nach dem EuGH von dem Privileg ausgenommen.[432] Der Gerichtshof begründet diese Eingrenzung mit dem konkreten Bild des Rechtsanwalts als Mitgestalter der Rechtspflege, der in Unabhängigkeit dem Interesse des Mandanten dienen solle.[433] Als Korrelat zum gewährten Schutz der Korrespondenz mit unabhängigen Anwälten unterstünden diese den Berufs- und Standespflichten.[434]

Ebenso seien nur Anwälte, die in einem Mitgliedstaat der Gemeinschaft zugelassen sind, von dem Schutz erfasst.[435] Der Personenkreis bestimme sich nach der Richtlinie 77/249[436] des Rates.[437] Nicht geschützt sind damit nach dem EuGH Schriftstücke, die von einem außerhalb der Gemeinschaft niedergelassenen Anwalt stammen oder an ihn gerichtet sind.[438]

Obwohl der Gerichtshof in seiner Urteilsbegründung einleitend erwähnte, dass die Entscheidung über den vertraulichen Charakter von Dokumenten grundsätzlich der Kommission zustehe,[439] legte er am Ende der Entscheidung eine von diesem Grundsatz abweichende Verfahrensgestaltung als bei dem vorliegenden Problem angemessenen Weg dar.[440] Zu-

---

428 EuGH „AM & S“, Slg. 1982, 1575, 1611, Rn. 23.

429 EuGH „AM & S“, Slg. 1982, 1575, 1611, Rn. 23.

430 EuGH „AM & S“, Slg. 1982, 1575, 1611, Rn. 23. Im vorliegenden Fall erachtete der Gerichtshof Schriftstücke, die sieben Jahre vor Eröffnung des Nachprüfungsverfahrens zwischen Rechtsanwalt und dem britischen Mandanten, dem Unternehmen AM & S, ausgetauscht wurden, als vertraulich und damit schutzwürdig. Dass zum damaligen Zeitpunkt Großbritannien noch nicht Mitglied der Gemeinschaft war, sah der Gerichtshof nicht als problematisch an, vgl. EuGH „AM & S“, Slg. 1982, 1575, 1614, Rn. 33 ff.

431 EuGH „AM & S“, Slg. 1982, 1575, 1611, Rn. 24.

432 EuGH „AM & S“, Slg. 1982, 1575, 1611, Rn. 24. In Deutschland werden die Unternehmensjuristen auch als Syndikusanwälte bezeichnet.

433 EuGH „AM & S“, Slg. 1982, 1575, 1611, Rn. 24.

434 EuGH „AM & S“, Slg. 1982, 1575, 1611 f., Rn. 24.

435 EuGH „AM & S“, Slg. 1982, 1575, 1612, Rn. 25.

436 Richtlinie 77/249 des Rates vom 22. März 1977, ABl. 1977, Nr. L 78, S. 17.

437 EuGH „AM & S“, Slg. 1982, 1575, 1612, Rn. 25.

438 EuGH „AM & S“, Slg. 1982, 1575, 1612, Rn. 25.

439 EuGH „AM & S“, Slg. 1982, 1575, 1610, Rn. 17.

440 EuGH „AM & S“, Slg. 1982, 1575, 1613, Rn. 29 ff.

nächst obliege es den hauptbetroffenen Unternehmen, gegenüber der Kommission substantiiert die Schutzwürdigkeit der Dokumente unter dem Gesichtspunkt des Anwalts-Privilegs darzulegen.[441] Hält die Kommission den Beweis hierfür nicht für erbracht, kann sie in einer zwingenden Entscheidung (übertragen auf die heutigen Vorschriften nach Art. 18 Abs. 1, 3 VO 1/2003 oder Art. 20 Abs. 4 VO 1/2003) die Vorlage des Schriftwechsels anordnen und ihrem Begehr durch Festsetzen einer Geldbuße oder eines Zwangsgeldes Nachdruck verleihen.[442] Dagegen können die Unternehmen mit einer Klage vor dem Gerichtshof vorgehen, wobei der Gerichtshof ausdrücklich darauf hinwies, dass eine solche keine aufschiebende Wirkung hat.[443] Die Anordnung der aufschiebenden Wirkung könne nach Art. 185 EGV[444] ergehen oder es bestünde die Möglichkeit, dass eine andere einstweilige Anordnung nach Art. 186 EGV[445] getroffen wird.[446]

Der Gerichtshof entschied sich somit für die Existenz eines allgemeinen Rechtsgrundsatzes des Gemeinschaftsrechts, der den Schutz der Vertraulichkeit anwaltlicher Korrespondenz gewährleistet. Den Inhalt des Grundsatzes definierte er in der Weise, dass der von unabhängigen, in einem Mitgliedstaat der Gemeinschaft niedergelassenen Anwälten geführte anwaltliche Schriftverkehr mit Zusammenhang zum Gegenstand des Kartellverfahrens vertraulich ist. Hinsichtlich der verfahrensrechtlichen Seite ließ der EuGH keinen Zweifel daran, dass der Kommission entgegen deren Bestreben nicht das Recht zusteht, über die Schutzwürdigkeit zu entscheiden.

Das Gericht erster Instanz hat diese Rechtsprechung in der Rechtssache „Hilti“[447] im Grundsatz bestätigt. Es erweiterte die geschützten Dokumente um solche, die nicht unmittelbar zum Schriftwechsel zwischen Anwalt und Mandant gehören, sondern den Inhalt von unabhängigen Rechtsberatern eingeholter Auskünfte für den firmeninternen Gebrauch zusammengefasst wiedergaben.[448] Als Begründung führte es an, dass der Grundsatz des Schutzes der Korrespondenz zwischen Rechtsanwalt und

---

441 EuGH „AM & S“, Slg. 1982, 1575, 1613, Rn. 29.

442 EuGH „AM & S“, Slg. 1982, 1575, 1613, Rn. 30.

443 EuGH „AM & S“, Slg. 1982, 1575, 1614, Rn. 32; der zur Zeit der Entscheidung gültige Artikel war Art. 185 EGV.

444 Heute Art. 242 Abs. 2 EGV.

445 Heute Art. 243 EGV.

446 EuGH „AM & S“, Slg. 1982, 1575, 1614, Rn. 32; die früheren Regelungen waren Art. 185 und 186 EGV.

447 EuG „Hilti“, Slg. 1990 II, 163 ff.

448 EuG „Hilti“, Slg. 1990 II, 163, 170 f., Rn. 16 ff. In Bezug auf diese Frage hat sich das EuG deutlich von dem EuGH distanziert. Der EuGH hatte in seinem „AM & S“-Urteil noch einem internen Memorandum, das einen rechtlichen Rat eines unabhängigen Anwalts wiedergab, den Schutz versagt (Dokument Nr. 12).

Mandant seinem Zweck nach auch dann gilt, wenn sich der Inhalt dieser Beratung in einem firmeninternen Schreiben an die leitenden Mitarbeiter befindet.[449]

Die Kommissionspraxis richtet sich grundsätzlich nach den von der Rechtsprechung aufgestellten Prinzipien. Der Korrespondenz mit Unternehmensjuristen versagt auch die Kommission die Privilegierung, wie verschiedene ihrer Entscheidungen, „VW“[450] „Sabena“[451] und „John Deere“[452], verdeutlichen. Im Ergebnis hatte die Kommission in den beiden letztgenannten Fällen für den Beweis der Zuwiderhandlungen auf von Syndikusanwälten erstellte Dokumente rechtlicher Beratung zurückgegriffen.

Durch einen im Oktober 2003 gefassten Beschluss des Präsidenten des EuG in der Rechtssache „Akzo/Akcros“[453] erscheint eine Erweiterung des Schutzes der Vertraulichkeit auf Unternehmensjuristen durch die Rechtsprechung jedoch nicht mehr ausgeschlossen. In dem Verfahren des einstweiligen Rechtsschutzes hat der Präsident des EuG festgestellt, dass unter Berücksichtigung der Veränderungen im Europäischen Recht und den nationalen Rechtsordnungen ein pauschaler Verweis auf die „AM & S“ Rechtsprechung die Versagung des Schutzes für Korrespondenz mit Unternehmensjuristen nicht mehr rechtfertigen könne.[454] Vielmehr müsse die Frage einer neuen und detaillierten Untersuchung unterzogen werden, die im Hauptsacheverfahren erfolgen solle.[455] Bezüglich der Einsicht in einige Dokumente („Set A documents“) hatte der Präsident des EuG in der Rechtssache „Akzo/Akcros“ eine einstweilige Verfügung zugunsten der Unternehmen erlassen, nach der diese bestimmte Dokumente nicht vorlegen müssten.[456] Die Kommission hatte jedoch gegen

---

[449] EuG „Hilti“, Slg. 1990 II, 163, 170 f., Rn. 18.

[450] Entscheidung der Kommission „VW“, ABl. 1998, Nr. L 124, S. 60, 91, Rn. 199.

[451] Entscheidung der Kommission „Sabena“, ABl. 1988, Nr. L 317, S. 47.

[452] Entscheidung der Kommission „John Deere“, ABl. 1985, Nr. L 35, S. 58.

[453] Beschluss des Präsidenten des EuG vom 30.10.2003 „Akzo/Akcros“, Rs. T-125/03 R und T-253/03 R. In diesem Verfahren hatten die Unternehmen Akzo und Akcros u. a. die Aussetzung einer Entscheidung der Kommission beantragt, mit der diese es abgelehnt hatte, bestimmte Dokumente unter den Schutz des Anwaltsprivilegs zu stellen. Es handelte sich dabei auch um Korrespondenz der Unternehmen mit ihren internen Rechtsanwälten.

[454] Beschluss des Präsidenten des EuG vom 30.10.2003 „Akzo/Akcros“, Rs. T-125/03 R und T-253/03 R, Rn. 122.

[455] Beschluss des Präsidenten des EuG vom 30.10.2003 „Akzo/Akcros“, Rs. T-125/03 R und T-253/03 R, Rn. 130.

[456] Siehe den Tenor am Ende des Beschlusses des Präsidenten des EuG vom 30.10.2003 in der Rechtssache „Akzo/Akcros“, T-125/03 R und T-253/03 R, bei denen bezüglich einiger Dokumente („Set A documents“) eine einstweilige Verfügung zum Schutz der Dokumente erlassen wurde. Lediglich für solche Dokumente, in die die Kommission sowieso schon Einblick genommen hatte („Set B documents“) und bei denen daher eine einstweilige Verfügung die Einsichtnahme nicht mehr verhindern konn-

diese Verfügung Rechtsmittel vor dem EuGH eingelegt. Der Präsident des EuGH hat in seinem Beschluss vom 27. September 2004 dem Antrag der Kommission stattgegeben und aus Gründen mangelnder Dringlichkeit die Anordnung des Präsidenten des EuG aufgehoben, ohne allerdings auf die materiellrechtlichen Probleme des legal privilege einzugehen.[457] Insofern darf für die inhaltliche Frage, welchen Schutz die Korrespondenz von bzw. mit Unternehmensjuristen bei kartellrechtlichen Ermittlungen auf Gemeinschaftsebene zukünftig genießt, das Urteil des Gerichts erster Instanz im Hauptsacheverfahren mit Spannung erwartet werden.

2. Analyse der Rechtsprechung

Bei der Betrachtung der Rechtsprechung zum legal privilege fallen zwei Aspekte auf:

Zum einen reflektiert insbesondere die „AM & S" Entscheidung des Europäischen Gerichtshofs auf anschauliche Weise seine Rechtsgewinnungsmethodik bei der Entwicklung allgemeiner Rechtsgrundsätze. Der EuGH hat erkennen lassen, dass der von ihm angenommene Schutzbereich des Anwaltsprivilegs zwar auf Erkenntnissen aus den Regelungen der Mitgliedstaaten basiert, jedoch eine eigenständige europäische Lösung darstellt. Zwar hat der Gerichtshof die von dem Generalanwalt gemachten rechtsvergleichenden Ausführungen zur Grundlage seiner Entscheidung genommen, hat jedoch darauf aufbauend den Schutzbereich der Privilegierung auf Gemeinschaftsebene erarbeitet. So ist er über die Regelungen in einigen Mitgliedstaaten hinausgegangen, als er sowohl die beim Anwalt als auch beim Mandanten befindliche Anwaltskorrespondenz der Privilegierung unterstellte.[458] Auch in zeitlicher Hinsicht wählte der Gerichtshof unter den verschiedenen Lösungsansätzen einen weiten Schutzumfang. Unwesentlich ist nämlich, ob die Anwaltskorrespondenz zeitlich vor oder nach Eröffnung des Kartellverfahrens erstellt wurde, so-

---

te, verneinte der Gerichtspräsident die Eilbedürftigkeit (vgl. Rn. 170 ff. des Beschlusses).

[457] Der Gerichtspräsident des EuGH verneinte in seinem Beschluss „Kommission./. Akzo" vom 27.09.2004, Rs. C-7/04 P (R), die Dringlichkeit zum Erlass eines einstweiligen Verbots zur Vorlage von möglicherweise dem Anwaltsgeheimnis unterfallenden Unterlagen. Eine solche sei nicht gegeben, wenn die Kommission sicherstelle, dass die Unterlagen, für den Fall, dass sie tatsächlich dem legal privilege unterfielen, im Verfahren nicht verwertet und Dritten nicht zugänglich gemacht würde. Dies sei durch das bestehende Beweisverwertungsverbot gewährleistet. Vgl. Rn. 41 ff. des Beschlusses des EuGH-Präsidenten vom 27.09.2004, C-7/04 P (R).

[458] Siehe beispielsweise die unten (Teil 4, B. II. 4. a) noch ausführlicher dargelegte Rechtslage in Deutschland, wo grundsätzlich vor Einleitung eines Ermittlungsverfahrens die vertrauliche Anwaltskorrespondenz nur in den Händen des Anwalts geschützt ist. Daher ist *Eichler/Peukert,* AnwBl 2002, 189, 195 nicht zuzustimmen, wenn sie sagen, dass der EuGH sich bei seinem Urteil „AM & S" am kleinsten gemeinsamen Nenner in den Mitgliedstaaten orientiert hat.

lange sie einen Bezug zum Verfahren aufweist. Bei der Frage des persönlichen Anwendungsbereichs der Privilegierung nahm der EuGH im Gegensatz zu einigen nationalen Rechtsordnungen Unternehmensjuristen von dem Schutz der Vertraulichkeit aus. Hinsichtlich der Methodik des Gerichtshofs wird hierbei seine schon eingangs erwähnte Vorgehensweise bei der Entwicklung allgemeiner Rechtsgrundsätze in anschaulicher Weise deutlich, wonach er zwar Erkenntnisse aus den Rechtsordnungen der Mitgliedstaaten zieht, jedoch dann eine eigenständige gemeinschaftsrechtliche Lösung erarbeitet.

Zum anderen ist im Gegensatz zu der Problematik des Auskunftsverweigerungsrechts, bei dem die Rechtsprechung und die Kommission heute noch sehr deutlich an den „Orkem" Kriterien festhalten, im Rahmen des legal professional privilege durch die neueren EuG Urteile und Beschlüsse mehr Bewegung erkennbar. Schon das „Hilti" Urteil des Gerichts erster Instanz bedeutete eine inhaltliche Erweiterung des legal privilege. Insbesondere bei der Frage, ob auch der Schriftwechsel mit angestellten Juristen in einem Unternehmen der Privilegierung unterfallen sollte, scheint die Rechtsprechung in der Entwicklung befindlich zu sein. Der jüngste Beschluss des Präsidenten des EuG in der Rechtssache „Akzo/Akcros" deutet eine eventuelle Rechtsprechungsänderung an. Gerade diese Frage ist auch in der Literatur häufig Gegenstand von Kritik.[459]

Eine weitere detaillierte Analyse der Argumente der Kommission und der Rechtsprechung wird im unteren Teil[460] im Rahmen der jeweiligen Untersuchung des konkreten Schutzumfangs in sachlicher, zeitlicher und persönlicher Hinsicht erfolgen.

Zunächst ist jedoch die Verankerung eines allgemeinen Rechtsgrundsatzes mit dem Inhalt des Schutzes der vertraulichen Rechtsberaterkorrespondenz im Gemeinschaftsrecht von Interesse.

3. Herleitung aus dem Rechtsstaatsprinzip

In Betracht kommt eine Herleitung des legal privilege aus dem Rechtsstaatsprinzips. Ein rechtsstaatlicher[461] Anspruch von elementarer Bedeutung ist die Möglichkeit, jederzeit einen Rechtsanwalt zu konsultieren und die damit verbundene Beratung und Verteidigung uneingeschränkt wahrnehmen zu können.[462] Eine wirksame Gewährleistung eines solchen

---

459 Siehe dazu unten detaillierter in Teil 4, C. III. 1.

460 Vgl. Teil 4, C.

461 Zum Geltungsumfang des Rechtsstaatsprinzips im Gemeinschaftsrecht, vgl. schon oben Teil 3, B. II. 4. a).

462 Vgl. *Joshua*, ELR 1986, 409, 423 f. Schon im Jahre 1981 sprach Generalanwalt *Warner* in seinen Schlussanträgen im „AM & S" Verfahren, Slg. 1982, 1575, 1636, vom Schutz der Vertraulichkeit zwischen Rechtsberater und Mandant als einem „Recht, das im Recht der zivilisierten Staaten allgemein anerkannt ist".

Rechts setzt jedoch voraus, dass der Mandant rückhaltlos offen sein kann.[463] Nur so kann der Zweck, dessentwegen ein Mandant sich an einen Rechtsanwalt wendet, erfolgreich erfüllt werden: Der Mandant benötigt eine umfassende Aufklärung und Beratung über die rechtliche Lage. Um dies leisten zu können, ist es nötig, dass der Mandant den Anwalt mit dem zugrunde liegenden Sachverhalt im Detail vertraut macht und sich ihm gegenüber frei äußert. Dafür muss sich der Mandant allerdings darauf verlassen können, dass alles, worüber er den Anwalt informiert bzw. worüber er selbst von dem Anwalt rechtsberatend informiert wird, vertraulich bleibt und anderen nicht offenbart wird. Sieht sich der Mandant aber der Gefahr gegenüber, dass diese Informationen von den Behörden erlangt und zu einem späteren Zeitpunkt gegen ihn verwendet werden, wird er sich nicht in der notwendigen vorbehaltlosen Offenheit gegenüber seinem Rechtsberater äußern.[464] Ohne den Schutz der Vertraulichkeit bei der Korrespondenz zwischen Anwalt und Mandant ist demnach eine sinnvolle Ausübung der anwaltlichen Beratung nicht möglich.[465] Es ist jedoch ein grundlegendes rechtsstaatliches Erfordernis, dass eine Person in der Lage sein muss, sich an einen Rechtsanwalt zur Beratung und Vertretung ihrer Interessen zu wenden und daran nicht durch die Gefahr der Offenlegung gehindert wird.[466]

Die Vertraulichkeit der Kommunikation wird somit primär im Interesse des Mandanten gewährleistet, der rechtlichen Rat unbeeinflusst von der Ahndung möglicher Rechtsverstöße oder präventiv Auskünfte zu der rechtlichen Einschätzung von beabsichtigten Verhaltensweisen einholen können soll. Im Reflex dient der Schutz der Anwaltskorrespondenz auch der ungehinderten anwaltlichen Berufsausübung. Denn der Rechtsberater kann nur dann effektiv beratend tätig werden, wenn der Mandant ihm alle wichtigen Informationen anvertraut und sie nicht aus Furcht vor einer späteren Verwendung durch Kartellbehörden verschweigt.

Die Wahrung der Vertraulichkeit bei der Korrespondenz zwischen Anwalt und Mandant liegt aber auch im öffentlichen Interesse einer funktionierenden Rechtspflege, die Voraussetzung für einen Rechtsstaat ist.[467] Der Rechtsanwalt ist ein Mitgestalter der Rechtspflege. Er dient nicht nur

---

[463] So auch *Dolmans/Eichler/Müller-Ibold*, AnwBl 1999, 493, 495; *Korah*, CLP 1980, 73, 82.

[464] Zu diesem hinter dem Schutz der Vertraulichkeit der Korrespondenz zwischen Anwalt und Mandant stehenden Gedanken, siehe *Gillmeister*, S. 144/215; *Kerse*, E. C. Antitrust Procedure, S. 353 f., Rn. 8.17; dieser Grundgedanke liegt auch den nationalen Regelungen zugrunde, siehe *Conolly*, ECLR 1982, 246, 252.

[465] Vgl. *Forrester*, CMLR 1983, 75, 78.

[466] Vgl. insoweit auch die Ausführungen des GA *Slynn*, Slg. 1982, 1642, 1654.

[467] In diesem Sinne auch GA *Slynn* in seinen Schlussanträgen zu der Rechtssache „AM & S", Slg. 1982, 1575, 1654; EuGH „AM & S", Slg. 1982, 1575, 1610, Rn. 20; *Steinebach*, AnwBl 1980, 527, 528; *Weiß*, S. 412.

dem Interesse seines Mandanten, sondern erfüllt darüber hinaus eine präventive Funktion bei der Wahrung teils komplizierter Rechtsvorschriften. So kann er durch Beratung und Empfehlungen im Vorfeld die Rechtssubjekte über den Inhalt des EG-Kartellrechts, die erlaubten und insbesondere auch die verbotenen Verhaltensweisen informieren und auf ein rechtlich zulässiges Verhalten hinwirken.[468] Die Möglichkeit einer offenen Aussprache durch die Anerkennung des Privilegs steht daher im Sinne der geordneten Rechtspflege.

Auch dem aus dem Rechtsstaatprinzip folgenden Anspruch auf rechtliches Gehör[469] ist durch die Gewährleistung des Privilegs gedient. Das rechtliche Gehör umfasst die Möglichkeit der Unternehmen, an rechtlichen Erörterungen aktiv teilzuhaben und ihren Standpunkt einzubringen. Die Beratung des Anwalts gewährleistet, dass sich der Mandant zu rechtlichen und tatsächlichen Umständen des Falles in zweckdienlicher Weise äußern kann und sinnvolle Angriffs- und Verteidigungsmittel vorzubringen in der Lage ist.[470] Ohne Schutz der Anwaltskorrespondenz wird es jedoch dem Rechtsberater mangels Offenheit seitens des Mandanten nicht möglich sein, in effektiver Weise beratend tätig zu sein.

Schließlich ist der Schutz der Vertraulichkeit des Kontakts mit dem Rechtsberater auch als Ergänzung in dem Recht auf ein faires Verfahren verankert. Ebenso wie bei dem Auskunftsverweigerungsrecht ist Sinn und Zweck der Wahrung der Vertraulichkeit der Anwaltskorrespondenz, dass eigene Angaben nicht zur Belastung werden können. Sollten jedoch die freien Äußerungen gegenüber einem Anwalt den Ermittlungen der Kommission ausgesetzt, von ihr zur Kenntnis genommen und als Beweis verwertet werden können, wäre diesem Grundsatz nicht gedient. Vielmehr implizierte eine solche Handhabung einen Zwang der Selbstbelastung, indem die Kommission Einblick in die vertrauliche Anwaltskorrespondenz nimmt und die Betroffenen damit mittelbar zwingt, das Vorliegen einer rechtlichen Verfehlung einzugestehen.[471] Nicht nur die Begrenzung der direkten Selbstbezichtigung durch die Mitwirkungspflichten, sondern auch der Schutz vor mittelbarer Selbstbezichtigung durch die Aufdeckung von Informationen in vertraulicher Rechtsberaterkorrespondenz ist für den Ablauf eines fairen Verfahrens nötig. Insofern

468 Auf die den Kartellverstößen vorbeugende Bedeutung der anwaltlichen Beratung weisen hin *Forrester*, CMLR 1983, 75, 78, 80; *zur Hausen*, AnwBl 1980, 322, 324.

469 Siehe dazu detaillierter unten Teil 5, C. V. 1. a).

470 Zu der Bedeutung rechtlichen Rats für die Wahrung der Verteidigungsrechte hat der EuGH in seiner Entscheidung „AM & S“ (Slg. 1982, 1575, 1611, Rn. 23) ausgeführt, dass zur „volle[n] Ausübung der Rechte der Verteidigung […] der Schutz der Vertraulichkeit des Schriftverkehrs zwischen Anwalt und Mandant als notwendige Ergänzung gehört“.

471 In diesem Sinne *Eichler/Peukert*, AnwBl 2002, 189, 195; *Prohaska-Marchried*, S. 81.

besteht ein direkter Zusammenhang zwischen dem Auskunftsverweigerungsrecht und dem Schutz der Anwaltskorrespondenz in dem Sinne, dass Letzterer eine notwendige Fortführung von Ersterem ist.

Dem Recht auf ein faires Verfahren muss auch in effektiver Weise Rechnung getragen werden.[472] Ohne einen Schutz der Anwaltskorrespondenz kann eine wirkungsvolle Sicherung der Rechte des Betroffenen im Verfahrensablauf nicht erfolgen. Hat ein vom Kartellverfahren Betroffener nicht die Möglichkeit, ungehindert mit seinem Anwalt zu kommunizieren, besteht die Gefahr, dass er seine Rechte nicht genau kennt und sie deshalb nicht durchsetzen kann. Auf diesem Recht bauen daher die anderen Verfahrensrechte auf. Die Privilegierung der Anwaltskorrespondenz ist demnach auch in dem rechtsstaatlich verankerten Recht auf ein faires Verfahren enthalten.

4. Herleitung aus den Rechtsordnungen der Mitgliedstaaten

Von Interesse ist ferner, ob der Schutz der Vertraulichkeit der Rechtsberaterkommunikation auch in den nationalen Rechtsordnungen seine Verankerung findet.

a) Deutsches Recht

Im deutschen Kartellverfahren existiert bezüglich der Frage der Vertraulichkeit zwischen Anwalt und Mandant die gleiche Problemlage wie im europäischen Recht. Insbesondere im Rahmen von Beschlagnahmungen nach § 94 StPO (Bußgeldverfahren) oder nach § 58 GWB (Verwaltungsverfahren) besteht die Gefahr, dass vertrauliche Korrespondenz durch die ermittelnden Behörden aufgedeckt werden kann.

aa) Bußgeldverfahren

In dem Bußgeldverfahren nach dem GWB sind keinerlei nähere Regelungen bezüglich der Problematik des Anwaltsprivilegs getroffen. Über die Verweisungsnorm des § 81 GWB gilt das Ordnungswidrigkeitengesetz, das wiederum in § 46 Abs. 1 OWiG auf die Vorschriften über den Strafprozess verweist.

Neben der strafrechtlichen Absicherung nach § 203 Abs. 1 Nr. 3 StGB[473] ist die Vertraulichkeit der Rechtsberatung insbesondere durch

---

[472] Dieser Gedanke kommt auch in dem Grünbuch der Kommission zu den Verfahrensgarantien im Strafrecht innerhalb der Europäischen Union vom 19.02.2003, KOM(2003) 75, S. 16, zum Ausdruck.

[473] § 203 Abs. 1 Nr. 3 StGB sieht vor: „Wer unbefugt ein fremdes Geheimnis, namentlich ein zum persönlichen Lebensbereich gehörendes Geheimnis oder ein Betriebs- oder Geschäftsgeheimnis offenbart, das ihm als […] Rechtsanwalt, Patantanwalt, Notar, Verteidiger in einem gesetzlichen Verfahren […] anvertraut oder sonst bekanntgeworden ist, wird mit Freiheitsstrafe bis zu einem Jahr oder mit Geldstrafe bestraft."

§ 97 Abs. 1 Nr. 1 i. V. m. § 53 Abs. 1 Nr. 2 und 3 StPO geschützt. Danach dürfen Mitteilungen zwischen Anwalt und Mandant sowie die Aufzeichnungen des Anwalts darüber nicht beschlagnahmt werden. Dies gilt unabhängig von dem Entstehungszeitpunkt des Schriftwechsels. Ein Schutz der Anwaltskorrespondenz, der bei der Anwendung des Kartellrechts Wirkung zeigt, ist somit grundsätzlich vorgesehen. Wegen der Bezugnahme auf die Berechtigung des Verteidigers zur Zeugnisverweigerung nach § 53 Abs. 1 S. 2 und 3 StPO sind aber ein Mandat und insbesondere der Beginn eines Verfahrens erforderlich.

Absatz 2 des § 97 StPO schränkt den Schutz der Vertraulichkeit ferner dahingehend ein, dass nur Unterlagen und Gegenstände im Gewahrsam des Anwalts von der Beschlagnahme ausgenommen sind. Daraus folgt, dass Briefe, Aufzeichnungen über Gespräche mit einem Rechtsberater oder sonstige Schriftstücke aus dem Briefwechsel mit einem Anwalt nicht geschützt sind, wenn sie sich bei dem Mandanten befinden.[474] Ebenso wenig sind sie nach § 97 Abs. 2 S. 3 StPO bei dem Verteidiger dem Zugriff der Ermittlungsbehörden entzogen, wenn er selbst einer Teilnahme an der Tat, einer Strafvereitelung, Begünstigung oder Hehlerei (§§ 257, 258, 259 StGB) verdächtig ist.[475]

Grundsätzlich sind im deutschen Recht somit Schriftstücke nur in den Händen des Anwalts geschützt. Sofern jedoch ein Ermittlungsverfahren eingeleitet wird, ergänzt § 148 StPO die Bestimmung des § 97 StPO dahin gehend, dass die *nach* Eröffnung eines Ermittlungsverfahrens geführte Korrespondenz auch im Gewahrsam des Beschuldigten oder eines Dritten geschützt sind und dem Beschlagnahmeverbot nach § 97 StPO unterfallen.[476] Dies soll einen unbeschränkten und ungehinderten Austausch mit dem Verteidiger im Sinne des § 148 Abs. 1 StPO gewährleisten.

Obwohl hier Bewegung in der deutschen Rechtsprechung vermerkt werden kann,[477] ist immer noch Stand der Dinge, dass lediglich ab Beginn

---

[474] Vgl. *Canenbley*, S. 82 f.

[475] Die in § 97 Abs. 2 S. 3 StPO genannten Varianten der Hehlerei, Strafvereitelung oder Begünstigung setzen eine Verstrickung des Beschlagnahmegegenstandes voraus und vermögen insoweit im deutschen Kartellrecht keine Ausnahme von dem Beschlagnahmeprivileg zu begründen, als sie begangene Straftaten und nicht nur Ordnungswidrigkeiten, wie sie im Kartellrecht verwirklicht werden können, voraussetzen. Vgl. Immenga/Mestmäcker-*Dannecker/Biermann*, GWB-Kommentar, Vor § 81 GWB, Rn. 181.

[476] Vgl. *Kapp/Schröder*, WuW 2002, 555, 556; *Meyer-Goßner*, § 47 StPO, Rn. 37; *Roxin*, NJW 1995, 17, 22; *Fischer/Iliopoulos*, NJW 1983, 1031, 1033. Insoweit für eine Ausdehnung des Schutzes der Anwaltskorrespondenz dahingehend plädierend, dass die Korrespondenz im Gewahrsam des Beschuldigten unabhängig davon, wann sie verfasst wurde oder ob ein vor der Tat begründetes Beraterverhältnis vorliegt, beschlagnahmefrei sein sollte, *Kapp/Roth*, ZRP 2003, 404, 407.

[477] Das Amtsgericht Bonn hat in seinem Beschluss vom 14.11.2001, 50 Gs 948, 01b2 die *beim Unternehmen befindliche Anwaltskorrespondenz* einem Beschlagnah-

eines Verfahrens im Rahmen eines Verteidigerverhältnisses entstehende Korrespondenz sowohl im Gewahrsam des Anwalts als auch des Mandanten geschützt ist. Vor Eröffnung des Ermittlungsverfahrens sind der geführte Schriftwechsel und sonstige Mitteilungen mit rechtsberatender Qualität nur bei dem beratenden Anwalt vor dem Zugriff der Behörden sicher.

Zugelassenen Unternehmensanwälten, die in Deutschland als Syndikusanwälte bezeichnet werden, steht ein Zeugnisverweigerungsrecht aus § 53 Abs. 1 Nr. 3 StPO zu und die mit ihnen geführte Korrespondenz unterfällt ebenso wie der mit unabhängigen Rechtsanwälten erfolgte Schriftwechsel dem Schutz des § 97 StPO.[478] Sofern sich die entsprechenden Unterlagen somit im Gewahrsam des Unternehmensjuristen befinden, sind sie von dem Beschlagnahmeverbot erfasst. Der Mitgewahrsam des Unternehmens schließt die Privilegierung jedoch aus.[479] In praktischer Hinsicht stellt sich dies für den Syndikusanwalt als Problem dar, weil er üblicherweise in den Räumen des Unternehmens tätig ist und Letzteres dadurch zumeist Mitgewahrsam hat. Alleingewahrsam des Syndikusanwalts kann aber bejaht werden, wenn sich die fraglichen Unterlagen in geschlossenen Schränken, zu denen nur der Syndikusanwalt selbst den Schlüssel hat, oder an einem auf andere Weise dem Gewahrsam des Unternehmens entzogenen Ort befinden.[480]

Ob bei der Korrespondenz mit dem Syndikus ebenso wie bei derjenigen mit dem selbständigen Rechtsanwalt § 148 StPO (i. V. m. § 97 StPO) anwendbar ist, wonach Unterlagen auch im Gewahrsam des Mandanten geschützt sind, ist umstritten. Das Bundeskartellamt lehnt einen solchen

---

meverbot unterworfen, obwohl der Schriftwechsel keinen *konkreten* Bezug auf eine Verteidigung im strafprozessualen Sinne aufwies und ein Verteidigerverhältnis noch nicht bestand. Entscheidend sei vielmehr, ob der Inhalt der Korrespondenz vom Zeugnisverweigerungsrecht erfasst werde, also der Zweck des Schriftwechsels. Sofern sich dieser auf zu erwartende Ermittlungen gegen den Betroffenen bezieht, falle die Korrespondenz unter das Beschlagnahmeverbot, da anderenfalls das Zeugnisverweigerungsrecht umgangen würde. Das Amtsgericht Bonn schlussfolgerte, dass alle Unterlagen, „die im Hinblick auf eine möglicherweise notwendig werdende Verteidigung gefertigt wurden", vom Beschlagnahmeverbot erfasst sind. Diese Entscheidung des Amtsgerichts Bonn wurde vom Landgericht Bonn in einem Beschluss vom 27.03.2002 (37 Qs 91/01, WuW/E DE-R 917, „Der grüne Punkt – DSD" – nur teilweise veröffentlicht) aufgehoben. Die Begründung orientierte sich am deutschen Prozessrecht, wonach Anwaltskorrespondenz im Gewahrsam des Betroffenen wegen des eindeutigen Wortlauts des § 97 Abs. 2 S. 1 StPO nur aufgrund eines bestehenden Verteidigungsverhältnisses, also nach Eröffnung des offiziellen Ermittlungsverfahrens im Hinblick auf § 148 StPO, privilegiert ist. Sich ausführlich mit den Begründungen beider Entscheidungen auseinander setzend: *Kapp*, WuW 2003, 142, 143 ff. Siehe auch *Kapp/Roth*, RIW 2003, 946.

[478] Vgl. *Kolvenbach*, FS Quack, S. 715, 728; *Roxin*, NJW 1995, 17, 22.

[479] *Roxin*, NJW 1995, 17, 23.

[480] Vgl. *Feuerich/Braun*, § 46 BRAO, Rn. 11 ff.; *Jessnitzer/Blumberg*, § 46 BRAO, Rn. 1 f.; siehe auch *Roxin*, NJW 1995, 17, 23.

Schutz unter Berufung auf § 46 BRAO, wonach der Syndikusanwalt seinen Arbeitgeber nicht vor Gericht vertreten darf und damit nicht Verteidiger seines Arbeitgebers sein kann, ab.[481] In der Literatur wird insbesondere von Roxin[482] auf die Unstimmigkeit dieser Argumentation hingewiesen. § 46 BRAO verbietet dem Syndikusanwalt nämlich lediglich die forensische Tätigkeit.[483] Im Ermittlungsverfahren oder sonstigen vorgerichtlichen Verfahren hingegen kann er das Unternehmen, für das er arbeitet, anwaltlich vertreten,[484] so dass die Beschränkung des § 148 StPO (i. V. m. § 97 StPO) auf unabhängige Anwälte nicht gerechtfertigt ist.

bb) Verwaltungsverfahren

Für das kartellrechtliche Verwaltungsverfahren sieht § 59 GWB, der die Auskunfts- und Durchsuchungsbefugnisse der Kartellbehörden regelt, keinen expliziten Schutz der Korrespondenz mit Anwälten vor. Ebenso wenig ist ein solches Recht in der Vorschrift über die Beschlagnahmebefugnis der Behörden in § 58 GWB verankert.

Das Problem stellt sich jedoch auch hier. Richterlich ist es bislang noch nicht geklärt. Nach der Praxis des Bundeskartellamtes[485] und der überwiegenden Meinung der Literatur[486] ist § 97 StPO entsprechend anzuwenden. Anderenfalls würde die sachlich nicht zu rechtfertigende Situation eintreten, dass im Verwaltungsverfahren weitergehende Beschlagnahmebefugnisse bestehen als im – vom Grundsatz her eingriffsintensiveren – Bußgeldverfahren.[487]

b) Rechtsordnungen anderer Mitgliedstaaten

Die Gewährleistung des legal professional privilege soll im Überblick noch in einigen Rechtsordnungen anderer Mitgliedstaaten dargestellt werden.

In Großbritannien sieht Sektion 30 (1) des Competition Act 1998 ebenso wie Sektion 196 (3) des Enterprise Act 2002 vor, dass privilegierte Kommunikation in wettbewerbsrechtlichen Verfahren nicht offen-

---

[481] Stellungnahme des Präsidenten des Bundeskartellamts im Verfahren „AM & S", WuW 1983, 283, 286.

[482] Siehe vor allem *Roxin*, NJW 1995, 17, 22.

[483] Vgl. *Roxin*, NJW 1995, 17, 22.

[484] Vgl. *Alfes*, S. 120 f. zu der Frage, ob die Aufgaben des Syndikusanwalts als anwaltliche Tätigkeit verstanden werden können.

[485] Vgl. die Erklärung des Präsidenten des Bundeskartellamtes zum Verfahren „AM & S", WuW 1983, 283, 285.

[486] Vgl. *Grützner/Reimann/Wissel*, S. 136, Rn. 200; Immenga/Mestmäcker-*Schmidt*, GWB-Kommentar, § 55 GWB, Rn. 6; Langen/Bunte-*Schultz*, § 55 GWB, Rn. 2; *Beutler*, RIW 1982, 820, 823.

[487] So auch Langen/Bunte-*Schultz*, § 55 GWB, Rn. 2; *Weiß*, S. 421.

bart werden muss. Nach Sektion 30 (2) Competition Act 1998 und Sektion 196 (3) Enterprise Act 2002 fällt unter privilegierte Kommunikation solche, die im Rahmen von Kontakten zwischen einem berufsmäßigen Rechtsberater und seinem Mandanten im Zusammenhang mit einem Verfahren erfolgte. Abgesehen von dem geschriebenen Gesetzestext richtet sich der Schutz der Privilegierung im englischen Verfahren nach den allgemeinen Grundsätzen, die sich im Fallrecht entwickelt haben.[488] Fest steht, dass Korrespondenz, die rechtlicher Beratung dient, sowohl in den Händen des Rechtsberaters als auch des Mandanten unter die Vertraulichkeit fällt.[489] Als Rechtsberater gelten sowohl der selbständige als auch der angestellte Jurist, unabhängig davon, ob er im privaten oder im öffentlichen Sektor angestellt ist.[490] Offengelegte oder veröffentlichte Kommunikation kann jedoch keinen Schutz mehr beanspruchen, ebenso wie solche, die mit einem Rechtsberater nicht in dessen beruflicher Eigenschaft zustande gekommen ist.[491] Eine sehr bedeutsame Ausnahme ist die sogenannte „crime and fraud exception", nach der bei Verfolgung strafrechtlicher Zwecke kein Schutz beansprucht werden kann.[492]

In Frankreich ist die Verletzung des Berufsgeheimnisses, dem „secret professionnel", ein Straftatbestand (Art. 378 Code Pénal). Konturen erhielt der Schutz der Vertraulichkeit zwischen Anwalt und Mandant erstmals Ende des 19. Jahrhunderts durch die Rechtsprechung, die den Schriftverkehr sowohl vom Anwalt als auch zum Anwalt von der Beschlagnahme ausnahm.[493] Seit einer vom Berufungsgericht bestätigten[494] Entscheidung[495] des Tribunal correctionnel de Nanterrre in einem kartellrechtlichen Ermittlungsverfahren ist geklärt, dass bereits Beratungen des Anwalts, die vor Einleitung des Verfahrens stattfanden, unter den Schutz fallen. Ausgenommen von der Privilegierung sind im französischen Recht jedoch angestellte Juristen, die sich nicht auf das „secret pro-

[488] Vgl. die Darstellung bei *Gumbel*, S. 167.

[489] Siehe Edward-Bericht, S. 12; *Gumbel*, S. 168.

[490] Vgl. *Snoxall*, AnwBl 1980, 321, 321; *Korah*, CLP 1980, 73, 81 mit Hinweisen zur Rechtsprechung.

[491] Zu der Ausnahme von nicht mehr dem Schutz unterfallender öffentlicher oder veröffentlichter Kommunikation siehe *Snoxall*, AnwBl 1980, 321, 321 f. Die zweite Einschränkung geht auf die Entscheidung „Greenough./.Gaskell" 1833 ([1833] 1 My & K 98=39 ER 618, vgl. dort die Entscheidung von Lord Brougham LC [1824–1834] All E R Rep 767, 771 A-C) zurück, die dem Privileg in seiner modernen Fassung die grundlegenden Ausprägungen gegeben hat.

[492] Vgl. *Joshua*, ELR 1983, 3, 17. Diese Ausnahme wurde erstmals in der Entscheidung „R./.Cox and Railton" (1881–1885 All E R Rep 68, 71) statuiert.

[493] Vgl. *Damien*, Gazette du Palais 1982 – Jurisprudence –, S. 70, 70.

[494] Cour d'Appel de Versailles, Gazette du Palais 1982 – Jurisprudence –, S. 310 ff.

[495] Tribunal Correctionnel de Nanterrre, Gazette du Palais 1981 – Jurisprudence –, S. 68, 70.

fessionnel“ berufen können, da ihnen die Zulassung zur Anwaltschaft versagt ist.[496]

Schon der Blick in diese Rechtsordnungen zeigt, dass grundsätzlich ein Schutz der Rechtsberaterkorrespondenz gewährleistet wird, der jedoch in seiner konkreten Ausgestaltung von Land zu Land variiert. Zu dieser Schlussfolgerung kam auch der Generalanwalt Slynn in seinem Schlussantrag zu dem „AM & S“ Verfahren[497], in dem er vergleichende Ausführungen über die Rechtslage in allen damaligen Mitgliedstaaten vorgenommen hat. Es zeigte sich, dass der Schutz der Rechtsberaterkorrespondenz nicht in jedem Mitgliedstaat identisch ist. Allerdings wurde grundsätzlich anerkannt, dass es einem Mandanten möglich sein muss, frei, offen und rückhaltlos mit seinem Rechtsanwalt zu sprechen mit der Folge, dass die Korrespondenz zwischen Anwalt und Mandant grundsätzlich geschützt ist.[498] Die Anwendungsmodalitäten und der Schutzumfang weisen jedoch je nach Mitgliedstaat Unterschiede insbesondere mit Blick auf die Ausdehnung des Schutzes für angestellte Juristen auf.

Der Blick in die Rechtsordnungen der Mitgliedstaaten stützt grundsätzlich einen allgemeinen Rechtsgrundsatz des Schutzes der Anwaltskorrespondenz.

5. Herleitung aus völkerrechtlichen Verträgen

Möglicherweise können aus den Vorschriften der EMRK, des IPbürgR sowie der Grundrechtecharta weitere Rückschlüsse auf das Bestehen und den Umfang des legal professional privilege im europäischen Kartellverfahren gewonnen werden.

a) Europäische Menschenrechtskonvention

Für eine Verankerung des Schutzes des vertraulichen Informationsaustauschs zwischen Rechtsberater und Mandant kommen die verschiedenen Absätze des Art. 6, Art. 13 sowie Art. 8 und 10 EMRK in Betracht.

aa) Artikel 6 EMRK

Als Konkretisierung der Garantie eines fairen Verfahrens räumt Art. 6 Abs. 3 lit. c EMRK jedem Angeklagten das Recht ein, sich in einem Prozess durch einen Vertreter seiner Wahl verteidigen zu lassen. Daraus wird auch der Anspruch auf ungehinderten und ungestörten Zugang zu einem Rechtsanwalt abgeleitet.[499] Zu der Frage des Schutzes der Kommunikation mit einem Rechtsberater enthält die Vorschrift jedoch keine explizite Aus-

---

[496] Vgl. *Daudret*, Gazette du Palais 1992 – Doctrine – S. 305, 308; siehe auch den Überblick bei *Alvarez Ligabue*, S. 144 f.

[497] Schlussanträge des GA *Slynn*, EuGH „AM & S“, Slg. 1982, 1575, 1642 ff.

[498] Schlussanträge des GA *Slynn*, EuGH „AM & S“, Slg. 1982, 1575, 1654.

[499] Siehe dazu *Villiger*, S. 333, Rn. 525.

sage. Ein solcher Schutz ist jedoch notwendige Voraussetzung für die Möglichkeit, mit seinem Verteidiger ungestört und ungehindert zu verkehren.

Anerkannt ist, dass Art. 6 Abs. 3 EMRK eine nicht abschließende Aufzählung von Garantien regelt[500] und lediglich einen Mindeststandard des fairen Verfahrens festlegt.[501] Wegen seiner besonderen Bedeutung als Grundprinzip eines demokratischen Systems darf der Grundsatz der fairen Verfahrensführung nicht zu eng interpretiert werden.[502] Sofern man die spezielle Regelung des Art. 6 Abs. 3 lit. c EMRK in einer Gesamtschau mit dem in Art. 6 Abs. 1 EMRK allgemein aufgestellten Erfordernis eines fairen Verfahrens betrachtet, spricht viel dafür, dass auch der Schutz der Rechtsberaterkorrespondenz von Art. 6 EMRK erfasst ist. Insbesondere der Grundsatz der Effektivität des Grundrechtsschutzes, der die extensive Auslegung der EMRK rechtfertigt,[503] und die gedankliche Fortführung des Auskunftsverweigerungsrechts wegen der Gefahr der Selbstbezichtigung untermauern eine weite Auslegung des Art. 6 Abs. 1 i. V. m. Abs. 3 lit. c EMRK.

So betonte der EGMR in Bezug auf Art. 6 EMRK in mehreren Urteilen den Aspekt der Effektivität des Grundrechtsschutzes, wie er in der Präambel der EMRK zum Ausdruck kommt.[504] Der Betroffene soll seine Rechte nicht nur in einem formell fair eingerichteten Verfahren verfolgen, sondern auch im Einzelfall effektiv einsetzen können.[505] Um seine Rechte in einem Verfahren in wirksamer Weise wahrnehmen zu können, bedarf es – zumindest bei Auftreten komplizierter Rechtsfragen – des Rates und der Unterstützung durch einen rechtskundigen Vertreter. Die Garantie des Art. 6 Abs. 3 lit. c EMRK verleiht mit Blick auf die Bedeutung anwaltlicher Beratung dem Grundgedanken des Art. 6 Abs. 1 EMRK Ausdruck, nach dem dem Einzelnen durch die rechtsstaatliche Gestaltung des

---

500 Vgl. statt vieler EGMR „Artico", Urteil vom 13.05.1980, Serie A, Vol. 37, Rn. 32 f.; vgl. auch *Meyer-Ladewig*, EMRK, Art. 6, Rn. 88; *Villiger*, S. 322, Rn. 503.

501 Vgl. nur EGMR „Artico", Urteil vom 13.05.1980, Serie A, Vol. 37, Rn. 32 f.; siehe auch Golsong/Karl/Miehsler/Petzold/Rogge/Vogler/Wildhaber-*Vogler*, Art. 6 EMRK, Rn. 467.

502 Vgl. EGMR „Airey", Urteil vom 09.10.1979, Serie A, Vol. 32, Rn. 24; „Colozza", Urteil vom 12.2.1985, Serie A, Vol. 89, Rn. 32.

503 Vgl. gerade zu Art. 6 EMRK, EGMR „Airey", Urteil vom 09.10.1979, Serie A, Vol. 32, Rn. 24; siehe auch generell *Spaniol*, S. 48.

504 In der Präambel der EMRK ist von der „wirksame[n] Anerkennung und Einhaltung der […] aufgeführten Rechte" die Rede. Vgl. auch zum Grundsatz des effektiven Grundrechtsschutzes EGMR „Airey", Urteil vom 09.10.1979, Serie A, Vol. 32, Rn. 24 sowie die auf den Grundrechteschutz bezogenen Ausführungen von *Böhm*, S. 195 f.

505 Vgl. EGMR „Airey", Urteil vom 09.10.1979, Serie A, Vol. 32, Rn. 24, worin der EGMR feststellt, dass „die Konvention nicht bestimmt [ist], theoretische oder illusorische Rechte zu garantieren, sondern Rechte zu gewährleisten, die konkret sind und Wirksamkeit entfalten". Vgl. weiterhin EGMR „Artico", Urteil vom 13.05.1980, Serie A, Vol. 37, Rn. 32 f.

Verfahrens eine effektive Durchsetzung seiner Rechte gewährleistet werden soll.

Der EGMR hat ferner deutlich festgestellt, dass eine Maßnahme, mit der natürliche oder juristische Personen gezwungen werden, das Vorliegen einer rechtlichen Verfehlung oder auch nur subjektiver Schuld bezüglich einer objektiv festzustellenden Zuwiderhandlung einzugestehen, gegen die Gewährleistung des fairen Verfahrens verstößt.[506] Ein solches Eingeständnis erfolgt von dem Betroffenen auch mittelbar, wenn eine Aufklärungsmaßnahme in das Vertrauensverhältnis zwischen Rechtsberater und ihm eingreift. In einem fairen Verfahren muss der Betroffene, der sich zur effektiven Durchsetzung seiner Rechte an einen Rechtsanwalt wendet, darauf vertrauen können, dass er nicht gerade durch dessen Information Beweismittel schafft, die dann in einem gerichtlichen oder verwaltungsbehördlichen Verfahren gegen ihn vorgebracht werden können. Durch die Möglichkeit einer Einblicknahme würde dem eher unerfahrenen Betroffenen eine der wesentlichen Verteidigungsmöglichkeiten gegen die Kommission, nämlich der Rechtsrat, genommen.

Zum Recht auf ein faires Verfahren, wie es in Art. 6 Abs. 1 i. V. m. Abs. 3 lit. c EMRK zum Ausdruck kommt, zählt somit auch der Schutz der Kommunikation zwischen Rechtsberater und Mandant.[507]

Bezüglich der Frage, ob Art. 6 Abs. 1 EMRK über gerichtliche Strafverfahren hinaus auch vorgerichtliche Verwaltungsverfahren im europäischen Kartellrecht umfasst, wird auf die Ausführungen zum Auskunftsverweigerungsrecht wegen der Gefahr der Selbstbezichtigung verwiesen.[508] Die Gründe, die dort für eine Bejahung der Frage sprechen, haben hier gleichermaßen Geltung. Für die Regelung des Art. 6 Abs. 3 lit. c EMRK gilt, dass sie jedenfalls dann im vorgerichtlichen Verfahren Anwendung finden muss, wenn diesem Verfahrensabschnitt eine besondere Bedeutung im Verfahren zukommt.[509] Dies ist im europäischen Kartellrecht der Fall, da die Tatsachenermittlung Aufgabe der Kommission ist und sowohl der EuGH als auch das EuG sich im Wesentlichen auf die Tatsachenfeststellungen der Kommission verlassen.

Wie oben[510] festgestellt, schützen die Verfahrensrechte des Art. 6 Abs. 1 EMRK nicht nur natürliche Personen, sondern auch juristische Personen. Dies gilt auch für die Rechte des Art. 6 Abs. 3 lit. c EMRK.

---

[506] EGMR „J.B./.Schweiz“, Urteil vom 03.05.2001, Decisions & Reports 2001, Rn. 64 = NJW 2002, 499 ff.; „Funke./.Frankreich“, Urteil vom 25.02.1993, Serie A, Vol. 256 A, Rn. 44.

[507] Siehe schon oben im Rahmen der Erörterung des Rechtsstaatsprinzips, Teil 4, B. II. 3. Im Ergebnis ebenso *Gumbel*, S. 164; *Weiß*, S. 430.

[508] Vgl. oben Teil 3, B. II. 4. c) aa) aaa) und bbb).

[509] Bericht der Menschenrechtskommission vom 12.06.1984 „Can“, Serie A, Vol. 96, Rn. 55 ff. Vgl. auch *Spaniol*, S. 141.

[510] Vgl. oben Teil 3, B. II. 4. c) aa) ddd).

Demnach kann die Gewährleistung des legal privilege im gemeinschaftsrechtlichen Kartellverfahren aus Art. 6 Abs. 1 i. V. m. Abs. 3 lit. c EMRK hergeleitet werden.

bb) Artikel 13 EMRK

Als Grundlage für einen Schutz der Rechtsberaterkorrespondenz kommt ferner Art. 13 EMRK, der effektiven Rechtsschutz garantiert, in Betracht. Die zugrunde liegende Überlegung ist, dass Rechtsschutz nur dann wirksam erfolgen kann, wenn in einem geordneten Verfahren auch die Möglichkeit der anwaltlichen Vertretung besteht und ergänzend die mit einem Rechtsberater geführte Kommunikation unter Schutz steht. Vom Grundsatz her eignet sich jedoch Art. 13 EMRK, der schon entwickelte und anerkannte Rechte sichern soll, nicht für das Vorstadium der Entwicklung und Herleitung von Rechten. Hinzu kommt, dass Art. 13 EMRK im Verhältnis zu Art. 6 EMRK die generellere Vorschrift ist,[511] da er Garantien für alle Rechtsbereiche und nicht nur Zivil- oder Strafverfahren (im weiteren Sinne) betrifft. Art. 13 EMRK tritt daher in jedem Fall hinter der Spezialvorschrift des strengeren Art. 6 EMRK zurück.[512]

cc) Artikel 8 EMRK

Weiterhin kommt für eine Verankerung des Schutzes des Informationsaustauschs zwischen Rechtsberater und Mandant Art. 8 EMRK in Betracht. Danach hat jedermann Anspruch auf Achtung unter anderem des Privatlebens und der Wohnung. Dass auch berufliche Aktivitäten zum Privatleben gerechnet werden können, hat der EGMR schon im Jahre 1992 im Fall „Niemietz“ für eine Anwaltskanzlei klargestellt.[513]

In erster Linie von einem Kartellverfahren betroffen sind jedoch die Unternehmen selbst. Daher wird das legal privilege auch vorrangig in ihrem Interesse und nicht in dem der Anwälte gewährleistet. Es würde aber sehr weit gehen zu sagen, durch den Einsatz einer Ermittlungshandlung habe die Kommission in den privaten Lebensbereich von Unternehmensvertretern beispielsweise eingegriffen.

---

[511] Vgl. *Van Dijk/Van Hoof*, S. 700 ff.; Golsong/Karl/Miehsler/Petzold/Rogge/Vogler/Wildhaber-*Schweizer*, Art. 13 EMRK, Rn. 46; Frowein/Peukert-*Frowein*, EMRK-Kommentar, Art. 13, Rn. 7.

[512] EGMR „Philis./.Griechenland“, 27.08.1991, Serie A, Vol. 209, Rn. 67; vgl. auch Golsong/Karl/Miehsler/Petzold/Rogge/Vogler/Wildhaber-*Schweizer*, Art. 13 EMRK, Rn. 46; Frowein/Peukert-*Frowein*, EMRK-Kommentar, Art. 13, Rn. 7; *Villiger*, S. 425, Rn. 648.

[513] Vgl. Urteil des EGMR „Niemietz“ vom 16.12.1992, Serie A 251 B, S. 33, § 27 ff. In diesem Fall hat der EGMR in der Durchsuchung einer Anwaltskanzlei einen Verstoß gegen Art. 8 Abs. 1 EMRK gesehen und das Argument der deutschen Regierung, die Kanzlei sei nicht „home“ bzw. „domicil“ im Sinne des Art. 8 EMRK, zurückgewiesen.

Gegen die Verankerung eines allgemeinen Rechtsgrundsatzes zum Schutz der Rechtsberaterkorrespondenz in Art. 8 Abs. 1 EMRK spricht auch, dass er den Einschränkungsmöglichkeiten nach Art. 8 Abs. 2 EMRK unterliegt. Danach sind Einschränkungen der Garantien erlaubt, die

> „gesetzlich vorgesehen und in einer demokratischen Gesellschaft notwendig sind für die öffentliche Sicherheit, zum Schutz der öffentlichen Ordnung, Gesundheit oder Moral oder zum Schutz der Rechte und Freiheiten anderer."

Ein Eingriff in die privilegierte Kommunikation mit einem Anwalt könnte danach gerechtfertigt sein, wenn er in einer demokratischen Gesellschaft notwendig ist zur Erhaltung wesentlicher öffentlicher Interessen und sonstiger Rechte anderer. Das Recht auf Vertraulichkeit der Anwaltskorrespondenz stellt jedoch ein Grundprinzip des Rechtsstaats dar, in das Eingriffe nicht gerechtfertigt sein können, so dass vorliegend die Einschränkungsmöglichkeiten des Art. 8 Abs. 2 EMRK nicht übertragbar sind.

Aus diesem Grund eignet sich Art. 8 EMRK nicht für die Herleitung des Schutzes der Rechtsberaterkorrespondenz im europäischen Kartellverfahren.

dd) Artikel 10 EMRK

Eine Herleitung aus der Meinungsfreiheit nach Art. 10 EMRK, die auch die negative Meinungsäußerungsfreiheit umfasst,[514] ist ebenso wie bei dem Auskunftsverweigerungsrecht wegen fraglicher Schutzbereichseröffnung, wenn die ausgetauschte Korrespondenz keinen Bezug zu einer Meinungsäußerung hat, und den Einschränkungsmöglichkeiten des Art. 10 Abs. 2 EMRK nicht zweckmäßig.

Naheliegender ist es daher, die Verankerung des Schutzes des Vertrauensverhältnisses zwischen Rechtsberater und Mandant innerhalb der Europäischen Menschenrechtskonvention in der Garantie des fairen Verfahrens nach Art. 6 Abs. 1 i. V. m. Abs. 3 lit. c EMRK zu sehen.

b) Internationaler Pakt über bürgerliche und politische Rechte

In Art. 14 Abs. 3 lit. b und d IPbürgR ist ausdrücklich die Zuziehung eines Verteidigers und die Gewährleistung des ungehinderten Kontakts mit diesem vorgesehen. Allerdings gewährt Art. 14 Abs. 3 IPbürgR diese Rechte nur für „wegen einer strafbaren Handlung Angeklagte". Wie oben festgestellt,[515] ist bei dem Internationalen Pakt über bürgerliche und politische Rechte eine Auslegung vorrangig am Vertragstext geboten. Der

---

[514] Vgl. das Urteil des EGMR „Goodwin", 22.02.1996, Application No 17488/90, Decisions & Reports 1996-II, N 7, S. 496, § 28 ff.

[515] Siehe oben Teil 3, B. II. 4. d).

Wortlaut des Art. 14 Abs. 3 IPbürgR bezieht sich deutlich auf das „klassische" Strafverfahren und davon betroffene Angeklagte. Eine extensive Auslegung in dem Sinne, dass der Schutz der Anwaltskorrespondenz auch für das europäische Kartellverwaltungsverfahren und juristische Personen gilt, bietet sich vorliegend nicht an. Ein allgemeiner Rechtsgrundsatz zum legal privilege kann daher nicht auf Art. 14 Abs. 3 IPbürgR gestützt werden.

Nichtsdestotrotz bestärken die Regelungen des Art. 14 Abs. 3 lit. b und d IPbürgR, in denen ausdrücklich der ungehinderte Verkehr mit einem Anwalt gewährleistet wird, die entsprechende Auslegung der Parallelvorschrift des Art. 6 Abs. 3 lit. c EMRK,[516] die wiederum Rückschlüsse auf die dortige Gewährleistung des fairen Verfahrens zulässt.

6. Die Charta der Grundrechte der Europäischen Union

In der Grundrechtecharta kommt eine Herleitung des Schutzes der Rechtsberaterkorrespondenz in dem Recht auf ein faires Verfahren in Betracht.

Das Recht auf ein faires Verfahren ist grundsätzlich in Art. 41 Abs. 1 Grundrechtecharta, dem Recht auf eine gute Verwaltung, enthalten. Ebenso ist es in Art. 47 der Charta verankert,[517] wonach in Abs. 2 S. 2 präzisiert wird, dass „jede Person [...] sich beraten, verteidigen und vertreten lassen" kann. Art. 47 der Charta entspricht zwar grundsätzlich dem Inhalt des Art. 6 Abs. 1 EMRK, geht aber durch die präzise aufgezählten Gewährleistungen in Satz 2 über den Regelungsgehalt der Menschenrechtskonvention hinaus. Schon dem Wortlaut des Art. 47 Abs. 2 S. 2 der Charta ist die Garantie eines Beratungs- und Verteidigungsrechts als spezielle Gewährleistung des „fair trial"-Grundsatzes zu entnehmen. Ein Recht auf Beratung und Verteidigung kann nur in wirkungsvoller Weise sichergestellt werden, wenn der im Zuge einer anwaltlichen Beratung erfolgte Informationsaustausch sicher vor dem Zugriff Dritter ist. Anderenfalls würde der Mandant sich dem Rechtsberater gegenüber nicht offen äußern können. Insofern ist der Schutz der Anwaltskorrespondenz in der Garantie des fairen Verfahrens nach Art. 47 Abs. 2 S. 2 i. V. m. Art. 41 Abs. 1 der Grundrechtecharta enthalten.

Diese Erkenntnis wird untermauert, wenn man das in Art. 47 Abs. 2 S. 2 der Charta gewährleistete Recht in Zusammenschau mit Art. 48 Abs. 2 der Charta sieht. Darin wird die Achtung der Verteidigungsrechte einer jeden Person statuiert. Nach den Erläuterungen des Konventionspräsidiums entsprechen die Verteidigungsrechte den in Art. 6 Abs. 3

[516] Vgl. Frowein/Peukert-*Peukert*, EMRK-Kommentar, Art. 6, Rn. 189, der auf die gleichen inhaltlichen Garantien der beiden Vorschriften hinweist.

[517] Siehe die obigen Ausführungen im Teil 3, B. II. 4. e).

EMRK verankerten Rechten[518] und enthalten damit auch den in Art. 6 Abs. 3 lit. c EMRK gewährleisteten Anspruch auf ungehinderten und ungestörten Zugang zu einem Rechtsberater. Dieser beinhaltet, wie oben gesehen,[519] auch den Schutz des Informationsaustauschs zwischen Rechtsberater und Mandant. Das Anwaltsprivileg ist mithin in Art. 47 Abs. 2 S. 2 i. V. m. Art. 41 Abs. 1 und 48 Abs. 2 der Charta verankert.

Darüber hinaus könnte auch in anderen Regelungen der Grundrechtecharta der Schutz der Anwaltskorrespondenz verankert sein. So regelt Art. 7 der Charta das Recht einer jeden Person auf Achtung ihres Privatlebens, ihrer Wohnung und Kommunikation. Er entspricht der Parallelvorschrift des Art. 8 EMRK[520] und entfaltet auch entsprechend der dort garantierten Rechte seine Geltung. Allerdings sind damit auch die oben angeführten Gründe, die gegen eine Herleitung des legal privilege aus Art. 8 EMRK sprechen,[521] vorliegend übertragbar. Eine Herleitung des Anwaltsprivilegs aus Art. 7 Grundrechtecharta bietet sich daher nicht an.

Die in Art. 11 der Charta vorgesehene Meinungsfreiheit entspricht Art. 10 EMRK sowohl hinsichtlich seines Schutzumfangs als auch seiner Grenzen. Bezüglich der Bedenken gegen die Verankerung des Anwaltsprivilegs in der Meinungsfreiheit kann daher auf die obigen[522] Ausführungen zu Art. 10 EMRK verwiesen werden.

Festzuhalten bleibt, dass der Schutz der Korrespondenz zwischen Anwalt und Mandant in Art. 47 Abs. 2 S. 2 i. V. m. Art. 41 Abs. 1 und 48 Abs. 2 der Grundrechtecharta verankert ist.

7. Einschränkungen aufgrund der Ziele des Gemeinschaftsrechts

Die vorangegangenen Überlegungen haben gezeigt, dass die Vertraulichkeit des Informationsaustauschs zwischen Rechtsberater und Mandant im Rechtsstaatsprinzip seine Verankerung findet und inhaltlich durch die Regelungen der EMRK und der Grundrechtecharta konkretisiert wird.

Es liegt im öffentlichen Interesse, dass Kartellverstöße, die eine Gefährdung der Einheit und Funktionsfähigkeit des Gemeinsamen Marktes durch Private darstellen, effizient abgewehrt und geahndet werden. Als Hüterin des Wettbewerbs ist die Europäische Kommission an der schnellen Entdeckung und Abstellung solcher Verstöße interessiert. Um ihre Aufgabe in wirksamer Weise zu erfüllen, benötigt die Kommission zur Aufklärung der Wettbewerbsverstöße alle zur Verfügung stehenden Be-

---

518 Vgl. die Erläuterungen zu den Bestimmungen der Charta der Grundrechte, Dok. CHARTE 4473/00 CONVENT 49, S. 42.

519 Vgl. Teil 4, B. II. 5. a) aa).

520 Vgl. die Erläuterungen zu den Bestimmungen der Charta der Grundrechte, Dok. CHARTE 4473/00 CONVENT 49, S. 10.

521 Vgl. Teil 4, B. II. 5. a) cc).

522 Vgl. Teil 4, B. II. 5. a) dd).

weismittel, wozu auch der Schriftverkehr zwischen Anwalt und Mandant zählt. Fraglich ist, ob die Wahrung der Vertraulichkeit der Korrespondenz zwischen Anwalt und Mandant im europäischen Kartellverfahren mit den Zielen des Gemeinschaftsrechts in Einklang zu bringen ist oder Einschränkungen aus Gründen der Unvereinbarkeit mit dem Verfahrenszweck der Effizienz erfahren muss.

Es kann nicht abgestritten werden, dass die Anerkennung der Privilegierung zwangsläufig dazu führt, dass relevante Informationen für die Durchsetzung des Kartellrechts dem Zugriff der Kommission vorenthalten bleiben. Die Kommission kann dann weder im Wege einer Nachprüfung noch eines Auskunftsverlangens die entsprechenden Unterlagen erlangen. Die Ermittlungen und damit auch die Aufklärung von vermuteten Kartellverstößen wären behindert,[523] weil sich typischerweise in einem Schriftwechsel mit rechtsberatendem Charakter höchst bedeutsame und weiterführende Informationen über das eventuell kartellrechtswidrige Verhalten eines Unternehmens befinden.

Auch aus einer praktischen Sicht birgt der Schutz der Anwaltskorrespondenz das Abgrenzungsproblem von privilegierten Dokumenten, in die die Kommission keinen Einblick bekommen darf, und nicht privilegierten Unterlagen, die dem Zugriff der Ermittlungsbehörde entzogen sind, in sich. Diese Trennung kann im Einzelfall schwierig sein.

Konsequenz einer Einschränkung des Privilegs aus Gründen der Effizienz des Kartellverfahrens wäre jedoch, dass die Betroffenen des Verfahrens sich gegenüber ihrem Rechtsanwalt – wenn überhaupt – nur noch vorsichtig und lediglich mündlich äußern würden, so dass eine sinnvolle Rechtsberatung von guter Qualität nicht mehr möglich wäre.[524] Neben der dadurch bedingten erheblichen Einschränkung rechtsstaatlicher Gewährleistungen für den Einzelnen und der Beeinträchtigung der Qualität der Rechtsberatung würde dies im Endeffekt auch dazu führen, dass die Kommissionsbediensteten aus der erlangten, aber inhaltlich reduzierten Anwaltskorrespondenz keine wesentlichen Informationen mehr für den Nachweis des Kartellverstoßes herauslesen könnten. Dem Interesse der Kommission an der effizienten Abwehr und Ahndung von Kartellverstößen wäre dadurch nur begrenzt gedient und dies auf Kosten der Rechtsstaatlichkeit.

Umgekehrt darf nicht vergessen werden, dass der Zweck der Anerkennung der Privilegierung nicht nur in der Wahrung des privaten Interesses des Betroffenen an der Vertraulichkeit seiner Korrespondenz mit dem Anwalt bzw. dessen Interesse, seine Funktion erfüllen zu können, liegt.

---

523 So wie es bei der Nachprüfungsentscheidung der Kommission gegen das Unternehmen „AM & S" der Fall war, vgl. ABl. 1979, Nr. L 199, 31, 32.

524 Diese Befürchtung äußern *Boyd*, ELR 1982, 493, 494; *Dolmans/Eichler/Müller-Ibold*, AnwBl 1999, 493, 495; *Forrester*, CMLR 1983, 75, 81.

Darüber hinaus dient das Privileg aufgrund seiner im öffentlichen Interesse einer geordneten Rechtspflege liegenden Funktion mittelbar auch der Einhaltung des EG-Kartellrechts.[525] Seinen Grund hat dies insbesondere darin, dass das europäische Kartellrecht sich durch eine inhaltliche Komplexität auszeichnet, die sich jedoch nicht in entsprechend ausführlichen gesetzlichen Regelungen widerspiegelt bzw. sich zum Teil in einem nur schwer zu durchdringenden Regelwerk von Gruppenfreistellungsverordnungen befindet, so dass der rechtlich Unerfahrene zur Vermeidung von Kollisionen mit kartellrechtlichen Vorschriften auf fachkundigen Rat angewiesen ist. Dies gilt nach in Kraft treten der Verordnung 1/2003 um so mehr, als der Systemwechsel zur Legalausnahme zur Folge hat, dass die Unternehmen nunmehr selbst einschätzen müssen, ob die Vereinbarungen, die sie zu treffen wünschen, gemäß Artikel 81 Abs. 3 EGV rechtmäßig sind und sie sich zwecks verbindlicher Entscheidung hierüber nicht mehr an die Kommission wenden können.

Rechtsanwälte tragen somit durch eine präventive Beratung in wesentlichem Maße zu der Beachtung der kartellrechtlichen Vorschriften bei.[526] Eine rechtlich zutreffende Beratung kann jedoch nur erfolgen, wenn alle relevanten Fakten offen besprochen werden. Sofern der Mandant aus Furcht vor einer späteren Aufdeckung durch Ermittlungsbehörden potentiell sensible Informationen nicht mitteilt, können die rechtliche Analyse und Schlussfolgerungen lückenhaft oder sogar unrichtig sein. Ebenso ist für einen unzweideutigen Rat in der Regel erforderlich, dass er auch schriftlich ausformuliert wird und nicht nur mündlich erfolgt.[527] Anderenfalls besteht die Gefahr, dass der Rechtsrat missverstanden wird und vermeidbare oder ungewollte Gesetzesverletzungen begangen werden. Um dies zu vermeiden, bedarf es jedoch des Schutzes der Vertraulichkeit der zwischen Anwalt und Mandant erfolgten Korrespondenz.

Die Privilegierung des Anwaltsverkehrs und die effiziente Wahrung des europäischen Kartellrechts hängen zusammen und stellen somit letztlich keine Gegensätze dar. Voraussetzung für die wirksame Durchsetzung des europäischen Wettbewerbsrechts ist das Zusammenwirken aller Beteiligter, auch der Rechtsanwälte, die ihre Rolle jedoch nur wirkungsvoll

---

[525] Vgl. dazu schon oben Teil 4, B. II. 3.

[526] Ebenso EuGH „AM & S", Slg. 1982, 1575, 1611 f., Rn. 24, der den Rechtsanwalt als „Mitgestalter der Rechtspflege" bezeichnet. Vgl. auch *zur Hausen*, AnwBl 1980, 323, 324, der feststellt, dass das Gemeinschaftsrecht umso effizienter beachtet wird, je mehr rechtliche Beratung darüber erfolgt.

[527] Vgl. auch *Boyd*, ELR 1982, 493, 494; *Dolmans/Eichler/Müller-Ibold*, AnwBl 1999, 493, 495. *Forrester*, CMLR 1983, 75, 81, äußerte sich wie folgt: „The nature of the topic is such that any advice ought to be in writing: clarity, permanence and certainty are important factors at any time [...]. It is in *no one's interest* to encourage the oral communication of legal advice in areas of such complexity." (Hervorhebungen von der Verf.).

wahrnehmen können, wenn die juristische Beratung dem Schutz der Vertraulichkeit unterfällt.

Eine Einschränkung des Schutzes der Vertraulichkeit der Rechtsberaterkorrespondenz aus Gründen der Verfahrenseffizienz ist mithin weder sinnvoll noch gerechtfertigt. Der im öffentlichen Interesse liegenden Aufdeckung und Ahndung von Kartellverstößen wird gerade auch durch die Anerkennung der Vertraulichkeit anwaltlicher Beratungstätigkeit Rechnung getragen.

Als Ergebnis folgt aus der Untersuchung, dass ein allgemeiner Rechtsgrundsatz mit dem Schutz der Vertraulichkeit der Anwaltskorrespondenz im Gemeinschaftsrecht besteht, so dass die Kommissions- und insbesondere die Rechtsprechungspraxis im Grundsatz[528] zu bestätigen ist.

Zusammenfassend kann somit festgehalten werden, dass das legal professional privilege aus dem Rechtsstaatsprinzip, Art. 6 Abs. 1 und 3 lit. c EMRK und Art. 47 Abs. 2 S. 2, 41 Abs. 1, 48 Abs. 2 der Charta der Grundrechte folgt und nicht aus Gründen der Verfahrenseffizienz Einschränkungen erfahren muss.

8. Rang des Schutzes vertraulicher Rechtsberaterkorrespondenz

Das legal privilege hat seine Verankerung in dem Grundsatz des fairen Verfahrens, wie er im gemeinschaftsrechtlichen Rechtsstaatsprinzip sowie den einschlägigen Normen der EMRK und der Grundrechtecharta zum Ausdruck kommt. Das Recht auf ein faires Verfahren ist damit Bestandteil des primärrechtlichen Rechtsstaatsprinzips. Ebenso wie Letzteres ist der Schutz der vertraulichen Rechtsberaterkorrespondenz mithin im Rang dem Primärrecht zuzuordnen.

C. Konkreter Schutzumfang im Gemeinschaftsrecht

Für die konkrete Ausgestaltung des Schutzbereichs des Rechts auf vertraulichen Informationsaustausch zwischen Rechtsberater und Mandant ist der sachliche, zeitliche und persönliche Schutzumfang zu betrachten.

I. Schutzumfang in sachlicher Hinsicht

Bei der Frage, wie weitgehend der Schutz der Vertraulichkeit in sachlicher Hinsicht gewährleistet wird, ist von Interesse, welche Dokumente konkret von der Privilegierung erfasst werden, ob grundsätzlich ein Verzicht

528 Ob der Rechtsprechung und der Kommission hinsichtlich der genauen Abgrenzungen des konkreten Schutzumfangs zuzustimmen ist, wird unten (Teil 4, C.) näher analysiert.

auf den Schutz möglich ist und welche Ausnahmen bzw. Verlustmöglichkeiten des Vertraulichkeitsschutzes existieren.

1. Geschützte Korrespondenz

Zunächst ist von Bedeutung, welche Art von Kommunikation der Privilegierung unterfällt.

Geschützt ist jegliche Anwaltskorrespondenz, die mit dem Ziel rechtlicher Beratung gefertigt wird. Sie ist unabhängig von ihrem Entstehenszeitpunkt erfasst, solange sie mit dem Gegenstand des Verfahrens in „Zusammenhang“ steht.[529] Der Zusammenhang muss jedoch kein direkter sein. Darunter fallen vielmehr auch Schriftstücke, die eine anwaltliche Einschätzung der Vereinbarkeit bestimmter Verhaltensweisen, Vertragsentwürfe, sonstiger kartellrechtlich relevanter unternehmerischer Vorgehensweisen oder die Risikoprognose bezüglich zu erwartender Bußgelder betreffen.[530] Es obliegt dem betroffenen Unternehmen, den Zusammenhang inhaltlich-materieller Art glaubhaft darzulegen. Von einem solchen Zusammenhang ist nach dem Europäischen Gerichtshof jedoch grundsätzlich auszugehen, wenn die Korrespondenz nach Einleitung eines Verfahrens entstanden ist,[531] so dass in diesem Fall eine gesonderte Glaubhaftmachung entfällt.

Von der europäischen Rechtsprechung und der Kommission anerkannt ist, dass es nicht darauf ankommen kann, ob die Unterlagen von dem Anwalt oder dem Unternehmen gefertigt wurden.[532] Geschützt ist vielmehr der rechtsberatende Schriftverkehr zwischen Anwalt und Mandant unabhängig von dem jeweiligen Absender. Auch der Schriftverkehr zwischen zwei Anwälten muss von dem Schutz umfasst sein, solange er einen Bezug zum Verfahren hat und im Interesse des Mandanten geführt ist.[533] Erfasst sind ferner die zum Zweck der Verteidigung erstellten, aber noch nicht abgeschickten Unterlagen.[534] Ebenso ist mit dem Gericht erster Instanz festzuhalten, dass nicht nur der unmittelbare Schriftverkehr zwischen Anwalt und Mandant geschützt ist, sondern darüber hinaus auch die wörtliche oder inhaltliche Wiedergabe eines anwaltlich gefertigten Dokuments oder einer anwaltlichen Beratung, beispielsweise zur Information

---

529 Vgl. EuGH „AM & S“, Slg. 1982, 1575, 1611, Rn. 23.

530 Vgl. Immenga/Mestmäcker-*Burrichter/Hauschild*, EG-Wettbewerbsrecht, Bd. II, VO 17/62, Art. 14, Rn. 22.

531 Siehe EuGH „AM & S“, Slg. 1982, 1575, 1611, Rn. 23.

532 Vgl. EuGH „AM & S“, Slg. 1982, 1575, 1611, Rn. 22, der im Allgemeinen von der Vertraulichkeit des Schriftverkehrs zwischen Anwalt und Mandant spricht. Ebenso *Jones/Sufrin*, S. 876, Rn. 61.

533 Vgl. *Gillmeister*, S. 216 f.; *Grützner/Reimann/Wissel*, S. 155, Rn. 238; *Hermanns*, Ermittlungsbefugnisse, S. 140.

534 Vgl. Immenga/Mestmäcker-*Burrichter/Hauschild*, EG-Wettbewerbsrecht, Bd. II, VO 17/62, Art. 14, Rn. 22; *Ritter/Braun*, S. 1077; *Gillmeister*, S. 217.

von Führungskräften im Unternehmen.[535] Eine solche Weiterleitung, die nur eine Reproduktion der anwaltlichen Beratung darstellt, ist notwendige unternehmerische Handlungsform, die von dem Schutzzweck des Privilegs mit umfasst ist.

Unerheblich ist auch, ob sich die Schriftstücke aus anwaltlicher Beratung im Gewahrsam des Rechtsanwalts oder des Mandanten befinden.[536] Es wäre wenig nachvollziehbar, wenn Unterlagen, die zufällig bei dem Mandanten[537] liegen, eingesehen werden dürften, die gleichen Unterlagen, die sich bei dem Anwalt befinden, jedoch nicht. Ein derartiger Anknüpfungspunkt berücksichtigt nicht den im privaten und öffentlichen Interesse liegenden Sinn und Zweck des Anwaltsprivilegs und ist für das Kartellverfahren, in dem sich die Ermittlungsbefugnisse gegen die Unternehmen richten, unangemessen. Vielmehr sollten alle Gewahrsamsbereiche, auf die die Kommission im Rahmen von Nachprüfungen Zugriff nehmen kann, geschützt sein.

In inhaltlicher Hinsicht unterfallen nicht nur rein rechtliche Beratungen und Auskünfte der Vertraulichkeit,[538] sondern auch Tatsachenmitteilungen, die üblicherweise vom Mandanten an den Anwalt erfolgen.[539] Diese sind unabdingbare Voraussetzung für eine effektive rechtliche Beratung. Sie sind aber auch die Basis für einen Beweis des vermuteten Wettbewerbsverstoßes, den die Europäische Kommission erbringen muss. Die

---

[535] Siehe EuG „Hilti", Slg. 1990 II, 163, 169 f., Rn. 16 ff. Dies schon vor der Entscheidung fordernd: *Pliakos*, S. 284.

[536] Vgl. die „AM & S" Entscheidung des EuGH, der gerade solche Unterlagen zugrunde lagen, die bei dem Unternehmen im Rahmen einer Nachprüfung gefunden wurden (Slg. 1982, 1575, 1610 f., Rn. 18 ff.). Ausdrücklich und befürwortend dazu Stellung nehmend GA *Slynn*, Slg. 1982, 1575, 1654 f. Anders ist insoweit beispielsweise die Rechtslage in Deutschland, wo der Schutz der Anwaltskorrespondenz im Gewahrsam des Mandanten erst *nach* Eröffnung des Ermittlungsverfahrens im Sinne des § 148 StPO und somit erst mit Bestehen eines Beschuldigten-Verteidiger-Verhältnisses bejaht wird. Siehe dazu auch BGH NJW 1973, 2035 ff.; *Meyer-Goßner*, § 97 StPO, Rn. 37.

[537] Bei Konzernunternehmen, die untereinander mit Mehrheitsbeteiligungen wirtschaftlich verflochten sind, stellt sich die Frage, ob Schriftstücke dem Schutz unterfallen, die für ein Konzernunternehmen (dem eigentlichen „Mandanten") von einem Anwalt verfasst wurden, aber bei einem anderen Konzernunternehmen vorgefunden worden sind. Denkbar ist eine solche Situation insbesondere in Konstellationen, in denen das Mutter-Konzernunternehmen für die Tochtergesellschaft die rechtliche Beratung übernimmt. Aufgrund des gemeinsamen Interesses der verschiedenen Teilunternehmen, die alle zu einem Konzern gehören, ist es gerechtfertigt, die entsprechende Anwaltskorrespondenz als vertraulich zu behandeln, unabhängig davon, wo sie sich innerhalb des Konzerns befindet. Vgl. auch die Erwägungen des GA *Slynn* in der Rechtssache „AM & S", Slg. 1982, 1575, 1661.

[538] In diese Richtung ging aber die Forderung der Kommission, es müsse sich bei der geschützten Korrespondenz um „streng rechtliche Dokumente" handeln („AM & S", Slg. 1982, 1575, 1585). Siehe auch *zur Hausen*, AnwBl 1980, 322, 324, der nur „echte Rechtsauskünfte" schützen will.

[539] Vgl. nur *Eichler/Peukert*, AnwBl 2002, 189, 195.

an die Tatsachenerforschung anschließende rechtliche Bewertung kann die Ermittlungsbehörde mühelos selbst vornehmen. Von daher müssen Unterlagen aus einer Rechtsberatung, die Hinweise auf den kartellrechtlichen Sachverhalt enthalten, dem Zugriff der Ermittlungsbehörde ebenso entzogen sein wie rechtliche Erörterungen.

Hinsichtlich der Frage nach der geschützten Form der Korrespondenz kann es unter dem Gesichtspunkt des Schutzzwecks der Vertraulichkeit nicht von Bedeutung sein, auf welchem Wege die Kommunikation stattfand. Insofern fallen auch kurze Notizen anlässlich eines Gesprächs oder Protokolle unter den Schutz.[540] Sie sind zwar nicht zum Austausch im Sinne einer Korrespondenz zwischen Anwalt und Mandant bestimmt, sind jedoch notwendige Voraussetzung für eine sinnvolle Beratungstätigkeit. Unter den geschützten Schriftverkehr im weiteren Sinne ist auch die Kommunikation im Wege neuer elektronischer Medien wie E-mails zu fassen.

Die Privilegierung beinhaltet aber nicht nur die schriftliche Korrespondenz, sondern auch die mündliche. Selbst wenn einzuräumen ist, dass bei verbaler Kommunikation die Gefahr des Missbrauchs der Privilegierung größer und die Effizienz der Ermittlungsbefugnisse der Kommission geringer ist als bei einem Schriftverkehr,[541] kann nur ein umfassender Schutz den Sinn und Zweck des Privilegs, nämlich die vertrauliche Behandlung des Verhältnisses zwischen Anwalt und Mandant, wahren. Anderenfalls könnte die Kommission im Rahmen von Auskunftsverlangen Informationen über mündliche Rechtsberatung anfordern, womit der Schutz der Vertraulichkeit ausgehöhlt wäre. Allein die Tatsache, ob eine rechtliche Beratung schriftlich fixiert oder nur mündlich erteilt wurde und lediglich in der Erinnerung eines Mitarbeiters existiert, rechtfertigt keine unterschiedliche Behandlung hinsichtlich der Schutzwürdigkeit.

2. Verzicht auf die Wahrung der Vertraulichkeit

Es stellt sich die Frage, ob auf die Wahrung der Vertraulichkeit verzichtet werden kann und wenn ja, wer dazu befugt sein soll.

In der „AM & S“ Entscheidung erwähnte der Europäische Gerichtshof ausdrücklich die Möglichkeit des Verzichts auf die Geheimhaltung der Anwaltskorrespondenz.[542] Es kann somit davon ausgegangen werden, dass ein solcher Verzicht grundsätzlich möglich und rechtlich zulässig ist.

---

540 Vgl. in diesem Sinne GA *Slynn* in der Rechtssache „AM & S“, Slg. 1982, 1575, 1655.

541 Ein mündlich erfolgter Austausch zwischen Anwalt und Mandant über ein kartellwidriges Verhalten ist von den Kartellbehörden mangels schriftlichen Beweismaterials schwerer nachzuweisen. Da Anwalt und Mandant dies wissen, ist die Gefahr höher, dass sie die mündliche Kommunikation nutzen, um auch über eine Umgehung der Kartellregeln zu reden.

542 EuGH „AM & S“, Slg. 1982, 1575, 1613, Rn. 28.

Von Bedeutung ist jedoch, wer befugt sein soll, die Entscheidung über eine Offenlegung von zunächst vertraulich ausgetauschten Informationen zu treffen. Sofern die Vertraulichkeit der Korrespondenz ihre Abwehrfunktion gegenüber der Kommission als Teil der öffentlichen Gewalt nicht verlieren soll, kommen für eine Entscheidung über den Verzicht nur Rechtsberater und Mandant in Betracht.

Dem EuGH ist insoweit eine Tendenz zu entnehmen. Er stellt zwar einerseits generell fest, dass der Schutz der Vertraulichkeit des Schriftverkehrs „allen Rechtsanwälten zukommen [muss], die in einem Mitgliedstaat zugelassen sind",[543] was als eine Berechtigung des Anwalts über die Privilegierung verstanden werden könnte.[544] Andererseits formuliert er aber ausdrücklich, der Mandant sei nicht gehindert, den zwischen ihm und seinem Anwalt geführten Schriftverkehr offen zu legen[545] und deutet damit eine Verfügungsbefugnis des Mandanten an.

Für eine angemessene Lösung ist auf die Schutzrichtung der Gewährleistung vertraulicher Kommunikation abzustellen. Die Privilegierung dient vorrangig dem Interesse des Mandanten.[546] Dieser soll die Möglichkeit einer umfassenden anwaltlichen Beratung wahrnehmen können, ohne sich der Gefahr der Aufdeckung und der eventuellen Verwertung von Informationen zur Ahndung kartellrechtlicher Verstöße im Zuge eines Kartellverfahrens ausgesetzt zu sehen. Dass darüber hinaus auch der Anwalt nur sinnvolle Beratungstätigkeit leisten kann, wenn der Mandant ihm gegenüber offen ist, stellt eine zusätzliche Nebenfolge des Schutzes dar. Sie steht aber nicht im Vordergrund. Dies zeigt sich an der Situation, in der sich das Bedürfnis für den Schutz der Vertraulichkeit ergibt. Die Thematik des legal privilege stellt sich im Rahmen von Nachprüfungen und Auskunftsverlangen gegenüber betroffenen Unternehmen. Nur sie können Adressaten solcher Ermittlungsinstrumente der Kommission sein. Gegenüber Anwälten und ihren Kanzleien hat die Kommission keinerlei Zugriffsbefugnisse. Dies zugrunde gelegt, wäre es nicht gerechtfertigt, den Anwälten das Recht einzuräumen, über die Offenlegung der Unterlagen zu entscheiden, zumal sie durch eine Weitergabe auch ihre anwaltliche Verschwiegenheitspflicht verletzen würden. Festzuhalten bleibt jedenfalls, dass die Schutzrichtung des Privilegs für eine ausschließliche Entscheidungsberechtigung des Mandanten über die Offenlegung spricht.[547]

---

[543] EuGH „AM & S", Slg. 1982, 1575, 1612, Rn. 25.

[544] In diesem Sinne *Mattfeld*, EuR 1983, 47, 51, die den Schutz des Mandanten als von dem Privileg abgeleitet ansieht.

[545] EuGH „AM & S", Slg. 1982, 1575, 1613, Rn. 28.

[546] So auch *Usher*, Journal of Business Law 1982, 398, 400; *Hermanns*, AnwBl 1980, 326, 326; *Kerse*, E. C. Antitrust Procedure, S. 357 f., Rn. 8.20; *Whish*, S. 224.

[547] So auch *Beutler*, RIW 1982, 820, 822; *Gillmeister*, S. 214; *Snoxall*, AnwBl 1980, 321, 321 f.

Konkret bedeutet dies, dass lediglich der Mandant über die Weitergabe von privilegierten Unterlagen entscheiden kann. Der Anwalt kann zwar den Schutz der Vertraulichkeit der Kommunikation geltend machen,[548] ist jedoch zur Verschwiegenheit über die im Rahmen der Beratung erhaltenen Informationen verpflichtet.[549]

3. Existenz von Ausnahmen des Schutzes vertraulicher Kommunikation

Es ist weiter problematisch, ob der Schutz der Vertraulichkeit der Kommunikation zwischen Anwalt und Mandant in bestimmten Fällen versagt werden muss. In Betracht kommt eine Ausnahme des Schutzes in Fällen, in denen der Anwalt seinem Mandanten keine auf Einhaltung der Kartellvorschriften gerichtete rechtliche Beratung erteilt, sondern ihn vielmehr mit dem Ziel berät, einen Wettbewerbsverstoß zu begehen und dabei selbst als Teilnehmer an der rechtswidrigen Kartellabsprache mitwirkt.[550]

Zunächst gibt ein Blick in nationale Rechtsordnungen, auf denen die Gemeinschaftsregelung fußt, insbesondere in die deutsche und englische, Aufschluss über die Möglichkeit der Einschränkung der Gewährleistung, wenn die Beratung selbst einen Rechtsverstoß beinhaltet. Beide nationale Rechtsordnungen kennen die Ausnahme des Schutzes im Falle der Verfolgung rechtswidriger, insbesondere strafrechtswidriger Zwecke.[551] Auch wenn diese Regelungen keine Bindungswirkung für die Gemeinschaftsordnung entfalten, geben sie Erkenntnisse über den angemessenen Umfang des Schutzes und seine Grenzen.

Sinn und Zweck der Privilegierung ist, die Vertraulichkeit der zwischen Mandant und Anwalt ausgetauschten Korrespondenz mit rechtsberatendem Inhalt zu schützen. Die schützenswerte kartelljuristische Beratung zielt auf die Verteidigung gegen den Vorwurf eines Wettbewerbsverstoßes bzw. präventiv auf die Vermeidung eines Rechtsverstoßes ab. Daher kann

[548] Vgl. auch *Grützner/Reimann/Wissel*, S. 167, Rn. 270.

[549] Das Verbot der Weitergabe von Informationen durch den Berater an den Staat oder Dritte ohne Zustimmung des Mandanten steht zwar nicht im Zentrum der Diskussion um das legal privilege, stellt aber eine notwendige Ergänzung desselben dar. Es ist durch die nationalen Regelungen sicher gestellt, so zum Beispiel in Deutschland durch § 43 a Abs. 2 BRAO. Vgl. auch *Dolmans/Eichler/Müller-Ibold*, AnwBl 1999, 493, 493; *Gillmeister*, S. 215.

[550] Vgl. *Kerse*, E. C. Antitrust Procedure, S. 358, Rn. 8.20; *Kuyper/van Rijn*, YBEL 1982, 1, 15; *Christoforou*, LIEI 1985/2, S. 1, 33 f.; *Gillmeister*, S. 214.

[551] Am deutlichsten ist insoweit die englische Regelung. Sie enthält die oben genannte „crime and fraud exception", wonach der Schutz für vertrauliche Kommunikation nicht beansprucht werden kann, wenn strafrechtswidrige Zwecke verfolgt werden (vgl. *Joshua* ELR 1983, 3, 17). Im deutschen Recht sind – wie oben gesehen – nach § 97 Abs. 2 S. 3 StPO nur Gegenstände vor der Beschlagnahme geschützt, wenn der Verteidiger nicht der Teilnahme oder einer Tat nach den §§ 257, 258, 259 StGB verdächtig ist.

ein Zusammenwirken entgegen bestehender Vorschriften von dem Schutzgedanken des legal privilege nicht mehr erfasst sein.[552]

Gegen diese Einschränkung einzuwenden, sie geriete in Wertungswiderspruch zu dem Grundsatz, nach dem Auskünfte im Fall einer Selbstbezichtigung dem Zugriff der Kommission entzogen sein müssen,[553] bedeutet eine Verwischung der Grenzen zwischen beiden Gewährleistungen. Die Situation, in der ein eventuell kollusives Wirken der Unternehmen und des Anwalts entgegen der Kartellvorschriften vorliegt, ist genau die Fallgestaltung, in denen den Beteiligten, auch dem Rechtsanwalt, ein Auskunftsverweigerungsrecht wegen der Gefahr drohender Selbstbezichtigung eines Verstoßes zusteht. Die Betroffenen, zu denen der Anwalt als Beteiligter eines Kartellverstoßes dann auch gehört, sind trotz der Aberkennung der Privilegierung damit nicht „rechtlos" gestellt und so den Ermittlungsbefugnissen der Kommission vollkommen ausgesetzt. Sie sind vielmehr durch das Auskunftsverweigerungsrecht hinreichend und entsprechend ihrer Handlungsweise geschützt. Diese Fallgestaltung darüber hinaus noch unter das Anwaltsprivileg zu fassen, würde eine unangemessene Überdehnung des Anwendungsbereichs des schützenswerten Informationsaustauschs zwischen Rechtsberater und Mandant bedeuten. Von daher ist Anwaltskorrespondenz, die auf die Begehung eines Kartellrechtsverstoßes gerichtet ist, nicht von dem Schutz der Privilegierung erfasst.

4. Verlust der Vertraulichkeit der Kommunikation durch die Weitergabe an Dritte

Zu untersuchen ist, ob die Anwaltskommunikation ihren vertraulichen Charakter durch die Weitergabe an Dritte verliert. Dabei ist zwischen der Weitergabe an einen begrenzten Kreis Dritter und an die Öffentlichkeit zu differenzieren.

Im ersten Fall ist darauf abzustellen, ob die Weitergabe noch unter Wahrung der Vertraulichkeit erfolgt.[554] Davon kann ausgegangen werden, wenn es sich bei den Dritten um Mitarbeiter[555] des Anwalts, Sachverständige und sonstige Gutachter handelt, die als Hilfspersonen in die Betreuung des Falles einbezogen sind.[556] Auch die Überlassung von Informationen aus der Rechtsberatung zur Kenntnisnahme an andere Personen, wie

---

552 Ebenso *Prohaska-Marchied*, S. 74; *Rohlfing*, S. 122; a. A. *Gumbel*, S. 171 f. Zu der Frage, wie diese Grenze des legal privilege praktisch zu überprüfen und umzusetzen ist, siehe unten Teil 4, C. IV. (verfahrensrechtliche Umsetzung und Absicherung).

553 So *Gumbel*, S. 172.

554 Vgl. *Weiß*, S. 431.

555 Mitarbeiter des Unternehmens selbst stellen grundsätzlich keine Dritten dar.

556 Siehe insoweit *Gillmeister*, S. 216, Fn. 181; *Grützner/Reimann/Wissel*, S. 156, Rn. 240.

beispielsweise Geschäftspartner, bedeutet noch keine Aufhebung der Schutzwürdigkeit der Dokumente.[557] Darin einen konkludenten Verzicht auf die Wahrung der Vertraulichkeit zu sehen,[558] widerspräche der Schutzrichtung des legal privilege. Vor dem Hintergrund einer wenn auch eventuell erst zukünftigen Beschuldigtenstellung der Unternehmen im Kartellverfahren wird deutlich, dass die Vertraulichkeit der Anwaltskorrespondenz in erster Linie gegen die ermittelnde Behörde gerichtet ist. Eine Weitergabe an ausgewählte Dritte durch die Betroffenen selbst kann daher nicht gleichgesetzt werden mit einem grundsätzlichen Verzicht auf die Wahrung der Vertraulichkeit, der auch gegenüber der Kommission gelten würde.

Anders ist jedoch die Sachlage, wenn die vertraulichen Informationen durch die Medien oder einen Informanten an die Öffentlichkeit gelangen. Für bereits veröffentlichte Angaben kann die Gewährleistung keine Wirkung mehr entfalten, da es an der „Vertraulichkeit" der Schriftstücke mangelt, die es eigentlich zu schützen gilt.[559] In der Praxis wird diese Frage jedoch von geringer Relevanz sein, da angenommen werden kann, dass Unternehmen sich bei Informationen aus einer anwaltlichen Beratung, die schon allgemein bekannt sind, kaum noch auf die Privilegierung berufen werden.

II. Schutzumfang in zeitlicher Hinsicht

Für den Schutz der Kommunikation zwischen Anwalt und Mandant ist der Zeitpunkt ihres Entstehens nach der Rechtsprechung des Gerichtshofs bedeutungslos, wenn die Korrespondenz einen Zusammenhang mit dem Gegenstand des Verfahrens aufweist.[560] Sofern diese Voraussetzung erfüllt ist, unterfällt die Kommunikation dem Schutz, unabhängig davon, ob sie als Reaktion auf die Mitteilung der Beschwerdepunkte, im Zuge der Verteidigungsvorbereitung oder im Rahmen der präventiven rechtlichen Beratung ohne Hinweis auf ein konkretes Verfahren erfolgt.[561] Wäre letztere Form von Beratung ausgeschlossen, sähen sich Unternehmen dazu veranlasst, juristischen Rat über ihr wirtschaftliches Handeln erst sehr spät, bevorzugt nach Ermittlungsbeginn, einzuholen, um so in den Schutzbereich der Privilegierung zu fallen. Die Möglichkeiten eines präventiven Wirkens des Anwalts wären dadurch deutlich reduziert. Im

[557] So auch *Beutler*, RIW 1982, 820, 822; *Fischer/Iliopoulos*, NJW 1983, 1031, 1033; a.A. *Gillmeister*, S. 216, Fn. 181; *Grützner/Reimann/Wissel*, S. 156, Rn. 240; *Weiß*, S. 431.

[558] So aber *Joshua*, ELR 1986, 409, 424.

[559] Ebenso *Christoforou*, LIEI 1985/2, 1, 32 f.

[560] EuGH „AM & S", Slg. 1982, 1575, 1611, Rn. 23, vgl. auch *Kerse*, E. C. Antitrust Procedure, S. 354, Rn. 8.17.

[561] Vgl. *Beutler*, RIW 1982, 820, 822; *Christoforou*, LIEI 1985/2, 1, 8 ff.

Sinne der Effektivität der Rechtsberatung ist somit ein weites Verständnis des Schutzbereichs in zeitlicher Hinsicht – wie es der Gerichtshof annahm[562] – vorzugswürdig.

Ist Korrespondenz nach Einleitung eines Verfahrens entstanden, müssen die betroffenen Unternehmen einen Zusammenhang zum Gegenstand des Verfahrens nach dem EuGH nicht mehr glaubhaft machen.[563] Wann genau das Verfahren eingeleitet ist, hat der Gerichtshof offen gelassen. Die offizielle Einleitung des (Verwaltungs-)Verfahrens erfolgt erst mit der Zusendung der Beschwerdepunkte, die die Vorstufe zu einer formellen Entscheidung sind. Zwischen dem Beginn von Ermittlungen unter Einsatz von Ermittlungsbefugnissen und der Zusendung der Beschwerdepunkte liegen aber gerade in größeren Fällen zum Teil mehrere Jahre. Der Zeitpunkt, in der das legal privilege seine volle Wirkung entfalten muss, ist aber insbesondere das Stadium, in dem die Kommission Nachprüfungen durchführt und Auskunftsverlangen erlässt. In diesem Moment sind die Unternehmen als Subjekt des Verfahrens von Ermittlungen betroffen und benötigen zur Wahrung der Waffengleichheit ihre umfassenden Verteidigungsrechte, zu denen auch das Recht gehört, Anwaltskorrespondenz nicht aufdecken zu müssen.

Es sollte daher für die Frage, ob ein Zusammenhang der Korrespondenz mit dem Gegenstand des Verfahrens nachweisbar ist, nicht auf die formelle Einleitung des Verfahrens abgestellt werden, sondern auf seinen tatsächlichen Beginn.[564] Dieser liegt schon in dem Zeitpunkt vor, in dem die Kommission ihre Ermittlungsinstrumente einsetzt.

Zum Abschluss dieser Frage sei jedoch noch bemerkt, dass ein möglicher Konflikt darüber, ob ein Zusammenhang zu dem Verfahren besteht oder nicht, dadurch entschärft ist, dass das Erfordernis des Zusammenhangs – wie oben gesehen[565] – nicht in enger Weise, sondern vielmehr weit definiert wird.

---

[562] EuGH „AM & S“, Slg. 1982, 1575, 1611, Rn. 23.

[563] Siehe EuGH „AM & S“, Slg. 1982, 1575, 1611, Rn. 23.

[564] Vgl. in diesem Sinne auch die noch zu Zeiten der Verordnung 17/62 getätigte, aber noch gültige Aussage des GA *Slynn* in seinem Schlussantrag zu der Rechtssache „IBM“ (Slg. 1981, 2639, 2663): „Ich halte die Unterscheidung zwischen dem „Ermittlungsabschnitt“ und dem sogenannten „förmlichen“ Abschnitt des Verfahrens in gewisser Weise für künstlich. *Das Ganze ist ein einziger Vorgang*: Er beginnt mit Untersuchungen, mit vorläufigen Hypothesen aufgrund eingegangener Informationen, die ihren Niederschlag in der Mitteilung der Beschwerdepunkte finden, und führt von selbst zu einer abschließenden Entscheidung darüber, ob eine Zuwiderhandlung vorgelegen hat. Wenn dies aber so ist, dann wird das Verfahren tatsächlich zu einem *sehr viel früheren* Zeitpunkt eingeleitet als dem der Entscheidung über die Zustellung der Mitteilung der Beschwerdepunkte und wird schrittweise bis zur abschließenden Entscheidung fortgesetzt. In dieser Entwicklung setzt die Zustellung der förmlichen Mitteilung keinen echten Schlusspunkt.“ (Hervorhebungen von der Verf.).

[565] Vgl. oben Teil 4, C. I. 1.

III. Schutzumfang in persönlicher Hinsicht

Bei dem persönlichen Schutzumfang der Privilegierung gibt es zwei Problemfelder: zum einen die Einschränkung des Schutzes auf unabhängige Anwälte unter Ausgrenzung der angestellten Unternehmensjuristen und zum anderen das Zulassungserfordernis in einem Mitgliedstaat der Europäischen Union, das Anwälte erfüllen müssen, damit die Korrespondenz dem Schutz unterfällt.

1. Einschränkung auf unabhängige Anwälte

Die Problematik, die im Zusammenhang mit dem Vertraulichkeitsschutz der Anwaltskorrespondenz am meisten Aufmerksamkeit bekommen hat, ist die Schutzbereichsbeschränkung auf unabhängige Anwälte. Derzeit ist (noch) Stand der Rechtsprechung, dass der Schutz der vertraulichen Kommunikation zwischen Anwalt und Mandant nur insoweit gewährleistet wird, als die Korrespondenz mit einem unabhängigen Anwalt erfolgt.[566] Ausgenommen von dem persönlichen Schutzbereich sind somit nach der Rechtsprechung Unternehmensjuristen[567], die durch ein Anstellungsverhältnis an die Unternehmen gebunden sind.

Die Konsequenz ist, dass von ihnen stammende Unterlagen und Rechtsgutachten nicht dem Zugriff der Kommission entzogen sind. Letztere kann daher im Rahmen von Nachprüfungen Einsicht verlangen und Kopien für die Ermittlungsakten anfertigen. In zwei Entscheidungen der Kommission, „Sabena“[568] und „John Deere“[569], trat die Problematik der Verwendung von erlangten Informationen aus Gutachten von Unternehmensjuristen besonders deutlich zu Tage. Die von Juristen der internen Rechtsabteilung verfassten und an die jeweilige Geschäftsführung gerichteten Rechtsgutachten hatten kritische Stellungnahmen zu den von der Kommission beanstandeten Verhaltensweisen enthalten.[570] Die Kommission verschaffte sich Einblick in die Gutachten und nahm sie als Beleg dafür, dass die Geschäftsführer das europäische Recht vorsätzlich übertreten hatten, da sie über die Kartellwidrigkeit ihrer Verhaltensweisen – wie

---

566 EuGH „AM & S“, Slg. 1982, 1576, 1611, Rn. 21; EuG „Hilti“, Slg. 1990 II, 163, 169 f., Rn. 16 ff.

567 Die Bezeichnung „Unternehmensjurist“ ist insbesondere in den USA und im europäischen Raum gängig (in-house counsel, company lawyer, juriste d'entreprise). In Deutschland verwendet man eher den Ausdruck Syndikusanwalt.

568 Entscheidung der Kommission „Sabena“, ABl. 1988, Nr. L 317, S. 47.

569 Entscheidung der Kommission „John Deere“, ABl. 1985, Nr. L 35, S. 58.

570 Entscheidungen der Kommission „John Deere“, ABl. 1985, Nr. L 35, S. 58; „Sabena“, ABl. 1988, Nr. L 317, S. 47.

die Gutachten zeigten – informiert gewesen seien.[571] Damit begründete die Kommission in der Folge die besondere Höhe der Geldbuße.[572]

Diese Problemlage bestand schon unter der ehemaligen Verfahrensverordnung, die sowohl allen gerichtlichen als auch den Kommissionsentscheidungen zugrunde lag. Zum Teil verschärft wird die Situation durch die Verstärkung der Ermittlungsbefugnisse der Kommission in der Verfahrensverordnung 1/2003. Während die Vorgängerverordnung lediglich Nachprüfungen bei den Unternehmen selbst kannte, hat die Kommission gemäß Art. 21 VO 1/2003 nunmehr die Möglichkeit, Wohnungen von Inhabern des Unternehmens, Mitgliedern der Aufsichts- und Leitungsorgane sowie sonstiger Mitarbeiter der Unternehmen Nachprüfungen zu unterziehen. Vergleichbar mit der früheren Vorschrift regelt Art. 20 Abs. 2 lit. e VO 1/2003, dass die Kommission von allen Vertretern oder Mitgliedern der Belegschaft des Unternehmens Erläuterungen zu Tatsachen oder Unterlagen verlangen kann, die mit dem Gegenstand und Zweck der Ermittlung im Zusammenhang stehen. Zu den Mitarbeitern des Unternehmens gehören auch die in deren Rechtsabteilung tätigen Unternehmensjuristen, die diesen Ermittlungsinstrumenten unterworfen sind, wenn ihnen, wie es bislang der Fall ist, keine Privilegierung zugestanden wird.

Aufgrund der momentanen europäischen Rechtslage erfährt somit nur die Kommunikation mit dem unabhängigen Anwalt den gesicherten Schutz der Vertraulichkeit im gemeinschaftsrechtlichen Kartellverfahren.

a) Analyse der Argumente des EuGH

Zur Begründung dieser Haltung verwies der Europäische Gerichtshof in seiner „AM & S“ Entscheidung auf die Funktion des Rechtsanwalts als „Mitgestalter der Rechtspflege“, der „in völliger Unabhängigkeit [...] dem Mandanten die rechtliche Unterstützung“ gewährt, die dieser benötigt.[573]

Das Merkmal der Unabhängigkeit ist nach Ansicht des EuGH wegen der Angestelltenstellung bei einem Unternehmensjuristen nicht gegeben.[574] Seine Befürchtungen gingen offenbar dahin, dass ein angestellter Rechtsanwalt, der nicht in allen Ländern in Berufs- und Standesregeln eingebunden ist und in einem direkten Abhängigkeitsverhältnis zu seinem Arbeitgeber, dem betroffenen Unternehmen, steht, eher geneigt sein

[571] Entscheidungen der Kommission „John Deere“, ABl. 1985, Nr. L 35, S. 58; „Sabena“, ABl. 1988, Nr. L 317, S. 47.

[572] Vgl. Entscheidungen der Kommission „John Deere“, ABl. 1985, Nr. L 35, S. 58; „Sabena“, ABl. 1988, Nr. L 317, S. 47.

[573] EuGH „AM & S“, Slg. 1982, 1575, 1611, Rn. 24.

[574] EuGH „AM & S“, Slg. 1982, 1575, 1611 f., Rn. 24 f./27.

könnte, die Vertraulichkeit des Schriftverkehrs zu missbrauchen.[575] In die gleiche Richtung gehend erklärte der Wettbewerbskommissar Mario Monti, dass Syndikusanwälte den Weisungen des Unternehmens zu folgen hätten und daher benutzt werden könnten, um Rechtsverstöße zu begehen und Dokumente darüber zu verbergen.[576]

Allerdings muss bezweifelt werden, dass Juristen interner Rechtsabteilungen wegen ihres Anstellungsverhältnisses a priori weniger unabhängig bei der Erteilung von Rechtsrat sind als selbständige Anwälte.[577] Beide müssen einerseits die Verpflichtungen aus ihren Verträgen mit dem jeweiligen Auftraggeber erfüllen und beiden ist es andererseits nicht erlaubt, gegen Gesetze zu verstoßen oder Beihilfe zu solchen Verstößen zu leisten.[578] Eine Unabhängigkeit im Sinne einer fachlichen Eigenständigkeit, frei von Einflussnahmen der Geschäftsführung eines Unternehmens, muss nicht auf selbständige Rechtsanwälte begrenzt sein.[579]

Diesen Schluss könnte man zwar aufgrund des Umstandes in Frage stellen, dass ein Unternehmensjurist an üblicherweise nur einen Arbeitgeber gebunden ist, während ein Anwalt mehrere Mandanten hat.[580] In dem Fall müssten zusätzlich aber auch scheinbar unabhängige Anwälte aus Kanzleien, die ihre Mandate über einen längeren Zeitraum ausschließlich von einem Großklienten erhalten, von dem Schutz der Vertraulichkeit der Kommunikation ausgenommen werden.[581] Während bei dem angestellten

---

[575] Siehe in diesem Sinne EuGH „AM & S", Slg. 1982, 1575, 1611 f., Rn. 24. Konkret gefasst hat der EuGH die Befürchtungen allerdings nicht.

[576] Schreiben Nr. 716 vom 11.04.2000 des Wettbewerbskommissars *Mario Monti* an den Präsidenten der ECLA, Brüssel. Vgl. auch die Erklärung von Kommissar *Monti* am 05.09.2001 vor dem Europäischen Parlament, Sitzungsprotokoll vom 05.09.2001, S. 20. Auch hier wurden die Verhaltensweisen, die einen Missbrauch darstellen, nicht konkret benannt. Vermutlich besteht seitens der Kommission die Befürchtung, dass Unternehmensjuristen in ihren zu schützenden Dokumenten insbesondere solche aufbewahren werden, die eigentlich keiner rechtlichen Beratung dienten und nur als Rechtsberaterkorrespondenz „getarnt" wurden, um sie der Kommission als Beweismittel für einen Verstoß vorzuenthalten.

[577] Dies ablehnend *Eichler/Peukert*, AnwBl 2002, 189, 191; *Kolvenbach*, FS Werner, S. 405, 417/419; a. A. Dalheimer/Feddersen/Miersch – *Miersch*, nach Art. 83 EGV, vor Art. 17 VO 1/2003, Rn. 41.

[578] Vgl. auch *Eichler/Peukert*, AnwBl 2002, 189, 191. Verträge, die Gegenteiliges, – wie eventuelle Gesetzesverstöße – verlangen, verstoßen im deutschen Recht gegen § 134 BGB und zum Teil auch gegen § 138 BGB mit der Folge, dass sie nichtig sind; vgl. die ausführliche Untersuchung von *Bissel*, S. 120 f.

[579] So auch *Christoforou*, LIEI 1985/2, 1, 12; *Roxin*, NJW 1992, 1129, 1131. Vgl. auch *Redeker* (NJW 2004, 889, 892 f.) zum deutschen Recht.

[580] Vgl. hiergegen argumentierend *Roxin*, NJW 1992, 1129, 1134 f. Viele Syndikusanwälte haben auch tatsächlich andere Mandanten außerhalb ihres Unternehmens. Nach einer Untersuchung aus dem Jahre 1998 beziehen Syndikusanwälte einen deutlichen Teil ihrer Einkünfte aus Mandaten außerhalb des Unternehmens, vgl. Hommerich/Prütting-*Hommerich*, S. 164.

[581] Vgl. *Kolvenbach*, FS Werner, S. 405, 417; *Seitz*, EuZW 2004, 231, 234.

Juristen gerade ein regelmäßiges Entgelt von dem Arbeitgeber seine fachliche Unabhängigkeit zu bewahren vermag, gilt dies nicht notwendigerweise für selbständige Rechtsanwälte, die aus finanziellen Gründen geneigt sein können, auch rechtlich nicht völlig unbedenkliche Vorstellungen der (Groß-)Mandanten zu erfüllen.[582] Dem Anwalt mag es schwer fallen, seine Unabhängigkeit bei Unstimmigkeiten mit einem solchen Mandanten zu bewahren, wohingegen ein Unternehmensjurist, der in der Praxis üblicherweise einen langfristigen Dienstvertrag mit dem Unternehmen geschlossen hat, nicht diesem direkten Druck ausgesetzt sein wird. Gerade die oben erwähnten Fälle „John Deere" und „Sabena" zeigen letztlich, dass Unternehmensjuristen auch in kritischen Situationen ihrer Pflicht zur objektiven Rechtsberatung nachkommen. Das Merkmal der Unabhängigkeit allein mit dem Bestehen oder Nichtbestehen einer arbeitsvertraglichen Bindung gleichzusetzen und damit den Schutzbereichsausschluss von Unternehmensjuristen zu begründen, kann demnach nicht überzeugen.

Hinzu kommt, dass der Ausschluss der Unternehmensjuristen von dem Anwendungsbereich des Vertraulichkeitsschutzes leicht zu umgehen ist, indem eine in das Unternehmen eingegliederte Rechtsabteilung im Wege des „Outsourcing" in eine selbständige Kanzlei umgewandelt wird und danach ausschließlich für den bisherigen Arbeitgeber tätig wird.[583] Ebenso könnte man überlegen, ob bei der vom Gerichtshof gewählten Auslegung der „Unabhängigkeit" nicht auch interne Rechtsberater eines Tochterunternehmens zu Lasten aller Teile einer Unternehmensgruppe vom Schutz des Privilegs ausgenommen werden müssten.[584] Es wird ersichtlich, dass das gewählte Kriterium des EuGH nicht frei von Widersprüchen und Grenzfällen ist und demgegenüber die Forderung nach der Unabhängigkeit des juristischen Beraters nicht vom Grundsatz her unvereinbar ist mit der Existenz eines Dienstverhältnisses zwischen ihm und dem Mandanten.

Interessant ist in diesem Zusammenhang auch, dass das Gericht erster Instanz in dem Beschluss „Carlsen"[585] und der Entscheidung „Interporc"[586] die Pflicht einer Offenlegung von Stellungnahmen des Juristi-

---

[582] Vgl. zu diesem Gedankengang: GA *Slynn*, EuGH „AM & S", Slg. 1982, 1575, 1655; *Alfes*, S. 124; Hommerich/Prütting-*Prütting*, S. 43.

[583] Vgl. *Christoforou*, LIEI 1985/2, 1, 14 f.; *Boyd*, ELR 1982, 493, 495.

[584] Wenngleich der Jurist eines Tochterunternehmens (zumeist) kein Angestellter des Mutterunternehmens ist und damit bei rein formeller Betrachtung auch nicht über die vom EuGH betonte „Abhängigkeit" durch das Angestelltenverhältnis verfügt, wird man wohl trotz allem im Sinne der EuGH Rechtsprechung den Schutz verweigern müssen, wenn ein wirtschaftliches Abhängigkeitsverhältnis besteht. Siehe zu dieser Problematik auch *Christoforou*, LIEI 1985/2, 1, 15 f.

[585] Beschluss des Präsidenten des Gerichts erster Instanz der Europäischen Gemeinschaften im Verfahren der einstweiligen Anordnung in der Rechtssache T 610/97 „Carlsen", Pressemitteilung Nr. 8/98 vom 03.03.1998.

[586] EuG „Interporc", Slg. 1999 II, 3521, 3541, Rn. 41.

schen Dienstes der Organe der Gemeinschaften verneint hat.[587] Als Begründung führte das Gericht an, dass die Europäischen Institutionen den Rechtsrat ihrer internen Rechtsdienste nicht mehr in Anspruch nehmen würden, wenn die Gefahr bestünde, dass deren Gutachten offen gelegt werden müssten.[588] Die Überzeugungskraft dieses Arguments ist klar erkennbar, die Parallelität der Situation eines Rechtsberaters im internen juristischen Dienst einer Europäischen Institution mit der eines Rechtsberaters in der (internen) Rechtsabteilung eines Unternehmens jedoch ebenso.

Das nach dem EuGH zweite entscheidende Kriterium für die Beschränkung der Privilegierung nur auf die Kommunikation mit unabhängigen Rechtsanwälten ist die Rolle Letzterer als „Mitgestalter der Rechtspflege".[589] Ob dies allerdings ausschließlich auf unabhängige Anwälte zutrifft, ist zweifelhaft. Auch und vielleicht gerade die Unternehmensjuristen helfen und nützen der Rechtspflege, indem sie die Unternehmen beraten und dabei unterstützen, die geltenden Gesetze im Allgemeinen und die kartellrechtlichen Regelungen im Besonderen zu kennen und zu respektieren.[590] Aufgrund ihrer direkten Verbindung zu Entscheidungsträgern innerhalb des Unternehmens, ihrer zumeist detaillierten Kenntnisse über die internen Abläufe und Strukturen sowie ihrer unmittelbaren Verfügbarkeit tragen sie in wesentlichem Maße dazu bei, ihren Arbeitgeber über wettbewerbskonformes bzw. -widriges Verhalten aufzuklären. Vor allem in großen Unternehmensvereinigungen besteht ein Bedarf nach Unternehmensjuristen, die oftmals eine wichtige Compliance Funktion ausüben und mit den dementsprechenden Befugnissen zur Durchsetzung der Rechtseinhaltung ausgestattet sind. Unternehmensjuristen die Rolle als Mitgestalter der Rechtspflege abzuerkennen, ist aus diesen Gründen im Ergebnis nicht überzeugend.

---

587 Beschluss des Präsidenten des Gerichts erster Instanz der Europäischen Gemeinschaften im Verfahren der einstweiligen Anordnung in der Rechtssache T 610/97 „Carlsen", Pressemitteilung Nr. 8/98 vom 03.03.1998 und EuG „Interporc", Slg. 1999 II, 3521, 3541, Rn. 41. Bei der Rechtssache „Carlsen" handelte es sich um den Juristischen Dienst des Rates und bei „Interporc" um den Juristischen Dienst der Kommission.

588 Vgl. Pressemitteilung Nr. 8/90 vom 03.03.1998.

589 Vgl. EuGH „AM & S", Slg. 1982, 1575, 1611 f., Rn. 24. *Schwarze* in Schwarze, Der gemeinsame Markt, S. 159, 171 und *Weiß*, S. 419, Fn. 1300 sehen in dem Merkmal des Anwalts als Mitgestalter der Rechtspflege und nicht in der Eigenschaft der Unabhängigkeit den maßgeblichen Grund des EuGH für die Ausgrenzung der Unternehmensjuristen.

590 Ebenso *Kolvenbach*, FS Pfeiffer, S. 683, 690; *Toepke*, AnwBl 1980, 315, 320.

b) Entwicklung einer angemessenen Lösung

aa) Angemessene Einbeziehung von Unternehmensjuristen

Eine konkrete Antwort auf die Frage, in welchem Umfang die Kommunikation mit Unternehmensjuristen unter den Schutzbereich der Privilegierung fallen sollte, kann unter Berücksichtigung der verschiedenen zu wahrenden Interessen bzw. Befürchtungen gegeben werden.

Wie schon erörtert, steht bei der Frage des legal professional privilege das private Mandanteninteresse am Schutz der vertraulichen Kommunikation mit seinem Rechtsberater im Vordergrund, und es dient ferner auch dem Interesse des Juristen, eine effektive Beratung gewährleisten zu können. Hiermit verknüpft ist das öffentliche Interesse an einer ordnungsgemäßen Rechtspflege, in welchem der Rechtsberater als präventives Mittel zur Vermeidung von Verstößen gegen Kartellvorschriften wirkt. Rechnung zu tragen ist allerdings auch den Befürchtungen der Kommission,[591] wonach Absicherungen dagegen bestehen müssen, dass Unternehmensjuristen geneigt sein könnten, das Privileg zu missbrauchen. Die identifizierten Interessen der Mandanten sowie des Unternehmensjuristen, das öffentliche Interesse an einer präventiven Rechtspflege und das Interesse der Kommission, einen Missbrauch zu verhindern, sind bei der Suche einer angemessenen Lösung zu berücksichtigen.

Bei dem von der Rechtsprechung bislang gewählten Schutzumfang, wonach a priori alle Unternehmensjuristen von der Privilegierung ausgenommen sind, trägt weder dem Mandanten- und Rechtsberaterinteresse noch dem öffentlichen Interesse an einer präventiven Rechtspflege ausreichend Rechnung. Unternehmensjuristen, die umfassende Kenntnisse über die internen Vorgänge haben, sind für die Unternehmen bei der rechtlichen Beratung nur schwer ersetzlich. Insbesondere nach Einführung des Systems der Legalausnahme müssen die Unternehmen mehr Verantwortung übernehmen und sind verstärkt auf Rechtsrat ihrer jederzeit verfügbaren und mit Interna vertrauten Juristen angewiesen.[592] Dem ent-

[591] Vgl. Schreiben Nr. 716 vom 11.04.2000 des Wettbewerbskommissars *Mario Monti* an den Präsidenten der ECLA, Brüssel. Siehe auch die Erklärung von Kommissar *Monti* am 05.09.2001 vor dem Europäischen Parlament, Sitzungsprotokoll vom 05.09.2001, S. 20.

[592] Die Vorsitzende des Rechtsausschusses des Europäischen Parlaments weist in einem Plädoyer für die Einbeziehung von Unternehmensjuristen in die Privilegierung mit deutlichen Worten auf die komplizierte Lage der Unternehmen nach dem Systemwechsel durch die Verordnung 1/2003 hin: „[...] Es wäre ungerecht, von Firmen zu erwarten, dass sie mehr Risiken und mehr Verantwortung übernehmen, ohne ihnen zu ermöglichen, sich von den Rechtsanwälten rechtlich beraten zu lassen, die am meisten über ihre Angelegenheiten wissen." Vgl. Europäisches Parlament, Ausschuss für Recht und Binnenmarkt, Entwurf einer Stellungnahme von *Ana Palacio Vallelersundi*, Dokument PE 294.954/9-64 vom 17.05.2001, S. 13–15.

spricht ihr Interesse, dass auch die Korrespondenz mit dem internen Rechtsberater von dem Zugriff der Kommission ausgenommen ist. Andernfalls hätte dies zur Folge, dass die Unternehmen mit ihren internen Beratern nicht offen problematische Fragen mit Kartellbezug besprechen können, da sie Gefahr laufen, dass dieses Material in einem eventuell späteren Verfahren gegen sie verwendet werden wird. Fehlende Offenheit mindert die Qualität der Rechtsberatung und verhindert den leichten und selbstverständlichen Zugang zum Recht. Die Unternehmensjuristen vermögen der ihnen zukommenden Aufgabe, präventiv zur Vorbeugung von Wettbewerbsverstößen beratend Einfluss zu nehmen, ohne einen Schutz der Kommunikation nicht in effektiver Weise gerecht zu werden, und dadurch wächst die Gefahr von (aus Unkenntnis begangenen) Rechtsverletzungen, was wiederum nicht im Sinne des öffentlichen Interesses an einer effektiven Rechtspflege liegen kann. Insofern wird man den durch das Privileg geschützten drei Interessen nur gerecht, wenn Unternehmensjuristen nicht a priori von dem Schutz der Vertraulichkeit ausgenommen sind.

Bei einer grundsätzlichen Einbeziehung der Unternehmensjuristen gibt es jedoch zwei denkbare Lösungsmodelle, die unterschieden werden müssen und darauf hin zu untersuchen sind, ob sie dem Interesse der Kommission, die Missbrauchsgefahr einzudämmen, Rechnung tragen. Es besteht einerseits die Möglichkeit, allen in einem Unternehmen arbeitenden Juristen, die rechtlich beraten, den Schutz ihrer Kommunikation zu gewährleisten. Andererseits könnte man nur die Korrespondenz mit Unternehmensjuristen, die einer Standesorganisation angehören, privilegieren.

Den Standesregeln der rechtsberatenden Berufe wohnt inne, dass sie von Standesorganisationen, die mit Disziplinargewalt ausgestattet sind, überwacht werden. Die Adressaten sind durch sie verpflichtet, ihre Mandanten in rechtmäßiger, unabhängiger und mit dem öffentlichen Interesse zu vereinbarender Weise zu beraten und zu verteidigen. Diesen Regeln kann im Wege von drohenden Disziplinarmaßnahmen, so zum Beispiel dem Ausschluss aus der Kammer, Geltung verschafft werden. Vielen Unternehmen ist es auch wichtig, dass ihre angestellten Juristen zugelassene Rechtsanwälte sind. Dies findet beispielsweise oftmals auch Eingang in den Arbeitsvertrag.

Bei der Lösung, dass alle Unternehmensjuristen, auch solche ohne standesrechtliche Bindung, der Privilegierung unterfallen, würde man den Befürchtungen der Kommission (und des Gerichtshofs[593]) hinsichtlich der Missbrauchsgefahr nicht in ausreichendem Maße Rechnung tragen. In diesem Fall unterlägen Unternehmensjuristen keinen konkreten und durchsetzbaren Regeln, die ein Verhalten des Juristen, das mit Allgemeininteressen im Einklang steht, fordern.

---

593 Vgl. oben Teil 4, B. II. 1.

Vor dem Hintergrund, dass die Anerkennung des legal privilege zugleich eine Ausnahme vom umfassenden Zugriff der Kommissionsbeamten nach Art. 18 und 20 VO 1/2003 darstellt, ist ihr Wunsch nach einer Absicherung gegen die Gefahr eines Missbrauchs durch Unternehmensjuristen nachvollziehbar und auch angemessen. Bei selbständigen Anwälten bieten die Standesregeln nach dem EuGH eine ausreichende Absicherung gegen missbräuchliches Verhalten.[594] Sofern Unternehmensjuristen diesen unterworfen sind, befinden sie sich in der vergleichbaren Position wie unabhängige Anwälte: Sie wissen, dass jegliches missbräuchliches Verhalten als Jurist für sie persönlich keineswegs folgenlos bleiben muss. Vielmehr drohen ihnen Disziplinarmaßnahmen durch die jeweilige Standesorganisation bis hin zum Ausschluss aus der Kammer. Vor dem Hintergrund, dass die Anwaltszulassung in vielen Unternehmen Voraussetzung für die Beschäftigung des Juristen ist, stellt die Möglichkeit des Ausschlusses aus der Kammer eine ernstzunehmende Drohung dar, die zur Einhaltung der Standesregeln beiträgt. Die mit den Berufsregeln verbundene Standesaufsicht und disziplinarische Überwachung bieten daher grundsätzlich eine angemessene Gewähr gegen eine missbräuchliche Ausnutzung des Privilegs.[595]

Aus einer sehr praktischen Perspektive könnte gegen die Ausdehnung des Anwaltsprivilegs auf zugelassene Unternehmensjuristen eingewandt werden, dass es der Kommission im Zuge der Durchführung einer Nachprüfung mehr Probleme als früher bereiten würde, privilegierte Korrespondenz zu erkennen. Während bei einem Unternehmen befindliche externe Anwaltskorrespondenz zumeist mit einem Briefkopf deutlich als rechtsberatende Korrespondenz für Ermittlungsbeamte erkennbar ist, ist dies bei interner Kommunikation seitens eines Unternehmensjuristen bzw. an einen Juristen nicht notwendigerweise der Fall. Diese Abgrenzungsprobleme bestehen jedoch seit der „Hilti" Rechtsprechung grundsätzlich schon jetzt, weil danach auch (interne) Dokumente, die lediglich externen Rechtsrat wiedergeben, privilegiert sind. Zudem ist das Problem der Erkennbarkeit grundsätzlich dadurch lösbar, dass die Unternehmensjuristen ihre Korrespondenz als rechtliche Beratung von einem zugelassenen Rechtsanwalt und als vertraulich kennzeichnen können und im eigenen Interesse auch werden bzw. sie schon jetzt als solche kennzeichnen.

Gegen das Lösungsmodell, zugelassene Unternehmensjuristen unter den Schutz zu fassen, einzuwenden, es gäbe kein einheitliches Bild des Unternehmensjuristen, auf das sich bei der Bestimmung des allgemeinen

[594] EuGH „AM & S", Slg. 1982, 1575, 1611 f., Rn. 24.

[595] Vgl. insoweit *zur Hausen*, AnwBl 1980, 321, 325; *Steinebach*, AnwBl 1982, 527, 528; siehe auch BVerfGE 33, 367, 383 f.

Rechtsgrundsatzes gestützt werden könnte,[596] kann nicht überzeugen. Denn dabei bleibt unberücksichtigt, dass die Gewinnung von Grund- und Verfahrensrechten im Gemeinschaftsrecht unter Berücksichtigung verschiedener nationaler Rechtsordnungen erfolgt, ohne dass dabei eine Bindung an eine nationale Regelung besteht.[597] Der Bestimmung der Reichweite eines gemeinschaftsrechtlichen Rechtsgrundsatzes steht nicht grundsätzlich einer Bezugnahme auf Kriterien entgegen, die sich aus einer Untersuchung der Situation in dem jeweiligen Mitgliedstaat ergeben, solange sie nicht willkürlich sind. Da sich vorliegend an nachprüfbarem Berufs- und Standesrecht orientiert würde, ist dieses Erfordernis gegeben.

Problematisch könnte bei dem Lösungsmodell, nach dem nur bei einer Standesorganisation zugelassene Unternehmensjuristen in die Privilegierung einbezogen werden, sein, dass dies eine Diskriminierung je nach Mitgliedstaat und der dort gewährten Funktion eines Unternehmensjuristen zur Folge hat.[598] Tatsache ist, dass zwar in Deutschland und England die Mitgliedschaft in einer Standesorganisation mit der Anstellung in einem Unternehmen vereinbar ist, in anderen Mitgliedstaaten, zum Beispiel Frankreich, Italien und Luxemburg, jedoch nicht.[599] Gleichzeitig ist jedoch der derzeit noch vertretene persönliche Schutzbereich auch nicht frei von Diskriminierungen: So werden zugelassene Rechtsanwälte je nachdem, ob sie in einem Unternehmen oder einer Kanzlei arbeiten, unterschiedlich behandelt.

Wollte man alle Unternehmensjuristen in der Union gleichbehandeln und allen mangels Zulassungsmöglichkeit in einigen Ländern die Privilegierung verweigern, würde dies bedeuten, dass sich die Gewinnung des allgemeinen Rechtsgrundsatzes für den Umfang des Schutzes vertraulicher Kommunikation am Niveau des kleinsten gemeinsamen Nenners in den Mitgliedstaaten orientieren müsste. Dies würde jedoch der spezifischen Situation des Kartellverfahrens nicht Rechnung tragen[600] und entspricht auch nicht der vom Gerichtshof entwickelten und praktizierten Methodik der Rechtsgewinnung.[601] Lediglich zusätzlich ist zu bedenken, dass im Bereich der freien Berufe ein Abweichen vom Prinzip der Harmo-

---

596 So die Kommission, Bull. EG 6-1983, S. 46; *Faull*, ELR 1983, 411, 411 f.; *Weiß*, S. 418.

597 Vgl. oben zu der Methodik der Rechtsgewinnung Teil 3, B. II. 1.

598 Vgl. *Alfes*, S. 169.

599 Für eine Übersicht zu Ländern, in denen angestellte Juristen nicht zur Anwaltschaft zugelassen werden, siehe die Ausführungen des GA *Slynn* in seinen Schlussanträgen zu der Rechtssache „AM & S", Slg. 1982, 1575, 1655. In einigen Ländern werden sie zwar zugelassen, aber nur unter bestimmten Bedingungen; vgl. *Kolvenbach*, Legal Department, S. 41; *Usher*, Journal of Business Law 1982, 398, 400.

600 Vgl. GA *Slynn* in seinen Schlussanträgen zu der Rechtssache „AM & S", Slg. 1982, 1575, 1650.

601 Siehe oben Teil 3, B. II. 1.

nisierung der Regelungen und ein Übergang in Richtung gegenseitiger Anerkennung der jeweiligen mitgliedstaatlichen Standards zu verzeichnen ist,[602] in dessen Lichte auch das vorliegende Problem gesehen werden muss. Selbst wenn es langfristig gesehen wünschenswert wäre, dass Unternehmensjuristen in allen Mitgliedstaaten der Europäischen Union die Möglichkeit bekämen, sich in der anwaltlichen oder einer ähnlichen Berufsorganisation zuzulassen, schließt dies nicht grundsätzlich eine mittelfristige Lösung aus, die lediglich die Kommunikation mit zugelassenen Unternehmensjuristen schützt und die in jedem Fall besser ist als der Status quo.

Es ist somit zulässig und auch verfahrensrechtlich geboten, den Rechtsberater, der für ein Unternehmen tätig ist und derartigen Standesregeln unterworfen ist, gleich zu behandeln wie den unabhängigen Rechtsanwalt und in den Anwendungsbereich des Schutzes vertraulicher Korrespondenz einzubeziehen.[603]

Eine Einschränkung besteht jedoch dahingehend, dass nur diejenige Korrespondenz dem Schutz der Vertraulichkeit unterfällt, die mit einem Juristen in seiner Funktion als Rechtsberater getätigt wurde.[604] Sofern ein Geschäftsführer oder Vorstandsmitglied eines Unternehmens darüber hinaus auch zugelassener Jurist ist, ist deswegen nicht seine Korrespondenz mit anderen Mitarbeitern des Unternehmens vom Zugriff der Ermittlungsbehörden ausgenommen. Diese Tätigkeit ist keine rechtsberatende, sondern umfasst die Wahrnehmung rein unternehmerischer Aufgaben.

Es kann festgehalten werden, dass es sinnvoll und angemessen wäre, auch rechtsberatend tätige und einer Standesorganisation angehörende Unternehmensjuristen in den Schutzbereich der Vertraulichkeit der Korrespondenz zwischen dem Mandanten und dem Rechtsberater zu fassen.

---

[602] Vgl. dazu allgemein *Neßler*, NVwZ 1995, 863, 864. Siehe auch die Richtlinie 77/249/EWG vom 22.03.1977, ABl. 1977, L 78/17, in der das Anerkennungsprinzip deutlich zum Ausdruck kommt. Auch aus Gründen des Subsidiaritätsprinzips ist bei der vorliegenden Frage der Anwaltsprivilegierung für Unternehmensjuristen eine einheitliche Gestaltung der Rechte durch eine europäische Regelung nicht anzustreben.

[603] Ebenso GA *Slynn*, EuGH „AM & S“, Slg. 1982, 1575, 1655; *Kolvenbach*, FS Werner, S. 405, 412/422; *Gillmeister*, S. 218; *Gumbel*, S. 177; a. A. *Weiß*, S. 417, der diese Lösung aus oben diskutierten Gründen der Rechtsunsicherheit ablehnt. Noch weiter als die hier vertretene Lösung geht die Forderung der American Bar Association, die der Europäischen Kommission nahe legte, allen Unternehmensjuristen die Privilegierung zuzugestehen: „[...] the American Bar Association requests the Commission of the European Communities to study and extend the Attorney-Client Privilege to house counsel, whether of member states of the communities, or otherwise.“ (Beschluss der American Bar Association – Report 301 –, zitiert nach *Kolvenbach*, FS Werner, S. 421, Fn. 41).

[604] Vgl. auch GA *Slynn*, Schlussanträge zu der Rechtssache „AM & S“, Slg. 1982, 1575, 1655; *Kerse*, E. C. Antitrust Procedure, S. 358, Rn. 8.20; *Roxin*, NJW 1992, 1129, 1134.

Anders ist jedoch die Situation der Unternehmensjuristen, die keiner Standesorganisation angehören. Der mit ihnen geführte Schriftwechsel unterfällt nicht dem Schutz des legal privilege.

bb) Konkrete Lösungsvorschläge

Für eine Anpassung des persönlichen Schutzumfanges auf zugelassene Unternehmensjuristen lassen sich zwei praktikable Lösungswege erkennen, die sich ergänzen. Zum einen wäre langfristig gesehen eine vernünftige Lösung, Unternehmensjuristen aller Mitgliedstaaten die Zulassung zu anwaltlichen oder vergleichbaren Standesregeln und damit die Berufung auf das legal privilege zu ermöglichen. Zum anderen dient mittelfristig die Einbeziehung der Korrespondenz mit solchen Unternehmensjuristen, die schon jetzt zur Anwaltschaft zugelassen sind, der Anpassung des Schutzbereichs der Privilegierung.

Bezüglich der ersten Variante wäre grundsätzlich eine Angleichung dahingehend hilfreich, dass auch Unternehmensjuristen in denjenigen Mitgliedstaaten, die dies bislang noch nicht vorsehen, sich einer anwaltlichen oder vergleichbaren Berufsorganisation anschließen können und damit einem Standesrecht mit Regeln und einer Disziplinargewalt unterliegen. Dadurch würde der oben besprochenen Ungleichbehandlung der Unternehmensjuristen in den einzelnen Mitgliedstaaten begegnet, die ihren Ursprung in den unterschiedlichen gesetzlichen Rahmen für selbständige und angestellte Juristen hat. Auf europäischer Ebene existiert die European Company Lawyers Association (ECLA), die von den nationalen Vereinigungen der Unternehmensjuristen einiger Mitgliedstaaten[605] gegründet wurde und ihre Dachorganisation bzw. Repräsentanz auf europäischer Ebene darstellt. ECLA hat sich zwar 1992 den sogenannten „Europäischen Standesregeln“ einer anderen Organisation, des Rates der Anwaltschaften der Europäischen Gemeinschaft, angeschlossen,[606] die jedoch nicht die Voraussetzungen von wirkungsvollen Standes- und Berufspflichten erfüllen.[607] So sehen sie beispielsweise keinerlei Disziplinarmaßnahmen vor, und es fehlt an einem unabhängigen Organ, das die Ein-

[605] Im Jahre 1983 gründeten die nationalen Vereinigungen der Unternehmensjuristen in Belgien, Deutschland, Frankreich, Italien, den Niederlanden und dem Vereinigten Königreich die ECLA. Mittlerweile sind auch die irische, dänische, finnische und spanische Vereinigungen ihre Mitglieder.

[606] Vgl. *Dolmans/Eichler/Müller-Ibold*, AnwBl 1999, 493, 497.

[607] Vgl. zu den Anforderungen an wirkungsvolle Standes- und Berufsregeln oben Teil 4, C. III. 1. b) aa). Siehe auch *Dolmans/Eichler/Müller-Ibold*, AnwBl 1999, 493, 497, die die europäischen Standesregeln zwar als „günstige Ausgangslage“ für den Erlass von EU-weiten Standesregeln bezeichnen, anschließend jedoch noch Voraussetzungen nennen, die bei den Standesregeln zusätzlich erfüllt sein müssten, wie die Annahme und Anwendung von Disziplinarregeln.

haltung der aufgestellten Regeln und Pflichten überprüfen kann. Insofern stellen die „Europäischen Standesregeln" zwar möglicherweise eine Basis für eine Harmonisierung dar, sie reichen aber in ihrer heutigen Form zur Absicherung der Privilegierung nicht aus. Erforderlich ist mithin, dass die Mitgliedstaaten Lösungen finden, um den Unternehmensjuristen entweder die Zulassung zur Anwaltschaft oder zu ähnlichen Berufsorganisationen mit vergleichbaren Pflichten und disziplinarischen Regeln zu ermöglichen. Da eine solche Angleichung aufgrund der gewachsenen Unterschiede in den einzelnen Mitgliedstaaten Zeit benötigt, stellt sie lediglich ein langfristiges Ziel dar.

Mittelfristig ist notwendig, dass die Neuregelung des Kartellverfahrensrechts in der Verordnung 1/2003 bezüglich des Umfangs des legal privilege eine klarstellende Konkretisierung erfährt. Eine Basis für eine Regelung der Problematik stellt der im Frühjahr/Sommer 2001 in den Ausschüssen des Europäischen Parlaments für Wirtschaft und Währung sowie für Recht und Binnenmarkt diskutierte Textvorschlag[608] dar, der zugelassenen Unternehmensjuristen den gleichen Vertrauensschutz gewährt wie externen Anwälten. Der Vorschlag, den das Parlament in ähnlicher Form bereits in anderem Zusammenhang im April 1999 gebilligt hatte,[609] lautete wie folgt:

> „Kontakte zwischen einem Klienten und einem externen oder internen Rechtsbeistand zwecks Rechtsberatung sind vertraulich, wenn der Rechtsbeistand ordnungsgemäß zugelassen ist und angemessenen ethischen und disziplinarischen berufsständischen Regeln entspricht, die im Interesse der Allgemeinheit von einer berufsständischen Organisation, der der Rechtsbeistand angehört, aufgestellt und durchgesetzt werden."[610]

In einer Parlamentsdebatte hierzu am 5. September 2001 erklärte der damalige Wettbewerbskommissar Mario Monti, die Kommission werde in Zukunft davon absehen, die Rechtsgutachten der Syndikusanwälte zur Begründung eines erhöhten Bußgeldes heranzuziehen, wenn das Parlament diesen Vorschlag ablehne.[611] So geschah es,[612] mit der Folge, dass die heutige Version der Kartellverfahrensverordnung 1/2003 keine Regelung des legal privilege enthält. Dabei reichte die Aussage des Wettbewerbskommissars keineswegs zur Lösung der Problematik aus, da sie

---

608 Sitzungsdokument des Europäischen Parlaments vom 21.06.2001, Nr. A5-0229/2001 (sogenannter „Evans-Bericht"), Änderungsantrag 10.

609 Parlamentsdokument Nr. A4-0137/99, Parlamentsprotokoll vom 15.04.1999.

610 Sitzungsdokument des Europäischen Parlaments vom 21.06.2001, Nr. A5-0229/2001 (sogenannter „Evans-Bericht"), Änderungsantrag 10.

611 Erklärung des Wettbewerbskommissars *Mario Monti* in der Sitzung des Europäischen Parlaments vom 05.09.2001, vgl. insoweit auch die Berichterstattung bei *Eichler/Peukert*, AnwBl 2002, 189, 197.

612 Vgl. die Darstellung bei *Eichler/Peukert*, AnwBl 2002, 189, 197.

sich nur auf die Verwertung von Unterlagen der Unternehmensjuristen für die Begründung eines erhöhten Bußgeldes bezieht. Nach wie vor behält sich die Kommission das Recht vor, Einsicht in Rechtsberatungsakten der Unternehmensjuristen zu nehmen, diese zu befragen und die so gewonnenen Erkenntnisse als Ermittlungsgrundlage zu verwenden.[613] Insofern ist es bedauerlich, dass das Parlament den ursprünglichen Änderungsvorschlag nicht weiter verfolgt hat.

Die obige Formulierung des Parlaments stellt eine vielversprechende Basis für eine angemessene Regelung des Schutzumfangs der Privilegierung dar. Es ist sinnvoll, auch den Informationsaustausch zwischen Mandant und Unternehmensjuristen, die in dem Mitgliedstaat berufsständischen Regeln unterworfen sind, vor dem Zugriff der Kommission zu schützen. Mithin ist die deutliche Einbeziehung von ihnen eine gute und dringend nötige Lösung.

Möglicherweise wird solch eine Anerkennung des legal privilege für zugelassene Unternehmensjuristen auf Gemeinschaftsebene schon aufgrund ihrer Anreizwirkung für eine weitgehende Harmonisierung der Regelungen in den Mitgliedstaaten sorgen. Für Länder, in denen Unternehmensjuristen bislang nicht Rechtsanwälte werden und sich damit nicht in die Anwaltschaft integrieren können, wird eine solche Erweiterung des Schutzbereichs ein Anreiz sein, eine eigene Berufsordnung anzunehmen, um so angestellten Juristen in ihrem Staat die Privilegierung zu ermöglichen. Auf diese Weise wäre auch dem langfristigen Ziel einer weitgehenden Angleichung der Rechtsstellung von Unternehmensjuristen durch entsprechende berufsständische Regelungen gedient. Insofern ergänzen sich die mittelfristig und langfristig vorzunehmenden Handlungen und Maßnahmen.

2. Erfordernis der Zulassung in einem Mitgliedstaat der Europäischen Union

Ein weiteres und in der Literatur umstrittenes[614] Problemfeld ist die vom Gerichtshof in der „AM & S“ Entscheidung angeführte Einschränkung,[615] wonach der Schutz für vertrauliche Anwaltskommunikation nur

[613] Dies wandte auch der stellvertretende Vorsitzende des Rechtsausschusses, *Rainer Wieland,* ein: Europäisches Parlament, Protokoll der Sitzung vom 05.09.2001. Siehe auch die Darstellung bei *Eichler/Peukert*, AnwBl 2002, 189, 197.

[614] Vgl. nur *Alfes*, S. 169 f.; *Beutler,* RIW 1982, 820, 823 f.; *Forrester*, CMLR 1983, 75, 83.

[615] EuGH „AM & S“, Slg. 1982, 1575, 1612, Rn. 25. Im Vorfeld der Entscheidung wurde nicht ausgiebig über diese Problematik diskutiert. Die zur Debatte stehende Korrespondenz wurde zwar in dem Verfahren nicht offengelegt, die Schlussanträge des GA *Slynn* zu der Rechtssache „AM & S“ (Slg. 1982, 1575, 1642 f.) enthalten jedoch vorangestellt eine Kategorisierung der problematischen Schriftstücke, in denen auch die Korrespondenz mit Drittstaatenanwälten, vermutlich australischen Anwälten, ent-

beansprucht werden kann, wenn der Rechtsberater in einem Mitgliedstaat der Gemeinschaft zugelassen ist. Praktische Bedeutung gewinnt diese Thematik aufgrund des von der Rechtsprechung anerkannten und der Kommission praktizierten Auswirkungsprinzips,[616] wonach auch Verfahren gegen Unternehmen aus Drittstaaten möglich sind, sofern von ihnen begangene wettbewerbswidrige Verhaltensweisen sich innerhalb der Union auswirken. Auch diese Unternehmen benötigen anwaltlichen Beistand, und sie greifen dafür oftmals auf ihre eigenen Anwälte, die in dem Drittstaat niedergelassen sind, zurück. Dabei stellt sich die Frage, inwieweit auch die hierbei geführte Korrespondenz vor dem Zugriff der Kommission geschützt sein sollte.

Der EuGH begründet die Einschränkung des Schutzes auf in Mitgliedstaaten zugelassene Anwälte mit den festgelegten Grenzen, die in den gemeinsamen Rechtsvorschriften zum Rechtsanwaltsberuf zum Ausdruck kommen.[617] Er bezieht sich dabei auf die Richtlinie 77/249 des Rates[618] zur Erleichterung der tatsächlichen Ausübung des freien Dienstleistungsverkehrs der Rechtsanwälte.[619]

Kritik an dieser Auslegung kommt insbesondere von amerikanischer Seite, wo Anwälte aus der Europäischen Union ungehinderten Zugang zum amerikanischen Markt erhalten und auch den Schutz des dortigen „attorney-client privilege" genießen,[620] umgekehrt aber die Korrespondenz mit amerikanischen Anwälte nach der „AM & S" Entscheidung mangels Zulassung in einem Mitgliedstaat im Gemeinschaftsrecht nicht dem Schutz der Vertraulichkeit unterfällt.

Klarstellend sollte an dieser Stelle erwähnt werden, dass der Bezug des EuGH auf die Dienstleistungs-Richtlinie nicht bedeutet, dass nur Anwälte mit der Staatsangehörigkeit eines der Mitgliedstaaten von der Privilegierung erfasst sind. Entscheidend ist für den Gerichtshof vielmehr das

---

halten ist (zum Beispiel Schriftstücke Nr. 2 und 3). Während der englische Wortlaut in dem Urteil „AM & S" „entitled to practice" noch Raum für die Auslegung ließe, dass eventuell auch ein Drittstaatenanwalt, der rechtmäßig in der EU berät, von dem Schutz erfasst ist, lässt der französische Text „avocat inscrit au barreau" keinen Zweifel mehr an dem Erfordernis der Zulassung in einem der Mitgliedstaaten.

616 Nach Ansicht der Kommission richtet sich der Anwendungsbereich des EG-Kartellrechts nach dem Auswirkungsprinzip (vgl. Immenga/Mestmäcker-*Rehbinder*, EG-Wettbewerbsrecht, Bd. I, Einl., Rn. 59 m. w. N.). Der Europäische Gerichtshof ist zwar begrifflich zurückhaltend, die von ihm gewählte Hilfskonstruktion der Durchführung eines Kartells oder sonstigen Verstoßes innerhalb der Union entspricht jedoch im Wesentlichen dem Auswirkungsprinzip (vgl. statt vieler EuGH „Zellstoff", Slg. 1988, 5193, 5242 f., Rn. 12 f.).

617 EuGH „AM & S", Slg. 1982, 1575, 1612, Rn. 26.

618 Richtlinie 77/249 des Rates vom 22.03.1977, ABl. 1977, L 78, S. 17 f.

619 EuGH „AM & S", Slg. 1982, 1575, 1612, Rn. 26.

620 Vgl. *Taylor/Vermulst*, The International Lawyer 1987, 43, 58; *Barsade*, The International Lawyer 1994, 313, 324.

Kriterium der Zulassung in einem Mitgliedstaat. Sofern Staatsbürger aus Drittstaaten zur Rechtsanwaltschaft zugelassen werden können, wie es in einigen Mitgliedstaaten der Fall ist,[621] fallen auch sie bei erfolgter Zulassung unter den Schutz der Vertraulichkeit. Der Schutz gilt nach dem EuGH folglich unabhängig von der Staatsangehörigkeit, aber abhängig von der Zulassung in einem Mitgliedstaat.[622]

Inhaltlicher Ansatzpunkt der Kritik ist allerdings, dass mit der von dem Gerichtshof gewählten Einschränkung Anwälte aus Drittstaaten mit einem vergleichbaren Status als Organ der Rechtspflege und ihm korrespondierenden Verhaltens- und Standesregeln wie Rechtsberater in der Gemeinschaft gegenüber Letzteren diskriminiert werden.[623] Hiergegen kann man noch einwenden, dass die unterschiedliche Behandlung nicht unmittelbare Folge einer diskriminierenden Handlung, sondern Folge des Anwendungsbereichs der Grundfreiheiten ist.[624] Deren Anwendung ist als Grundlage des Gemeinsamen Marktes auf Personen im räumlichen Geltungsbereich der Verträge beschränkt.[625]

Eine kategorische Ausgrenzung der rechtsberatenden Korrespondenz mit Drittstaatenanwälten widerspricht allerdings dem Schutzzweck des legal privilege.[626] Das Verhältnis eines Mandanten mit einem Drittstaatenanwalt ist aus den gleichen Erwägungen schützenswert wie dasjenige mit einem Anwalt, der in einem Mitgliedstaat der Europäischen Union zugelassenen ist. Die effektive Beratung durch einen Drittstaatenanwalt setzt eine ebenso rückhaltlose Offenheit der Mandanten voraus und trägt auch präventiv zu einer Verhinderung von Kartellverstößen bei. Insofern ist die rechtsberatende Korrespondenz mit einem Drittstaatenanwalt

---

621 So zum Beispiel in Deutschland, wo die deutsche Staatsangehörigkeit nach § 4 BRAO keine Voraussetzung für die Zulassung zur Anwaltschaft ist (vgl. *Feuerich/Braun*, § 4 BRAO, Rn. 3). Ähnliche Regelungen gibt es in Frankreich und zum Teil auch in Belgien, sofern bilaterale Abkommen eine Gegenseitigkeit der Anerkennung vorsehen, vgl. *Christoforou*, LIEI 1985/2, 1, 21.

622 Zweifel an dieser Feststellung ergeben sich allerdings aus der Tatsache, dass die Grundfreiheiten der Niederlassungsfreiheit nach Art. 43 EGV und des freien Dienstleistungsverkehrs nach Art. 49 EGV auf die Staatsangehörigkeit abstellen, so dass der Gedankengang des EuGH nicht ganz frei von Widersprüchen ist. Vom Ergebnis her ist allerdings aus den Äußerungen des Gerichtshofs in seiner „AM & S" Entscheidung klar, dass nur die *Zulassung* in einem Mitgliedstaat Voraussetzung für das Privileg ist, vgl. EuGH „AM & S", Slg. 1982, 1575, 1612, Rn. 25. Im Ergebnis ebenso *Fischer/Iliopoulos*, NJW 1983, 1031, 1034; *Kerse*, E. C. Antitrust Procedure, S. 355 f., Rn. 8.18.

623 Dieses Problem ansprechend: *Kerse*, E. C. Antitrust Procedure, S. 356 f., Rn. 8.18; *Usher*, Journal of Business Law 1982, 398, 400.

624 Dies als Rechtfertigung für die Ausgrenzung von Drittstaatenanwälten anführend *Beutler*, RIW 1982, 820, 824; *Fischer/Iliopoulos*, NJW 1983, 1031.

625 Siehe *Beutler*, RIW 1982, 820, 824.

626 Im Ergebnis ebenso *Forrester*, CMLR 1983, 75, 83; *Gillmeister*, S. 219; a. A. *Gumbel*, S. 178 f.; *Schwarze* in Schwarze, Der Gemeinsame Markt, S. 159, 172.

ebenso schützenswert wie diejenige mit einem zugelassenen Rechtsberater in der Union.

Bei einer Ausdehnung des Privilegs auf Anwälte aus Drittstaaten müsste natürlich sichergestellt sein, dass wirksame Standesregeln in den jeweiligen Staaten bestehen. Wegen der Vielfältigkeit juristischer Berufe in der Welt setzt diese Sicherheit, die als Gegenstück zu dem verbürgten Schutz der Vertraulichkeit erforderlich ist, eine genaue Betrachtung der jeweiligen Situation in den einzelnen Drittstaaten voraus. Diese kann zum Beispiel in bi- oder multilateralen Vereinbarungen, in größeren länderspezifischen Untersuchungen oder im konkreten Einzelfall erfolgen.

Im Anschluss an die „AM & S" Entscheidung des Gerichtshofs hatte die Europäische Kommission Mitte der 80er Jahre internationale Verhandlungen, vor allem mit den Vereinigten Staaten, vorgeschlagen.[627] Der Rat hat jedoch den Vorstoß nicht weiter verfolgt,[628] so dass bis heute keine Übereinkunft besteht, die den Schutz der Vertraulichkeit der Kommunikation beispielsweise mit amerikanischen Anwälten regelt.[629] Hervorzuheben ist aber, dass die Kommission in der Praxis der Korrespondenz mit unabhängigen Anwälten aus Drittstaaten schon jetzt in vergleichbarer Weise Schutz gewährt wie dem Schriftwechsel mit mitgliedstaatlichen Anwälten.[630]

IV. Verfahrensrechtliche Umsetzung und Absicherung des Schutzes vertraulicher Rechtsberaterkorrespondenz

Dem Schutz vertraulicher Kommunikation zwischen Rechtsanwalt und vom Kartellverfahren betroffenen Unternehmen ist nur gedient, wenn die Kommission bei Einsatz keines ihrer Ermittlungsinstrumente Einblick in die Dokumente und Informationen, die zur Rechtsberatung bestimmt sind, erhält.

Insoweit unterscheidet sich die Situation auch von derjenigen beim Auskunftsverweigerungsrecht wegen der Gefahr der Selbstbezichtigung. Den Betroffenen steht ein solches Auskunftsverweigerungsrecht im Falle der Verpflichtung zur Preisgabe selbstbelastender Informationen etwa im Rahmen von Auskunftsverlangen oder mündlichen Erklärungen bei Nachprüfungen zu. Sie haben aber keine Möglichkeit zu verhindern, dass

[627] Siehe 13. Wettbewerbsbericht der Europäischen Kommission (1983), S. 68, Nr. 78; *Kerse*, E. C. Antitrust Procedure, S. 356, Fn. 13. Vgl. zu den möglichen Kompetenznormen für ein Tätigwerden der Kommission *Faull*, ELR 1983, 411, 414.

[628] Vgl. auch Kommission, Bull EG 6-1983, S. 46/13; *Guerrin/Kyriazis*, Fordham International Law Journal 1992–1993, 266, 338.

[629] So ist es auch nicht in das Kooperationsabkommen der EG mit den USA über Wettbewerbsfragen eingegangen (95/145/EG,EGKS), ABl. 1995, Nr. L 95, S. 45.

[630] Vgl. *Ritter/Braun*, S. 1078, Fn. 366. Denkbar ist auch, dass die Kommission eine Positivliste amtlich verabschiedet, in der geregelt ist, welchen Drittstaatenanwälten sie die Privilegierung zugesteht.

die Kommission im Wege der Nachprüfung nach Art. 20 VO 1/2003 unter Beteiligung nationaler Behörden vorgeht und dabei Beweismaterial findet. Bei solcherart geführten Nachprüfungen liegt kein Fall der erzwungenen Selbstbezichtigung vor, da es vom Adressaten nur ein rein passives Dulden der Ermittlungsmaßnahme fordert. Hingegen ist für einen effektiven Schutz vertraulicher Anwaltskorrespondenz gerade der darauf gerichtete Zugriff der Kommission im Rahmen einer Nachprüfung ein Problem. Denn bei dem geschützten Informationsaustausch zwischen Rechtsberater und Mandant geht es darum, dass der Ermittlungsbehörde jeglicher Zugriff auf die Unterlagen versagt bleibt. Dies gilt gerade bei Nachprüfungen. Während sich somit das Auskunftsverweigerungsrecht gegen bestimmte Wege der Beweiserhebung richtet, wendet sich die Vertraulichkeit der Kommunikation mit dem Rechtsberater schon gegen die Kenntnisnahme durch die Ermittlungsbehörden.

Insofern ist bei der hier problematisierten Frage von elementarer Bedeutung, wem die Entscheidung über das Vorliegen der Schutzvoraussetzungen zukommt.

Den Interessen der Unternehmen wird man nicht gerecht, wenn Kommissionsbedienstete zunächst Einblick in den Inhalt fraglicher Unterlagen erhalten und im Anschluss daran selbst entscheiden dürfen, welche Dokumente unter die Privilegierung fallen. Genau dieses Recht nehmen die Kommissionsbeamten jedoch offenbar für sich in Anspruch, wie der Beschluss in der Rechtssache „Akzo/Akcros“ zeigt.[631] Darin hatten Beamte bei einer Nachprüfung den Unternehmensmitarbeitern erklärt, sie wären berechtigt, erst einen Blick auf die Dokumente zu werfen, um über die Privilegierung entscheiden zu können.[632] Dass die Kommissionsbeamten ihr Wissen nach einem solchen Einblick in die Unterlagen wieder „vergessen“, ist ebenso wenig realistisch, wie es beim Auskunftsverweigerungsrecht ist. Auch das von der Kommission in der Rechtssache „AM & S“ vorgebrachte Argument, ein Beamter erfülle niemals in ein und derselben Sache nacheinander die Funktion eines Inspektors und des Auswertenden der gewonnenen Erkenntnisse (Berichterstatters),[633] ist mittlerweile überholt, da die Kommission nicht mehr in getrennten Direktionen bzw. Abteilungen für die Durchführung von Nachprüfungen und deren Auswertung unterteilt ist.[634] Außerdem wäre nicht sichergestellt, dass der

[631] Vgl. die Beschreibung der Vorgehensweise der Kommission in der Nachprüfung, die Anlass für den Beschluss des Präsidenten des EuG vom 30.10.2003 „Akzo/Akcros“, Rs. T-125/03 R und T-253/03 R, Rn. 4.

[632] Beschluss des Präsidenten des EuG vom 30.10.2003 „Akzo/Akcros“, Rs. T-125/03 R und T-253/03 R, Rn. 4 war.

[633] Vgl. die Wiedergabe des Vortrags der Kommission, EuGH „AM & S“ Slg. 1982, 1575, 1593.

[634] Vgl. *Drijber*, S. 109, 112.

Inspektor nicht von dem Gesehenen beeinflusst ist oder die Kenntnisse aus der vertraulichen Anwaltskorrespondenz nutzt, um gezielt nach verwertbaren Dokumenten zu suchen, die diese Informationen belegen und nicht dem Schutz unterfallen. Die Kommissionsbediensteten über den Schutz der Anwaltskorrespondenz entscheiden zu lassen, würde den Sinn des Rechtes auf Vertraulichkeit aufheben, der gerade in der Unzugänglichkeit der Korrespondenz zwischen Rechtsberater und Mandant besteht. Dies muss für alle Personen der Institution der Europäischen Kommission gelten. Aus diesem Grund stellt auch die Einblicknahme durch den Anhörungsbeauftragten[635] bzw. Mitarbeiter des Juristischen Dienstes[636] keine angemessene Lösung dar, da sie ebenfalls Bedienstete der Kommission sind.

Will man den Schutz in angemessener Weise gewährleisten, so muss die Entscheidung über die Vertraulichkeit der Dokumente bei einer Institution außerhalb der Kommission angesiedelt sein.

In seinem Schlussplädoyer zu der Rechtssache „AM & S" erwog Generalanwalt Warner die Möglichkeit, diese Entscheidung außerhalb der Gemeinschaftsorgane zu suchen und auf die nationalen Gerichte zurückzugreifen.[637] Dies läuft jedoch der Aufgabenverteilung zwischen nationalen und europäischen Gerichten bei der Entscheidung über Tätigkeiten von Gemeinschaftsorganen zuwider. Die zu lösende Rechtsfrage über die Vertraulichkeit des anwaltlichen Schriftverkehrs ist eine originär gemeinschaftsrechtliche, die sich nicht bloß auf eine Überprüfung von eng begrenzten Voraussetzungen wie bei Art. 20 Abs. 8 VO 1/2003, die dem nationalen Richter im Rahmen seiner reduzierten Prüfungskompetenz zusteht, beschränkt. Für die inhaltliche Überprüfung des Handelns eines europäischen Organs sind europäische Instanzen berufen.[638]

Nach geltendem Recht bietet sich nur der folgende Weg, der dem Schutz der Vertraulichkeit der Anwaltskorrespondenz gerecht wird: Die Unternehmen müssen durch Mitteilung „zweckdienlicher Angaben"[639], allerdings ohne Offenlegung des Inhalts der Unterlagen, den Bediensteten der Kommission glaubhaft machen, dass die entsprechenden Dokumente dem legal privilege unterfallen. Dazu können sie beispielsweise den Briefkopf oder die Betreffzeile zeigen und kurz auf den rechtsberatenden In-

[635] Eine Offenlegung gegenüber dem Anhörungsbeauftragten erwägend *Whish*, S. 225, Fn. 16 und befürworten *Dolmans/Eichler/Müller-Ibold*, AnwBl 1999, 493, 497 f.

[636] Dies in seinem Schlussplädoyer erwägend, GA *Warner*, EuGH „AM & S", Slg. 1982, 1575, 1640.

[637] Siehe GA *Warner* in seinen Schlussanträgen zu der Rechtssache „AM & S", Slg. 1982, 1575, 1640.

[638] Im Ergebnis ebenso *Weiß*, S. 332, 315.

[639] Vgl. EuGH „AM & S", Slg. 1982, 1575, 1613, Rn. 29.

halt des Schreibens hinweisen. Den Inhalt selbst müssen sie der Kommission hingegen nicht offen legen.

Sofern die Kommissionsbeamten nicht von der Schutzbedürftigkeit der Unterlagen zu überzeugen sind, werden sie die Vorlage bzw. eine Auskunftserteilung nach Art. 20 bzw. 18 VO 1/2003 anordnen. Die Unternehmen haben daraufhin die Möglichkeit, die Offenlegung vertraulicher Dokumente zu verweigern und gegen die mit Zwangsgeld verbundene Entscheidung der Kommission das Gericht erster Instanz anzurufen. Um sicherzustellen, dass die Dokumente weder durch die Unternehmensmitarbeiter entfernt noch durch die Kommissionsbeamten gesichtet werden, bietet es sich an, dass die Kommission die Unterlagen in einem versiegelten Umschlag in Verwahrung nimmt.

Die Klage des betroffenen Unternehmens hat keine aufschiebende Wirkung (§ 242 EGV). Eine solche kann jedoch nach Art. 242 a.E. EGV beantragt werden. Angesichts der rechtsstaatlichen Bedeutung der Rechte, die bei einer Verpflichtung zur Aufdeckung der Dokumente verletzt würden, spricht einiges dafür, dass im Regelfall die aufschiebende Wirkung beschlossen wird. Nach § 106 der Verfahrensordnung des Gerichts erster Instanz[640] trifft der Präsident des Gerichts in der Regel selbst die vorläufige Entscheidung über die Frage der Vorlagepflicht. Bis zu der Entscheidung durch das Gericht erster Instanz über die Nichtigkeitsklage können die Beamten der Kommission daher gehindert sein, Einsicht in die Unterlagen mit der Anwaltskorrespondenz zu nehmen. Dieses Verfahren stellt de lege lata den einzigen Weg dar, dem Recht auf Vertraulichkeit der Kommunikation zwischen Rechtsberater und Mandant vollumfänglich gerecht zu werden.

De lege ferenda wäre einmal zu bedenken, ob eine noch einzurichtende Instanz des „Ermittlungsrichters“ beim Gericht erster Instanz die Aufgabe der Überprüfung der Vertraulichkeit der zwischen Anwalt und Mandant geführten Korrespondenz übernehmen sollte.[641] Damit könnte eine unter Umständen aufwendige Nichtigkeitsklage vermieden und das Verfahren beschleunigt werden. Die Zuständigkeit eines Ermittlungsrichters müsste jedoch unter Änderung der Verfahrensordnung noch normiert werden. Zum anderen kann überlegt werden, ob den Beschwerden vor dem EuG grundsätzlich aufschiebende Wirkung eingeräumt werden sollte.

---

[640] Verfahrensordnung des Gerichts erster Instanz vom 02.05.1991, ABl. 1991, L 136/1. Nach *Usher*, Journal of Business Law 1982, 398, 401 zeigt die Praxis, dass eine solche Entscheidung innerhalb weniger Tage erfolgt.

[641] Siehe zu dieser Idee *Gillmeister*, S. 224; *Sedemund* in Schwarze, Verwaltungsrecht im Werden, S. 45, 59; *Gumbel*, S. 18. Zu dem allgemeinen Problem, ob die Sachverhaltsaufklärung durch die Einschaltung eines „administrative judge“ objektiviert und verbessert werden könnte, vgl. den Beitrag von *Vaughan*, zum IX. Internationalen EG-Kartellrechts-Forum, S. 171, 179 f. und den anschließenden Diskussionsbericht, S. 182 ff.

Festzuhalten bleibt jedenfalls, dass sich auch nach geltendem Recht das betroffene Unternehmen an das Europäische Gericht erster Instanz wenden kann, um eine gerichtliche Rechtmäßigkeitsprüfung der gewünschten Einblicknahme der Kommission in vertrauliche Rechtsberaterkorrespondenz zu veranlassen.

D. Ergebnis und Ausblick zu Teil 4

Der Schutz des Informationsaustauschs zwischen Rechtsberater und Mandant stellt einen allgemeinen Rechtsgrundsatz des Gemeinschaftsrechts dar, der in dem Rechtsstaatsprinzip sowie den einschlägigen Normen der EMRK und der Grundrechtecharta verankert ist.

Im europäischen Kartellverfahrensrecht unterfällt die Korrespondenz mit externen Anwälten, gleich in welcher Form sie erfolgt, dem gesicherten Schutz der Vertraulichkeit. Die Dokumente sind auch im Gewahrsam des Betroffenen geschützt. In zeitlicher Hinsicht sind auch Unterlagen vor Verfahrensbeginn, die mit dem Gegenstand des Verfahrens im Zusammenhang stehen, dem Zugriff der Ermittlungsbehörden entzogen.

Bislang noch ausgenommen von der Privilegierung ist die Korrespondenz mit Unternehmensjuristen. In der Verordnung 1/2003 hat der Gemeinschaftsgesetzgeber die Chance verstreichen lassen, im Rahmen der Reform des europäischen Kartellverfahrens die Reichweite des Anwaltsprivilegs eindeutig zu regeln. Der Beschluss des Gerichts erster Instanz in der Rechtssache „Akzo/Akcros“ lässt jedoch eine Überprüfung der „AM & S“ Rechtsprechung des EuGH zu dieser Problematik im Hauptsacheverfahren vor dem EuG erwarten. Angemessen wäre eine Erweiterung des persönlichen Schutzbereichs auf Unternehmensjuristen, die einer Berufs- oder Standesorganisation mit den entsprechenden disziplinarischen Durchsetzungsmöglichkeiten angehören. Insbesondere im Zuge des Systemwechsels von der Anmeldung und Freistellung zur Legalausnahme wird von den Unternehmen eine Selbsteinschätzung ihres kartellrechtlich relevanten Verhaltens mit Blick auf Freistellungsmöglichkeiten nach Art. 81 Abs. 3 EGV erwartet. Die Bedeutung der Beratungstätigkeit von Unternehmensjuristen wird dadurch noch zunehmen. Wenn jedoch ein Unternehmensjurist seinen Arbeitgeber auf mögliche Kartellverstöße in einem internen Schriftstück hinweist, befindet er sich nach der bisherigen Rechtsprechung des Gerichtshofs in dem Dilemma, gleichzeitig ein Beweismittel für ein späteres Kartellverfahren zu schaffen. Entsprechend den externen Anwälten sollte auch ihnen, soweit sie in einer vergleichbaren Standes- oder Berufsorganisation zugelassen sind, der Schutz der Privilegierung zukommen.

Ebenso wie die Unternehmensjuristen sollte auch die Korrespondenz mit Drittstaatenanwälten der Privilegierung unterfallen, soweit sie wirksamen und durchsetzbaren Standesregeln unterliegen.

In verfahrensrechtlicher Hinsicht gilt, dass die Kommission nicht das Recht hat, zunächst Einblick in die fraglichen Unterlagen zu erhalten, um dann über deren Schutzwürdigkeit zu entscheiden. Dies gebührt allein dem EuG, vor dem die Unternehmen Klage erheben können.

Aus einer grundsätzlichen Perspektive hätte eine Anerkennung der Privilegierung für zugelassene Unternehmensjuristen auf europäischer Ebene eine wichtige Beispielsfunktion für die mitgliedstaatlichen Verfahrensordnungen. Dies ist insbesondere vor dem Hintergrund der Dezentralisierung durch die neue Kartellverfahrensverordnung 1/2003 von Bedeutung, da die Verfolgung von vermuteten Kartellverstößen häufiger als zuvor von den nationalen Behörden unter Anwendung nationalen Verfahrensrechts erfolgt. Wie oben gesehen, weisen die nationalen Verfahrensrechte wesentliche Unterschiede, insbesondere auch mit Blick auf die Behandlung des Informationsaustauschs der Mandanten mit Unternehmensjuristen, auf. Hierdurch besteht einerseits die Gefahr der verstärkten Ungleichbehandlung der Kommunikation von Unternehmensjuristen als Beweismittel, je nachdem, ob der Fall von den nationalen Behörden nach nationalem Kartellverfahrensrecht oder von der Kommission nach europäischem Kartellverfahrensrecht behandelt wird. Andererseits haben insbesondere in den neuen Mitgliedstaaten, die auf keine lange kartell- und wettbewerbsrechtliche Tradition zurückblicken können, die europäischen Kartellregeln eine wichtige Anregungsfunktion. Die Einbeziehung zugelassener Unternehmensjuristen unter Änderung der europäischen Verfahrensverordnung oder eine Anerkennung durch die Rechtsprechung bzw. die Kommission hätte von daher eine bedeutende Beispielswirkung für die Mitgliedstaaten und die Präzisierung der dort garantierten Verfahrensrechte.

Teil 5: Schutz vertraulicher Informationen

A. Problemstellung

Im Rahmen ihrer Ermittlungen erhält die Kommission in verschiedene Vorgänge der Unternehmen Einblick, darunter auch in Informationen, die aufgrund ihrer Vertraulichkeit als problematisch zu qualifizieren sind. Diese lassen sich in zwei Kategorien einteilen: die Geschäfts- und Betriebsgeheimnisse, welche betriebsbezogene Angaben umfassen, und die sonstigen vertraulichen Informationen, unter die insbesondere die Identität eines Informanten oder zum Beispiel Marktstudien fallen.

Im europäischen[642] Rechtskreis wird dem Schutz dieser Informationen im Rahmen eines Kartellverfahrens große Bedeutung beigemessen, da solche Angaben von hohem, teilweise existentiellem Wert für die Erhaltung der Wettbewerbsfähigkeit der Unternehmen sind. Geschäftsgeheimnisse wie das technische Wissen (geheime Produktionsverfahren, betriebliches Know-How), und das kaufmännische Wissen (Kalkulation, Konditionen, Marktstrategien) stellen einen grundlegenden Wertfaktor der Unternehmen dar, der die Marktchancen eines Betriebes mitbestimmt.[643] Die wirtschaftliche Ausnutzung des dadurch erlangten Wettbewerbsvorsprungs repräsentiert einen wesentlichen Vermögenswert eines Unternehmens. Gerade die Aussicht auf das Erlangen und die mögliche Ausnutzung eines wettbewerblichen Vorteils bietet den Unternehmen einen Leistungsanreiz, der wiederum dem Wettbewerb als solchem zugute kommt. Von daher stellt die Geheimhaltung von Unternehmensinformationen ein wichtiges Wettbewerbsmittel dar und steht im Dienst der Institution des Wettbewerbs als solchem.[644]

---

642 Auf die Situation im US-amerikanischen Recht und dem dort existierenden Beweisermittlungsinstrument der „Pre-Trial-Discovery" wird an anderer Stelle (siehe unten Teil 5, C. V. 1. a) aa) ccc) (4)) näher eingegangen. Siehe hierzu auch *Rieckers*, RIW 2005, 19 ff.; *Nordlander*, ECLR 2004, 646 ff.

643 Vgl. *Werner*, FS Pfeiffer, S. 821, 822 ff.; *Rohlfing*, S. 162.

644 Vgl. dazu *Schröder*, Geheimhaltungsschutz, S. 20 f. Noch unterstrichen wird die Bedeutung der Geheimhaltung bei Betrachtung des Wettbewerbsparameters des „Geheimwettbewerbs", der ebenfalls von Art. 81 und 82 EGV geschützt wird (vgl. Immenga/Mestmäcker-*Sauter*, EG-Wettbewerbsrecht, Bd. I, Art. 85 EGV, Rn. 8) Auch hier ist die zugrunde liegende Überlegung, dass die Intensität des Wettbewerbs, in welchem die Marktteilnehmer sich in Ungewissheit über das Verhalten sowie die Bedingungen ihrer Konkurrenten bewegen, höher ist als wenn dieser „Geheimwettbewerb" wegfiele. Wird er ausgeschaltet, folgt daraus in absehbarer Zeit eine Stabilisierung und Verein-

Die Notwendigkeit des Schutzes vertraulicher Informationen ergibt sich aber auch aus der Struktur des Kartellverfahrens. Die Ermittlungsbefugnisse der Kommission sind so ausgestaltet, dass Letztere in entscheidender Weise für die Aufklärung eines vermuteten Wettbewerbsverstoßes auf die Mitwirkung der Unternehmen angewiesen ist. Diese sind dazu teilweise freiwillig bereit, teilweise müssen sie von der Kommission dazu verpflichtet werden. In beiden Alternativen besteht aus unterschiedlichen Erwägungen ein Schutzbedürfnis der übermittelten Informationen.

Zunächst ermöglicht die Existenz umfassender verpflichtender Ermittlungsbefugnisse nach der Verordnung 1/2003, insbesondere das Auskunftsverlangen, es der Kommission, in großem Umfang Informationen von den Adressaten auch entgegen deren Willen zu erlangen, ohne dass diese der Kommission Auskünfte unter Berufung auf die Vertraulichkeit verweigern könnten. Sie müssen den Kommissionsbeamten gegenüber vielmehr auch Angaben über Geheimnisse machen.[645] Dies macht einen besonders verantwortungsvollen Umgang der Ermittlungsbehörde mit den Informationen erforderlich, um den Geheimhaltungsinteressen der zur Auskunft Verpflichteten ausreichend Rechnung zu tragen. Der Schutz vertraulicher Informationen durch die Kommission ist somit das Gegenstück zu ihrer Berechtigung, die Verfahrensbeteiligten zur Preisgabe solcher Informationen zu verpflichten.

Auch im Rahmen einer freiwilligen Mitarbeit von Unternehmen bzw. Informanten ist der Schutz vertraulicher Informationen von Bedeutung. Es ist grundsätzlich nicht fernliegend, dass die Unternehmen freiwillig mit der Kommission kooperieren, wobei ihre Gründe unterschiedlicher Natur sein können. Anreiz für die Betroffenen an der Aufklärung mitzuwirken ist ihre – nicht unbegründete[646] – Hoffnung, dass sich ein kooperatives Verhalten in einer Reduzierung der Bußgelder niederschlägt. Andere Verfahrensbeteiligte wie die Beschwerdeführer sind zumeist Konkurrenten der Betroffenen und haben ein wirtschaftliches Interesse an der Abstellung eines kartellwidrigen Verhaltens ihrer Wettbewerber und da-

heitlichung des Preisniveaus und damit eine Minderung der Wettbewerbsintensität. Eine hohe Transparenz im Markt ist somit grundsätzlich dem Wettbewerb wenig förderlich. Im Gegensatz dazu steht die Geheimhaltung wettbewerbsrelevanter Informationen im Dienste des Wettbewerbs als solchem, weil sie bewirkt, dass sich die Marktteilnehmer besonders anstrengen, um einen Wettbewerbsvorteil zu erlangen.

[645] Siehe dazu oben die Untersuchung der Ermittlungsbefugnisse mit verpflichtendem Charakter der Kommission in Teil 2, A. Vgl. auch *Rohlfing*, S. 171; *Gleiss/Hirsch*, VO Nr. 17, Art. 20, Rn. 1; *Hanebuth*, Auskunftsrecht, S. 240.

[646] Vgl. beispielhaft die folgenden Fälle, in denen sich eine aktive Mitarbeit der Unternehmen reduzierend auf die Höhe der Bußgelder ausgewirkt hat: EuG „Cascades", Slg. 1998 II, 925, 929 f., Ls. 10; „BPB de Eendracht", Slg. 1998 II, 1129, 1132, Ls. 9; „Weig", Slg. 1998 II, 1235, 1239, Ls. 7; „SCA Holding", Slg. 1998 II, 1373, 1376, Ls. 6.

mit einhergehend an der Verbesserung der eigenen Position auf dem Markt.

Für die Informanten mögen unterschiedliche Gründe eine Rolle spielen, weshalb sie an die Kommission herantreten und ihr wichtige Informationen über ein eventuell wettbewerbswidriges Verhalten eines Unternehmens, beispielsweise ihres eigenen Arbeitgebers oder eines Vertragspartners, übermitteln. In jedem Fall ist die grundlegende Erwägung, weshalb der Schutz von Geschäftsgeheimnissen und sonstigen vertraulichen Informationen erforderlich ist, die gleiche. Nur wenn jedoch ein effektiver Schutz vertraulicher Angaben gegeben ist, werden die Unternehmen bzw. Informanten auch zukünftig in kartellrechtlichen Verfahren kooperieren, eine Mitarbeit, auf die die Kommission bei der Aufklärung des Sachverhalts immer noch maßgeblich angewiesen ist.[647] Die Geheimhaltung dient daher dem Aufbau einer Vertrauensgrundlage zwischen den Unternehmen bzw. dem Informanten einerseits und der Kommission andererseits, die wiederum der Effizienz der Wettbewerbsaufsicht zugute kommt. Das Vertrauen in die Wahrung des Geheimnisschutzes ist somit ein entscheidendes Element für die wirksame Untersuchungs- und Aufklärungsarbeit der Ermittlungsbehörde und daran anschließend für die Durchsetzung des Kartellrechts.

Die Schutzbedürftigkeit vertraulicher Informationen ergibt sich somit insbesondere aus drei Erwägungen. Zum einen ist es im Sinne der Institution des Wettbewerbs, dass geheime Unternehmensinformationen nicht einem Wettbewerber preisgegeben werden. Zum anderen stellt die Geheimhaltung durch die Kommission das Pendant zu den umfassenden Auskunfts- und Offenbarungspflichten der Unternehmen dar. Drittens kann nur ein verantwortungsvoller Umgang mit vertraulichen Angaben die Basis für eine gute Zusammenarbeit zwischen der Kommission und den Unternehmen bzw. den Informanten legen.

Von Bedeutung ist mithin, dass die Wahrung der Vertraulichkeit in angemessenem Umfang gewährleistet wird. Einen ex post Schutz erfahren vertrauliche Informationen durch die Möglichkeit der Geschädigten, nach Art. 288 Abs. 2 EGV Schadensersatz von der Gemeinschaft zu verlangen, wenn deren Organe das Amtsgeheimnis gebrochen haben. Dieses Recht setzt jedoch für einen wirksamen Schutz der Vertraulichkeit zu spät an, nämlich erst, wenn eine Verletzung der Vertraulichkeit schon erfolgt ist. Um dem Schutzbedürfnis der geheimnistragenden Betroffenen in angemessener Weise gerecht zu werden, müssen die Sicherungsmechanismen zum Schutz vertraulicher Informationen schon in einem viel früheren Stadium greifen.

[647] Vgl. *Korah*, CLP 1980, 73, 89; *Schröder*, Geheimhaltungsschutz, S. 21.

B. Rechtliche Verankerung im Gemeinschaftsrecht

Zunächst soll abstrakt betrachtet werden, in welchen Normen im Gemeinschaftsrecht der Schutz vertraulicher Informationen seine Verankerung findet, bevor der konkrete Schutzumfang, welcher der Wahrung vertraulicher Angaben zukommt, untersucht wird.

I. Verankerung im geschriebenen Gemeinschaftsrecht

In Betracht kommt eine Verankerung des Schutzes vertraulicher Informationen im Gemeinschaftsrecht in den Regelungen zum Amtsgeheimnis sowie in denjenigen über den Datenschutz.

1. Amtsgeheimnis

a) Primärrechtliche Grundlage und Verankerung in der Verordnung 1/2003

Seine primärrechtliche Grundlage könnte der Schutz vertraulicher Informationen im Kartellverfahren in der allgemeinen Regelung zur Geheimhaltungspflicht nach Art. 287 EGV haben. Wie schon erwähnt,[648] obliegt es den Organen der Gemeinschaft, Informationen, die ihrem Wesen nach unter das Berufsgeheimnis fallen, nicht preiszugeben. Die Verschwiegenheitspflicht umfasst grundsätzlich auch vertrauliche Informationen im Kartellverfahren.

Die sekundärrechtliche Ausprägung des Amtsgeheimnisses speziell bezogen auf das Kartellverfahren findet sich in Art. 28 Abs. 2 VO 1/2003. Trotz inhaltlicher Anlehnung an Art. 287 EGV erweitert Art. 28 Abs. 2 VO 1/2003 – wie schon aufgezeigt[649] – den Kreis der Verschwiegenheitsverpflichteten auf die am Kartellverfahren mitwirkenden nationalen Behörden.

Bei der Frage nach der inhaltlichen Präzisierung des Grundsatzes der Amtsverschwiegenheit ist der Wortlaut beider Normen, der Kenntnisse erwähnt, die „ihrem Wesen nach unter das Berufsgeheimnis fallen", der Ausgangspunkt. Art. 287 EGV nennt dabei „insbesondere Auskünfte über Unternehmen, sowie deren Geschäftsbeziehungen und Kostenelemente", die von der Amtsverschwiegenheit erfasst sind. Durch die Verwendung des Wortes „insbesondere" wird deutlich, dass die Aufzählung nicht abschließend ist, sondern auch andere Auskünfte, die ihrem Wesen nach vertraulich sind, darunter fallen.[650]

[648] Siehe die obigen Ausführungen Teil 2, A. II. 2. a).
[649] Vgl. Teil 2, A. II. 2. a).
[650] Vgl. insoweit auch EuGH „Stanley Adams", Slg. 1985, 3539, 3587, Rn. 34.

In sekundärrechtlicher Hinsicht enthält die Verordnung 1/2003 ebenso wie ihre Durchführungsverordnung 773/2004 an verschiedenen Stellen Hinweise auf den Umgang mit vertraulichen Informationen. So sieht Art. 27 Abs. 2 VO 1/2003 ausdrücklich vor, dass Geschäftsgeheimnisse und andere vertrauliche Informationen im Rahmen der Akteneinsicht geheim zu halten sind. Ebenso regelt Art. 14 Abs. 6 VO 773/2004 für die Anhörung, dass „den berechtigten Interessen der Unternehmen an der Wahrung ihrer Geschäftsgeheimnisse und anderer vertraulicher Informationen Rechnung zu tragen" ist. Ähnlich spezielle Regelungen sehen den Schutz von Geschäftsgeheimnissen im Rahmen der Veröffentlichung vor.[651]

Der Schutz vertraulicher Informationen ist somit in den Vorschriften zum Amtsgeheimnis im Primärrecht und in der (sekundärrechtlichen) Verordnung 1/2003 verankert. In spezieller Form findet der Vertraulichkeitsschutz Erwähnung in den Regelungen der verschiedenen Verfahrensstationen in der Kartellverfahrensverordnung 1/2003 und der Durchführungsverordnung 773/2004.

b) Charta der Grundrechte der Europäischen Union

Da die Verordnung 1/2003 im Lichte der Charta der Grundrechte der Europäischen Union auszulegen ist,[652] ist von Interesse, ob der oben festgestellte Schutz der Vertraulichkeit auch in der Grundrechtecharta Bestätigung findet.

aa) Artikel 41 Charta der Grundrechte der Europäischen Union

In Art. 41 Abs. 2 Spiegelstrich 2 der Charta der Grundrechte findet der Schutz vertraulicher Informationen ausdrücklich Erwähnung. Das Recht auf eine gute Verwaltung nach Art. 41 Abs. 2 Spiegelstrich 2 Grundrechtecharta umfasst das Aktenzugangsrecht einer jeden Person „unter Wahrung des legitimen Interesses der Vertraulichkeit und des Berufs- und Geschäftsgeheimnisses". Diese Regelung zeigt deutlich, dass die Grundrechtecharta vertrauliche Informationen als schutzwürdig gegenüber dritten Personen ansieht. Selbst wenn der Vertraulichkeitsschutz nur im Rahmen des Aktenzugangsrechts, der üblicherweise bestehenden Konfliktkonstellation, Erwähnung findet, spiegelt sich darin eine grundsätzliche Wertentscheidung wider, derzufolge vertrauliche Informationen bei Vorliegen eines legitimen Interesses an ihrem Schutz Dritten gegenüber gewahrt werden müssen.

Der Formulierung nach unterfallen Art. 41 Abs. 2 Spiegelstrich 2 der Charta ohne Unterschied beide Kategorien vertraulicher Informationen:

---

651 Vgl. Art. 27 Abs. 4 S. 3 und Art. 30 Abs. 2 S. 2 VO 1/2003.
652 Vgl. Erwägungsgrund 37 der Verordnung 1/2003.

die Geschäftsgeheimnisse sind ausdrücklich erwähnt, und sonstige vertrauliche Informationen gehören zum Schutz der Vertraulichkeit im Allgemeinen.

Übertragen auf das Kartellverfahren, fordert die Charta somit einen Schutz beider Arten vertraulicher Informationen, die die Betroffenen des Kartellverfahrens unter Berufung auf ein legitimes Interesse gewahrt wissen wollen. Da der Kreis der Berechtigten nach Art. 41 der Charta sowohl natürliche als auch juristische Personen umfasst, können sich auch die vom Kartellverfahren betroffenen (zumeist) juristischen Personen auf die Wahrung der Vertraulichkeit berufen.

Die Regelung des Art. 41 Abs. 2 Spiegelstrich 2 der Charta bestätigt mithin das Erfordernis des Geheimnisschutzes im Rahmen des Kartellverfahrens.

bb) Artikel 47 Charta der Grundrechte der Europäischen Union

Art. 47 der Charta gewährleistet das Recht auf ein faires Verfahren. Der Absatz zwei des Art. 47 der Charta ist an Art. 6 Abs. 1 EMRK angelehnt, und dieser soll nach den Erläuterungen hinsichtlich der inhaltlichen Garantien entsprechend gelten.[653] Der nach Art. 6 Abs. 1 S. 2 EMRK zugelassene Ausschluss der Öffentlichkeit in einem Verfahren ist zwar in Art. 47 Abs. 2 der Charta nicht ausdrücklich erwähnt, er wirkt jedoch über Art. 52 Abs. 3 der Charta auch in ihrem Rahmen.[654]

Folglich ist zu betrachten, welche Rechte die Parallelvorschrift des Art. 6 Abs. 1 S. 2 EMRK gewährleistet. Danach können Presse und Öffentlichkeit von dem Verfahren ausgeschlossen werden, wenn der Schutz des Privatlebens der Prozessparteien beeinträchtigt würde. Die Vorschrift richtet sich jedoch ausdrücklich nur gegen die (nicht verfahrensbeteiligte) Öffentlichkeit. Ihr gegenüber kann grundsätzlich aus dieser Norm ein legitimes Interesse auf Schutz vertraulicher Informationen abgeleitet werden. Andere am Verfahren beteiligte Personen sind hingegen nicht Adressaten einer Ausschlussmöglichkeit von Art. 6 Abs. 1 EMRK. Übertragen auf das Kartellverfahren, könnte dieser Gewährleistung höchstens ein Schutz vertraulicher Informationen im Rahmen der Veröffentlichung, bei der die Gefahr einer Preisgabe an die Allgemeinheit besteht, entnommen werden, nicht jedoch gegenüber anderen Beteiligten des Kartellverfahrens. Art. 6 Abs. 1 EMRK begründet daher kein Recht auf Nichtöffentlichkeit[655] und damit auch keinen umfassenden Schutz der Vertraulichkeit.

[653] Vgl. die Erläuterungen des Konventspräsidiums zu den Bestimmungen der Charta der Grundrechte, Dok. CHARTE 4473/00 CONVENT 49, S. 41.

[654] So auch die Erläuterungen des Konventionspräsidiums in Charta 4149/00 und 4248/00 jeweils zu Art. 8 Grundrechtecharta. Vgl. auch Meyer-*Eser*, EU-Charta, Art. 47, Rn. 35.

[655] Vgl. Frowein/Peukert-*Peukert*, EMRK-Kommentar, Art. 6, Rn. 121.

Diese Überlegungen gelten für den Anwendungsbereich des Art. 47 der Charta entsprechend, so dass als Ergebnis festgehalten werden kann, dass Art. 47 Grundrechtecharta keinerlei Aussage zum Schutz der Vertraulichkeit zulässt.

cc) Artikel 7 Charta der Grundrechte der Europäischen Union

Die Grundrechtecharta sieht ferner in Art. 7 die Achtung des Privatlebens vor. Die Organe und Einrichtungen der Union sowie die Mitgliedstaaten sind dadurch verpflichtet, Eingriffe in die Privatsphäre zu unterlassen und den positiven Schutz des Privatlebens durch Verwaltung, Rechtsprechung und Gesetzgebung sicherzustellen.[656] Inhaltlich ist die Regelung an Art. 8 EMRK angelehnt und die garantierten Rechte entsprechen einander.[657]

Insofern ist auch hier zu untersuchen, welche Rechte sich aus Art. 8 EMRK, der den Schutz des Privat- und Familienlebens, der Wohnung und des Briefverkehrs vorsieht, ergeben. Das Recht auf Achtung des Privatlebens soll dem Individuum eine Sphäre sichern, in welcher es die Möglichkeit hat, seine Persönlichkeit frei zu entwickeln und zu erfüllen.[658] Im Jahre 1992 hat der EGMR im Fall Niemietz[659] darauf erkannt, dass zum Privatleben auch berufliche Aktivitäten gerechnet werden können und damit klargestellt, dass der Begriff der Wohnung im Sinne des Art. 8 EMRK auch Geschäftsräume einschließt. Ergänzend sei erwähnt, dass der EuGH in seinem „Hoechst" Urteil im Jahr 1989 Geschäfts- und Betriebsräume unter Berufung auf Art. 8 EMRK von der Definition der Wohnung ausgenommen hat.[660] Der Schutzbereich des Art. 13 GG bezieht wiederum Geschäfts- und Betriebsräume mit ein,[661] womit deutlich wird, dass die Definitionen des Begriffs der „Wohnung" in den verschiedenen Rechtsordnungen zum Teil noch Unterschiede aufweisen.

Übertragen auf das europäische Kartellverfahren kommen als Träger des in Art. 7 EMRK garantierten Rechts auf ein Privatleben zum einen die vom Verfahren betroffenen (zumeist) juristischen Personen und zum anderen die hinter ihnen stehenden natürlichen Personen in Betracht.

---

656 Vgl. Meyer-*Bernsdorff*, EU-Charta, Art. 7, Rn. 16.

657 So die Erläuterungen des Konventspräsidiums zu den Bestimmungen der Charta der Grundrechte, Dok. CHARTE 4473/00 CONVENT 49, S. 10.

658 Vgl. den Kommissionsbericht im Fall „Brüggemann und Scheuten./.Bundesrepublik Deutschland" vom 12.07.1977, Decisions & Reports 10, S. 115, §§ 55 f., 57; Siehe auch *Breitenmoser*, S. 40; *Villiger*, S. 353, Rn. 555; Frowein/Peukert-*Frowein*, EMRK-Kommentar, Art. 8, Rn. 3.

659 EGMR „Niemietz", Urteil vom 16.12.1992, Serie A 251 B, S. 33, § 27 ff. In diesem Fall hat der EGMR den staatlichen Zugriff auf Anwaltsakten als Eingriff in das Privatleben gewertet. Nach deutschem Verfassungsrecht wäre bei einer solchen Fallgestaltung am ehesten Art. 12 Abs. 1 GG einschlägig.

660 Vgl. EuGH „Hoechst", Slg. 1989, 2859, 2924, Rn. 18 ff.

661 Vgl. statt vieler BVerfGE, 32, 54, 71.

Wie Art. 34 EMRK zeigt, können auch juristische Personen Träger der Grundrechte der EMRK sein. Ob sie allerdings ein Privatleben haben,[662] auf dessen Schutz sie sich als ein ihnen zustehendes Recht berufen können, ist fraglich. Von den Rechtsprechungsorganen der Menschenrechtskonvention ist die Anwendbarkeit des Schutzes der Privatsphäre auf juristische Personen bislang noch nicht entschieden. Gegen eine Ausdehnung des Schutzes des Privatlebens auf juristische Personen spricht zunächst, dass das Privatleben einem Individuum, für das nur eine natürliche Person in Frage kommt, garantiert wird. Darüber hinaus dient die Sphäre der Freiheit zur Persönlichkeitsentwicklung. Bei juristischen Personen, die keine Persönlichkeit als solche aufweisen, ist dies nur schwer denkbar.

Als Träger des Rechts kann aber in jedem Fall auf die natürliche Person abgestellt werden, die hinter der vom Kartellverfahren betroffenen juristischen Person steht. Die wirtschaftliche Betätigung natürlicher Personen in einer Gesellschaft ist ihre Berufsausübung. Diese ist Teil ihrer persönlichen Entwicklung und Entfaltung.[663] Der Schutz der Geschäfts- und Betriebsgeheimnisse ist ein zwangsläufig mit der Ermöglichung wirtschaftlicher Betätigung verbundenes Element. Eine Offenlegung solcher vertraulicher Informationen hätte negative Konsequenzen für die Wirtschaftskraft eines Unternehmens auf dem Markt, so dass die Realisierung der persönlichen Entfaltung von hinter dem Unternehmen stehenden Privatpersonen gefährdet wäre. Grundsätzlich könnte man daher sagen, dass in Art. 8 Abs. 1 EMRK und damit folglich in Art. 7 der Charta auch der Schutz vertraulicher Informationen enthalten ist.

Allerdings zielt Art. 7 der Charta (ebenso wie Art. 8 Abs. 1 EMRK) im Gegensatz zu Art. 41 der Grundrechtecharta von seiner Schutzrichtung her primär auf den Schutz der Persönlichkeit und nicht auf den Schutz von Informationen ab. Um Letztere geht es aber in erster Linie bei dem Vertraulichkeitsschutz. Insofern ist der Vertraulichkeitsschutz eher in Art. 41 Abs. 2 Spiegelstrich 2 der Charta verankert zu sehen, der schon seinem Wortlaut nach ausdrücklich den Schutz von Geschäftsgeheimnissen und sonstiger vertraulicher Informationen bezweckt.

Festzuhalten ist mithin, dass der Schutz vertraulicher Informationen der Betroffenen im Wettbewerbsverfahren in den primär- und sekundärrechtlichen Regelungen im geschriebenen Gemeinschaftsrecht zum Amtsgeheimnis verankert ist und von Art. 41 Abs. 2 Spiegelstrich 2 der Grundrechtecharta bestätigt wird.

---

662 Bejahend *Weiß*, S. 344.

663 So auch *Weiß*, S. 344.

2. Datenschutz

Das Erfordernis des Schutzes der Vertraulichkeit im Kartellverfahren könnte ferner in den Regelungen zum Datenschutzrecht seine Verankerung finden.

Das Datenschutzrecht ist im Rahmen des Gemeinschaftsrechts ein relativ junges Gebiet. Es ist systematisch dem Persönlichkeitsrecht zuzuordnen, aus dem es als Ausfluss des Rechts auf informationelle Selbstbestimmung als Spezialgebiet hervorgegangen ist. Der Datenschutz soll die Integrität und Privatsphäre der einzelnen Person wahren und verhindern, dass deren Recht auf informationelle Selbstbestimmung verletzt wird, indem ohne Einwilligung Aufzeichnungen und Mitteilungen über sie gemacht werden.

a) Datenschutzrecht im Gemeinschaftsrecht

Auf der Basis eines Maßnahmepakets der Europäischen Kommission[664] hat die Gemeinschaft im Jahre 1995 eine Datenschutzrichtlinie (RL 95/46)[665] erlassen. Diese Richtlinie ist jedoch wie alle Richtlinien nur für die Mitgliedstaaten als Rechtsakt unmittelbar verbindlich und nicht auch für Organe wie die Europäische Kommission, die ebenfalls in großem Umfang mit personenbezogenen Daten arbeitet.[666] Dies hat dazu geführt, dass durch den Vertrag von Amsterdam mit Artikel 286 EGV eine Regelung in den EG-Vertrag inkorporiert wurde, die eine Bindung auch der Gemeinschaftsorgane und -einrichtungen sicherstellen soll. Art. 286 Abs. 1 EGV sieht vor:

> „Ab 1. Januar 1999 finden die Rechtsakte der Gemeinschaft über den Schutz natürlicher Personen bei der Verarbeitung personenbezogener Daten und dem freien Verkehr solcher Daten auf die durch diesen Vertrag oder auf der Grundlage dieses Vertrags errichteten Organe und Einrichtungen der Gemeinschaft Anwendung."

Der zweite Absatz des Art. 286 EGV regelt die Errichtung einer unabhängigen Kontrollinstanz auf Gemeinschaftsebene. Dieser europäische Datenschutzbeauftragte soll die Aufgaben einer Kontrollstelle wahrneh-

---

[664] Vgl. zu dem Datenschutzmaßnahmepaket der Kommission *Mähring*, EuR 1991, 369, 369.

[665] Richtlinie 95/46/EG des Europäischen Parlaments und des Rates vom 24.10.1995 zum Schutz natürlicher Personen bei der Verarbeitung personenbezogener Daten und zum freien Datenverkehr, ABl. vom 23.11.1995, Nr. L 281, S. 31 ff.

[666] Vgl. Art. 1 der Datenschutzrichtlinie 95/46, wonach die Mitgliedstaaten die Verpflichteten aus der Richtlinie sind. Siehe auch Schwarze-*Hatje,* EU-Kommentar, Art. 286 EGV, Rn. 2.

men und die Anwendung der Rechtsakte im Bereich des Datenschutzes überwachen.[667]

Zusätzlich sei erwähnt, dass das Erfordernis des Schutzes personenbezogener Daten mit der Regelung des Art. 8 Charta auch in die Grundrechtecharta Eingang gefunden hat.

Die Datenschutzrichtlinie sieht ein umfassendes Schutzsystem auf einem hohen Niveau zum Schutz personenbezogener Daten vor.[668] Sie legt die Grundsätze fest, nach der sich die Verarbeitung personenbezogener Daten richten muss. Sowohl in ihren Erwägungsgründen (Nr. 1, 2, 3, 10) als auch im Text selbst (Art. 1 Abs. 1 RL 95/46) wird deutlich erkennbar, dass der Datenschutz als Grundrechtsschutz verstanden wird. Die Verarbeitung personenbezogener Daten soll durchweg an Regeln gebunden werden, die sich an Grundrechten der Betroffenen orientieren.

Der Anwendungsbereich der Richtlinie umfasst sowohl die automatisierte als auch die nicht automatisierte Verarbeitung von Daten und ist anwendbar auf Daten aller Art, einschließlich Bild- und Tonträgern.[669] In Artikel 2 enthält die Richtlinie eine Definition der relevanten Begriffe wie personenbezogene Daten, die Verarbeitung solcher Daten und anderer bedeutender Begriffe. Sodann klärt sie die Pflichten der Verarbeitenden, wie den Grundsatz der Zweckbindung und der Rechtmäßigkeit der Verarbeitung,[670] welche nur bei Vorliegen genauer Kriterien erfüllt ist, wie beispielsweise die Einwilligung der betroffenen Person.[671] Ebenfalls geregelt sind die Rechte des Einzelnen auf Information, Auskunft und Berichtigung.[672]

b) Bedeutung des Datenschutzes im europäischen Kartellverfahren

Fraglich ist, inwieweit datenschutzrechtliche Regelungen den Schutz vertraulicher Informationen im europäischen Kartellverfahren sichern können. Dazu müsste zunächst der Anwendungsbereich der Datenschutzrichtlinie eröffnet sein. Letztere gewährleistet den Schutz personenbezogener Daten, also solchen Daten, die Informationen über eine bestimmte oder bestimmbare natürliche Person bieten (Art. 2 lit. a RL 95/46). Vor diesem Hintergrund ist bei der folgenden Untersuchung zwischen den beiden Kategorien vertraulicher Informationen, namentlich

[667] Vgl. Art. 28 RL 95/46. Siehe detaillierter hierzu *Rudolf*, FS Stern, S. 1347, 1357 f.

[668] Vgl. insoweit Erwägungsgrund 10 der Datenschutzrichtlinie 95/46 sowie ausführlicher Dauses-*Engel/Seelmann-Eggebert*, Rn. 69 f.; Grabitz/Hilf-*Brühann*, A 30 Vorbemerkung, Rn. 59 f.; *Simitis* in Drexl/Kreuzer/Scheuing/Sieber, S. 23, 24.

[669] Diese finden ausdrücklich Erwähnung in Erwägungsgrund 15 der Datenschutzrichtlinie 95/46. Vgl. auch Grabitz/Hilf-*Brühann*, A 30 Vorbemerkung, Rn. 60.

[670] Vgl. Art. 6 RL 95/46.

[671] Vgl. Art. 7 RL 95/46.

[672] Vgl. Art. 10, 11 und 12 RL 95/46.

den Geschäftsgeheimnissen und den sonstigen vertraulichen Informationen, zu unterscheiden.

Hinsichtlich der Geschäftsgeheimnisse ist der Anwendungsbereich des Datenschutzrechts in der Regel nicht eröffnet. Wie unten[673] noch näher ausgeführt wird, umfassen Geschäftsgeheimnisse üblicherweise unternehmensbezogene und keine personenbezogenen Daten. Die Datenschutzrichtlinie schützt jedoch nur Daten, die sich auf eine zumindest bestimmbare natürliche Person beziehen (Art. 2 lit. a RL 95/46). Unternehmensbezogene Geschäftsgeheimnisse unterfallen ihr mithin nicht.

Im Rahmen eines Kartellverfahrens können indes als sonstige vertrauliche Informationen auch personenbezogene Daten betroffen sein. So kann die Kommission durch Auskunftsverlangen oder Nachprüfungen von Privatpersonen verfasste Dokumente erhalten, die, soweit sie ihren Verfassern zugeordnet werden können, personenbezogene Daten darstellen. Der Nachprüfung unterfallen darüber hinaus auch privat genutzte Unterlagen wie Terminkalender, aus denen sich Informationen mit Personenbezug ergeben können. Weiterhin handelt es sich bei der Identität eines Informanten, der der Kommission gegenüber Angaben zu kartellwidrigem Verhalten macht, um personenbezogene Daten.

Bei diesen personenbezogenen Daten stellt sich die Frage, ob sie die weiteren Anwendungsvoraussetzungen der Datenschutzrichtlinie erfüllen. Grundsätzlich findet letztere Anwendung, sofern die Daten bei einem Kartellverfahren der Kommission ganz oder teilweise automatisiert verarbeitet werden (Art. 3 Abs. 1 Variante 1 RL 95/46) oder wenn sie nicht automatisiert verarbeitet, aber in einer Datei gespeichert werden (Art. 3 Abs. 1 Variante 2 RL 95/46).[674] In der Praxis des Kartellverfahrens erfahren die Bediensteten der Kommission zwar in der Regel solche sensiblen personenbezogenen Daten und fertigen eventuell auch Kopien von relevanten Dokumenten an. Eine automatisierte Verarbeitung dieser Daten erfolgt jedoch üblicherweise nicht, so dass der Anwendungsbereich der Datenschutzrichtlinie nach Art. 3 Abs. 1 Variante 1 RL 95/46 in aller Regel nicht eröffnet ist. Möglich ist hingegen, dass sich die Namen von Personen oder sonstige personenbezogene Daten in den Akten befinden. Auch dann sind sie jedoch oftmals nicht in einer Datei, also einer strukturierten Sammlung personenbezogener Daten, die nach bestimmten Kriterien zugänglich sind,[675] enthalten, sondern befinden sich in nicht spezifisch geordneter Weise in den Verfahrensakten.[676] Auch die zweite

---

673 Vgl. Teil 5, C. II. 1.

674 Vgl. zum Anwendungsbereich auch die Ausführungen von *Gounalakis/Mand*, CR 1997, 431, 435.

675 Vgl. die Definition in Art. 2 lit. c RL 95/46.

676 Problematisch könnte eventuell das Dokumentenregister sein, wenn die erfassten Daten eine strukturierte Speicherung der personenbezogenen Daten des Verfassers dar-

Variante des Art. 3 Abs. 1 RL 95/46 ist somit im Kartellverfahren üblicherweise nicht einschlägig.

Damit ist der Anwendungsbereich der Datenschutzrichtlinie in der Praxis des europäischen Kartellverfahrens begrenzt. Sollten aber personenbezogene Daten in einer Weise verarbeitet werden, die die Voraussetzungen des Art. 3 Abs. 1 RL 95/46 erfüllen, so steht außer Debatte, dass die Kommission die Datenschutzrichtlinie zu beachten hat.

Dies führt zu der eingangs gestellten Frage, in welchem Rechtssatz der Schutz vertraulicher Informationen vor ihrer Preisgabe im Kartellverfahren im Gemeinschaftsrecht verankert ist. Für eine Antwort, ob eine Verankerung eher in den Vorschriften zur Amtsverschwiegenheit oder in denjenigen zum Datenschutz zu sehen ist, ist das Verhältnis der beiden Rechtsinstitute zueinander von Interesse. Beide Gewährleistungen weisen verschiedene Schutzrichtungen auf. Beim Datenschutz geht es um den Schutz der Persönlichkeit, bei der Verschwiegenheitspflicht um den Schutz der Information. Die Geheimnisträger im Kartellverfahren sind in erster Linie daran interessiert, dass ihre Informationen nicht offen gelegt werden. Im Zentrum ihres Schutzbedürfnisses steht demnach die Wahrung der Information. Dies zeigt, dass von der Schutzrichtung her die Problematik des Schutzes vertraulicher Informationen vor Offenlegung eher dem Amtsgeheimnis unterfällt. Die primär- und sekundärrechtlichen Regelungen zur Verschwiegenheitspflicht sehen explizit vor, dass die Behörden Angaben, die sie in dienstlicher Eigenschaft erlangt haben, wozu auch die im Rahmen eines Kartellverfahrens erlangten Informationen zählen, zu wahren haben. Sofern im Kartellrecht sonstige Handlungen mit datenschutzrechtlicher Relevanz vorgenommen werden, hat die Kommission die Regelungen hierüber allerdings zu beachten.

Für den Vertraulichkeitsschutz in der Praxis des Kartellverfahrens stehen somit die Regelungen zum Amtsgeheimnis im Vordergrund.

II. Zwischenergebnis

Der Schutz vertraulicher Informationen ist im geschriebenen Gemeinschaftsrecht in den Regelungen zum Amtsgeheimnis nach Art. 287 EGV und seiner sekundärrechtlichen Ausgestaltung im Kartellverfahren, Art. 28 Abs. 2 VO 1/2003, enthalten. Danach sind alle Informationen, die dem Amtsgeheimnis unterliegen, von den Organen der Gemeinschaft geheim zu halten. Im Kartellverfahren trifft diese Schutzpflicht insbesondere die Kartellbehörden, das heißt die Kommission auf europäischer

stellen. Dies scheint aber derzeit bei den kartellrechtlichen Akten der Kommission nicht der Fall zu sein. *Ehmann/Helfrich*, Art. 3, Rn. 12 weisen auch darauf hin, dass die „klassische Akte“ vom Anwendungsbereich der Datenschutzrichtlinie ausgenommen ist.

Ebene und die nationalen Kartellbehörden auf der Ebene der Mitgliedstaaten.

Präzisiert ist die Pflicht der Behörden zur Wahrung vertraulicher Informationen in den Regelungen zu den jeweiligen Verfahrensstationen, namentlich dem Akteneinsichtsrecht, der Anhörung und der Veröffentlichung. Die Verordnung 1/2003 und die Durchführungsverordnung 773/2004 enthalten an verschiedenen Stellen die Anforderung, dass im Rahmen dieser Verfahrensstationen dem berechtigten Interesse der Geheimnisträger an der Wahrung ihrer vertraulichen Angaben Rechnung zu tragen ist.

Seine Bestätigung findet dieses Ergebnis in Art. 41 Abs. 2 Spiegelstrich 2 der Grundrechtecharta, der das Erfordernis des Schutzes von Geschäftsgeheimnissen und sonstiger vertraulicher Informationen aufstellt. Nach Art. 41 Abs. 2 Spiegelstrich 2 der Charta ist der Schutz dieser Informationen Bestandteil einer guten Verwaltung.

Für den Bereich der Verarbeitung personenbezogener Daten gelten über Art. 286 EGV die Regelungen der Datenschutzrichtlinie 95/46. Grundsätzlich hat die Europäische Kommission auch die dortigen Regelungen zu beachten. Im Kartellverfahren ist jedoch üblicherweise der Anwendungsbereich der Datenschutzrichtlinie nicht eröffnet.

Eine Verankerung des Schutzes vertraulicher Informationen der Betroffenen im Kartellverfahren findet sich somit in erster Linie in den Regelungen über das Amtsgeheimnis, wie es in Art. 287 EGV, den sekundärrechtlichen Regelungen der Verordnung 1/2003 und Art. 41 Abs. 2 Spiegelstrich 2 der Charta der Grundrechte zum Ausdruck kommt.

C. Konkrete Ausgestaltung des Schutzes vertraulicher Informationen

Nach der Klärung der rechtlichen Verankerung des Schutzes vertraulicher Informationen im europäischen Kartellverfahren ist von Interesse, welcher konkrete Schutz solchen Informationen zu gewähren ist.

Dabei ist zunächst klarstellend von Interesse, ob die Betroffenen einer kartellrechtlichen Ermittlungsmaßnahme mit Blick auf die Vertraulichkeit von Informationen gegenüber der Kartellbehörde unbeschränkt offenbarungspflichtig sind oder ob ihnen eventuell ein Auskunftsverweigerungsrecht zusteht.

I. Auskunftsverweigerungsrecht wegen des Schutzes vertraulicher Informationen

Ein Auskunftsverweigerungsrecht der Adressaten einer Ermittlungshandlung zum Schutz vertraulicher Informationen wird richtigerweise abgelehnt.[677] Zunächst gewährt der Grundsatz der Amtsverschwiegenheit, in dem der Schutz vertraulicher Informationen seine Grundlage findet, kein Auskunftsverweigerungsrecht. Dieser Grundsatz basiert vielmehr auf der Prämisse, dass die Kommission als Wettbewerbsbehörde in den Besitz vertraulicher Informationen kommt, die sie allerdings dann zu schützen hat. Es beinhaltet nicht das Recht des Unternehmens, der Kommission den Besitz vertraulicher Informationen zu verweigern.

Auch die Struktur des Kartellverfahrens spricht gegen die Anerkennung eines Auskunftsverweigerungsrechts zum Schutz vertraulicher Informationen. Das Kartellverfahren basiert wesentlich auf der Informationsoffenbarung durch die Betroffenen selbst. Insbesondere das Ermittlungsinstrument des Auskunftsverlangens macht dies deutlich. Ein Auskunftsverweigerungsrecht bei der Gefahr der Preisgabe vertraulicher Angaben anzuerkennen, würde bedeuten, vor allem das Befragungsrecht der Kommission im Rahmen des Auskunftsverlangens entgegen der ratio des Gesetzes in erheblichem Maße zu schwächen.[678]

Die Ablehnung eines solchen Rechts ist auch sachlich angemessen. Das Interesse der Unternehmen an der Geheimhaltung vertraulicher Informationen wird nicht schon durch deren Preisgabe an die Kommission verletzt, da diese ebenso wie die nationalen Behörden zur Amtsverschwiegenheit verpflichtet ist. Vielmehr kommt eine Verletzung erst im Anschluss daran bei der Frage der Weitergabe an einen Konkurrenten oder Dritten[679] in Betracht. Die Problematik ist dann jedoch nicht auf der Ebene des Auskunftsverweigerungsrechts angesiedelt, sondern auf der nachfolgenden Ebene des Schutzes vertraulicher Informationen durch die Kommission im Kartellverfahren.

Ersichtlich ist mithin, dass das Gemeinschaftsrecht keinen absoluten Schutz von vertraulichen Informationen vor kartellrechtlichen Offenbarungspflichten bietet. Somit kommt es entscheidend auf die Frage an, inwieweit und auf welche Weise vertrauliche Informationen geschützt werden, wenn sie einmal in den Besitz der zuständigen Behörde gelangt sind.

[677] Verneinend u.a. EuGH „Hoffmann-La Roche“, Slg. 1979, 461, 512, Rn. 14; *Gillmeister*, S. 145; *Lieberknecht*, WuW 1988, 833, 846.

[678] Gleiche Erwägungen gelten auch für das Befragungsrecht der Kommission im Rahmen der Nachprüfung.

[679] Für die Weitergabe an die nationalen Wettbewerbsbehörden siehe detailliert unten Teil 5, C. IV.

Von grundlegender Bedeutung sind hierfür zunächst die Fragen, welche Informationen genau als Geschäftsgeheimnisse und sonstige vertrauliche Informationen zu qualifizieren sind und welche Instanz befugt ist zu bestimmen, dass die gegenüber der Kommission offenbarten Informationen als vertraulich anzuerkennen sind.

II. Inhaltsbestimmung vertraulicher Informationen

Bei der Inhaltsbestimmung vertraulicher Informationen ist zwischen Geschäftsgeheimnissen und sonstigen vertraulichen Informationen zu unterscheiden.

1. Definitions- und Inhaltsbestimmung von Geschäftsgeheimnissen

Weder aus dem EG-Vertrag noch aus der Verordnung 1/2003 und der Grundrechtecharta ergibt sich eine abstrakte Definition der Geschäfts- und Betriebsgeheimnisse. Art. 287 EGV nimmt zwar Bezug auf der Verschwiegenheitspflicht unterfallenden Auskünfte über Unternehmen, deren Geschäftsbeziehungen und Kostenelemente, ohne damit jedoch eine abstrakte Definition für Geschäftsgeheimnisse gegeben zu haben.

Die Verordnung 1/2003 enthält wie die Vorgängerverordnung 17/62 lediglich Hinweise auf zu wahrende Geschäftsgeheimnisse, beispielsweise in Art. 27 Abs. 2 S. 2 VO 1/2003 und Art. 30 Abs. 2 VO 1/2003. Ebenso sieht die Durchführungsverordnung 773/2004 an verschiedenen Stellen[680] den Schutz vertraulicher Informationen vor, ohne jedoch Anhaltspunkte für eine inhaltliche Definition zu geben. Auch Art. 41 Abs. 2 Spiegelstrich 2 der Grundrechtecharta stellt lediglich das Erfordernis auf, dass vertrauliche Informationen zu wahren sind.

Eine Definition ist auch der bisherigen Rechtspraxis nicht zu entnehmen. Rechtsprechung, Kommission und Literatur gehen jedoch davon aus, dass der Begriff des Geschäftsgeheimnisses weit gefasst zu verstehen ist.[681] Die Kommission zählte in ihrer Mitteilung zu der Behandlung von Anträgen auf Akteneinsicht aus dem Jahre 1997[682] solche Informationen

---

680 Erwähnung findet der Schutz vertraulicher Informationen in der Durchführungsverordnung 773/2004 beispielsweise in Art. 8 Abs. 1 S. 2 (Akteneinsichtsrecht des Beschwerdeführers im Falle der Zurückweisung einer Beschwerde), Art. 14 Abs. 6 (Anhörung der Beteiligten) und Art. 16 (Akteneinsichtsrecht) VO 773/2004.

681 Vgl. statt vieler EuGH „Akzo“, Slg. 1986, 1965, 1991 Rn. 24 ff.; Mitteilung der Kommission über interne Verfahrensvorschriften für die Behandlung von Anträgen auf Akteneinsicht in Fällen einer Anwendung der Artikel 85 und 86 EG-Vertrag, der Art. 65 und 66 EGKS-Vertrag und der Verordnung (EWG) Nr. 4064/89 des Rates, ABl. 1997, Nr. C 23, S. 3 ff., Punkt I. A. 1; *Lieberknecht*, WuW 1988, 833, 845.

682 Mitteilung der Kommission über interne Verfahrensvorschriften für die Behandlung von Anträgen auf Akteneinsicht in Fällen einer Anwendung der Artikel 85 und 86 EG-Vertrag, der Art. 65 und 66 EGKS-Vertrag und der Verordnung (EWG) Nr. 4064/89 des Rates, ABl. 1997, Nr. C 23, S. 3.

zu Geschäftsgeheimnissen, die von einem Unternehmen als „Geschäftsgeheimnis“ erklärt und von der Kommission anerkannt werden.[683] In ihrem Entwurf über die Neufassung der Mitteilung von 1997, der Mitteilung der Kommission über die Regeln für die Einsichtnahme in Kommissionsakten aus dem Jahre 2004,[684] wird der Begriff des Geschäftsgeheimnisses präzisiert, indem Beispiele genannt werden.[685]

Weitere Anhaltspunkte bieten Definitionsversuche der Literatur, wonach ein Geschäftsgeheimnis jede Tatsache ist, die im Zusammenhang mit einem Geschäftsbetrieb steht, nicht offenkundig ist und von einem Geheimhaltungswillen gedeckt ist.[686] Insbesondere die kommerziellen wie auch betrieblichen und technischen Inhalte eines Unternehmens sind von dieser Definition abgedeckt.[687]

Hinsichtlich des erforderlichen Zusammenhanges mit dem Geschäftsbetrieb sind von der Rechtsprechung im Laufe der Jahre eine Reihe unternehmensbezogener Tatsachen benannt worden, die im konkreten Fall die Geheimhaltungsbedürftigkeit indizieren. So fallen unter den Begriff der Geschäftsgeheimnisse zunächst Angaben des kaufmännischen Bereichs eines Unternehmens, zum Beispiel Informationen über aktuelle Marktanteile,[688] Einzelheiten über Verträge mit Kunden und Lieferanten, Umsatzentwicklungen in den letzten Jahren,[689] Kosten eines Erzeugnisses, seine besonderen Eigenschaften, Finanzierungsfragen, Preise, Geschäfts- bzw. Marktstrategien, Struktur der Verkaufspolitik und Bank- oder Steuervorgänge.[690] Diese werden in dem Entwurf über eine Mitteilung der Kommission zur Akteneinsicht aus dem Jahre 2004 aufgegriffen und ergänzt.

---

683 Mitteilung der Kommission über interne Verfahrensvorschriften für die Behandlung von Anträgen auf Akteneinsicht in Fällen einer Anwendung der Artikel 85 und 86 EG-Vertrag, der Art. 65 und 66 EGKS-Vertrag und der Verordnung (EWG) Nr. 4064/89 des Rates, ABl. 1997, Nr. C 23, S. 3 ff., Punkt I. A. 1.

684 Entwurf einer Mitteilung der Kommission über die Regeln für die Einsicht in Kommissionsakten in Fällen einer Anwendung der Artikel 81 und 82 EG-Vertrag, Artikel 53, 54 und 57 des EWR-Abkommens und der Verordnung (EG) 129/2004, ABl. 2004, Nr. C 259, S. 8.

685 Siehe Entwurf einer Mitteilung der Kommission über die Regeln für die Einsicht in Kommissionsakten in Fällen einer Anwendung der Artikel 81 und 82 EG-Vertrag, Artikel 53, 54 und 57 des EWR-Abkommens und der Verordnung (EG) 129/2004, ABl. 2004, Nr. C 259, S. 12, Rn. 17.

686 Vgl. *Lieberknecht*, WuW 1988, 833, 845; *Rohlfing*, S. 171 f.

687 Vgl. *Lieberknecht*, WuW 1988, 833, 845.

688 Vgl. EuGH „Hoffmann-La Roche“, Slg. 1979, 461, 512 f., Rn. 12 ff., sowie den Vortrag der Kommission, Slg. 1979, 461, 472 f.

689 Vgl. EuGH „FEDETAB“, Slg. 1980, 3125, 3238, Rn. 41.

690 Vgl. die Entscheidung der Kommission „Vacuum Interruptors“, ABl. 1980, Nr. L 383, S. 1, 5 sowie die Entscheidung des EuG „SPO“, Slg. 1995 II, 289, 333 Rn. 121. Weitere Beispiele (noch zu der Verordnung 17/62): *Schwarze* in Schwarze, Der Gemeinsame Markt, S. 159, 175 sowie Immenga/Mestmäcker-*Ritter*, EG-Wettbewerbsrecht, Bd. II, VO 17/62, Art. 20, Rn. 26.

So wurden technische und finanzielle Angaben in Bezug auf das Know-How eines Unternehmens, Kostenrechnungsmethoden, Produktionsgeheimnisse und -verfahren, Bezugsquellen, Marktanteile, Kunden- und Händlerlisten, Vermarktungspläne, Kosten- und Preisstruktur sowie die Absatzstrategie eines Unternehmens genannt.[691] Indes werden veraltete Informationen, wie beispielsweise Marktanteile bzw. Angaben über Umsätze und Absatz, die älter als fünf Jahre sind, in der Regel keinen geschäftlichen Wert mehr haben und daher keine Geschäftsgeheimnisse mehr darstellen.[692]

Um noch ein Geschäfts*geheimnis* zu sein, dürfen die das Geheimnis begründenden Tatsachen auch nicht offenkundig sein.[693] So können allgemein bekannte Informationen keinen Geheimnisschutz beanspruchen, da sie schon dem Wortsinne nach nicht als „Geheimnis" zu qualifizieren sind und keinen spezifischen wettbewerblichen Wert für Konkurrenz-Unternehmen mehr aufweisen. In dem „FEDETAB" Urteil[694] stellte der EuGH allerdings klar, dass eine Tatsache auch dann ein Geschäftsgeheimnis sein kann, wenn sie einem größeren Kreis von Personen bekannt ist, vorausgesetzt, der Kreis ist abgegrenzt und gegenüber Dritten zur Verschwiegenheit verpflichtet.[695]

Außerdem müssen die betroffenen Geschäftsinformationen von einem Geheimhaltungsinteresse getragen sein. Erst dieser Wille begründet den Unterschied zwischen einem Geheimnis und einer lediglich unbekannten Tatsache. Der Kartellverfahrensverordnung liegt aber insoweit kein subjektiver, sondern ein gemischt objektiv-subjektiver Begriff der Geheimniseigenschaft zugrunde, so dass über den (subjektiven) Geheimhaltungswillen der Unternehmen hinaus eine objektive Berechtigung für die Geheimhaltung der Geschäftsinformationen erforderlich

[691] Vgl. Entwurf einer Mitteilung der Kommission über die Regeln für die Einsicht in Kommissionsakten in Fällen einer Anwendung der Artikel 81 und 82 EG-Vertrag, Artikel 53, 54 und 57 des EWR-Abkommens und der Verordnung (EG) 129/2004, ABl. 2004, Nr. C 259, S. 12, Rn. 17.

[692] Vgl. den Entwurf einer Mitteilung der Kommission über die Regeln für die Einsicht in Kommissionsakten in Fällen einer Anwendung der Artikel 81 und 82 EG-Vertrag, Artikel 53, 54 und 57 des EWR-Abkommens und der Verordnung (EG) 129/2004, ABl. 2004, Nr. C 259, S. 13, Rn. 22.

[693] Vgl. auch EuG „Stahlträger", Slg. 1996 II, 537, 561, Rn. 40; Groeben//Thiesing/Ehlermann-*Grunwald*, Art. 214 EGV, Rn. 16; Immenga/Mestmäcker-*Ritter*, EG-Wettbewerbsrecht, Bd. II, VO 17/62, Art. 20, Rn. 27. Siehe auch die Kommission in ihrem Entwurf einer Mitteilung über die Regeln für die Einsicht in Kommissionsakten in Fällen einer Anwendung der Artikel 81 und 82 EG-Vertrag, Artikel 53, 54 und 57 des EWR-Abkommens und der Verordnung (EG) 129/2004, ABl. 2004, Nr. C 259, S. 13, Rn. 22.

[694] EuGH „FEDETAB", Slg. 1980, 3125 ff.

[695] EuGH „FEDETAB", Slg. 1980, 3125, 3239, Rn. 46; ebenso GA *Reischl* in dieser Rechtssache, Slg. 1980, 3125, 3298.

ist.[696] Dies geht deutlich aus den Artikeln 27 Abs. 2 S. 2 und 30 Abs. 2 VO 1/2003 sowie Art. 41 Abs. 2 Spiegelstrich 2 der Grundrechtecharta hervor, die das „berechtigte Interesse“ bzw. das „legitime Interesse“ an der Geheimhaltung zur Voraussetzung machen.[697] In allgemeiner Form zeigt sich auch in Art. 287 EGV, der für die Verschwiegenheitspflicht auf die „ihrem Wesen nach“ unter das Berufsgeheimnis fallende Angaben abstellt. Dies deutet darauf hin, dass es nicht allein auf den Willen des Geheimnisträgers ankommen kann. Es muss sich vielmehr um wesensmäßig geheimhaltungsbedürftige Tatsachen handeln, die aus objektiver Sicht für den Geheimnisträger von einigem Gewicht sind.

2. Definitions- und Inhaltsbestimmung „sonstiger vertraulicher Informationen“

Inhaltlich begrenzt sich die Verschwiegenheitspflicht der Behörden nicht nur auf Geschäftsgeheimnisse, sondern umfasst darüber hinaus noch andere vertrauliche Informationen.[698] Auch die sogenannten sonstigen vertraulichen Informationen sind nicht im geschriebenen Gemeinschaftsrecht definiert.

In Übertragung der aufgestellten Kriterien für die Geschäftsgeheimnisse ist auch hier zu verlangen, dass bei den Informationen um vertrauliche Behandlung gebeten wurde, sie nicht offenkundig sind und ein berechtigtes Geheimhaltungsinteresse besteht. Der Rechtsprechung und Kommissionspraxis kann entnommen werden, dass insbesondere Angaben, aus denen auf die Identität von Informanten bzw. Beschwerdeführern oder sonstigen Dritten geschlossen werden kann, darunter fallen.[699] Oftmals sind Informanten Mitarbeiter des betroffenen Unternehmens oder Mitarbeiter von

[696] So noch zu der früheren Verfahrensverordnung 17/62 *Schwarze* in Schwarze, Der Gemeinsame Markt, S. 159, 176; *Hix*, S. 84; *Girnau*, S. 135; GA *Lenz* in der Rechtssache „Akzo“, Slg. 1986, 1965, 1977. Siehe auch Groeben/Thiesing/Ehlermann-*Grunwald*, Art. 214 EGV, Rn. 17. Überholt ist somit die früher vertretene „Willenstheorie“, wonach die Geheimniseigenschaft alleinig vom Willen des Geheimnisinhabers abhing. Demgegenüber fordert die „Interessentheorie“ ein berechtigtes Interesse an der Geheimhaltung, dazu näher unten Teil 5, C. III. Vgl. für das deutsche Recht *Baumbach/Hefermehl*, Wettbewerbsrecht, § 17 UWG, Rn. 2/6; Immenga/Mestmäcker-*Ritter*, EG-Wettbewerbsrecht, Bd. II, VO 17/62, Art. 20, Rn. 26; *Schmidt*, Drittschutz, S. 22 f.

[697] Vgl. noch zu der ehemaligen Verordnung 17/62 die Ausführungen von GA *Lenz* in seinen Schlussanträgen zu der Rechtssache „Akzo“, Slg. 1986, 1965, 1977.

[698] Dies zeigen beispielhaft die das Amtsgeheimnis konkretisierenden Vorschriften des Art. 27 Abs. 2 VO 1/2003 sowie der Art. 8, Art. 15 f. Durchführungsverordnung 773/2004, die auch sonstige vertrauliche Informationen ansprechen.

[699] Vgl. die Rechtssache „Stanley Adams“, Slg. 1985, 3539 ff., in welcher der EuGH die Bedeutung des Informantenschutzes herausarbeitete. Siehe auch die Ausführungen der Kommission in ihrem Entwurf einer Mitteilung über die Regeln für die Einsicht in Kommissionsakten in Fällen einer Anwendung der Artikel 81 und 82 EG-Vertrag, Artikel 53, 54 und 57 des EWR-Abkommens und der Verordnung (EG) 129/2004, ABl. 2004, Nr. C 259, S. 13, Rn. 18.

Konkurrenzunternehmen, die zum Teil ohne Wissen ihres Arbeitgebers der Kommission Informationen über wettbewerbswidrige Verhaltensweisen zukommen lassen und die es aus persönlichen oder wirtschaftlichen Gründen vorziehen, gegenüber den Parteien anonym zu bleiben.

Über die Identität der Informanten hinaus können sonstige vertrauliche Informationen auch andere Arten von Auskünften sein, die der Kommission mit der ausdrücklichen Bitte um vertrauliche Behandlung gegeben wurden. Dabei handelt es sich meist um Dokumente, die kein Geschäftsgeheimnis im engeren Sinne darstellen, bei denen die Unternehmen jedoch wegen der Vertraulichkeit eine Offenlegung vermeiden möchten. Ein Beispiel hierfür ist eine vom Unternehmen in Auftrag gegebene Marktstudie.[700]

Bezüglich der nachfolgenden Fragestellungen wird jedoch als typische „sonstige vertrauliche Information" insbesondere auf den Informantenschutz abgestellt, da sich hierbei – im Gegensatz zu den Marktstudien – zum Teil abweichende Problemlagen von dem Schutz der Geschäftsgeheimnisse ergeben.

III. Entscheidungskompetenz für die Qualifizierung als vertrauliche Information

Es fragt sich, wer befugt sein soll, über die Anerkennung einer Information als Geschäftsgeheimnis bzw. sonstige vertrauliche Information zu entscheiden.

Dabei wurde früher teilweise noch vertreten, dass der Inhaber einer Information über deren Einordnung nach seiner eigenen Interessenlage entscheiden kann.[701] Ob eine Angabe geheim ist oder nicht, hängt nach dieser Ansicht alleinig vom (subjektiven) Willen des Geheimnisträgers ab.

Dass es nicht alleine auf ein subjektives Element ankommen kann, zeigt aber – wie oben[702] gesehen – schon der Wortlaut der jeweiligen Vorschrif-

---

[700] Diese ist ebenso von der Kommission in ihrer Mitteilung zur Akteneinsicht von 1997 als Beispiel für sonstige vertrauliche Information genannt worden wie militärische Geheimnisse, vgl. Mitteilung der Kommission über interne Verfahrensvorschriften für die Behandlung von Anträgen auf Akteneinsicht in Fällen einer Anwendung der Artikel 85 und 86 EG-Vertrag, der Art. 65 und 66 EGKS-Vertrag und der Verordnung (EWG) Nr. 4064/89 des Rates, ABl. 1997, Nr. C 23, S. 3 ff., Punkt I. A. 2. Bezüglich der Militärgeheimnisse vgl. auch den Entwurf der Mitteilung der Kommission über die Regeln für die Einsicht in Kommissionsakten in Fällen einer Anwendung der Artikel 81 und 82 EG-Vertrag, Artikel 53, 54 und 57 des EWR-Abkommens und der Verordnung (EG) 129/2004, ABl. 2004, Nr. C 259, S. 13, Rn. 19.

[701] Vgl. den Überblick bei *Baumbach/Hefermehl*, Wettbewerbsrecht, § 17 UWG, Rn. 2/6; Immenga/Mestmäcker-*Ritter*, EG-Wettbewerbsrecht, Bd. II, VO 17/62, Art. 20, Rn. 26.

[702] Vgl. oben Teil 5, C. II. 1.

ten zum Amtsgeheimnis, die mit der Voraussetzung des *berechtigten Interesses* an der Geheimhaltung einen objektiven Aspekt betont.

Vor diesem Hintergrund hat sich mittlerweile zu Recht die Ansicht durchgesetzt, dass die jeweilige Ermittlungsbehörde für die Entscheidung der Geheimhaltungsbedürftigkeit zuständig sein sollte.[703] Dafür spricht schon die Struktur des Kartellverfahrens, in welchem die Kommission als objektive Behörde das Interesse aller Verfahrensbeteiligten zu wahren hat.

Dieses Ergebnis entspricht auch der aktuellen Rechtsprechung. In dem Urteil „Akzo"[704] befasste sich der Europäische Gerichtshof mit dieser Frage im Zusammenhang mit der Geheimhaltung von Geschäftsgeheimnissen eines Unternehmens und bestätigte seine Einschätzung in dem späteren „SEP" Urteil[705]. Der EuGH legte dar, dass es der Kommission obliegt zu beurteilen, ob Unterlagen Geschäftsgeheimnisse enthalten.[706] Sie habe das Unternehmen vorher hierzu zu hören und im Falle von Meinungsverschiedenheiten eine hinreichend begründete schriftliche Entscheidung zu erlassen, die den Unternehmen zu übermitteln sei.[707] Vor der Weitergabe von Unterlagen an Wettbewerber habe die Kommission dem Unternehmen die Möglichkeit zu geben, den Gerichtshof anzurufen, um die vorgenommene Beurteilung überprüfen zu lassen und die Weitergabe der Informationen gegebenenfalls zu verhindern.[708]

Damit hat auch der Europäische Gerichtshof dem zweiten, objektiven Ansatz den Vorzug gegeben und der Kommission die Entscheidungsbefugnis über das Geheimhaltungsbedürfnis eingeräumt. Mit der Aufstellung von Verfahrenserfordernissen hat der EuGH eine bis dahin bestehende Rechtsschutzlücke geschlossen und die Rechtsposition der auskunftspflichtigen Unternehmen im Kartellverfahren entscheidend verbessert. Denn die Klagemöglichkeit noch während des laufenden Kartellverfahrens ermöglicht es den Unternehmen ex ante, den nicht wieder gutzumachenden Folgen einer rechtswidrigen Offenlegung vorzubeugen. Der über die ex post bestehende Möglichkeit, Schadensersatz nach Art. 288 Abs. 2 EGV zu verlangen, hinausgehende verfahrensrechtliche Schutz rechtfertigt es, die Entscheidung über die Anerkennung einer Information als vertraulich der Kommission zu übertragen.

---

[703] Vgl. *Kerse*, E. C. Antitrust Procedure, S. 363 f., Rn. 8.25; *Joshua*, ELR 1986, 409, 421 ff.; *Girnau*, S. 136; *Bellamy/Child*, Rn. 12-059; *Kevekordes*, DB 1989, 2521, 2522.

[704] EuGH „Akzo", Slg. 1986, 1965 ff.

[705] EuGH „SEP", Slg. 1994 I, 1911 ff.

[706] EuGH „Akzo", Slg. 1986, 1965, 1992, Rn. 29; EuGH „SEP", Slg. 1994 I, 1911, 1942 f., Rn. 38.

[707] EuGH „Akzo", Slg. 1986, 1965, 1992, Rn. 29; EuGH „SEP", Slg. 1994 I, 1911, 1942 f., Rn. 38.

[708] EuGH „Akzo", Slg. 1986, 1965, 1992, Rn. 29; EuGH „SEP", Slg. 1994 I, 1911, 1942 f., Rn. 38.

Unter Zugrundelegung dieser Erwägungen gestaltet sich das Verfahren wie folgt: sobald die Kommission Unterlagen erlangt, die von den Unternehmen mit einer sachlichen Begründung als vertraulich gekennzeichnet wurden und damit augenscheinlich vertraulich sind, unterstellt die Kommission *vorläufig* die Geheimhaltungsbedürftigkeit.[709] Sofern es im weiteren Verfahren zu Meinungsverschiedenheiten kommt, die eine *abschließende* Beurteilung des Geheimnischarakters der jeweiligen Informationen erforderlich machen, findet die von dem Gerichtshof in seinen oben genannten Urteilen vorgeschlagene Vorgehensweise Anwendung, die im Jahre 2001 eine positivrechtliche Regelung in Art. 9 des Beschlusses der Kommission über das Mandat von Anhörungsbeauftragten erhalten hat[710] und in dem Entwurf der Mitteilung über die Akteneinsicht aus dem Jahre 2004 präzisiert ist.[711] Nach Letzterem unterrichtet die Kommission den Betroffenen zunächst von ihrer Absicht, die Informationen preiszugeben und gibt ihnen Gelegenheit zur Äußerung. Bestehen die Meinungsunterschiede fort, sieht Art. 9 des Beschlusses der Kommission über das Mandat von Anhörungsbeauftragten vor, dass die Kommission durch ihren Anhörungsbeauftragten eine formelle Entscheidung über die Weitergabe trifft. Die Offenlegung darf frühestens eine Woche nach Mitteilung der Entscheidung erfolgen, so dass die Geheimnisträger noch die Möglichkeit haben, gegen die Entscheidung im einstweiligen Rechtsschutz gerichtlich vorzugehen. Das Gericht erster Instanz kann die aufschiebende Wirkung der Entscheidung anordnen und so die Weiterhabe der Information verhindern. Damit steht den Geheimnisträgern vor der tatsächlichen Preisgabe der Information die Möglichkeit offen, eine gerichtliche Entscheidung über die Weitergabe der vertraulichen Angaben herbeizuführen.

Innerhalb der Kommission ist es sinnvoll, die formelle Entscheidung über die Offenlegung dem Anhörungsbeauftragten zu überlassen. Zum einen wird auf diese Weise sichergestellt, dass ein bis zu diesem Verfahrensstadium unbeteiligter Kommissionsbeamter sich dem Problem unvoreingenommen widmet, und zum anderen ist gerade der Anhörungsbe-

[709] Vgl. dazu den Entwurf einer Mitteilung der Kommission über die Regeln für die Einsicht in Kommissionsakten in Fällen einer Anwendung der Artikel 81 und 82 EG-Vertrag, Artikel 53, 54 und 57 des EWR-Abkommens und der Verordnung (EG) 129/2004, ABl. 2004, Nr. C 259, S. 16, Rn. 39. So auch schon die Mitteilung der Kommission über die Akteneinsicht, ABl. 1997, Nr. C 23, S. 3 ff., Nr. II, A. 1. 1.2.

[710] Beschluss 2001/462/EG, EGKS der Kommission vom 23.05.2001 über das Mandat von Anhörungsbeauftragten in bestimmten Wettbewerbsverfahren, ABl. 2001, Nr. L 162, S. 21.

[711] Vgl. Entwurf einer Mitteilung der Kommission über die Regeln für die Einsicht in Kommissionsakten in Fällen einer Anwendung der Artikel 81 und 82 EG-Vertrag, Artikel 53, 54 und 57 des EWR-Abkommens und der Verordnung (EG) 129/2004, ABl. 2004, Nr. C 259, S. 17, Rn. 41.

auftragte von seiner Aufgabe und Position innerhalb der Kommission derjenige, der in Unabhängigkeit die Objektivität und Fairness im Kartellverfahren sichern soll. Als solcher ist er die geeignetste Instanz, über die Offenlegung vertraulicher Informationen zu entscheiden.

IV. Schutz vertraulicher Informationen im Verhältnis zu Behörden der Mitgliedstaaten

Hinsichtlich des konkreten Umfangs des Schutzes vertraulicher Angaben stellt sich die Frage, ob die Bejahung des Geheimnischarakters durch die Kommission, das heißt also die Einstufung bestimmter Daten als Geschäftsgeheimnisse oder sonstige vertrauliche Informationen, automatisch ein Verbot jeglicher Offenlegung nach sich zieht.

Dabei ist zwischen dem verwaltungsinternen Schutz im Rahmen der Zusammenarbeit von Europäischer Kommission und den Behörden der Mitgliedstaaten[712], die an das Amtsgeheimnis gebunden sind, einerseits und dem Schutz gegenüber verfahrensbeteiligten Dritten andererseits zu unterscheiden.

1. Ausgestaltung der Zusammenarbeit zwischen nationalen Behörden und der Kommission

Ein wesentliches Element der neuen Kartellverfahrensverordnung 1/2003 ist die Betonung der Zusammenarbeit der Kommission mit nationalen Behörden und Gerichten. Insbesondere Erstere sind im Gegensatz zur früheren Regelung nunmehr häufiger mit der Anwendung der europäischen Wettbewerbsregeln betraut.

Die Verordnung 1/2003 sieht zur Erzielung eines verbesserten Wettbewerbsschutzes die Bildung eines „Netzwerks“[713] der Wettbewerbsbehörden und der Kommission vor, das die Infrastruktur für die Zusammenarbeit darstellen soll.[714]

Die Vorschriften des Kapitels 2 der Verordnung 1/2003 stellen klar, dass es bei der Anwendung der Art. 81, 82 EGV keine ausschließlichen Zuständigkeiten von Kommission und nationalen Wettbewerbsbehörden sowie der nationalen Behörden untereinander gibt. Die Behörden des Netzwerks sind vielmehr parallel zuständig. Erforderlich für die Effekti-

---

[712] Zu der Frage des Schutzes vertraulicher Informationen im internationalen Rahmen, also im Verhältnis zu den Behörden von Drittstaaten, siehe *Podszun*, S. 93 ff. und 273 ff. Üblicherweise enthalten die bi- oder multilateralen Vereinbarungen über die Kooperation der Europäischen Kommission mit Drittstaaten-Kartellbehörden auch Regelungen über Offenbarungsmöglichkeiten und den Schutz vertraulicher Informationen.

[713] Vgl. Art. 11–14, 16, 22, 35 VO 1/2003.

[714] Vgl. Erwägungsgrund 15 VO 1/2003.

vität des Schutzes vertraulicher Informationen innerhalb eines Systems paralleler Zuständigkeit sind klare Regeln zum Austausch und der Verwertung von Informationen und Unterlagen.

a) Grundsatz des Amtsgeheimnisses

Für den Umgang mit vertraulichen Informationen im Verhältnis zwischen Kommission und den mitgliedstaatlichen Behörden ist der Grundsatz der Amtsverschwiegenheit von zentraler Bedeutung. Wie eingangs dargestellt,[715] sind neben der Kommission auch die Behörden der Mitgliedstaaten, ihre zuständigen Behörden sowie ihre Beamten verpflichtet, Informationen, die unter das Berufsgeheimnis fallen, nicht preiszugeben (vgl. Art. 287 EGV und Art. 28 VO 1/2003). Damit ist ein gemeinschaftsweit gleich hoher Schutz vertraulicher Informationen durch die Kartellbehörden gewährleistet.

b) Austausch und Verwertung von Informationen

Von Bedeutung ist, in welchem Umfang vertrauliche Informationen ausgetauscht werden dürfen und ob sie Begrenzungen mit Blick auf ihre Verwertung für die Ermittlungen und als Beweis unterliegen.

Hinsichtlich des Umfangs des Informationsaustauschs sind die Regelungen des Art. 11 und 12 VO 1/2003 entscheidend. Art. 11 VO 1/2003 sieht die enge Zusammenarbeit der Kommission mit den Wettbewerbsbehörden der Mitgliedstaaten bei der Anwendung europäischen Kartellrechts vor. Nach dessen Absatz zwei ist die Kommission verpflichtet, den mitgliedstaatlichen Behörden eine Kopie aller wichtigen Schriftstücke zu übermitteln, die sie zum Erlass einer verfahrensabschließenden Maßnahme zusammengetragen hat. Auch andere bedeutende Dokumente, die für die Beurteilung des Falls erforderlich sind, kann sie behördenintern weiterreichen. Sofern die nationalen Behörden zur Anwendung der gemeinschaftlichen Kartellregeln tätig werden, obliegt auch ihnen, dies der Kommission mitzuteilen (Art. 11 Abs. 3 VO 1/2003). Die zwischen der Kommission und einer nationalen Kartellbehörde ausgetauschten Informationen können auch den Wettbewerbsbehörden der anderen Mitgliedstaaten zugänglich gemacht werden.

Art. 12 VO 1/2003 führt ferner die Befugnis zum Austausch auch vertraulicher Informationen zum Zwecke der Verwendung als Beweismittel zwischen der Kommission und den nationalen Behörden ein. Begrenzt wird dieses Recht insoweit, als die ausgetauschten Informationen nur zum Zweck der Anwendung der Art. 81 und 82 EGV und in Bezug auf den Untersuchungsgegenstand als Beweis verwendet werden dürfen (Art. 12 Abs. 2 VO 1/2003). Sofern jedoch nationales und europäisches

[715] Siehe oben Teil 5, B. I. 1. a).

Recht parallel angewandt werden und die Ergebnisse der Prüfung nicht voneinander abweichen, können die Informationen auch für die Anwendung nationalen Wettbewerbsrechts verwendet werden (Art. 12 Abs. 2 S. 2 VO 1/2003) Anderenfalls sind die nationalen Behörden nicht gehindert, die Informationen zum Anlass für eigene Ermittlungen und für ein Verfahren nach nationalem Recht zu nehmen.[716]

Angemerkt sei aber an dieser Stelle, dass die Beweisverwertung im Hinblick auf das Verfahren gegen natürliche Personen deutlichen Einschränkungen unterliegt. Gemäß Art. 12 Abs. 3 VO 1/2003 können ausgetauschte Informationen nur dann gegen natürliche Personen verwendet werden, wenn auch die erhebende Behörde natürliche Personen bebußen kann oder wenn im Einzelfall bei den Ermittlungen der herausgebenden Behörde die Verfahrensrechte der natürlichen Person in einer Weise beachtet wurden, die im Schutzniveau dem innerstaatlichen Recht der empfangenden Behörde entspricht.

Die Artikel 11 und 12 VO 1/2003 zeigen folglich, dass vertrauliche Materialien, die die Kommission oder eine nationale Kartellbehörde im Rahmen eines Kartellverfahrens erhalten, innerhalb des Netzwerks der Kartellbehörden uneingeschränkt weitergegeben werden können und sollen. Eine Zirkulation der Informationen ist gerade das Ziel der neuen Ausgestaltung der Zusammenarbeit, wonach das Gewicht verstärkt auf einen Austausch solcher Informationen im Dienste einer effektiven Ahndung kartellwidriger Verhaltensweisen gelegt wird. Die Weitergabe vertraulicher Informationen an die nationalen Behörden dient damit einer effektiven Durchsetzung der Kartellregeln in der Gemeinschaft. Flankiert wird diese Durchlässigkeit von den Regelungen des Amtsgeheimnisses und dem Verbot zweckfremder Verwertung.

Es kann mithin festgehalten werden, dass vertrauliche Informationen innerhalb des Netzwerks der Kartellbehörden vom Grundsatz her unbeschränkt ausgetauscht werden.

2. Ausnahme vom unbeschränkten Informationsaustausch aus Gründen des überwiegenden öffentlichen oder privaten Interesses

Es sind jedoch auch Situationen denkbar, bei denen eine Ausnahme von der unbeschränkten Zirkulation von Informationen innerhalb des Netzwerks der Kartellbehörden gemacht werden muss. In Betracht kommen Fallgestaltungen, in denen das Interesse an der Geheimhaltung der Informationen sogar gegenüber den durch das Amtsgeheimnis und das Verwertungsverbot gebundenen öffentlichen Stellen besteht.

Vorstellbar ist dies zunächst bei Angaben zur Identität von Informanten, die bei einer Offenlegung dieser Informationen durch die Kommissi-

[716] Vgl. EuGH „Spanische Banken", Slg. 1992 I, 4820, 4833, Rn. 42.

on an die mitgliedstaatlichen Wettbewerbsbehörden schwerwiegenden Nachteilen ausgesetzt sein könnten. Selbst wenn dies aufgrund der vorgesehenen, oben erläuterten Schutzmechanismen die Ausnahme sein sollte, zeigt die Entscheidung des EuGH „Stanley Adams", dass eine solche Fallgestaltung nicht undenkbar ist.[717] In dem fraglichen Fall ist die Kommission mit der Identität des Informanten, Stanley Adams, unvorsichtig umgegangen, so dass sein Name gegen seinen Willen auch gegenüber den nationalen Behörden aufgedeckt wurde. Daraus folgten für ihn schwerwiegende persönliche Nachteile.[718]

Wenn ein Informant sich auf die Geheimhaltung auch gegenüber nationalen Stellen beruft und stichhaltige Gründe darlegt, weshalb die üblichen Schutzmechanismen der Amtsverschwiegenheit und des Verwertungsverbots im konkreten Fall nicht ausreichend sind, wäre es unverhältnismäßig, wenn die Kommission ohne Abwägung die Informationen einfach weiterleitet.[719] In solchen Fällen ist der in Art. 11 und 12 VO 1/2003 enthaltene Grundsatz, wonach vertrauliche Angaben zwischen den Behörden aus Gründen der effizienten Durchsetzung der Kartellregeln unbeschränkt ausgetauscht werden sollen, im Lichte der Regelungen zum Schutz vertraulicher Informationen zu sehen. Die Kommission hat eine Abwägung zu treffen, ob nicht ihre im öffentlichen Interesse stehende Verpflichtung zum Informationsaustausch aus Art. 11 und 12 VO 1/2003 vor dem Hintergrund möglicher Nachteile, die für die Betroffenen aus einer Offenlegung resultieren würden, eingeschränkt ist. Der Umstand, dass bei einem Informanten persönliche Interessen betroffen sind, wiegt schwer im Rahmen der Abwägung, so dass im Ergebnis in solchen Fällen die Informationsweitergabe im Zweifel nicht erfolgen sollte.

Weiterhin ist denkbar, dass den Unternehmen im Falle einer Übermittlung vertraulicher Daten an die mitgliedstaatlichen Behörden Nachteile wirtschaftlicher Art drohen.[720] Sicherlich ist auch diese Konstellation ein

---

717 Vgl. den in der Rechtssache „Stanley Adams", Slg. 1985, 3539 ff. zugrunde liegenden Sachverhalt.

718 Der Fall Adams bietet ein anschauliches Beispiel, welche tragischen Folgen der unvorsichtige Umgang der Kommission mit der vertraulichen Identität des Informanten hatte: er wurde zu einer Haftstrafe in der Schweiz verurteilt, sein Unternehmen ging in Konkurs und seine Ehefrau beging Selbstmord. Bei einer Übertragung auf das vorliegende Problem darf allerdings nicht außer Acht gelassen werden, dass die Schweiz ein Drittstaat ist und im Gegensatz dazu die mitgliedstaatlichen Behörden des Netzwerks dem Amtsgeheimnis sowie dem Verwertungsverbot unterliegen. Im Falle eines Austauschs im Rahmen des Netzwerks wäre beispielsweise die Verwertung der Informationen zur Verhängung einer Haftstrafe durch Art. 12 Abs. 3 Spiegelstrich 2 VO 1/2003 ausgeschlossen. Nichtsdestotrotz können den Informanten sonstige persönliche Nachteile durch eine Preisgabe der Identität drohen.

719 So auch der EuGH in seiner Entscheidung „SEP", Slg. 1994 I, 1911, 1942, Rn. 37, auf die nachfolgend noch näher eingegangen wird.

720 Siehe EuGH „SEP", Slg. 1994 I, 1911, 1942, Rn. 37.

Ausnahmefall, aber der der „SEP“[721] Entscheidung des EuGH zugrundeliegende Sachverhalt zeigt, dass es das Problem in der Vergangenheit schon gab. In diesem Fall war der Mitgliedstaat, an den die Kommission die Schriftstücke übermitteln hätte müssen, an einem Wettbewerber des betroffenen Unternehmens beteiligt. Der Betroffene befürchtete daher, dass ihm Nachteile entstünden, wenn der Wettbewerber durch die mitgliedstaatlichen Behörden von seinen Geschäftsgeheimnissen erfahren würde. Der Gerichtshof urteilte, dass die Kommission wegen der deutlichen Hinweise auf drohende wirtschaftliche Nachteile von der Informationsweitergabe absehen müsse.[722]

Ebenso wie bei der Frage des Informantenschutzes hat die Kommission auch in diesem Fall eine Abwägung zwischen dem öffentlichen Interesse an der Durchsetzung der Kartellregeln und dem privaten Interesse an der Geheimhaltung gegenüber nationalen Behörden zu treffen, wenn ein Unternehmen sich auf die Vertraulichkeit beruft und besondere Umstände darlegt, weshalb ihm durch die Weitergabe an die nationalen Behörden Nachteile drohen. Sprechen gewichtige Gründe dafür, dass trotz der Schutzmechanismen des Amtsgeheimnisses und des Verwertungsverbots das Unternehmen Nachteile durch die Weitergabe erleiden kann, so sollte die Kommission von einer Offenlegung der Informationen an die nationalen Behörden absehen.

Bei Uneinigkeit zwischen der Kommission, die eine Information weitergeben möchte, und den betroffenen Geheimnisträgern können die verschiedenen Interessen durch eine angemessene verfahrensrechtliche Ausgestaltung gewahrt werden. Sofern die Kommission ein Dokument, das vertrauliche Angaben enthält, an die nationale Behörde weiterleiten will, obwohl der Betroffene besondere Umstände geltend gemacht hat, weshalb dies nicht erfolgen sollte, hat die Kommission durch den Anhörungsbeauftragten[723] eine formelle Entscheidung über die Weitergabe zu erlassen.[724] Diese kann von den Geheimnisträgern durch eine Nichtigkeitsklage angegriffen werden und so einer gerichtlichen Überprüfung zugeleitet werden.

Festzuhalten ist, dass trotz des verstärkt zu praktizierenden Austauschs vertraulicher Informationen im Rahmen des Netzwerks der Wettbe-

[721] EuGH „SEP“, Slg. 1994 I, 1911 ff.

[722] EuGH „SEP“, Slg. 1994 I, 1911, 1942, Rn. 37.

[723] Die Zuständigkeit des Anhörungsbeauftragten ergibt sich aus Art. 9 des Beschlusses 2001/462/EG, EGKS der Kommission vom 23.05.2001 über das Mandat von Anhörungsbeauftragten in bestimmten Wettbewerbsverfahren, ABl. 2001, Nr. L 162, S. 21, 23, siehe auch oben Teil 5, C. III.

[724] So auch der EuGH in seinem Urteil „SEP“, Slg. 1994 I, 1911, 1942, Rn. 39 unter Bezugnahme auf das schon oben (Teil 5, C. III.) näher dargestellte „Akzo“ Verfahren, das im Falle einer Uneinigkeit über die Offenlegung an andere Verfahrensbeteiligte greift. Vgl. dazu auch unten Teil 5, C. V. 1. a) aa) ccc) (3) (c).

werbsbehörden die Kommission in einzelnen eng begrenzten Fällen, in denen die üblichen Schutzmechanismen nicht reichen, von der Informationsweitergabe an die nationalen Behörden absehen muss.

3. Ausnahme vom unbeschränkten Informationsaustausch aus Gründen der Kronzeugenregelung

Mit der Einführung einer Kronzeugenregelung im Jahre 1996 durch die Mitteilung der Kommission über die Nichtfestsetzung oder die niedrigere Festsetzung von Geldbußen in Kartellsachen[725] schaffte die Kommission Anreize für Unternehmen, durch Selbstanzeige zur Beendigung und Sanktionierung geheimer Kartelle beizutragen. Schon die Kronzeugenregelung von 1996 zeigte Wirkung[726] und wurde im Jahre 2002 durch eine transparentere und die Bedingungen deutlicher definierende Mitteilung der Kommission über den Erlass oder die Ermäßigung von Geldbußen in Kartellsachen[727] ergänzt und ersetzt.

Konkret bedeutet die Kronzeugenregelung für Unternehmen, die an der Aufklärung des Kartells mitarbeiten, dass ihnen unter bestimmten Voraussetzungen[728] die Geldbuße vollständig erlassen oder zumindest ermäßigt wird. Die zugrunde liegende Erwägung der Regelungen ist, dass das öffentliche Interesse an einer effizienten Bekämpfung geheimer Kartelle dasjenige an einer uneingeschränkten Sanktion des kartellrechtswidrigen Verhaltens des Unternehmens überwiegt.[729]

---

725 ABl. 1996, Nr. C 207, S. 4.

726 Vgl. Streinz-*Niggemann,* EUV/EGV, nach Art. 83 EGV, KartVO, Rn. 50.

727 ABl. 2002, Nr. C 45, S. 3.

728 Voraussetzung für den vollständigen Erlass der Geldbuße (Immunität) eines Unternehmens ist, dass es das erste Unternehmen ist, das der Kommission ausreichende Informationen über ein noch nicht entdecktes Kartell liefert oder das der Kommission den Nachweis des Verstoßes ermöglicht (vgl. Ziffer 8 a und b der Kronzeugenregelung 2002, ABl. 2002, Nr. C 45, S. 3). Um in den Genuss eines vollständigen Bußgelderlasses zu kommen, müssen die Unternehmen ferner in vollem Umfang mit der Kommission zusammenarbeiten, ihr alle in ihrem Besitz befindlichen Beweismittel vorlegen, ihre Teilnahme an der Zuwiderhandlung spätestens zum Zeitpunkt der Kooperation mit der Kommission einstellen und andere Unternehmen nicht zur Teilnahme am Kartell gezwungen haben (Ziffer 11 Kronzeugenregelung 2002). Für eine Ermäßigung der Geldbuße kommen Unternehmen in Betracht, die nicht alle Voraussetzungen für eine Immunität erfüllen. Das Unternehmen muss der Kommission zumindest neue Beweismittel vorlegen, die für die Kommission einen erheblichen „Mehrwert“ (vgl. zum Begriff Ziffer 22 Kronzeugenregelung 2002) darstellen, und seine Teilnahme am Kartell eingestellt haben (siehe zu diesen Bedingungen Ziffer 21 Kronzeugenregelung). Unter diesen Voraussetzungen sind folgende Ermäßigungen möglich: für das erste Unternehmen eine Ermäßigung zwischen 30 % und 50 %, für das zweite Unternehmen eine Ermäßigung zwischen 20 % und 30 % und für jedes weitere Unternehmen eine Ermäßigung bis zu 20 % (vgl. Ziffer 23 Kronzeugenregelung 2002).

729 Vgl. die rechtspolitischen Bedenken gegen diese Auffassung, Entschließung des Europäischen Parlaments zum 26. Wettbewerbsbericht der Europäischen Kommission (1996), Abschnitt K. 8, ABl. 1997, Nr. C 358, S. 55, 57, Nr. 8.

Im Rahmen des Informationsaustauschs im Netzwerk der Kartellbehörden ergibt sich aber das Problem, inwieweit Informationen über Unternehmen, die eine Behandlung nach der Kronzeugenregelung beantragt haben, frei ausgetauscht werden können. Ein solcher Austausch könnte zur Folge haben, dass die nationalen Behörden auf der Grundlage dieser Informationen eigene Ermittlungen anstrengen. Zwar sehen einige Mitgliedstaaten Programme für Kronzeugenunternehmen vor, jedoch nicht alle.[730] Auch gilt ein Antrag eines Unternehmens auf Kronzeugenbehandlung bei der Kommission nicht zugleich auch als Antrag auf die Anwendung der entsprechenden nationalen Kronzeugenregelungen.[731]

In Ermangelung eines gemeinschaftsweiten Systems vollständig harmonisierter Kronzeugenprogramme ist somit vorstellbar, dass Angaben, die ein Unternehmen der Kommission gegenüber bei Beantragung der Kronzeugenregelung gemacht hat, bei einem Austausch innerhalb des Netzwerks von den nationalen Behörden für die Einleitung von eigenen Ermittlungen, als Beweismittel sowie im Ergebnis als Basis für die Verhängung von Bußgeldern auch gegen den Kronzeugen genutzt werden können. Wäre dies der Fall, würde der Anreiz der Unternehmen, im Rahmen der Kronzeugenregelung zu kooperieren, mangels Sicherheit der Bußgeldbefreiung oder -ermäßigung an Wert verlieren. Ohne die Information von „Kronzeugen"-Unternehmen fiele aber eine wichtige Informationsquelle der Kommission zur Bekämpfung von geheimen Kartellen weg. Das Kronzeugenprogramm wäre weitgehend wirkungslos.

Um dies zu verhindern, sind Schutzmechanismen vorgesehen worden. In ihrer Bekanntmachung über die Zusammenarbeit innerhalb des Netzwerks der Wettbewerbsbehörden hat die Kommission Regelungen für den Informationsaustausch bei Kronzeugenunternehmen vorgesehen.[732]

[730] Konkret haben 18 der 25 Mitgliedstaaten der Union Kronzeugenprogramme: Belgien, Deutschland, Estland, Finnland, Frankreich, Griechenland, Großbritannien, Irland, Lettland, Litauen, Luxemburg, Niederlande, Polen, Slowakei, Schweden, die Tschechische Republik, Ungarn und Zypern (Stand 01.09.2005). Vgl. zu dem ebenfalls komplexen Problem der Geheimhaltung von Informationen aus Kronzeugenanträgen mit Blick auf eine eventuelle Pflicht zur Preisgabe in dem amerikanischen „Discovery" Verfahren, *Nordlander,* ECLR 2004, 646, 646 ff.

[731] Um auch in den Genuss der jeweiligen nationalen Kronzeugenregelungen zu kommen, muss das Unternehmen separate Anträge auf Kronzeugenbehandlungen bei den in Frage kommenden nationalen Behörden stellen. Von Seiten der Industrie wurde vielfach gefordert, einen Antrag auf Kronzeugenregelung bei einer Behörde als Antrag für das ganze Netzwerk zu werten. Dies ist jedoch derzeit kaum praktikabel, da die jeweiligen Voraussetzungen, Modalitäten und der Umfang einer Bußgeldreduktion in den nationalen Programmen noch sehr unterschiedlich ausgestaltet sind (vgl. den Vortrag des Präsidenten des Bundeskartellamtes *Ulf Böge* zum Thema „Durchsetzung des Wettbewerbsrechts aus Sicht der Europäischen Kommission und des Bundeskartellamtes", 26.02.2004, http://www.fiw-online.de).

[732] Bekanntmachung der Kommission über die Zusammenarbeit innerhalb des Netzes der Wettbewerbsbehörden, ABl. vom 27.04.2004, Nr. C 101, S. 43, 48 f., Nr. 37 ff.

Im Detail wird dabei zwischen dem Informationsaustausch nach Art. 11 Abs. 2 VO 1/2003 und demjenigen nach Art. 12 VO 1/2003 unterschieden.

Der Informationsaustausch nach Art. 11 Abs. 2 VO 1/2003 zeichnet sich dadurch aus, dass die Kommission eine Verpflichtung zur Übermittlung von Informationen, die sie für die Beurteilung eines kartellrechtlichen Falles zusammengetragen hat, übernommen hat. Für den speziellen Fall des Informationsaustauschs nach Art. 11 Abs. 2 VO 1/2003 sieht die Bekanntmachung der Kommission vor, dass die Angaben der Unternehmen von einer der nationalen Netzwerkbehörden nicht als Grundlage für die Einleitung eigener kartellrechtlicher Ermittlungen herangezogen werden dürfen.[733] Um die Einhaltung dieser Voraussetzung sicherzustellen, forderte die Kommission die zuständigen Behörden der Mitgliedstaaten auf, eine darauf bezogene Verpflichtungserklärung[734] zu unterzeichnen. Die Kommission erhält den Informationsaustausch bezüglich der Kronzeugenanträge nur mit den Unterzeichnern aufrecht. Die anderen nationalen Wettbewerbsbehörden erhalten so lange keinerlei Angaben, bis sie die Erklärung ebenfalls unterschrieben haben. Inzwischen haben alle fünfundzwanzig Mitgliedstaaten die Verpflichtungserklärung abgegeben und sind damit in den Informationsaustausch einbezogen.

Der (nicht verpflichtende) Informationsaustausch nach Art. 12 VO 1/2003 bezieht sich auf die Übermittlung von Beweisstücken innerhalb des Netzwerks der Kartellbehörden. Bezüglich Unternehmen, die einen Antrag auf Kronzeugenregelung gestellt haben, ist eine Weitergabe von Beweismitteln durch die Kommission an nationale Kartellbehörden nach der Bekanntmachung der Kommission nur möglich, wenn der Antragsteller dem zugestimmt hat, wenn er Anträge bei allen relevanten Behörden gestellt hat oder wenn sich die empfangende Behörde per gleicher Verpflichtungserklärung wie oben dazu verpflichtet hat, die Informationen nicht als Beweismittel gegen den Antragsteller zu verwenden.

Mit diesen Regelungen und insbesondere der Verpflichtungserklärung hat die Kommission einen Weg gefunden, einerseits dem von der Verord-

---

733 Vgl. hierzu das Kapitel 2.3.3. „Rechtsstellung von Antragstellern, welche die Vorteile eines Kronzeugenprogramms in Anspruch nehmen" in der Bekanntmachung der Kommission über die Zusammenarbeit im Netzwerk der Wettbewerbsbehörden, ABl. vom 27.04.2004, Nr. C 101, S. 43, 48. Darin werden die Regeln festgeschrieben, welche die nationalen Behörden im Falle eines Informationsaustauschs über Kronzeugenanträge einzuhalten haben.

734 Die Erklärung ist als Anlage der Bekanntmachung der Kommission über die Zusammenarbeit innerhalb des Netzes der Wettbewerbsbehörden, ABl. vom 27.04.2004, Nr. C 101, S. 43, 53 beigefügt. In Nr. 72 der Bekanntmachung (ABl. 2004, Nr. C 101, S. 43, 52) wird ausdrücklich darauf hingewiesen, dass die Unterzeichner die Grundsätze der Bekanntmachung anerkennen, „auch was den Schutz der Antragsteller auf Kronzeugenbehandlung anbetrifft und erklären, dass sie diese einhalten werden".

nung 1/2003 vorgesehenen Informationsaustausch in weitest möglichem Maße gerecht zu werden, andererseits jedoch die Wirksamkeit des Kronzeugenprogramms zu wahren, indem sie den Schutz der vertraulichen Informationen der Kronzeugen-Unternehmen innerhalb des Netzwerks der Wettbewerbsbehörden sicherstellt.

4. Ergebnis

Im Hinblick auf den Schutz vertraulicher Informationen zwischen der Kommission und den Behörden der Mitgliedstaaten kann festgehalten werden, dass insbesondere im Zuge der neuen Kartellverfahrensverordnung verstärkt auf eine Zusammenarbeit der Behörden Wert gelegt wird. Dies beinhaltet die grundsätzlich unbeschränkte Weitergabe vertraulicher Informationen. Geschützt sind Letztere durch zwei in der Verordnung 1/2003 niedergelegte Verfahrensprinzipien: zum einen das Amtsgeheimnis nach Art. 28 VO 1/2003 sowie zum anderen die Beschränkung, dass die erlangten Kenntnisse nach Art. 12 VO 1/2003 nur zu dem mit der Ermittlung verfolgten Zweck verwertet werden dürfen.

Der Grundsatz, nach dem vertrauliche Informationen innerhalb des Netzwerks der Kartellbehörden prinzipiell unbeschränkt ausgetauscht werden, muss jedoch Einschränkungen erfahren, wenn den Betroffenen durch die Weitergabe wesentliche Nachteile drohen. In diesem Fall muss das Interesse der Geheimnisträger an der Geheimhaltung gegen das öffentliche Interesse an der effektiven kartellbehördlichen Verfolgung von Kartellverstößen durch Informationsaustausch im Netzwerk abgewogen werden. Sollte sich die Kommission trotz der Einwände der Betroffenen für eine Weiterleitung der sensiblen Angaben an die nationalen Behörden entscheiden, so hat sie durch ihren Anhörungsbeauftragten eine formelle Entscheidung darüber zu erlassen, gegen die die Betroffenen gerichtlich vorgehen können.

Eine weitere Problemkonstellation hinsichtlich des Informationsaustauschs innerhalb des Netzwerks der Wettbewerbsbehörden ist der Umgang mit Informationen aus Kronzeugenanträgen. Durch eine von den nationalen Wettbewerbsbehörden zu unterzeichnende Verpflichtungserklärung wird sichergestellt, dass die Informationen, die seitens der Kommission nach Art. 11 VO 1/2003 den Mitgliedstaaten übermittelt werden müssen, nicht für die Aufnahme von Ermittlungen genutzt werden. Mittlerweile haben alle fünfundzwanzig nationalen Wettbewerbsbehörden der Europäischen Union die Erklärung unterzeichnet und sind damit in den Informationsaustausch einbezogen. Der Weiterleitung von Beweismitteln im Sinne des Art. 12 VO 1/2003 ist bei „Kronzeugen"-Unternehmen nur möglich, wenn der Antragsteller dem zugestimmt hat, wenn er Anträge bei beiden Behörden gestellt hat oder wenn die empfangende Behörde die Verpflichtungserklärung unterzeichnet hat und sich damit gebunden hat, die Information nicht als Beweismittel gegen den Antragsteller zu verwenden. Durch diese Regelungen und die Verpflichtungserklärung wird sichergestellt, dass der Informationsaustausch zwischen den Wettbewerbsbehörden grundsätzlich aufrecht erhalten werden kann, ohne dass die Unternehmen das Vertrauen in das Kronzeugenprogramm verlieren und es damit seinen Zweck nicht mehr erfüllen kann.

V. Schutz vertraulicher Informationen im Verhältnis zu anderen Verfahrensbeteiligten und Dritten

Anders als bei dem Austausch vertraulicher Informationen innerhalb des Netzwerks der Wettbewerbsbehörden, der gesichert ist durch die Grundsätze der Amtsverschwiegenheit und der zweckentsprechenden Verwertung der Angaben, greifen keine vergleichbaren Erwägungen bzw. Regelungen gegenüber anderen Verfahrensbeteiligten und Dritten im Falle eines eventuellen Zugangs zu solch sensiblem Material. Grundsätzlich könnte man daher geneigt sein, davon auszugehen, dass der Schutz vertraulicher Informationen gegenüber anderen Beteiligten im Kartellverfahren absolut sein müsste.

Es gibt allerdings Fallgestaltungen, in denen kollidierende Rechte Dritter zu der Frage führen, wie weitgehend der Schutz vertraulicher Informationen gewährleistet werden kann. Insoweit ist es geboten, den Umfang des Geheimnisschutzes im Zusammenspiel mit den zu ihm in einem Spannungsverhältnis stehenden Rechten Dritter herauszuarbeiten. Erst dies lässt eine präzise Aussage zu, wie weitreichend der Schutz vertraulicher Informationen gewährleistet wird und wo seine Grenzen liegen.

Der Schutz der Vertraulichkeit kann mit dem Akteneinsichtsrecht anderer Verfahrensbeteiligter, dem Anhörungsrecht sowie mit dem allgemeinen Publizitätsinteresse in einem Spannungsverhältnis stehen.

1. Spannungsverhältnis des Vertraulichkeitsschutzes mit dem Recht auf Akteneinsicht

Zunächst ist von Interesse, ob und inwieweit dem Vertraulichkeitsschutz Rechnung getragen werden kann, wenn er mit dem Akteneinsichtsrecht in einem Spannungsverhältnis steht. Dies setzt zunächst eine Betrachtung der Art und des Umfanges des Akteneinsichtsrechts voraus.

Das Akteneinsichtsrecht weist eine rechtsstaatliche und eine demokratische Dimension auf, die, obwohl sie sich teilweise decken, eine grundsätzliche Typisierung zulassen.

Zum einen trägt das Akteneinsichtsrecht als quasi „verfahrensakzessorisches“, also an ein konkretes Verwaltungsverfahren gekoppeltes Einsichtsrecht, rechtsstaatlichen Grundsätzen Rechnung. Als solches garantiert es den Verfahrensbeteiligten eines Kartellverfahrens Einsicht in die

Unterlagen der Kommission. Es findet im Kartellverfahren seinen Niederschlag in den einschlägigen Vorschriften der Verordnung 1/2003 sowie der Durchführungsverordnung 773/2004 zum Akteneinsichtsrecht. In dem rechtsstaatlichen Kontext soll das Einsichtsrecht durch verfahrensrechtlich verankerte Kommunikation die Beteiligten eines Kartellverfahrens je nach ihrer Verfahrensposition vor rechtsverletzenden, sachfremden, willkürlichen und unverhältnismäßigen Verwaltungsentscheidungen bewahren und ihnen eine angemessene Partizipation im Verfahrensablauf sichern.[735]

Darüber hinaus ist seit Mitte der 80er Jahre eine Entwicklung im Rahmen des Gemeinschaftsrechts zu verzeichnen, die eine individuelle Partizipation in exekutiven Entscheidungsprozessen als Ausfluss des Grundsatzes der Transparenz und Öffentlichkeitskontrolle von Verwaltungstätigkeit und damit verbunden der demokratischen Legitimation der Exekutive versteht. Verwirklicht wurde die Erkenntnis dieser zweiten Komponente des Akteneinsichtsrechts in dem allgemeinen Dokumentenzugangsanspruch nach Art. 255 Abs. 2 EGV[736].

Zunächst wird auf Umfang und Grenzen des kartellverfahrensrechtlichen Akteneinsichtsrechts und die möglichen Lösungen eines Spannungsverhältnisses mit dem Schutz vertraulicher Informationen eingegangen, bevor die gleichen Fragen für das aus dem Transparenzprinzip folgende Aktenzugangsrecht untersucht werden.

a) Akteneinsichtsrecht über kartellrechtliche Vorschriften

Das Akteneinsichtsrecht im Kartellverfahren folgt aus dem Grundsatz des rechtlichen Gehörs. Diesen erörterte der Europäische Gerichtshof für das gemeinschaftsrechtliche Verwaltungsverfahren erstmals in seiner Entscheidung „Transocean Marine Paint“[737] im Jahre 1974. Der Gerichtshof hat darin den Anspruch auf rechtliches Gehör als ein Verteidigungsrecht bezeichnet und als fundamentalen Grundsatz des Gemein-

[735] Vgl. insoweit den Gedanken des BVerfG, BVerfGE 45, 297, 335: „Die Notwendigkeit des Gespräches zwischen Verwaltung und Bürger entspricht dem grundgesetzlichen Verständnis der Stellung des Bürgers im Staat“. Ähnlich auch *Ossenbühl*, NVwZ 1982, 466, Fn. 366, demzufolge die Verfahrensbeteiligung einen „Rechtswert an sich“ hat, „[...] weil sie den Einzelnen aus seiner Objektstellung im Verwaltungsgeschehen befreit und an der res publica aktiv teilhaben lässt.“ Siehe grundsätzlich zur Funktion von Verfahrensregelungen *Böhm*, S. 180 ff.

[736] Diese Vorschrift legt den Verhaltenskodex für den Zugang der Öffentlichkeit zu Rats- und Kommissionsdokumenten (ABl. 1993, Nr. L 340, S. 41) fest, umgesetzt durch Ratsbeschluss 93/731/EG vom 20.12.1993, ABl. 1993, Nr. L 340, S. 43 und Kommissionsbeschluss 94/90/EGKS/EG/Euratom vom 08.02.1994, ABl. 1994, Nr. L 46, S. 58. Mittlerweile ist die Ausführungsverordnung zum Art. 255 EGV, die Verordnung 1049/2000, ABl. vom 31.05.2001, Nr. L 145, S. 43 f. erlassen. Unten wird auf die Entwicklung näher eingegangen, siehe Teil 5, C. V. 1. b).

[737] EuGH „Transocean Marine Paint“, Slg. 1974, 1063 ff.

schaftsrechts für das Verwaltungsverfahren anerkannt.[738] Der Anspruch auf rechtliches Gehör im Verwaltungsverfahren beinhaltet im Wesentlichen drei Verwirklichungsstufen: das Recht auf Information[739] des Betroffenen über den Inhalt und Stand des Verfahrens, das Recht auf Äußerung[740] zu den aufgeworfenen Tatsachen und Rechtsfragen sowie das Recht auf Berücksichtigung[741], das die Behörde verpflichtet, den Vortrag der Betroffenen zur Kenntnis zu nehmen und in die Entscheidungsfindung einzubeziehen.

Das Akteneinsichtsrecht ist Bestandteil des rechtlichen Gehörs in Form des Rechts des Einzelnen auf Information über den Inhalt und Stand eines behördlichen (oder gerichtlichen) Verfahrens. Der Zugang zu den Akten der Kommission stellt eine notwendige Informationsgrundlage für die Ausrichtung der Verteidigungs- bzw. Verfahrensstrategie der Verfahrensbeteiligten dar. Es kann als Verteidigungsrecht bezeichnet werden.

In ebendiesen Akten, zu denen die Verfahrensbeteiligten Zugang begehren, sind jedoch auch oftmals vertrauliche Informationen von Unternehmen abgeheftet, die die Kommission im Rahmen von Nachprüfungen, Auskunftsverlangen oder Vernehmungen erlangt hat. Während die Geheimnisträger sehr interessiert daran sein werden, dass ihre vertraulichen Informationen nicht Dritten zugänglich gemacht werden, haben gerade die Akteneinsichtsberechtigten ein Interesse an der vollständigen Gewährleistung ihres Anspruchs auf rechtliches Gehör durch eine möglichst umfassende Akteneinsicht.

Um das Ausmaß eines Konflikts zwischen den Geheimhaltungsinteressierten und dem Akteneinsichtsberechtigten beurteilen zu können, ist zunächst von Bedeutung, in welchem Umfang betroffenen Unternehmen der Zugang zu den Akten der Kommission gewährt wird. Im Anschluss daran ist zu betrachten, welche Lösungsmöglichkeiten es im Falle einer Korrelation verschiedener Interessen und Rechte gibt.

Grundsätzlich muss bei den folgenden Untersuchungen zwischen dem Akteneinsichtsrecht der hauptbetroffenen Unternehmen und dem sonstiger Beteiligter unterschieden werden.

aa) Akteneinsichtsrecht für Hauptbetroffene

Als Hauptbetroffene werden im EG-Kartellverfahren diejenigen Unternehmen bezeichnet, gegen die sich das Kartellverfahren richtet.[742] Es han-

[738] EuGH „Transocean Marine Paint“, Slg. 1974, 1063, 1080 f., Rn. 15; „Hoffmann-La Roche“, Slg. 1979, 461, 511, Rn. 9; „National Panasonic“, Slg. 1980, 2033, 2058, Rn. 21.

[739] Vgl. nur EuGH „Al Jubail“, Slg. 1991 I, 3187, 3241, Rn. 17.

[740] Vgl. statt vieler EuGH „Transocean Marine Paint“, Slg. 1974, 1063, 1080 f., Rn. 15.

[741] Vgl. nur EuGH „FEDETAB“, Slg. 1980, 3125, 3244, Rn. 66.

[742] Vgl. *Kevekordes*, DB 1989, 2521, 2521.

delt sich um Unternehmen, bei denen der Verdacht eines Verstoßes gegen die europäischen Kartellvorschriften besteht. Diese Unternehmen sind am Ende eines Kartellverfahrens auch Adressaten einer verfahrensabschließenden Kommissionsentscheidung und eventueller Geldbußen.

Die betroffenen Unternehmen haben aufgrund ihrer spezifischen Verfahrensposition ein Interesse an einer möglichst umfassenden Akteneinsicht. Dieses Interesse ist rechtsstaatlich begründet. Es ist ein grundlegendes Erfordernis des Verwaltungsverfahrens in einem Rechtsstaat, durch eine ordnungsgemäße Verarbeitung von Informationen zu der objektiven Richtigkeit behördlicher Entscheidungen beizutragen.[743] Erforderlich ist insoweit, den Hauptbetroffenen des Verfahrens ausreichend Gelegenheit zu geben, ihre rechtlichen Interessen bereits im Vorfeld einer Behördenentscheidung geltend zu machen, um sich effektiv verteidigen zu können und in diesem Sinne noch Einfluss auf die Entscheidung nehmen zu können.[744] Unabdingbare Voraussetzung hierzu ist die Einblicknahme des Betroffenen in die Akten, um nachvollziehen zu können, auf welche Informationsgrundlage sich die Kommission stützt und ob alle verteidigungsrelevanten Aspekte und Informationen ausreichend berücksichtigt wurden. Dies ermöglicht den Hauptbetroffenen, ihre Verteidigungs- und Verfahrensstrategie anhand der bei der Kommission vorhandenen Informationen auszurichten mit dem Ziel, eine Entkräftung der Vorwürfe zu erreichen.

Eine Einsicht in die Kommissionsakten gebietet auch das Recht auf ein faires Verfahren. Lediglich eine effektive und sachgerechte Beteiligung des Betroffenen am Verfahren im Sinne einer Waffen- und Chancengleichheit führt zu einer Position des Hauptbetroffenen, in der dieser sich ein detailliertes Bild des zugrunde liegenden Sachverhalts und der Meinung der Kommission machen kann. Nur durch eine Einsicht in die Akten kann auch eine „Parität des Wissens"[745] erlangt werden.

Diese Erwägungen legitimieren das Interesse des Hauptbetroffenen auf eine umfassende Akteneinsicht.

aaa) Umfang des Rechts auf Akteneinsicht

Bei Bestimmung des Umfangs des Rechts auf Akteneinsicht ist die rechtliche Verankerung in der Kartellverfahrensverordnung und ihrer Durchführungsverordnung sowie die Kommissions- und Rechtsprechungspraxis zu betrachten.

---

743 Siehe *Schmidt*, Drittschutz, S. 3 ff.

744 Vgl. auch die allgemeinen Ausführungen zum rechtlichen Gehör *Grabitz*, NJW 1989, 1776, 1779.

745 Vgl. *Girnau*, S. 113.

(1) Rechtliche Regelung

In Art. 27 Abs. 2 VO 1/2003 garantiert die neue Verfahrensverordnung den Parteien, also den Hauptbetroffenen des Kartellverfahrens, ein Recht auf Einsicht in die Akten der Kommission. Dieses Recht ist auch in Art. 15 der Durchführungsverordnung 773/2004 gewährleistet, wonach die Kommission den Unternehmen, an die sie eine Mitteilung der Beschwerdepunkte gerichtet hat, Akteneinsicht gewährt. Bestätigt werden diese Regelungen durch Art. 41 Abs. 2 Spiegelstrich 2 der Grundrechtecharta, worin das Recht einer jeden Person auf Zugang zu den sie betreffenden Akten zum Ausdruck kommt.

Ferner stellt Art. 27 Abs. 1 S. 2 VO 1/2003 klar, dass die Kommission ihre Entscheidung nur auf die Beschwerdepunkte stützt, zu denen sich die Parteien äußern konnten. Anderenfalls greift ein Verwertungsverbot.

Diese Regelungen sind das Ergebnis eines langen Entwicklungsprozesses, in dem insbesondere die europäischen Gerichte mit ihrer Entscheidungspraxis sowie die Kommission einen wichtigen Beitrag zu der Präzisierung der Rechte geleistet haben. Aufgrund ihrer Untersuchung werden sich genauere Aussagen über den konkreten Inhalt des Akteneinsichtsrechts der Hauptbetroffenen machen lassen.

(2) Kommissions- und Rechtsprechungspraxis

Die Grundsätze zur Gewährung der Akteneinsicht entwickelten sich hauptsächlich aus der Praxis der Kommission im Zusammenspiel mit den Entscheidungen des Europäischen Gerichtshofs. Dabei ist zu berücksichtigen, dass den Entscheidungen der Rechtsprechung und der Kommission noch die einschlägigen Regelungen der Kartellverfahrensverordnung 17/62 zugrunde gelegen haben. Die Verordnung 17/62 schwieg vollkommen im Hinblick auf ein Recht auf Akteneinsicht. Art. 19 VO 17/62 sah lediglich vor, dass die Kommission den beteiligten Unternehmen und Unternehmensvereinigungen Gelegenheit geben muss, sich zu den von ihr in Betracht gezogenen Beschwerdepunkten zu äußern.

Zunächst waren sowohl die Kommission als auch der Gerichtshof sehr zurückhaltend mit der Gewährung von Akteneinsicht. Die Kommission beschränkte sich üblicherweise darauf, den Betroffenen die Beschwerdepunkte zu übermitteln, die sich inhaltlich nur auf die wesentlichen Tatsachen des vorgeworfenen Wettbewerbsverstoßes bezogen.[746] Nach Auffassung der Kommission war eine Einsichtnahme durch die Hauptbetroffenen in die für die Beurteilung der Beschwerdepunkte relevanten Unterlagen ausreichend, wobei sie das Recht für sich in Anspruch nahm,

[746] Vgl. statt vieler EuGH „Buchler“, Slg. 1970, 733, 753, Rn. 9; „ICI“, Slg. 1972, 619, 655, Rn. 22/25; „BASF“, Slg. 1972, 713, 731, Rn. 8.

über die Relevanz der Dokumente selbst zu entscheiden.[747] Die Kommission legte daher den Unternehmen als Anlage oder als Auszug nur die *wesentlichen*, die Beschwerdepunkte belegenden Dokumente bei,[748] nicht jedoch alle Unterlagen, die sowohl in be- als auch entlastender Hinsicht wichtig für den Beweis bzw. die Beurteilung des vorgeworfenen Wettbewerbsverstoßes sind.

Diese restriktive Haltung der Kommission entsprach der damaligen Rechtsprechung des Gerichtshofs, der schon früh ein allgemeines Akteneinsichtsrecht der Beteiligten am streitigen Wettbewerbsverfahren abgelehnt hat. In dem Urteil „Consten/Grundig"[749] stellte er fest, dass den Parteien vor Erlass der Entscheidung Gelegenheit gegeben werden muss, sich zu den Beschwerdepunkten zu äußern, es jedoch nicht erforderlich ist, ihnen darüber hinaus Einsicht in andere Kommissionsdokumente zu gewähren.[750] Die Akteneinsicht sollte nach Meinung des Gerichtshofs nur dazu dienen, dass der Betroffene nicht erst in der Entscheidung von den ihm gemachten Vorwürfen erfährt.[751] Die Notwendigkeit einer Akteneinsicht in die vollständige Akte der Kommission lehnte er ab.

In den folgenden Jahren entwickelte sich die Rechtsprechung des Gerichtshofs nur dahingehend weiter, dass sie die Anforderungen an die Mitteilung der Beschwerdepunkte präzisierte. Diese sollten klar und deutlich die wesentlichen Tatsachen enthalten, auf die sich die Beschwerdepunkte wie auch die nachfolgende Entscheidung bezogen.[752] Der EuGH stützte sich dabei auf die damalige Anhörungsverordnung 99/63[753], deren Art. 4 nur vorsah, dass die Kommission in ihren Entscheidungen nur die Beschwerdepunkte in Betracht zieht, zu denen sich die Unternehmen äußern konnten. Nach dieser Formulierung sind die Anhörung und damit das Akteneinsichtsrecht auf die „Beschwerdepunkte" begrenzt. Einen Einblick in die Informationsgrundlage der Kommission als Voraussetzung für die Wahrnehmung eigener Interessen wird damit nicht gewährt. Der Relevanz eines weiten Akteneinsichtsrechts zur Ausrichtung der Verteidigungsstrategie hauptbetroffener Unternehmen und da-

[747] Vgl. 10. Wettbewerbsbericht der Europäischen Kommission (1980), S. 45, Nr. 45; EuGH „Boehringer", Slg. 1970, 769, 800, Rn. 12, bei der Darstellung der Kommissionsmeinung.

[748] Vgl. *Sedemund*, EuR 1973, 306, 312.

[749] EuGH „Consten/Grundig", Slg. 1966, 321 ff.

[750] EuGH „Consten/Grundig", Slg. 1966, 321, 386.

[751] Vgl. EuGH „Consten/Grundig", Slg. 1966, 321, 386.

[752] Vgl. EuGH „ACF Chemiefarma", Slg. 1970, 661, 687 f., Rn. 24/27; „Buchler", Slg. 1970, 713, 733, Rn. 9; „Boehringer", Slg. 1970, 769, 799, Rn. 9; „ICI", Slg. 1972, 619, 655, Rn. 22/25; „BASF", Slg. 1972, 713, 731, Rn. 8; „Bayer", Slg. 1972, 745, 771, Rn. 8.

[753] ABl. 1963, S. 2268.

mit verbunden dem rechtsstaatlichen Gehalt einer solchen Gewährleistung trug der Gerichtshof noch nicht Rechnung.

Eine wesentliche Weiterentwicklung in diese Richtung bedeutete die Entscheidung des Europäischen Gerichtshofs „Hoffmann-La Roche“[754]. Darin leitete der EuGH das Akteneinsichtsrecht erstmals nicht nur aus der Verordnung 17/62 und der Anhörungsverordnung 99/63 her, sondern auch aus dem rechtlichen Gehör, einem ihnen zugrunde liegenden fundamentalen Grundsatz des Gemeinschaftsrechts.[755] Dieser sei in allen Verfahren, die zu Sanktionen wie Zwangsgeldern oder Geldbußen führen können, zu beachten und von daher auch im Verwaltungsrecht.[756] Daraus folgerte der Gerichtshof, dass die Unternehmen nicht nur zu den Tatsachen und Umständen des vermuteten Wettbewerbsverstoßes Stellung nehmen dürften, sondern darüber hinaus zu den für deren Behauptungen herangezogenen Unterlagen.[757] Einschränkend ließ der EuGH jedoch eine Heilung der Verletzung des rechtlichen Gehörs noch im gerichtlichen Verfahren zu, wenn nicht der Anspruch auf rechtliches Gehör trotz späterer Heilung verletzt bleibt.[758] Das Urteil weist insoweit wesentliche Neuerungen auf, als es neben der erstmaligen Verankerung des Akteneinsichtsrechts in dem Grundsatz des rechtlichen Gehörs auch eine Erweiterung des Einsichtsrechts, nämlich auch in Unterlagen, auf die sich die Kommission stützt, feststellt.

Aus rechtsstaatlicher Sicht erfuhr das von der Kommission praktizierte und vom EuGH zunächst für angemessen befundene Akteneinsichtsverfahren weiterhin viel Kritik. Zentraler Beanstandungspunkt war die Tatsache, dass es zum einen weitgehend im Ermessen der Kommission lag, welche Unterlagen sie zur Einsicht freigab, und dass die Betroffenen zum anderen keine Möglichkeit bekamen, die Akten auf entlastende Materialien hin zu untersuchen.[759] Nach immer lauter werdender Kritik seitens der Anwaltschaft und anderer interessierter Kreise änderte die Kommission Anfang der 80er Jahre ihre Haltung zum Akteneinsichtsrecht und ging sogar über das von der Rechtsprechung geforderte hinaus.[760] In ihrem 12. Wettbewerbsbericht erklärte die Kommission, sie werde zukünftig Einsicht in die gesamten Verfahrensakten mit Ausnahme interner

754 EuGH „Hoffmann-La Roche“, Slg. 1979, 461 ff.

755 EuGH „Hoffmann-La Roche“, Slg. 1979, 461, 511, Rn. 9. Mit dieser Herleitung des Akteneinsichtsrecht steht der EuGH in der Tradition des französischen Conseil d’Etat, der ebenfalls das Akteneinsichtsrecht als Voraussetzung einer informierten Stellungnahme aus dem Grundsatz des rechtlichen Gehörs herleitete, vgl. *Hix*, S. 20.

756 EuGH „Hoffmann-La Roche“, Slg. 1979, 461, 511, Rn. 11.

757 EuGH „Hoffmann-La Roche“, Slg. 1979, 461, 511, Rn. 11.

758 EuGH „Hoffmann-La Roche“, Slg. 1979, 461, 513, Rn. 15

759 Vgl. *Sedemund* in Schwarze, Verwaltungsrecht im Werden, S. 45, 49.

760 Vgl. *De Bronett*, WuW 1997, 383, 384; *Kerse*, E. C. Antitrust Procedure, S. 172 f., Rn. 4.16; *Girnau*, S. 80,

Kommissionsdokumente, Geschäftsgeheimnisse sowie anderer vertraulicher Informationen Dritter gewähren.[761]

Entgegen dieser Ankündigung wurde die Akteneinsicht in der Praxis allerdings weiterhin restriktiv gehandhabt. Die Kommission gewährte im Interesse „administrativer Effizienz" keine Einsicht in die Akten selbst, sondern fügte Kopien der von ihr als zugänglich eingestuften Dokumente den Beschwerdepunkten als Anlage bei.[762] Auch entschied sie weiterhin in eigener Verantwortung über die Zugänglichkeit von Dokumenten und lehnte eine Akteneinsicht ab, wenn ihrer Ansicht nach die Unterlagen für die Verteidigung irrelevant waren.[763] So hatte die Kommission in der Sache „AEG" dem Betroffenen einen Beschwerdebrief nach Art. 3 Abs. 2 VO 17/62 entgegengehalten, ihn aber zum Teil nicht offengelegt.[764] Der Gerichtshof stellte in seinem Urteil daraufhin fest, es könne nicht der Kommission allein zustehen, zu beurteilen, ob in einem Dokument enthaltene Informationen der Verteidigung dienlich seien.[765]

In der „Michelin"[766] Entscheidung machte der EuGH ebenfalls deutlich, dass die Kommission ihre Entscheidung nur auf Dokumente stützen dürfe, die den hauptbetroffenen Unternehmen vorher zugänglich gemacht worden seien.[767] Ein umfassendes Akteneinsichtsrecht sowohl in be- als auch entlastende Dokumente hat der EuGH allerdings damit nicht gegeben. Die Ablehnung eines umfassenden Einsichtsrechts bekräftigte der Gerichtshof erneut in dem Urteil „VBVB/VBBB".[768]

Auch in der „Akzo"[769] Entscheidung führte der EuGH aus, dass das rechtliche Gehör zwar eine Möglichkeit der Einsicht und Stellungnahme bezüglich der die Entscheidung belegenden Unterlagen gäbe, nicht jedoch eine Verpflichtung statuiere, wonach der gesamte Akteninhalt offengelegt werden müsste. Der Gerichtshof stärkte damit zumindest in der Be-

[761] 12. Wettbewerbsbericht der Europäischen Kommission (1982), S. 40 f., Nr. 35. Vgl. auch zu dem Begriff der „internen Dokumente" den 13. Wettbewerbsbericht der Europäischen Kommission (1983) S. 65 f., Nr. 74 b, wonach darunter die Berichte der Inspektoren über Nachprüfungen fallen, allerdings nur soweit sie Bewertungen enthielten und nicht hinsichtlich rein tatsächlicher Angaben über den Ablauf, die gefundenen Dokumente oder ähnliches.

[762] Vgl. 18. Wettbewerbsbericht der Europäischen Kommission (1988), S. 53 f., Nr. 43.

[763] Vgl. beispielsweise die dargestellte Haltung der Kommission in den Entscheidungen des EuGH „AEG", Slg. 1983, 3151, 3192, Rn. 24; „Michelin", Slg. 1983, 3461, 3499, Rn. 8.

[764] Vgl. EuGH „AEG", Slg. 1983, 3151, 3192, Rn. 24.

[765] Vgl. EuGH „AEG", Slg. 1983, 3151, 3192, Rn. 24.

[766] EuGH „Michelin", Slg. 1983, 3461 ff.

[767] EuGH „Michelin", Slg. 1983, 3461, 3499, Rn. 8.

[768] EuGH „VBVB/VBBB", Slg. 1984, 19, 59, Rn. 25.

[769] Vgl. das Urteil des EuGH „Akzo", Slg. 1991 I, 3359, 3444, Rn. 16, in welchem er Bezug auf seine „VBVB/VBBB" Entscheidung (Slg. 1984, 19, 59, Rn. 25) nimmt.

gründung der Kommission den Rücken. Diese hatte sich nämlich geweigert, die Untersuchungsberichte ihrer Inspektoren offen zu legen mit der Erklärung, sie müsse nur Dokumente übergeben, auf die sie sich in ihrer Entscheidung gestützt habe.[770] Daran wird wiederum erkennbar, wie weit sich die Kommission in der Praxis von ihrer in dem 12. Wettbewerbsbericht erklärten Position zum Akteneinsichtsrecht entfernt hatte.

Die Kommissions- und Rechtsprechungspraxis hatte sich von einer Anerkennung des Akteneinsichtsrechts nur in relevante Beschwerdepunkte mit einem darauf begrenzten Verwertungsverbot zu einem Einsichtsrecht in Unterlagen und Beweismittel, die die Entscheidung stützen und deren Verwertung von der Akteneinsicht abhängt, entwickelt. Nicht anerkannt wurde jedoch ein vom Grundsatz her umfassendes Akteneinsichtsrecht in sämtliche be- und entlastenden Unterlagen.

Erst das Europäische Gericht erster Instanz, das den Verfahrensfragen eine größere Bedeutung beimaß als der EuGH, hat zu Beginn der neunziger Jahre die Rechtsstellung betroffener Unternehmen wesentlich gestärkt. In der Entscheidung „Hercules“[771] erklärte das Gericht – zunächst noch im Einklang mit der EuGH-Rechtsprechung – eine umfassende Akteneinsicht in die Verfahrensakten sei nicht zu gewähren.[772] Allerdings habe die Kommission durch ihre Äußerung im 12. Wettbewerbsbericht sich selbst Regeln gegeben, von denen sie nicht abweichen dürfe.[773] Das EuG bezog sich somit für die Erweiterung des Akteneinsichtsrechts auf die Grundsätze der Selbstbindung der Verwaltung.[774] Ihm zufolge umfasst das Einsichtsrecht vom Grundsatz her die gesamten be- und entlastenden Schriftstücke, die im Laufe der Untersuchung gesammelt wurden.[775]

Hatte das Gericht das erweiterte Akteneinsichtsrecht in der Rechtssache „Hercules“ noch allein auf die individualschützende Außenwirkung des rechtlich nicht allgemeinverbindlichen 12. Wettbewerbsberichts gestützt, änderte es seine dogmatische Begründung in der nachfolgenden Rechtsprechung grundlegend. In den sogenannten „Soda“-Fällen, den Entscheidungen „Solvay“[776] und „ICI“[777], bekennt sich das EuG zu ei-

[770] Kommissionsentscheidung vom 14.12.1985, ABl. 1985, Nr. L 374, S. 1.

[771] EuG „Hercules“, Slg. 1991 II, 1711 ff.

[772] EuG „Hercules“, Slg. 1991 II, 1711, 1739, Rn. 52.

[773] EuG „Hercules“, Slg. 1991 II, 1711, 1739, Rn. 53 f.

[774] Die Kommission lehnte diese allerdings mit der Begründung ab, dass sie ihre Praxis regelmäßig überprüfe und sich dabei Änderungen vorbehalte, vgl. Formulierung im 13. Wettbewerbsbericht der Europäischen Kommission (1983), S. 66, Nr. 74 b; vgl. auch *Lenz/Grill*, FS Deringer, S. 310, 325. *Joshua* (Fordham International Law Journal 1991/1992, S. 18, 47) machte hingegen geltend, der Bekanntmachung fehle es an jeglicher Bindungswirkung.

[775] EuG „Hercules“, Slg. 1991 II, 1711, 1739 f., Rn. 54.

[776] EuG „Solvay“, Slg. 1995 II, 1775 ff.

[777] EuG „ICI“, Slg. 1995 II, 1847 ff.

nem grundsätzlich umfassenden Akteneinsichtsrecht, das eine Qualifizierung als ein Verfahrensgrundrecht ermöglicht.[778] Dabei hob es die Bedeutung der Akteneinsicht für die Wahrung der Verteidigungsrechte in einem Verfahren, das Sanktionen zur Folge haben kann, hervor.[779] Da es sich um komplexe Beurteilungen handle, müsse die Kommission den betroffenen Unternehmen die Möglichkeit einräumen, die bei der Kommission vorhandenen Schriftstücke auf ihren Beweiswert für die Verteidigung zu prüfen.[780] Zur Begründung bezog sich das Gericht erstmals in der Rechtsprechung auf den allgemeinen Grundsatz der Waffengleichheit, der voraussetze, dass die Kommission und das beschuldigte Unternehmen gleiche Kenntnis von den im Verfahrensverlauf herangezogenen Unterlagen haben müsse.[781] Dieser Grundsatz erlaube nicht, dass nur die Kommission im Besitz bestimmter Schriftstücke sei und alleine über deren Beweiswert für die Verteidigung entscheide.[782]

Im Jahre 1997 nahm die Kommission die vom Gericht erster Instanz in seinen jüngeren Urteilen aufgestellten Regeln zum Anlass, um die Problematik des Akteneinsichtsrechts in ihrer Mitteilung zur Behandlung von Anträgen auf Akteneinsicht[783] neu zu definieren. Diese Mitteilung wird derzeit überarbeitet und liegt schon in Entwurfsform[784] vor. Ihrer Rechtswirkung nach stellt eine Mitteilung jedoch lediglich Grundsätze auf, die eine Selbstbindung der Kommission zur Folge haben. Unabhängig davon, ob die Begründung der Selbstbindung über den Gleichheitssatz[785] oder den Vertrauensschutz[786] erfolgt, erreichte die Mitteilung nicht die Qualität verbindlicher Rechtsnormen. Ein weiterer Schritt in Richtung Rechts-

[778] Von dieser Schlussfolgerung kann im Ergebnis ausgegangen werden, auch wenn das EuG in den „Soda"-Urteilen das Akteneinsichtsrecht nicht explizit als selbständiges prozessuales Grundrecht bezeichnet; in diesem Sinne aber zuvor zum Beispiel GA *Léger* in seinen Schlussanträgen zur Rechtssache „British Industries and British Gypsum Ltd.", Slg. 1995 I, 865, 888.

[779] Vgl. EuG „Solvay", Slg. 1995 II, 1775, 1802, Rn. 59; EuG „ICI", Slg. 1995 II, 1847, 1880, Rn. 69.

[780] Vgl. EuG „Solvay", Slg. 1995 II, 1775, 1802, Rn. 59; EuG „ICI", Slg. 1995 II, 1847, 1880, Rn. 69.

[781] Vgl. EuG „Solvay", Slg. 1995 II, 1775, 1812, Rn. 83; EuG „ICI", Slg. 1995 II, 1847, 1890 ff., Rn. 93, 111, 116.

[782] Vgl. EuG „Solvay", Slg. 1995 II, 1775, 1812 f., Rn. 83 f.; EuG „ICI", Slg. 1995 II, 1847, 1890 ff., Rn. 93, 111.

[783] Mitteilung der Kommission über interne Verfahrensvorschriften für die Behandlung von Anträgen auf Akteneinsicht in Fällen einer Anwendung der Artikel 85 und 86 EG-Vertrag, der Art. 65 und 66 EGKS-Vertrag und der Verordnung (EWG) Nr. 4064/89 des Rates, ABl. 1997, Nr. C 23, S. 3 ff.

[784] Vgl. den Entwurf einer Mitteilung der Kommission über die Regeln für die Einsicht in Kommissionsakten in Fällen einer Anwendung der Artikel 81 und 82 EG-Vertrag, Artikel 53, 54 und 57 des EWR-Abkommens und der Verordnung (EG) 129/2004, ABl. 2004, Nr. C 259, S. 8.

[785] So EuGH „Louwage", Slg. 1974, 81, 89, Rn. 11/18.

[786] So EuGH „Kommission./.Rat", Slg. 1973, 575, 584, Rn. 9.

sicherheit war daher der Erlass der Verordnung 2842/98, die die Anhörungsverordnung 99/63 ablöste und die den betroffenen Unternehmen ein umfassendes Akteneinsichtsrecht gewährt. Die Verordnung besaß nach Art. 249 Abs. 2 EGV allgemeine Rechtsverbindlichkeit. Sie bezog sich allerdings nur auf Verfahren, die nach der Verordnung 17/62 durchgeführt wurden. Mit Erlass der neuen Verfahrensverordnung 1/2003 wurde ein Recht auf Akteneinsicht der Hauptbetroffenen positivrechtlich in Art. 27 Abs. 2 VO 1/2003 normiert und in der Durchführungsverordnung 773/2004 präzisiert. Beide regeln ein vom Grundsatz her umfassendes Recht auf Akteneinsicht.

Von Interesse für die verfahrensrechtliche Seite ist, dass die Unternehmen für die alleinige Rüge der Verletzung des Akteneinsichtsrechts auf die endgültige Entscheidung warten müssen. Zuletzt hat dies das Gericht erster Instanz in den „Deutsche Banken"-Fällen[787] im Rahmen dreier Beschlüsse vom 9. Juli 2003 deutlich festgestellt. In diesen Fällen erhoben die betroffenen Banken Nichtigkeitsklage gegen die Entscheidungen der Kommission, ihnen Einsicht in bestimmte Unterlagen zu verweigern. Das Gericht entschied jedoch, dass diese Entscheidungen die Rechtsstellung der Betroffenen noch nicht in erheblicher Weise veränderten, da sie lediglich eine Zwischenmaßnahme im Verwaltungsverfahren seien und sie deshalb nicht separat mit einer Nichtigkeitsklage angegriffen werden können.[788] Erst die abschließende Verfahrensentscheidung der Kommission, mit der ein Kartellverstoß festgestellt wird, berührt die Rechtsstellung der Betroffenen und kann mit der Begründung der Verletzung des Akteneinsichtsrechts angegriffen werden.[789] Eine solche Verletzung kann die Aufhebung der Entscheidung zur Folge haben.

Grundsätzlich erfuhr das Akteneinsichtsrecht aber schon in den „Soda"-Fällen eine Absicherung durch die Aussage des Gerichts erster Instanz, dass eine Verletzung von Verteidigungsrechten im Verwaltungsverfahren nicht grundsätzlich durch eine Einsichtsgewährung im Gerichtsverfahren geheilt werden kann.[790] Schließlich würde in Letzterem

[787] Beschlüsse des Gerichts erster Instanz „Deutsche Banken", vom 01.07.2003 in den Rechtssachen T-216/01, T-219/01, T-250/01.

[788] Beschlüsse des Gerichts erster Instanz „Deutsche Banken", vom 01.07.2003 in den Rechtssachen T-216/01, Rn. 51 ff., T-219/01, Rn. 58 ff., T-250/01, Rn. 44 ff. Die hier vorliegende Fallgestaltung ist auch deutlich von dem unten noch näher beschriebenen Verfahren abzugrenzen, mit dem Beteiligte die Rechtmäßigkeit einer Offenlegung vertraulicher Informationen durch gerichtliche Entscheidung überprüfen lassen können. In diesem Fall ist die Kommission vor Weitergabe vertraulicher Informationen verpflichtet, eine formelle Entscheidung nach Art. 17 der VO 773/2004 zu erlassen, die sodann gerichtlich (noch vor der Weitergabe) angreifbar ist.

[789] Beschlüsse des Gerichts erster Instanz, „Deutsche Banken", vom 01.07.2003 in den Rechtssachen T-216/01, Rn. 51 ff., T-219/01, Rn. 58 ff., T-250/01, Rn. 44 ff.

[790] Vgl. EuG „Solvay", Slg. 1995 II, 1775, 1817, Rn. 98; EuG „ICI", Slg. 1995 II, 1847, 1895, Rn. 108.

keine vollständige Sachverhaltsaufklärung in Ergänzung zum Verwaltungsverfahren mehr betrieben, sondern es diene vielmehr der richterlichen Kontrolle der geltend gemachten Klagegründe.[791] Indem das EuG klarstellte, dass im Stadium der gerichtlichen Überprüfung eine Heilung von vorherigen Verfahrensfehlern nicht möglich ist, verdeutlicht es, dass die Verletzung wesentlicher rechtsstaatlicher Prinzipien durch die Kommission Konsequenzen haben wird und nicht – wie es bei einer Heilung im Gerichtsverfahren der Fall wäre – praktisch folgenlos und damit ungestraft bleibt. Damit erfährt das Interesse der Unternehmen an der Gewährleistung einer umfassenden Akteneinsicht schon im Verwaltungsverfahren eine verfahrensrechtliche Stärkung.

(3) Zwischenergebnis

Es wird ersichtlich, dass sowohl die Rechtsprechung als auch die Kommission den betroffenen Unternehmen nach langjähriger Skepsis mittlerweile ein vom Grundsatz her umfassendes Akteneinsichtsrecht sowohl in be- als auch in entlastende Unterlagen einräumen. Sie erkennen damit die Relevanz der Akteneinsicht für die Wahrung des rechtlichen Gehörs und der daraus folgenden effektiven Wahrnehmung ihrer Verteidigungsrechte an.

Mit Inkrafttreten der Verordnung 1/2003 ist erstmalig im europäischen Kartellverfahren das Akteneinsichtsrecht hauptbetroffener Verfahrensbeteiligter positivrechtlich in Art. 27 Abs. 2 VO 1/2003 sowie in Art. 15 der VO 773/2004 garantiert. Das dort geregelte Akteneinsichtsrecht trägt der Rechtsprechung Rechnung und verzichtet auf Einschränkungen dergestalt, dass nur in die Beschwerdepunkte oder die sie belegenden Unterlagen Einsicht gewährt wird. Die Artikel 27 Abs. 2 VO 1/2003 und 15 VO 773/2004 statuieren somit ein grundsätzlich umfassendes Einsichtsrecht des Hauptbetroffenen in die Akten der Kommission. Diese Regelungen stellen damit hinsichtlich des Akteneinsichtsrechts die Basis für eine verfahrensrechtliche Ausgestaltung unter Wahrung der Verteidigungsinteressen der Betroffenen dar.

Als Zwischenergebnis kann daher festgehalten werden, dass Art. 27 Abs. 2 VO 1/2003 und Art. 15 VO 773/2004 ein vom Grundsatz her umfassendes Akteneinsichtsrecht des Hauptbetroffenen im Kartellverfahren gewährleisten.

bbb) Grenzen des Akteneinsichtsrechts

Im Anschluss daran stellt sich aber die Frage, ob dem Akteneinsichtsrecht der betroffenen Unternehmen Grenzen gesetzt sind. Problematisch mit Blick auf die Begrenzung des Akteneinsichtsrechts sind üblicherweise drei

---

[791] Vgl. EuG „Solvay“, Slg. 1995 II, 1775, 1817, Rn. 98; EuG „ICI“, Slg. 1995 II, 1847, 1895, Rn. 108.

Kategorien von Dokumenten, namentlich die internen Dokumente der Kommission, die Stellungnahme des beratenden Ausschusses für Kartellfragen und vertrauliche Informationen. Da für die vorliegende Untersuchung Umfang und Grenzen des Akteneinsichtsrechts mit Blick auf den Schutz vertraulicher Informationen von Interesse sind, werden Letztere im Zentrum der Erörterung der Grenzen des Akteneinsichtsrechts stehen.

(1) Rechtliche Regelung

Die Grenzen des Akteneinsichtsrechts der Hauptbetroffenen haben eine positivrechtliche Normierung in der Verordnung 1/2003 erfahren. Art. 27 Abs. 2 S. 2 VO 1/2003 gewährt den Parteien ausdrücklich ein Recht auf Einsicht in die Akten der Kommission, vorbehaltlich des berechtigten Interesses von Unternehmen an der Wahrung ihrer Geschäftsgeheimnisse. Ausgenommen von dem Akteneinsichtsrecht sind laut Art. 27 Abs. 2 S. 3 der Verordnung 1/2003 darüber hinaus vertrauliche Informationen.

Auch die Durchführungsverordnung 773/2004 sieht in Art. 15 und 16 Regelungen vor, die den Schutz von Geschäftsgeheimnissen und sonstiger vertraulicher Informationen im Rahmen der Akteneinsicht betreffen. So bestätigt Art. 15 VO 773/2004, dass vertrauliche Informationen von der Einsicht ausgenommen sind, und Art. 16 VO 773/2004 beschreibt die Vorgehensweise zur Kenntlichmachung vertraulicher Informationen.

Nur kurz soll an dieser Stelle Erwähnung finden, dass auch die Charta der Grundrechte in Art. 41 Abs. 2 Spiegelstrich 2 das Aktenzugangsrecht lediglich unter dem Vorbehalt des Schutzes der Vertraulichkeit und des Berufs- und Geschäftsgeheimnisses vorsieht.

Mit Blick auf den Schutz vertraulicher Informationen stellt somit nach der Kartellverfahrens-, der Durchführungsverordnung und der Grundrechtecharta die Wahrung der Geschäftsgeheimnisse[792] und anderer vertraulicher Informationen[793] ausdrücklich die Grenze des Akteneinsichtsrechts dar. Es verbleibt die Frage, ob die Grenze absolut zu verstehen ist und wie ein eventuelles Spannungsverhältnis zu dem Akteneinsichtsrecht zu lösen ist.

(2) Kommissions- und Rechtsprechungspraxis

Zu untersuchen ist, ob hinsichtlich des Geltungsumfangs der Grenzen die Rechtsprechungs- und Kommissionspraxis Aufschluss geben kann. Dabei ist zu berücksichtigen, dass die ursprüngliche Verfahrensverordnung

[792] Zu dem Begriff des Geschäftsgeheimnisses siehe oben Teil 5, C. II. 1.

[793] Zu dem Begriff der sonstigen vertraulichen Informationen siehe oben Teil 5, C. II. 2.

17/62, auf der die bislang entschiedenen Fälle basieren, keine Regelungen zu der Frage des Geheimnisschutzes im Rahmen des Akteneinsichtsrechts enthielt. Allein der ehemalige Art. 20 VO 17/62 nahm Bezug auf den Schutz der Geschäftsgeheimnisse, die im Rahmen der Veröffentlichung zu wahren seien.

Die Kommission hat die Nichtgewährung der Akteneinsicht schon früh auf den Schutz der Geschäftsgeheimnisse und anderer vertraulicher Informationen gestützt.[794] Bereits im 12. Wettbewerbsbericht werden drei Gründe für die Verweigerung der Akteneinsicht genannt. Soweit Dokumente oder Teile davon Geschäftsgeheimnisse enthalten, kann die Einsicht in die Akten verwehrt werden.[795] Ebenso kann verfahren werden, wenn interne Schriftstücke der Kommission wie Entwürfe oder Vermerke betroffen sind, und drittens bei vertraulichen Unterlagen, die zum Beispiel die Identität des Informanten preisgeben.[796]

Der EuGH hat lange Zeit nicht ausdrücklich, sondern lediglich durch die Normierung eines Verwertungsverbots implizit zu den Grenzen des Akteneinsichtsrechts Stellung genommen. In der Entscheidung „Hoffmann-La Roche"[797] hatte die Kommission die Akteneinsicht aus Gründen der Wahrung von Geschäftsgeheimnissen abgelehnt. Der Gerichtshof führte dazu aus, dass Art. 20 VO 17/62 den Unternehmen den Schutz der Geschäftsgeheimnisse zusichern würde und es so der Kommission erlaube, möglichst viele Daten zur Erfüllung ihrer Aufgabe zur Durchsetzung des Wettbewerbsrechts zu sammeln.[798] Allerdings ginge daraus nicht hervor, dass sie zu Lasten anderer Unternehmen Tatsachen berücksichtigen könne, die sie ihnen nicht zugänglich gemacht hat.[799] Er statuierte damit ein Verwertungsverbot für Unterlagen, die dem Akteneinsichtsberechtigten aus Gründen des Geheimnisschutzes nicht zugänglich gemacht wurden. Auch in der Entscheidung „AEG"[800] betonte der EuGH, dass die Kommission Schreiben, die sie aus Gründen der Vertraulichkeit und der Wahrung der Geschäftsgeheimnisse nicht weiterreiche, nicht als Beweismittel verwerten könne.[801]

Der Gerichtshof hat damit in einem ersten Schritt den Geheimnisschutz und das Akteneinsichtsrecht in Einklang gebracht, indem er der Kommission auferlegte, solche Informationen, die sie den Hauptbetroffenen we-

---

794 Vgl. EuGH „Boehringer", Slg. 1970, 769, 800, Rn. 12; „Hoffmann-La Roche", Slg. 1979, 461, 512, Rn. 14.

795 12. Wettbewerbsbericht der Europäischen Kommission (1982), S. 40 f., Nr. 35.

796 12. Wettbewerbsbericht der Europäischen Kommission (1982), S. 40 f., Nr. 35.

797 EuGH „Hoffmann-La Roche", Slg. 1979, 461 ff.

798 EuGH „Hoffmann-La Roche", Slg. 1979, 461, 512, Rn. 14.

799 EuGH „Hoffmann-La Roche", Slg. 1979, 461, 512, Rn. 14.

800 EuGH „AEG", Slg. 1983, 3151 ff.

801 EuGH „AEG", Slg. 1983, 3151, 3192, Rn. 23.

gen des Geheimnisschutzes nicht zugänglich machen wollte, nicht zur Beweisführung zu verwenden.

Hinsichtlich des Schutzes der Informanten bemühte sich die Kommission von Anfang an, dem Wunsch der Informanten auf Anonymität gerecht zu werden.[802] In ihrem 12. Wettbewerbsbericht schloss sie ausdrücklich solche Dokumente von der Akteneinsicht aus, die Angaben zur Person des Beschwerdeführers beinhalteten, welcher seine Identität nicht preisgeben wollte, oder die Auskünfte enthielten, die der Kommission mit der ausdrücklichen Bitte um Vertraulichkeit übermittelt worden waren.[803]

In mindestens einem Fall, der Rechtssache „Stanley Adams“[804], ist die Identität eines Informanten allerdings gegen dessen Willen bekannt geworden. In seinem Urteil führte der EuGH aus, dass das Amtsgeheimnis sich nicht nur auf bei Unternehmen eingeholte Auskünfte, sondern auch auf von natürlichen Personen freiwillig erteilte Angaben beziehe.[805]

In der „Hercules“ Entscheidung des EuG[806], in der das Gericht eine Selbstbindung der Kommission an ihre Aussage im 12. Wettbewerbsbericht feststellte, nimmt es Bezug auf den Bericht und urteilt, dass die Kommission die Gesamtheit der be- und entlastenden Schriftstücke zugänglich machen müsse, mit Ausnahme der Geschäftsgeheimnisse, interner Schriftstücke der Kommission und anderer vertraulicher Informationen.[807] Auch in den „Soda“-Entscheidungen, in denen das Gericht erster Instanz die Aktentransparenz zu einem allgemeinen Grundsatz des Verwaltungsverfahrens erhoben hat, nimmt es den ebenfalls primärrechtlich in Art. 287 EGV geforderten Geheimnisschutz davon aus.[808] Die grundsätzliche Problematik der Abwägung zwischen Dokumentenzugang und Geheimnisschutz wurde jedoch auch in diesem Fall von dem EuG nicht abschließend geklärt. Das Gericht stellte lediglich klar, dass ein absoluter Vorrang des Geheimnisschutzes vor den Verteidigungsrechten nicht in Betracht komme, sondern ein Ausgleich im Wege der praktischen Konkordanz erforderlich sei.[809]

[802] Vgl. *Hix*, S. 96.

[803] 12. Wettbewerbsbericht der Europäischen Kommission (1982), S. 41, Nr. 35.

[804] EuGH „Stanley Adams“, Slg. 1985, 3539 ff.

[805] EuGH „Stanley Adams“, Slg. 1985, 3539, 3587, Rn. 34.

[806] EuG „Hercules“, Slg. 1991 II, 1711 ff.

[807] EuG „Hercules“, Slg. 1991 II, 1711, 1739 f., Rn. 54.

[808] Vgl. EuG „Solvay“, Slg. 1995 II, 1775, 1814, Rn. 88; EuG „ICI“, Slg. 1995 II, 1847, 1892, Rn. 98.

[809] Vgl. EuG „Solvay“, Slg. 1995 II, 1775, 1814, Rn. 88; EuG „ICI“, Slg. 1995 II, 1847, 1892, Rn. 98. Sehr treffend beschrieb auch GA *Darmon* die Situation in seinem Schlussantrag zu der Rechtssache „Timex“ (Slg. 1985, 849, 857): es ginge darum „einen Mittelweg zum Ausgleich zwischen den Erfordernissen, die sich aus dem Recht auf Information ergeben, und denen, die mit dem Geschäftsgeheimnis zusammenhingen, zu finden.“

Auch in ihrer Mitteilung von 1997[810] ebenso wie in dem Entwurf der Mitteilung von 2004[811] nimmt die Kommission die oben genannten Kategorien vom grundsätzlich umfassenden Zugang zu den Akten aus.

Zusammenfassend kann der Rechtsprechung entnommen werden, dass den Betroffenen nicht offengelegte Dokumente von der Kommission nicht als Beweis gegen sie verwertet werden dürfen und dass im Falle eines Interessenkonflikts die Auflösung im Wege der praktischen Konkordanz gesucht werden muss.

(3) Gleichbehandlung von Geschäftsgeheimnissen und sonstigen vertraulichen Informationen

Bevor konkrete Lösungsansätze zur Auflösung des Spannungsverhältnisses untersucht werden, ist vorab zu klären, ob dem Akteneinsichtsrecht als Grenze in gleichwertiger Weise sowohl die Geschäftsgeheimnisse als auch andere vertrauliche Informationen gegenüberstehen oder ob in der Behandlung dieser beiden Kategorien vertraulicher Angaben als Grenze des Akteneinsichtsrechts Unterschiede gemacht werden sollen, die im Rahmen der praktischen Konkordanz zu beachten wären.

Insoweit ist das Gemeinschaftsrecht nach entsprechenden Wertungen zu untersuchen.

Im Primärrecht ist der Schutz vertraulicher Informationen in der Verpflichtung zur Wahrung des Amtsgeheimnisses in Art. 287 EGV verankert und findet seine sekundärrechtliche Ausgestaltung in Art. 28 VO 1/2003. Danach sind die Beamten der Kommission und der Mitgliedstaaten verpflichtet, Informationen, die unter den Schutz des Berufsgeheimnisses fallen, nicht preiszugeben. Dieser Grundsatz ist in den Regelungen zu den verschiedenen Verfahrensstationen wie der Akteneinsicht, der Anhörung sowie der Veröffentlichung präzisiert.

Den eher generell gehaltenen Normen des Art. 287 EGV und des Art. 28 VO 1/2003 lässt sich zwar keine unterschiedliche Behandlung beider Arten vertraulicher Informationen entnehmen, zu einem solchen Schluss können jedoch möglicherweise andere sekundärrechtliche Regelungen führen. Dieses Ergebnis hat der Europäische Gerichtshof in zwei Urteilen, „Akzo“[812] und „BAT/Reynolds“[813], vertreten. Dass sich diese

---

[810] Mitteilung der Kommission über interne Verfahrensvorschriften für die Behandlung von Anträgen auf Akteneinsicht in Fällen einer Anwendung der Artikel 85 und 86 EG-Vertrag, der Art. 65 und 66 EGKS-Vertrag und der Verordnung (EWG) Nr. 4064/89 des Rates, ABl. 1997, Nr. C 23, S. 3 ff.

[811] Vgl. den Entwurf einer Mitteilung der Kommission über die Regeln für die Einsicht in Kommissionsakten in Fällen einer Anwendung der Artikel 81 und 82 EG-Vertrag, Artikel 53, 54 und 57 des EWR-Abkommens und der Verordnung (EG) 129/2004, ABl. 2004, Nr. C 259, S. 12, Rn. 16 ff.

[812] Vgl. EuGH „Akzo“, Slg. 1986, 1965, 1991, Rn. 27 f.

[813] Vgl. EuGH „BAT/Reynolds“, Slg. 1987, 4487, 4573, Rn. 21.

Urteile nur auf das Akteneinsichtsrecht der Beschwerdeführer im Kartellverfahren bezogen und nicht auf das der Hauptbetroffenen, kann insoweit nicht als inhaltliche Einschränkung verstanden werden, da die zugrundeliegende Problematik die gleiche ist.

Den Urteilen lag noch die Verfahrensverordnung 17/62 zugrunde. In der ehemaligen Verordnung 17/62 wurde nur der Schutz des Geschäftsgeheimnisses und nicht der anderer vertraulicher Informationen betont. Die einschlägigen Vorschriften bezogen sich ausschließlich auf die Veröffentlichung von Entscheidungen durch die Kommission (vgl. Art. 19 Abs. 3 und 21 Abs. 2 VO 17/62). Daraus ergab sich die Frage, ob aus diesen Vorschriften abzuleiten ist, dass Geschäftsgeheimnisse auch im Bereich der Akteneinsicht einen umfassenden Schutz genießen, sonstige vertrauliche Angaben jedoch nicht in vergleichbarem Maße. Diesen Weg hat der EuGH beschritten, indem er aus den Art. 19 Abs. 3 und 21 Abs. 2 VO 17/62 einen allgemeinen Grundsatz des Verwaltungsverfahrens hergeleitet hat, wonach Geschäftsgeheimnisse besonders weitgehend geschützt werden müssen, sonstige vertrauliche Informationen demgegenüber aus Gründen eines ordnungsgemäßen Verfahrensablaufs offengelegt werden dürfen.[814] Die vom EuGH gemachte Unterscheidung wurde allerdings zum Teil schon zu Zeiten der Anwendbarkeit der Verordnung 17/62 wegen Fehlen eines sachlichen Grundes kritisiert.[815]

Mit dem Erlass der neuen Kartellverfahrensverordnung 1/2003 stellt nun Art. 27 Abs. 2 VO 1/2003 die sekundärrechtliche Regelung des Akteneinsichtsrechts dar. Fraglich ist, ob sich auch nach der heutigen Rechtslage eine Auslegung dahingehend rechtfertigen lässt, dass der Schutz von Geschäftsgeheimnissen höher zu bewerten ist als der sonstiger vertraulicher Informationen.

Dem Wortlaut nach wird die Akteneinsicht gewährt, „vorbehaltlich des berechtigten Interesses von Unternehmen an der Wahrung ihrer Geschäftsgeheimnisse. Von der Akteneinsicht ausgenommen sind vertrauliche Informationen ..." (Art. 27 Abs. 2 S. 2 und 3 VO 1/2003). In der Formulierung der Regelung kommen keine Unterschiede dergestalt zum Ausdruck, dass Geschäftsgeheimnissen gegenüber sonstigen vertraulichen Informationen ein umfassenderer Schutz gebührt. Möglicherweise kann jedoch die im Gesetzestext getrennte Behandlung von Geschäftsgeheimnissen und sonstigen vertraulichen Informationen in zwei Sätzen auf ein anvisiertes unterschiedlich intensives Schutzniveau hinweisen. Einen

[814] Vgl. EuGH „Akzo", Slg. 1986, 1965, 1991, Rn. 27 f.; ebenso EuGH „BAT/Reynolds", Slg. 1987, 4487, 4573, Rn. 21. Beide Urteile betreffen die Grenzen des Akteneinsichtsrechts des Beschwerdeführers. Dazu und zu dem Inhalt der Urteile näher unten Teil 5, C. V. 1. a) bb).

[815] Vgl. in diesem Sinne auch die Ausführungen des GA *Warner* in seinen Schlussanträgen zu der Rechtssache „Destillers", Slg. 1980, 2229, 2295 sowie *Weiß*, S. 271.

solchen Schluss allein aus der Unterteilung des Regelungsinhalts in zwei Sätze zu ziehen, erscheint jedoch insbesondere vor dem Hintergrund, dass es für diese Ausgestaltung des Normtextes eine plausible Erklärung gibt, sehr zweifelhaft. Ein naheliegender Grund für diese grammatikalische Gestaltung ist nämlich, dass die Wahrung von Geschäftsgeheimnissen im Interesse von Unternehmen steht, andere vertrauliche Informationen hingegen auch im Interesse natürlicher Personen, wie beispielsweise der Informanten, zu wahren sind. Insofern wäre ein Satz dergestalt, dass ein Akteneinsichtsrecht vorbehaltlich der berechtigten Interessen der Untenehmen an der Wahrung ihrer Geschäftsgeheimnisse und anderer vertraulicher Informationen gewahrt wird, nicht sachgerecht gewesen. Der Unterteilung beider Kategorien vertraulicher Angaben in zwei getrennten Sätzen kann demnach nicht die Bedeutung beigemessen werden, eine der Kategorien müsse anders behandelt werden, sondern stellt eine inhaltliche Genauigkeit dar. Dem Wortlaut nach gilt im Rahmen der Akteneinsicht der Schutz sowohl für Geschäftsgeheimnisse als auch für andere vertrauliche Informationen, ohne dass eine unterschiedliche Behandlung beider Kategorien auszumachen ist.

Aus der Regelungshistorie der Verordnung 1/2003 lassen sich keine Erkenntnisse ziehen, welche Auslegung Art. 27 Abs. 2 VO 1/2003 mit Blick auf die Behandlung von Geschäftsgeheimnissen und anderer vertraulicher Informationen erfahren sollte. Die Vorgängerverordnung 17/62 sah weder eine vergleichbare Regelung zum Akteneinsichtsrecht vor noch konkretisierte sie dessen Grenzen. Generell enthielt die Verordnung 17/62 lediglich Hinweise auf zu wahrende Geschäftsgeheimnisse, was allerdings schon zu damaligen Zeiten nicht als abschließende Aufzählung der Grenzen des Einsichtsrechts betrachtet wurde.[816]

In systematischer Hinsicht könnten für eine bevorzugte Wahrung von Geschäftsgeheimnissen die Regelungen des Art. 27 Abs. 4 und Art. 30 Abs. 2 VO 1/2003, die nur von dem Schutz der Geschäftsgeheimnisse sprechen, angeführt werden. Diese Vorschriften beziehen sich aber lediglich auf die Veröffentlichung. Die Frage des Schutzes vertraulicher Informationen im Rahmen der Akteneinsicht wird explizit durch die Regelung des Art. 27 Abs. 2 VO 1/2003 geregelt, die folglich als lex specialis gegenüber den anderen Vorschriften vorgeht.

Sinn und Zweck der Regelung ist, die primärrechtlichen Anforderungen an die Wahrung des Amtsgeheimnisses zu konkretisieren und für das Akteneinsichtsrecht speziell zu regeln. Der Vorschrift des Art. 287 EGV ist kein Unterschied in der Behandlung von Geschäftsgeheimnissen und

---

[816] Dies zeigt deutlich das Urteil des EuGH „Stanley Adams" (Slg. 1985, 3539, 3587, Rn. 34), in dem es um die Frage der Geheimhaltung der Identität eines Informanten ging, also einer „sonstigen vertraulichen Information".

anderer vertraulicher Informationen zu entnehmen. Dem Amtsgeheimnis unterfallen mithin sowohl Geschäftsgeheimnisse als auch sonstige vertrauliche Informationen. Dies kommt auch in der Regelung des Art. 41 Abs. 2 Spiegelstrich 2 Grundrechtecharta zum Ausdruck, welche von dem legitimen Interesse „an der Vertraulichkeit sowie des [...] Geschäftsgeheimnisses" ausgeht und damit keinerlei Unterscheidung zwischen beiden Arten vertraulicher Informationen erkennen lässt. Insofern ist es nur folgerichtig, dass auch Art. 27 Abs. 2 VO 1/2003 die beiden Kategorien gleichmäßig schützt.

Es ist auch kein sachlicher Grund für die Bejahung eines unterschiedlichen Schutzumfangs ersichtlich. So kann das Interesse eines Unternehmens am Schutz seiner Geschäftsgeheimnisse nicht anders bewertet werden als beispielsweise das eines Informanten auf Schutz seiner Identität.[817] In beiden Fällen hat der Geheimnisträger durch die Offenlegung der fraglichen Information wesentliche Nachteile zu befürchten, die im Falle des Informanten sogar ihn persönlich betreffen. Auch der Gerichtshof hat in dem Urteil „Stanley Adams"[818] die Bedeutung des Informantenschutzes hervorgehoben.[819]

Hinzu kommt, dass die Erwägungen, die für den Schutz der Vertraulichkeit sprechen, sowohl in Bezug auf Geschäftsgeheimnisse als auch auf sonstige Informationen gleichermaßen Geltung beanspruchen können. Sofern sich die Auskunftsgebenden Ermittlungsinstrumenten ausgesetzt sehen, ist ihre Interessenlage unabhängig von der Art der zu schützenden Information die gleiche. In beiden Fällen ist der Schutz der Informationen durch die Kommission ein Korrelat zu ihren umfangreichen Ermittlungsbefugnissen. Auch ist die Wahrung beider Kategorien vertraulicher Angaben Voraussetzung für die Effizienz des Verfahrens und der Durchsetzung des Kartellrechts. Da die Ermittlungsbefugnisse der Kommission wesentlich auf der Kooperation der Unternehmen bzw. deren Mitarbeiter fußt, ist erforderlich, dass die Informationsquellen Vertrauen in den Schutz von Informationen haben. Dieses Interesse besteht bezüglich Geschäftsgeheimnissen ebenso wie hinsichtlich anderer Informationen, die die Auskunftsgebenden als vertraulich behandelt wissen wollen.

Abschließend bietet sich eine Gleichbehandlung aller vertraulichen Informationen auch aus Gründen der Praktikabilität an: damit entfällt die im Einzelfall zum Teil komplizierte Abgrenzung zwischen Geschäftsgeheimnissen und sonstigen vertraulichen Informationen, wie es zum Beispiel bei Marktstudien der Fall sein kann.

---

[817] Vgl. in diesem Sinne die Aussage von GA *Wagner* in seinen Schlussanträgen in der Rechtssache „Destillers", Slg. 1980, 2229, 2295; siehe ferner EuGH „Stanley Adams", Slg. 1985, 3539, 3587, Rn. 34.

[818] EuGH „Stanley Adams", Slg. 1985, 3539 ff.

[819] EuGH „Stanley Adams", Slg. 1985, 3539, 3587, Rn. 34.

Nach der neuen Verfahrensverordnung ist mithin eine Auslegung, wie sie der EuGH noch aufgrund der alten Regelung mit dem Ergebnis eines unterschiedlichen Schutzumfangs beider Kategorien vertraulicher Informationen vorgenommen hat, nicht mehr vertretbar. Vielmehr ist die Vorschrift des Art. 27 Abs. 2 VO 1/2003 als Konkretisierung der Amtsverschwiegenheit zugrunde zu legen, und deren Auslegung hat ergeben, dass den Geschäftsgeheimnissen kein höherer Schutz zukommt als sonstigen vertraulichen Informationen.

(4) Zwischenergebnis

Als Grenze der Akteneinsicht sind mittlerweile in Art. 27 Abs. 2 VO 1/2003 wie in der Durchführungsverordnung sowohl Geschäftsgeheimnisse als auch sonstige vertrauliche Informationen genannt. Beide Kategorien vertraulicher Informationen werden gleichermaßen im Rahmen des Einsichtsrechts der Hauptbetroffenen geschützt. Beide begrenzen den Umfang des Akteneinsichtsrechts und müssen im Falle eines Konflikts im Wege der praktischen Konkordanz mit diesem in Einklang gebracht werden.

ccc) Lösung des Spannungsverhältnisses

Bei der Frage nach Lösungsmöglichkeiten eines Interessenkonflikts ist Ausgangspunkt, dass vertrauliche Informationen der Geheimhaltungsinteressierten auch im Rahmen der grundsätzlich umfassenden Akteneinsicht geschützt sind. Dies betrifft prinzipiell sowohl die begehrte Einsichtnahme in be- als auch in entlastende vertrauliche Unterlagen.

Präzisierend geht aus Art. 27 Abs. 1 VO 1/2003 aber hervor, dass sich die Europäische Kommission nur auf solche Beschwerdepunkte, und damit auf solche *belastenden* Dokumente bei ihrer Entscheidung stützen darf, zu denen sich der Hauptbetroffene äußern konnte, die diesem also mitgeteilt wurden. In dem gleichen Sinne haben auch die Europäischen Gerichte geurteilt, dass die Kommission nur solche Unterlagen als Beweis für eine Zuwiderhandlung in ihrer Entscheidung gegen den Hauptbetroffenen verwenden darf, in die dieser Einsicht nehmen konnte.[820] Anderenfalls greift ein Verwertungsverbot.[821] Für *entlastende* Dokumente trifft dies nicht in gleicher Weise zu. Dem Art. 27 Abs. 1 S. 2 VO 1/2003 ist im Umkehrschluss zu entnehmen, dass die Kommission gegen einen Betroffenen, dem aus Gründen des Geheimnisschutzes kein Einblick in vertrauliche entlastende Unterlagen gewährt werden kann, trotz allem eine Entscheidung fällen kann. Die Kommission darf ihm die Akteneinsicht

[820] Siehe oben Teil 5, C. V. 1. a) aa) aaa) (2). Vgl. auch EuGH „Hoffmann-La Roche“, Slg. 1979, 461, 512, Rn. 14; „AEG“, Slg. 1983, 3151, 3192, Rn. 24; „Michelin“, Slg. 1983, 3461, 3499, Rn. 8. Vgl. zum parallelen Problem des Verwertungsverbots im deutschen Recht *Schmidt*, Drittschutz, S. 93.

[821] Siehe oben Teil 5, C. V. 1. a) aa) aaa) (2) und (3) und die Formulierung des Art. 27 Abs. 1 S. 2 VO 1/2003, aus denen das Verwertungsverbot implizit hervorgeht.

allerdings nicht voreilig verweigern, da anderenfalls der Anspruch auf rechtliches Gehör des Hauptbetroffenen verletzt wäre. Sie muss daher nach Lösungen suchen, dem Hauptbetroffenen ein Einsichtsrecht zu gewähren und zugleich die Vertraulichkeit zu wahren.

Insofern existiert ein Spannungsverhältnis zwischen dem Akteneinsichtsrecht und dem Schutz vertraulicher Informationen vom Grundsatz her, wenn der Einsichtsberechtigte in entlastende Unterlagen, die Geschäftsgeheimnisse oder andere vertrauliche Informationen enthalten, Einblick nehmen will. Es muss jedoch dazu gesagt werden, dass in der Praxis ein Interessenkonflikt selten ist, da die Kommission in Fällen, in denen entlastende Schriftstücke zur Debatte stehen, das Verfahren üblicherweise einstellen wird.[822] In solchen Fällen wird es in der Regel an einem Nachweis für die Zuwiderhandlung fehlen.

Demgegenüber besteht ein Konflikt zwischen verschiedenen Interessen in sehr deutlicher Form, wenn es auf eine als vertraulich anerkannte Information zum Nachweis des Wettbewerbsverstoßes, also auf belastende Schriftstücke, ankommt. In diesem Fall stehen drei Interessen in einem Spannungsverhältnis zueinander und bedürfen einer Harmonisierung. Zunächst haben die verfahrensbeteiligten Unternehmen zwei gegensätzliche Interessen: zum einen das Interesse am Schutz vertraulicher Informationen und zum anderen das Akteneinsichtsinteresse. Darüber hinaus hat die Kommission das öffentliche Interesse an der effizienten und effektiven Durchsetzung des Wettbewerbsrechts.

Die Beachtung der Geheimnisschutzinteressen der auskunftspflichtigen Unternehmen gebieten Art. 287 EGV sowie die speziellen Regelungen der Kartellverfahrensverordnung 1/2003, namentlich Art. 28 Abs. 2 und Art. 27 Abs. 2 S. 2 und 3 VO 1/2003. So ist die Wahrung von geheimen Angaben – wie einleitend dargelegt[823] – erstens wegen ihrer Bedeutung für die Institution des Wettbewerbs als solchem wichtig. Der Schutz vertraulicher Informationen durch die Kommission stellt zweitens ein notwendiges und auch angemessenes Pendant zu den Mitwirkungspflichten der Unternehmen dar. Die dritte Erwägung, die für einen verantwortungsvollen Umgang der Kommission mit diesen Informationen spricht, ist der Umstand, dass die Geheimhaltung das Entstehen bzw. den Ausbau einer Vertrauensgrundlage fördert, die wiederum Basis für den freiwilligen Informationsfluss seitens der Unternehmen oder anderer Informanten ist. Auf diesen ist die Kommission zur Wahrnehmung einer wirksamen Wettbewerbsaufsicht immer noch entscheidend angewiesen.

Dem Geheimnisschutzinteresse gegenüber steht das aus dem Grundsatz des rechtlichen Gehörs folgende und in Art. 27 Abs. 2 VO 1/2003 veran-

822 Vgl. noch zu der alten Rechtslage *De Bronett*, WuW 1997, 383, 392, Rn. 41.
823 Siehe oben Teil 5, A.

kerte Akteneinsichtsinteresse der hauptbetroffenen Unternehmen. Wie in der obigen Untersuchung deutlich wurde, steht dem Hauptbetroffenen grundsätzlich ein umfassendes Akteneinsichtsrecht zu, das allerdings seine Grenze in dem Schutz vertraulicher Informationen findet. Zusätzlich kann die Kommission eine verfahrensabschließende Sachentscheidung allerdings nur auf solche (belastenden) Informationen stützen, die die Hauptbetroffenen einsehen durften und zu denen sie in zweckdienlicher Weise Stellung nehmen konnten. Die Nichtoffenlegung bestimmter Schriftstücke zieht damit zwangsläufig das Verbot ihrer Verwertung nach sich.

Hier kommt als dritter betroffener Bereich das öffentliche Interesse an der Durchsetzung des europäischen Kartellrechts, das die Kommission zu wahren hat, ins Spiel. Als Wettbewerbsaufsichtsbehörde obliegt es ihr, den Artikeln 81 und 82 EGV in effektiver Weise Geltung zu verschaffen. Dazu ist sie aber nur dann in der Lage, wenn sie alle Informationen, die auf eine Kartellwidrigkeit hindeuten, auch im Rahmen ihrer Entscheidung verwerten und den Wettbewerbsverstoß ahnden kann. Nur so kann gewährleistet werden, dass das Vertragsziel des freien Wettbewerbs in bestmöglicher Weise erreicht wird. Bei belastenden Unterlagen erfordert dies eine Einsichtnahme der Betroffenen, da anderenfalls ein Verwertungsverbot greift.

Damit stellt sich die Frage, wie sich die Konfliktlage dieser drei Interessen insbesondere in dem Fall, dass es für den Nachweis der Zuwiderhandlung gerade auf vertrauliche Informationen enthaltende Angaben ankommt, lösen lässt.

(1) Vorrangige Wahrung des Vertraulichkeitsschutzes

Eine Möglichkeit besteht darin, im Falle eines Konflikts zu Gunsten des Geheimhaltungsinteresses zu entscheiden. Für die Annahme des Vorrangs des Vertraulichkeitsschutzes vor dem Recht auf Akteneinsicht könnte die Regelung des Art. 27 Abs. 2 S. 2 und 3 VO 1/2003 sprechen. Danach sind sowohl Geschäftsgeheimnisse als auch sonstige vertrauliche Informationen von der Akteneinsicht ausgenommen. Dem könnte zu entnehmen sein, dass der Schutz vertraulicher Informationen absolut ist.

Eine solche Überlegung wäre unproblematisch, wenn nur das Interesse am Geheimnisschutz mit der Gewährung rechtlichen Gehörs zum Ausgleich stehen würde. Bei einer strengen Wahrung der Vertraulichkeit könnte dem Akteneinsichtsrecht Genüge getan werden, wenn die Information nicht als Beweis verwertet würde. Erhielte der Hauptbetroffene in Geschäftsgeheimnisse und vertrauliche Informationen keine Einsicht, so dürften solche Angaben auch nicht von der Kommission verwertet werden, da ein Verwertungsverbot greift. Ohne Verwertung wird aber auch das im rechtlichen Gehör verankerte Akteneinsichtsrecht gewahrt, weil dem Einsichtsberechtigten keine für die Entscheidung relevanten Unterlagen vorenthalten werden. Ein Ausgleich nur dieser beiden Belange kann mithin durch ein striktes Verwertungsverbot für vertrauliche Angaben erreicht werden.

Dieser Lösungsansatz lässt allerdings das dritte Interesse, nämlich das Interesse an der effektiven Durchsetzung und am Vollzug des Kartellrechts, außer Acht. Sofern zum Nachweis eines Wettbewerbsverstoßes gerade solche Dokumente erforderlich sind, die auch vertrauliche Informationen enthalten, würde die Wahrung der Vertraulichkeit ein Verwertungsverbot dieser Beweismittel nach sich ziehen und der Wettbewerbsverstoß könnte nicht geahndet werden. In diesen Situationen, in denen es zum Vollzug des Wettbewerbsrechts auf Beweismaterial ankommt, das vertrauliche Angaben enthält, wird durch eine vorrangige Wahrung der Vertraulichkeit dem öffentlichen Interesse an der Durchsetzung der Kartellregeln nicht Rechnung getragen.

Insofern lassen sich durch eine strenge Handhabung des Verwertungsverbots zwar der Geheimnisschutz und das Akteneinsichtsrecht miteinander in Einklang bringen, nicht jedoch das öffentliche Interesse am Vollzug des Wettbewerbsrechts.

Eine Abwägung gegen das öffentliche Durchsetzungsinteresse erscheint nicht als sinnvoller Weg der Interessenauflösung, und es gibt auch keine gesetzlichen Anhaltspunkte, die für die Zulässigkeit einer solchen Abwägung sprächen.

(2) Zustimmung zur Offenlegung

Grundsätzlich unproblematisch und sowohl unter Wahrung des öffentlichen Interesses an der Durchsetzung des Kartellrechts als auch ohne Verletzung der beiden Parteiinteressen erfolgt die Auflösung des Interessenkonflikts, wenn die berechtigten geheimnistragenden Unternehmen der Veröffentlichung der Informationen zustimmen.[824] Sofern die Berechtigten einen Verzicht auf die Geheimhaltung erklären, entfällt die aus dem Grundsatz der Amtsverschwiegenheit im Sinne der Art. 287 EGV, 28 Abs. 2 VO 1/2003 und den speziellen Regelungen zu den einzelnen Verfahrensstationen in der Verordnung 1/2003 folgende Geheimhaltungsverpflichtung der Kommission.[825] Daraus folgt, dass die Kommission Akten-

[824] Siehe EuGH „Chemiefarma", Slg. 1970, 661, 689, Rn. 38/40, in welchem der EuGH diesen Lösungsweg angeregt hat, ebenso wie in seinem Urteil „Boehringer", Slg. 1970, 769, 800 f., Rn. 14. Vgl. auch *Schwarze* in Schwarze, Der Gemeinsame Markt, S. 159, 176.

[825] Das Amtsgeheimnis untersagt den Behörden nur die unbefugte Weitergabe von vertraulichen Informationen, das heißt die Offenbarung ohne Erlaubnis des Schutzberechtigten. Sofern der Berechtigte jedoch seinen Verzicht auf die Geheimhaltung erklärt hat, erfolgt die Weitergabe durch die Kommission befugtermaßen. Vgl. zu den früher geltenden, aber vergleichbaren Vorschriften des Amtsgeheimnisses Groeben/Thiesing/

einsicht in vertrauliche Informationen gewähren kann und die Unterlagen im Rahmen ihrer Sachentscheidung verwerten darf. Der Verzicht auf die Geheimhaltung führt mithin zum Wegfall des Interessenkonflikts.

An die Zustimmung zur Offenlegung selbst ist die Anforderung zu stellen, dass sie durch den Berechtigten gegenüber der Kommission in unmissverständlicher Form zum Ausdruck gebracht wird,[826] am besten schriftlich oder ausdrücklich. Keinesfalls kann in der freiwilligen Mitteilung vertraulicher Informationen an die Kommission ein stillschweigendes Einverständnis zu deren Weitergabe an Dritte gesehen werden.[827]

Fraglich ist jedoch, ob nicht Situationen denkbar sind, in denen gerade ein Verzicht auch dem öffentlichen Interesse an der Durchsetzung zuwider läuft. Zwar dient die Offenlegung vertraulicher Informationen aus Sicht der Kommission auf den ersten Blick der Verwertung von Beweismitteln, um einen Wettbewerbsverstoß zu ahnden. Unzulässig könnte ein Verzicht aber sein, wenn er selbst ein wettbewerbswidriges Verhalten darstellt.[828] Vorstellbar ist insbesondere, dass es den Unternehmen in manchen Fällen nicht unrecht ist, ihre Geschäftsgeheimnisse anderen Verfahrensbeteiligten preiszugeben, insbesondere dann, wenn der Austausch geschäftlicher Geheimnisse zur Durchführung wettbewerbswidriger Praktiken, beispielsweise Preisabsprachen, dient. In solchen Fällen hätte der Verzicht auf Geheimnisschutz zur Folge, dass der Wettbewerber über den Umweg der Kommission Informationen erhielte, deren direkter Austausch rechtswidrig wäre. Eine solche Offenlegung würde dem öffentlichen Interesse an dem Erhalt eines wettbewerblichen Umfeldes zuwiderlaufen und wäre daher unzulässig. Ein Verzicht auf den Vertraulichkeitsschutz ist bei einer solchen Sachlage unwirksam.

Es ist festzuhalten, dass ein Verzicht auf die Geheimhaltung grundsätzlich eine Methode ist, die widerstreitenden Interessen zu wahren. Einschränkend muss jedoch von der Kommission untersucht werden, ob nicht gerade in dem Verzicht (mittelbar) ein wettbewerbswidriges Verhalten liegt.

(3) Nichtvertrauliche Zusammenfassungen

Im Falle einer Verweigerung oder Unzulässigkeit des Verzichts obliegt es der Kommission, das berechtigte Interesse des Unternehmens an der Wahrung seiner Geschäftsgeheimnisse, das Recht der Verfahrensbeteilig-

---

Ehlermann-*Grunwald*, Art. 214, Rn. 19; *Schwarze*, Europäisches Verwaltungsrecht, S. 1304.

826 Vgl. die generellen Ausführungen zum deutschen Verwaltungsverfahren von *Knemeyer*, NJW 1984, 2241, 2244 (m. w. N.).

827 Siehe zum deutschen Verwaltungsverfahren *Knemeyer*, NJW 1984, 2241, 2244 (m. w. N.).

828 Auf dieses Problem weist die Kommission auch in ihren Entscheidungen „PVC/ LDDPE“, ABl. 1989, Nr. L 74, S. 10, 31 hin.

ten auf vollständige Unterrichtung über die entscheidungserheblichen Tatsachen sowie das öffentliche Interesse an der Durchsetzung des Kartellrechts in sonstiger Weise miteinander in Einklang zu bringen.

Eine Möglichkeit stellt dabei die Anfertigung nichtvertraulicher Zusammenfassungen dar. In diesen sollten die Angaben, die dem Schutz der Vertraulichkeit unterfallen, so zusammengefasst sein, dass keine Rückschlüsse auf Einzeldaten gezogen werden können. Indem sie die geheimen Angaben in aggregierter bzw. anonymisierter Form wiedergeben, wird eine Offenlegung gegenüber den Betroffenen möglich, die nicht auf Kosten des Geheimnisschutzes geht.[829] Nichtvertrauliche Zusammenfassungen stellen somit einen wirkungsvollen Weg dar, die widerstreitenden Interessen in Einklang zu bringen.

Fraglich ist, ob die nichtvertrauliche Zusammenfassung ein zulässiger Lösungsweg im Interessenwiderstreit darstellt, welche inhaltlichen Anforderungen sie erfüllen muss und wer für die Anfertigung der Zusammenfassung zuständig ist.

(a) Zulässigkeit der Verwendung nichtvertraulicher Zusammenfassungen

Zwar sieht die Verordnung 1/2003 keine nichtvertraulichen Zusammenfassungen zum Schutz von Unternehmensgeheimnissen vor. Daraus kann jedoch nicht geschlossen werden, dass sie unzulässig sind. Die Durchführungsverordnung geht implizit von der Zulässigkeit einer solchen Zusammenfassung aus. Art. 16 Abs. 2 und 3 lit. b VO 773/2004 sprechen von nichtvertraulichen Fassungen, die die Betroffenen der Kommission übermitteln sollen, wenn die Informationen vertraulich sind. Ebenso sieht Art. 6 Abs. 1 VO 773/2004 vor, dass die Kommission dem Beschwerdeführer eine nichtvertrauliche Fassung der Beschwerdepunkte zusendet. Zusätzlich ist auch in dem Entwurf der Mitteilung zur Akteneinsicht aus dem Jahre 2004 die nichtvertrauliche Zusammenfassung als Lösungsmöglichkeit vorgesehen.[830]

Auch der EuGH hat die nichtvertrauliche Zusammenfassung als rechtlich unbedenklichen und praktisch sinnvollen Lösungsweg des Spannungsverhältnisses zwischen Vertraulichkeitsschutz und Akteneinsichtsrecht erwähnt.[831]

---

[829] Für eine solche Vorgehensweise plädieren unter anderem *Werner*, FS Pfeiffer, S. 821, 827; *Beseler/Williams*, S. 202; *Girnau*, S. 162. *Vaughan*, S. 171, 177 behauptet sogar, dass sich 99% der Fälle damit lösen lassen. Der nichtvertraulichen Zusammenfassung kritisch gegenüber steht *Weiß*, S. 309 ff.

[830] Entwurf einer Mitteilung der Kommission über die Regeln für die Einsicht in Kommissionsakten in Fällen einer Anwendung der Artikel 81 und 82 EG-Vertrag, Artikel 53, 54 und 57 des EWR-Abkommens und der Verordnung (EG) 129/2004, ABl. 2004, Nr. C 259, S. 12, Rn. 16.

[831] Vgl. EuGH „Hoffmann-La Roche", Slg. 1979, 461, 514, Rn. 18. Im Ergebnis ebenfalls für die Zulässigkeit der nichtvertraulichen Zusammenfassung plädierend *Beseler/William* S. 202; *Girnau*, S. 162; *Vaughan*, S. 171, 177.

Es kann somit davon ausgegangen werden, dass die nichtvertrauliche Zusammenfassung grundsätzlich eine zulässige Methode darstellt, die verschiedenen Interessen miteinander in Einklang zu bringen. Fraglich ist jedoch, welche inhaltlichen Anforderungen eine nichtvertrauliche Zusammenfassung erfüllen und wer für ihre Erstellung verantwortlich sein sollte.

(b) Inhaltliche Anforderungen an die nichtvertrauliche Zusammenfassung

Eine nichtvertrauliche Zusammenfassung kann den Interessenkonflikt zwischen Geheimnisschutz einerseits und dem Akteneinsichtsrecht der Hauptbetroffenen sowie implizit dem Verwertungsinteresse der Kommission andererseits nur lösen, wenn sie allen Interessen gerecht wird.

Das Interesse an der Vertraulichkeit ist gewahrt, sofern die Zusammenfassung das Tatsachenmaterial in anonymisierter und verkürzter Form wiedergibt, beispielsweise durch die bloße Bekanntgabe von Höchst- oder Durchschnittszahlen, die Mitteilung von Summen statt Einzelposten sowie den Verzicht auf die Nennung von Namen bzw. Produktbezeichnungen.[832] Auch Branchenkennern, die die Wettbewerber eines betroffenen Unternehmens zumeist sind, darf es nicht möglich sein, Rückschlüsse auf die geheimen Informationen bzw. die Identität des Informanten zu ziehen.

Auf der anderen Seite sollten nichtvertrauliche Zusammenfassungen geeignet sein, hauptbetroffene Unternehmen so weitgehend zu informieren, dass sie in der Lage sind, ihre Verteidigungsinteressen sachgerecht wahrzunehmen.[833] Die wesentlichen Gesichtspunkte, welche Gegenstand des Verfahrens und der Entscheidung sind, müssen deutlich erkennbar sein. Anderenfalls besteht die Gefahr, dass dem rechtlichen Gehör nicht in ausreichendem Maße Rechnung getragen wird mit der Folge, dass die Entscheidung durch die Rechtsprechung aufgehoben werden kann.[834] Durch eine nichtvertrauliche Zusammenfassung, die die Anforderungen an das rechtliche Gehör wahrt, wird als Reflex auch das öffentliche Interesse an der Durchsetzung des Kartellrechts gewahrt, da die entsprechenden Informationen zur Ahndung der Kartellwidrigkeit verwertet werden können.

Inhaltlich muss die Zusammenfassung mithin den verschiedenen Interessen Rechnung tragen. Da die strittigen Punkte je nach Kartellrechtsfall

---

[832] Vgl. *Werner*, FS Pfeiffer, S. 821, 827.

[833] Ob dieser Voraussetzung bei dem Urteil des EuGH „Hoffman-La Roche“, Slg. 1979, 461, 514, Rn. 18, Genüge getan wurde, erscheint zweifelhaft. Der Gerichtshof ließ es zur Wahrung des rechtlichen Gehörs ausreichen, dass die Kommissionsbeamten einen zusammenfassenden Vermerk über Berichte zu Unternehmen vorlegten, die in diesem Verfahren ungenannt bleiben wollten.

[834] Siehe dazu die wiederholte Aufhebung von Rechtsakten im Bereich des Anti-Dumping mit der Begründung der unzureichenden Gewährung rechtlichen Gehörs, EuGH „Timex“, Slg. 1985, 849, 870, Rn. 30 f.; „Al-Jubail“, Slg. 1991 I, 3187, 3241, Rn. 17.

sehr verschieden sein können, ist eine Entscheidung über die Art der Zusammenfassung in inhaltlicher Hinsicht nur von Fall zu Fall möglich. Umso relevanter wird die Frage, wer letztlich für die Anfertigung der nichtvertraulichen Zusammenfassung zuständig ist.

(c) Zuständigkeit für die Anfertigung nichtvertraulicher Zusammenfassungen

Diejenige Instanz, die die Kompetenz zur Erstellung einer nichtvertraulichen Zusammenfassung hat, hat die Verantwortung, allen Interessen gerecht zu werden und einen Ausgleich insbesondere zwischen Geheimnisschutz und Akteneinsichtsrecht zu finden.

Eine Möglichkeit ist, dass die Entscheidung über die inhaltliche Gestaltung der nichtvertraulichen Zusammenfassung den Unternehmen selbst obliegt. Der Durchführungsverordnung 773/2004 zufolge fordert die Kommission die hauptbetroffenen Unternehmen auf anzugeben, welche Informationen sie wem gegenüber als vertrauliche Informationen erachten und einen Vorschlag für eine nichtvertrauliche Fassung zu übermitteln.[835] Im Rahmen eines Auskunftsverlangens wird in dem von der Kommission verwendeten Formular von den Adressaten immer auch die Mitteilung verlangt, welche der übermittelten Informationen vertraulich sind. Dass die Unternehmen befugt sind, einen Vorschlag zu machen, sagt jedoch noch nichts darüber aus, wer letzten Endes die Entscheidungsbefugnis über den Inhalt der nichtvertraulichen Zusammenfassung hat.

Den Unternehmen die letzte Entscheidung über den Inhalt der nichtvertraulichen Zusammenfassungen zuzugestehen, würde bedeuten, ihnen in die Hand zu geben, welche Informationen die Kommission als Beweismittel im Kartellverfahren verwerten kann und welche nicht. Die Unternehmen bräuchten nur eine sehr enge nichtvertrauliche Zusammenfassung mit äußerst wenigen Informationen zu erstellen, um zu bewirken, dass die Beteiligungsrechte der anderen Verfahrensbeteiligten nicht gewahrt wären, was zur Folge hätte, dass die besagten Informationen nicht verwertet werden könnten. Damit wären der Kommission als objektive Behörde, die die von ihr aufgestellten Vorwürfe beweisen muss, entgegen der Struktur des Verfahrens Hindernisse bei der Beweisführung in den

[835] Vgl. Art. 16 Abs. 2 und 3 VO 773/2004. Eine ähnliche Verfahrensweise sah die Mitteilung der Kommission über interne Verfahrensvorschriften für die Behandlung von Anträgen auf Akteneinsicht in Fällen einer Anwendung der Artikel 85 und 86 EG-Vertrag, der Art. 65 und 66 EGKS-Vertrag und der Verordnung (EWG) Nr. 4064/89 des Rates, ABl. 1997, Nr. C 23, S. 3 ff., Punkt II. A. 1.2. vor, ebenso wie der Entwurf einer Mitteilung der Kommission über die Regeln für die Einsicht in Kommissionsakten in Fällen einer Anwendung der Artikel 81 und 82 EG-Vertrag, Artikel 53, 54 und 57 des EWR-Abkommens und der Verordnung (EG) 129/2004, ABl. 2004, Nr. C 259, S. 14, Rn. 24. Vgl. auch die Beschreibung der Vorgehensweise der Kommission zur Klärung der Vertraulichkeit von Informationen von *De Bronett*, WuW 1997, 383, 391.

Weg gelegt. Die finale Entscheidung über die inhaltliche Gestaltung der Zusammenfassung den geheimnistragenden Unternehmen zu überlassen, kann daher keine sachgerechte Lösung darstellen.

Die Erstellung der nichtvertraulichen Zusammenfassung sollte somit einer objektiven Instanz obliegen. In Betracht kommt zum einen die Europäische Kommission und zum anderen eine zwischengeschaltete sachverständige Person, ein Wirtschaftsprüfer[836] beispielsweise. Für Letzteren spräche, dass dieser als außenstehender Unbeteiligter unvoreingenommen die Anliegen prüfen kann und daran anschließend eine ausgeglichene Zusammenfassung erstellen kann. Gründe der Praktikabilität und der Zeitersparnis sprechen hingegen für die Zuständigkeit der Kommission, die bis ins Detail vertraut ist mit dem Fall und den Informationen, die die Unternehmen als geheimhaltungsbedürftig ansehen. Dies entspricht auch der angelegten Struktur des Kartellverfahrens, in welchem die Kommission die Rolle einer objektiven Behörde innehat. Als solche wird ihr auch vom Gerichtshof das notwendige Maß an Sachkunde, Sorgfalt und Objektivität zugesprochen, um einen Interessenausgleich zu finden und eine sachgerechte nichtvertrauliche Zusammenfassung zu erstellen.[837] Insbesondere in der Person bzw. Institution des Anhörungsbeauftragten sind diese Eigenschaften innerhalb der Kommission verwirklicht.

Auch die verfahrensrechtlichen Absicherungen der Beteiligten wirken gegen eine Parteilichkeit der Kommission bei der Erstellung der nichtvertraulichen Zusammenfassung. Die Kommission wird sowohl interessiert sein, dem Geheimnisträger, der gegen die Entscheidung, eine Information offen zu legen, vorgehen kann, gerecht zu werden als auch dem Akteneinsichtsberechtigten, der anderenfalls wegen Verletzung des rechtlichen Gehörs die Endentscheidung angreifen kann.

Das Interesse des Geheimnisträgers sichert das in der Rechtssache „Akzo“[838] beschriebene Verfahren. Danach haben die Unternehmen durch Vorschlag einer nichtvertraulichen Fassung mit inhaltlicher Begründung die Möglichkeit, ihre Vorstellungen einzubringen (Art. 16 Abs. 2 VO 773/2004). Um den Verfahrensgang nicht unnötig zu verzögern, kann die Kommission den Unternehmen hierzu eine Frist setzen (Art. 16 Abs. 3 VO 773/2004). Sodann erstellt die Kommission durch ihren Anhörungsbeauftragten nach Art. 9 des Mandats über den Anhörungsbeauftragten[839] eine eigene nichtvertrauliche Zusammenfassung

[836] Vgl. *Lieberknecht*, WuW 1988, 833, 848; *Rohlfing*, S. 175.

[837] Dies geht aus den Ausführungen des EuGH in seiner „Timex“ Entscheidung (Slg. 1985, 849, 870, Rn. 30) hervor.

[838] EuGH „Akzo“, Slg. 1986, 1965, 1992, Rn. 29 ff.

[839] Beschluss 2001/462/EG, EGKS der Kommission vom 23.05.2001 über das Mandat von Anhörungsbeauftragten in bestimmten Wettbewerbsverfahren, ABl. vom 19.06.2001, Nr. L 162, S. 21.

und hat das betroffene Unternehmen dazu zu hören. Hier gibt es nochmals die Gelegenheit, die Geheimhaltungsbedürftigkeit einer Information zu diskutieren. Sofern die Unternehmen mit der Zusammenfassung nicht einverstanden sind, beschließt der Anhörungsbeauftragte die Weitergabe der nichtvertraulichen Fassung in einer förmlichen Entscheidung, die dem betroffenen Unternehmen mitgeteilt wird. Hiergegen kann der Geheimhaltungsberechtigte Klage erheben. Damit ist es ihm also möglich, rechtzeitig vor Weitergabe der nichtvertraulichen Zusammenfassung an die anderen Beteiligten den Rechtsweg zu beschreiten und eine Offenlegung von Informationen an Konkurrenten zu verhindern, wenn das Gericht die aufschiebende Wirkung anordnet. Aufgrund dieser verfahrensrechtlichen Ausgestaltung kann davon ausgegangen werden, dass der Anhörungsbeauftragte sich bei der Erstellung der nichtvertraulichen Zusammenfassung bemühen wird, die Interessen der Geheimnisträger zu wahren. Anderenfalls können Letztere eine gerichtliche Entscheidung bewirken.

Darüber hinaus wird dem Anhörungsbeauftragten aber ebenso daran gelegen sein, auch das Interesse des Akteneinsichtsberechtigten an einer umfassenden Einsicht zu wahren. Fasst er die nichtvertrauliche Zusammenfassung nämlich zu eng, riskiert er, dem Akteneinsichtsberechtigten nicht ausreichendes rechtliches Gehör gewährt zu haben, und es droht die Aufhebung der letztendlichen Entscheidung der Kommission durch die europäischen Gerichte.

Die gezeigte verfahrensrechtliche Absicherung der Beteiligten lässt die Einschaltung einer objektiven Instanz außerhalb der Kommission, zum Beispiel eines Wirtschaftsprüfers, als nicht notwendig erscheinen.

Es kann damit festgehalten werden, dass die Erstellung einer nichtvertraulichen Zusammenfassung ein weiterer gangbarer Lösungsweg für den Konflikt zwischen Geheimhaltungsinteresse, Verteidigungsrechten und dem Durchsetzungsinteresse des Wettbewerbsrechts ist. Die Zusammenfassung sollte inhaltlich sowohl dem Geheimhaltungsinteresse durch beispielsweise Anonymisierung und Streichung vertraulicher Passagen als auch dem rechtlichen Gehör durch eine die wesentlichen Informationen enthaltende Darstellung der Tatsachen Genüge tun. Damit ist auch dem öffentlichen Interesse an der Durchsetzung des Kartellrechts gedient, da die erlangten Informationen zur Beweisführung für den Kartellverstoß verwertet werden können.

Zuständig für die Erstellung der nichtvertraulichen Zusammenfassung ist die Kommission in Person ihres Anhörungsbeauftragten, der Kenntnis des Sachverhalts erlangen kann und als Teil einer objektiven Behörde sowie in der Funktion einer internen objektiven Instanz alle Parteiinteressen zu beachten hat. Das beschriebene Verfahren sichert dem Geheimhaltungsinteressierten die Möglichkeit einer gerichtlichen Entscheidung über die Rechtmäßigkeit der Offenlegung und dem Akteneinsichtsinteressierten über die Gewährleistung rechtlichen Gehörs zu. Es bewirkt, dass die Kommission in jedem Fall bemüht sein wird, eine ausgeglichene, allen Interessen so weit wie möglich gerecht werdende nichtvertrauliche Zusammenfassung zu erstellen.

(4) Offenlegung vertraulicher Informationen nur an Rechtsanwälte

Es sind jedoch Situationen denkbar, in denen die Geheimhaltungsberechtigten nicht bereit sind, die Informationen offen zu legen und in denen auch eine nichtvertrauliche Zusammenfassung aufgrund der Sachverhaltslage nicht oder nur begrenzt geeignet ist, die kollidierenden Interessen zu wahren. Zu überlegen ist, ob in solchen Fällen die vertraulichen Informationen nur dem Rechtsanwalt der das Akteneinsichtsrecht ausübenden Partei offengelegt werden sollten.[840] Der Anwalt wiederum ist nach standesrechtlichen Regeln zur Verschwiegenheit auch gegenüber seiner eigenen Partei verpflichtet,[841] wenngleich einschränkend festgestellt werden muss, dass diese Aussage nicht notwendigerweise in allen Mitgliedstaaten für das dort geltende anwaltliche Standesrecht Geltung beanspruchen kann.[842]

Praktisch bedeutete dieser Lösungsweg, dass nur der Anwalt Einsicht erhält und die vertraulichen Unterlagen auf die Relevanz für das Verfahren sowie ihre Richtigkeit, soweit sie der Entscheidung zugrunde gelegt wurden, überprüfen kann.

Für eine solche Vorgehensweise werden insbesondere die positiven Erfahrungen im amerikanischen Recht mit der sogenannten „protective order" (Schutzanordnung) angeführt.[843] Die Gerichte haben dort die Möglichkeit, die Offenlegung vertraulicher Informationen nur gegenüber dem Anwalt anzuordnen.[844] Dabei muss berücksichtigt werden, dass das Pro-

---

840 Vgl. §§ 146 StPO, 46 Abs. 1 OWiG; diese Verfahrensweise unter anderem befürwortend: *Weiß*, S. 313, 315; *Lieberknecht*, WuW 1988, 833, 843. Die Kommission hat in einem Verfahren auf die „Anwaltslösung" zurückgegriffen: in dem Fall „Akzo" (EuGH, Slg. 1986, 1965 ff.) hat sie die Anlage zu der Mitteilung der Beschwerdepunkte, die von der Kommission anerkannte Geschäftsgeheimnisse enthielt, nicht dem Beschwerdeführer selbst, sondern seinen Anwälten zugänglich gemacht. Diese durften nur unter der Auflage Einsicht nehmen, die Unterlagen nicht ihren Mandanten zugänglich zu machen. Vgl. zu dem Verfahrensgang die Schilderung des GA *Lenz*, Slg. 1986, 1965, 1969.

841 Vgl. als Beispiel § 16 der früheren anwaltlichen Standesrichtlinien für Rechtsanwälte; siehe auch *Werner*, FS Pfeiffer, S. 821, 834; *Heydebrand und der Lasa*, ELR 1986, 331, 349.

842 Vgl. *Winterfeld*, RIW 1981, 801, 807, der darauf hinweist, dass in einzelnen Mitgliedstaaten je nach Inhalt des anwaltlichen Standesrechts eine Pflicht zur Weitergabe erlangter Informationen bestehen könnte.

843 Vgl. *Heydebrand und der Lasa*, ELR 1986, 331, 333/349. Vgl. auch GA *Darmon*, EuGH Slg. 1991 I, 3231 ff.

844 Siehe dazu *Heydebrand und der Lasa*, ELR 1986, 331, 333.

blem in den USA aufgrund der Pre-Trial-Discovery als Bestandteil des US-amerikanischen Zivilprozesses sehr viel augenfälliger ist als in der Europäischen Union. Bei der Discovery handelt es sich um ein Verfahren zur Beweisermittlung im Vorfeld einer Hauptverhandlung, in dem die Verfahrensbeteiligten und Dritte unter anderem zur Vorlage von Dokumenten („production of documents") und zur Beantwortung umfangreicher Fragenkataloge („written interrogatories") verpflichtet werden können.[845] Von der Discovery sind grundsätzlich auch vertrauliche Informationen umfasst, zu deren Schutz das Gericht die oben erwähnte „protective order" erlassen kann. Diese kann vorsehen, dass eine Offenlegung der Informationen nur gegenüber dem gegnerischen Anwalt zu erfolgen hat. Vor dem Hintergrund der sehr weitgehenden Ausforschungsmöglichkeiten im US-amerikanischen Zivilprozess stellt die „Anwaltslösung" eine praktische Lösung hinsichtlich des dort sehr viel öfter und deutlicher bestehenden Spannungsverhältnisses dar.

Fraglich ist jedoch, ob eine Übertragung eines solchen Lösungsansatzes auf das europäische Kartellverfahren befürwortet werden kann. Es bestehen zunächst grundsätzlich Zweifel, ob die Anwälte überhaupt die nötigen Branchenkenntnisse haben, um die Informationen in ihrem Gehalt richtig zu erfassen.[846] Oftmals werden die Vertreter der betroffenen Unternehmen in Sachfragen sehr viel versierter sein und daher die Bedeutung der Informationen besser einschätzen können als ihre Anwälte. Dagegen kann eingewandt werden, dass insbesondere in kartellrechtlichen Fällen die Anwälte sehr spezialisiert sind, und sie außerdem die Möglichkeit haben, sachverständige Dritte zu der Akteneinsicht beizuziehen.[847] Trotz allem ist dadurch nicht zwangsläufig sichergestellt, dass im konkreten Fall der Anwalt einen ebenso hohen Kenntnisstand hat wie sein Mandant, so dass die „Anwaltslösung" schon aus diesem Grund mit Zweifeln behaftet ist.

Bedeutender ist aber die Frage, ob dieser Weg dem Anspruch auf rechtliches Gehör genügt. Der „Anwaltslösung" ist immanent, dass den hauptbetroffenen Unternehmen selbst der Zugang zu den Akten verwehrt bleibt. Adressaten der Kommissionsentscheidung im Kartellverfahren sind jedoch die Unternehmen und nicht ihre Anwälte. Ebenso sind die betroffenen Unternehmen als Verfahrensbeteiligte Inhaber der Verfahrens- bzw. Verteidigungsrechte. Das Akteneinsichtsrecht ergibt sich aus dem grundsätzlichen Anspruch auf rechtliches Gehör der Verfahrensbeteiligten, also der Unternehmen selbst. Die Position der Rechtsanwälte ist im europäischen Kartellverfahren eine rein beratende und unterstüt-

[845] Vgl. ausführlicher zu der US-amerikanischen Pre-Trial-Discovery *Nordlander,* ECLR 2004, 646, 648; *Rieckers,* RIW 2005, 19, 19 ff.

[846] Vgl. *Girnau*, S. 159; *Krieger*, FS Steindorff, S. 989, 999; *Rohlfing*, S. 175.

[847] Vgl. *Krieger*, FS Steindorff, S. 989, 999; *Rohlfing*, S. 175; *Weiß*, S. 313.

zende. Selbst wenn der jeweilige Anwalt das Interesse seines Mandanten vertritt und versuchen wird, im Sinne seines Mandanten zu handeln, kann dies nicht darüber hinweghelfen, dass eine Akteneinsicht den Betroffenen selbst nicht gewährt wurde und im weiteren Verlauf Tatsachenmaterial Eingang in die Entscheidung finden wird, zu dem sich die betroffenen Unternehmen aufgrund fehlenden Zugangs nicht äußern konnten. Eine Offenlegung vertraulicher Dokumente ausschließlich an Anwälte kann daher nur als unzulässige Beschränkung des rechtlichen Gehörs der hauptbetroffenen Unternehmen qualifiziert werden.[848] Dieser rechtliche Grundsatz als Kern einer rechtsstaatlichen Verfahrensgestaltung darf keine Einschränkung erfahren, so dass der Lösungsansatz der Offenlegung nur an Anwälte nicht vertretbar ist.

Auch aus einer sehr praktischen Sicht bestünde bei einer alleinigen Einbeziehung eines Anwalts die Gefahr, dass der Anwalt, der seinen Mandanten die erlangten Erkenntnisse nicht preisgeben kann, deren Interessen mangels der Möglichkeit einer weiteren Sachverhaltsaufklärung nicht ausreichend vertreten kann und zudem das Vertrauensverhältnis zwischen Mandant und Anwalt stark belastet wäre.[849] Dies führt zu einer Abwälzung des Interessenswiderstreits auf den Rechtsberater.[850]

Umgekehrt besteht bei der „Anwaltslösung" aus der Sicht der geheimnistragenden Unternehmen eine erhöhte Gefahr für ihre vertraulichen Informationen. Das Bestreben des gegnerischen Anwalts, die rechtliche Beratung möglichst effektiv und erfolgreich auszuüben, erhöht die Chance, dass der Anwalt versehentlich Geheimnisse offenbart. Es verbliebe daher bei dieser Verfahrensgestaltung eine gewisse Rechtsunsicherheit bei den auskunftserteilenden Unternehmen, ob ihre vertraulichen Informationen gewahrt werden, was sich wiederum nachteilig auf ihre Kooperationsbereitschaft auswirken würde.

Der Lösungsansatz, geheime Unterlagen nur den Rechtsanwälten der Verfahrensbeteiligten zugänglich zu machen, stellt aus rechtlichen und praktischen Erwägungen keinen vertretbaren Weg dar, das Spannungsverhältnis zwischen dem Schutz vertraulicher Informationen, dem rechtlichen Gehör und dem öffentlichen Durchsetzungsinteresse aufzulösen. Insbesondere wird er nicht den Verteidigungsrechten, vor allem nicht dem Anspruch auf rechtliches Gehör der hauptbetroffenen Unternehmen gerecht.

---

[848] Die „Anwaltslösung" im Ergebnis ebenfalls ablehnend *Girnau*, S. 157 ff. *Wieckmann*, WuW 1983, 13, 24; vgl. auch *Krieger*, FS Steindorff, S. 989, 999 für das deutsche Kartellverfahren. Die „Anwaltslösung" hingegen befürwortend *Lieberknecht*, WuW 1988, 833, 843; *Weiß*, S. 315.

[849] Vgl. *Krieger*, FS Steindorff, S. 989, 999.

[850] Vgl. *Girnau*, S. 159 f.; *Krieger*, FS Steindorff, S. 989, 999; *Werner*, FS Pfeiffer, S. 821, 834.

(5) Einseitige Auflösung zu Gunsten der Verwertbarkeit mit verfahrensrechtlicher Absicherung

Eine weitere Lösungsmöglichkeit ist die Entscheidung zu Gunsten der Verwertbarkeit der Informationen und damit implizit zu Lasten des Vertraulichkeitsschutzes. Zwar gebührt dem Geheimnisschutz als Ausgleich für die umfassenden Mitwirkungspflichten, dem Interesse an einer vertrauensvollen Zusammenarbeit und dem Wert für den Wettbewerb ein möglichst weitgehender Schutz. Es gibt aber Konstellationen, in denen weder ein Verzicht noch eine nichtvertrauliche Zusammenfassung weiterführen und in denen die Kommission zu dem Erlass einer materiell richtigen Sachentscheidung nur in der Lage ist, wenn sie alle ermittelten belastenden Fakten, auch solche, die vertrauliche Informationen enthalten, verwerten darf. In solchen Fällen stellt sich die Frage, ob eine einseitige Auflösung des Interessenkonflikts zu Lasten der Vertraulichkeit und zu Gunsten des öffentlichen Interesses an der Durchsetzung des Kartellrechts sowie daraus folgend dem Akteneinsichtsinteresse zulässig ist.

Gegen eine solch einseitige Auflösung des Interessenkonflikts zu Lasten der Vertraulichkeit wurde zu Zeiten der Verordnung 17/62 oftmals vorgebracht, das Kartellverfahrensrecht böte keine Anhaltspunkte für eine Abwägung gegen den Geheimnisschutz.[851] Tatsache ist, dass die Vorgängerverordnung der geltenden Verfahrensverordnung, die Verordnung 17/62, in ihrem Art. 20 Abs. 2 VO 17/62 deutlich Bezug auf den Geheimnisschutz nahm, jedoch keinerlei Hinweis auf eine Abwägungsmöglichkeit gegen ihn gab für den Fall, dass die Verwertbarkeit von Dokumenten davon abhing. Dies hinderte jedoch die Kommission und einige Vertreter in der Literatur schon damals nicht daran, eine einseitige Auflösung des Interessenskonflikts in bestimmten Konstellationen zu befürworten.[852]

In der Verordnung 1/2003 regelt Art. 27 Abs. 2 diese Problematik. Über die Frage, ob eine einseitige Auflösung des Interessenskonflikts zu Lasten des Geheimnisschutzes zulässig ist, gibt die Auslegung des Art. 27 Abs. 2 VO 1/2003 Aufschluss.

---

[851] Vgl. *Weiß*, S. 307 f. Dieses Problem auch ansprechend, *Werner*, FS Pfeiffer, S. 821, 826 ff., 838.

[852] Insoweit die Ansicht der Kommission widerspiegelnd: Mitteilung der Kommission über interne Verfahrensvorschriften für die Behandlung von Anträgen auf Akteneinsicht in Fällen einer Anwendung der Artikel 85 und 86 EG-Vertrag, der Art. 65 und 66 EGKS-Vertrag und der Verordnung (EWG) Nr. 4064/89 des Rates, ABl. 1997, Nr. C 23, S. 3 ff. Eine einseitige Interessenauflösung schon zu Zeiten der Verordnung 17/62 befürwortend: *Hix*, S. 95; *Rohlfing*, S. 176 f.; ebenso GA *Lenz* in der Rechtssache „Akzo", Slg. 1986, 1965, 1980. Der Gerichtshof hat sich bislang, soweit ersichtlich, zu der Zulässigkeit einer einseitigen Abwägung zu Lasten des Vertraulichkeitsschutzes nicht geäußert.

(a) Auslegung des Art. 27 Abs. 2 VO 1/2003

Der Wortlaut des Absatzes 2 des Art. 27 VO 1/2003 sieht zunächst vor, dass das Recht der Parteien, also der Hauptbetroffenen, auf Akteneinsicht seine Grenze im Schutz der Geschäftsgeheimnisse und sonstiger vertraulicher Informationen hat. Nachfolgend wird jedoch in Art. 27 Abs. 2 a.E. VO 1/2003 festgestellt, dass „die Regelung dieses Absatzes [...] der Offenlegung und Nutzung der für den Nachweis einer Zuwiderhandlung notwendigen Informationen durch die Kommission in keiner Weise entgegen [steht]“. Damit wird eine Rückausnahme von dem grundsätzlichen Schutz der Geschäftsgeheimnisse und sonstiger vertraulicher Informationen im Rahmen des Akteneinsichtsrechts der Hauptbetroffenen für den Fall gemacht, dass eine Information für den Nachweis der Zuwiderhandlung benötigt wird. Das Interesse an der Verwertung von „notwendigen“ Informationen zum Beweis eines Wettbewerbsverstoßes und damit implizit das Recht auf Akteneinsicht wird dadurch eindeutig dem Schutz vertraulicher Informationen übergeordnet. Der Wortlaut des Art. 27 Abs. 2 VO 1/2003 lässt somit darauf schließen, dass die Kommission befugt ist, eine Abwägung zu Lasten des Vertrauensschutzes zu treffen, wenn sie das in Frage stehende Dokument als Beweismittel für den Kartellverstoß eines Hauptbetroffenen benötigt.

Die einschlägige Regelung in der Durchführungsverordnung stützt diese Schlussfolgerung. Nach Art. 15 Abs. 3 VO 773/2004 ist die Kommission nicht gehindert, von Informationen Gebrauch zu machen und diese offen zu legen, wenn sie zum Nachweis einer Zuwiderhandlung gegen Art. 81 und 82 EG-Vertrag erforderlich sind.

Einen anderen Schluss als denjenigen, dass eine Abwägung zu Lasten des Vertraulichkeitsschutzes zulässig ist, lässt auch die Betrachtung historischer Dokumente nicht zu. Zwar ergibt sich kein Hinweis auf diese Problematik aus den vorbereitenden Dokumenten zu der Verordnung 1/2003. Ebenso wenig sieht die Vorgängerverordnung 17/62 eine solche Lösung zu Ungunsten der Vertraulichkeit vor. Aufschlussreich ist jedoch die Mitteilung der Kommission über die Akteneinsicht[853] aus dem Jahre 1997. Darin löst die Kommission den möglichen Konflikt zwischen dem öffentlichen Interesse an der Abstellung oder Sanktionierung einer Zuwiderhandlung gegen die europäischen Wettbewerbsvorschriften, den Verteidigungsrechten anderer hauptbetroffener Unternehmen und dem privaten Interesse an der vertraulichen Behandlung von Informationen dadurch, dass sie sich für das Offenlegen der Informationen entscheidet. Voraus-

[853] Mitteilung der Kommission über interne Verfahrensvorschriften für die Behandlung von Anträgen auf Akteneinsicht in Fällen einer Anwendung der Artikel 85 und 86 EG-Vertrag, der Art. 65 und 66 EGKS-Vertrag und der Verordnung (EWG) Nr. 4064/89 des Rates, ABl. 1997, Nr. C 23, S. 3 ff.

setzung ist, dass die Informationen erforderlich sind, um den behaupteten Kartellrechtsverstoß zu beweisen („belastende Schriftstücke").[854] Die Kommission darf danach eine Abwägung treffen, ob wegen des öffentlichen Interesses an der Abstellung der Zuwiderhandlungen gegen die Wettbewerbsregeln der Offenlegung vertraulicher Informationen trotz des dadurch beim betroffenen Informanten möglicherweise entstehenden Schadens Vorrang einzuräumen ist.[855] Erwägungen aus der Entstehungsgeschichte der Verordnung 1/2003 lassen damit den Schluss zu, dass die Kommission schon vor der Verabschiedung der neuen Kartellverfahrensverordnung eine einseitige Abwägung in Betracht zog.

In regelungssystematischer Hinsicht wird deutlich, dass sowohl der Vertraulichkeitsschutz als auch seine Einschränkung durch das öffentliche Interesse an der Verwertung in einem Absatz, nämlich in dem zweiten Absatz des Art. 27 VO 1/2003, geregelt und damit auch aufeinander bezogen sind. Die Anordnung macht deutlich, dass der Vertraulichkeit ein im Grundsatz breit angelegter Schutz zukommt, der jedoch einschränkbar ist, falls eine Information zum Nachweis der Zuwiderhandlung erforderlich ist.

Sinn und Zweck der Regelung des Art. 27 Abs. 2 a. E. VO 1/2003 besteht darin, der Kommission die Wahrung des öffentliche Interesse an der Durchsetzung des Kartellrechts zu ermöglichen. Die Ermächtigung, im Falle eines Spannungsverhältnisses zwischen dem Geheimnisschutz auf der einen Seite und dem Akteneinsichtsrecht sowie dem öffentlichen Interesse am Vollzug der Wettbewerbsregeln auf der anderen Seite zu Gunsten Letzteren zu entscheiden, bedeutet für die Kommission, dass sie die zum Nachweis der Zuwiderhandlung erforderlichen Informationen dem Akteneinsichtsberechtigten offen legen darf und diese sodann für ihre Entscheidung verwerten kann. Auch wenn der häufige Gebrauch dieser Möglichkeit durch die Kommission auf lange Sicht die Gefahr in sich birgt, dass das Vertrauen der Unternehmen in die Wahrung geheimer Informationen und damit ihre Kooperationsbereitschaft bei der Aufklärung des vermuteten Wettbewerbsverstoßes geschmälert wird, dient die

---

854 Ebenso kann die Kommission nach der Mitteilung verfahren, wenn es sich um Schriftstücke handelt, mit denen eine von der Kommission in ihrer Mitteilung der Beschwerdepunkte aufgestellte Behauptung widerlegt oder bestritten wird („entlastende Schriftstücke"). Sofern jedoch vertrauliche entlastende Dokumente einschlägig sind, ist ein Interessenkonflikt zwischen dem öffentlichen Interesse an der Durchsetzung der Wettbewerbsregeln und dem privaten Interesse an der Wahrung vertraulicher Informationen eher selten. In solchen Fällen wird die Kommission das Verfahren einstellen, vgl. die obigen Ausführungen Teil 5, C. V. 1. a) aa) ccc).

855 In Bezug auf diese Regelung wurde allerdings hervorgehoben, dass noch nicht geklärt sei, ob die Kommission überhaupt einen solchen Konflikt zu Lasten des Interesses an der Wahrung vertraulicher Informationen lösen darf, vgl. *De Bronett*, WuW 1997, 383, 392.

Regelung des Art. 27 Abs. 2 a.E. VO 1/2003 in unmittelbarer Konsequenz der Durchsetzung der kartellrechtlichen Vorschriften, da erlangte Informationen auch verwertet werden können und der Kartellverstoß geahndet werden kann.

Die Auslegung des Art. 27 Abs. 2 a.E. VO 1/2003 ergibt somit, dass eine Abwägung zu Lasten des Vertraulichkeitsschutzes zulässig ist, sofern das in Frage stehende Dokument zum Nachweis des Kartellverstoßes erforderlich ist.

(b) Restriktive Auslegung aus Gründen der Verhältnismäßigkeit

In der Regelung des Art. 27 Abs. 2 a.E. VO 1/2003 kommen keine Schranken dahingehend zum Ausdruck, dass von der Möglichkeit der einseitigen Interessenauslegung nur als ultima ratio Gebrauch gemacht werden kann, wenn keine der anderen zulässigen Verfahrensweisen wie die Zustimmung zur Offenlegung oder die nichtvertrauliche Zusammenfassung Erfolg hat. Es stellt sich jedoch die Frage, ob die Norm in diesem Sinne restriktiv ausgelegt werden muss. Grund hierfür könnte die Wahrung des Verhältnismäßigkeitsgrundsatzes sein. Die europäische Verwaltung, also auch die Kommission, ist an den Grundsatz der Verhältnismäßigkeit (im weiteren Sinne) gebunden. Danach ist im Rahmen der Erforderlichkeit eine Maßnahme daraufhin zu überprüfen, ob es keine milderen Mittel gibt, um das angestrebte Ziel zu erreichen.[856] Würde die Regelung des Art. 27 Abs. 2 a.E. VO 1/2003 so verstanden, dass als einzige Voraussetzung für eine Auflösung des Interessenkonflikts zu Ungunsten des Vertraulichkeitsschutzes die Notwendigkeit der Verwertung einer Information zur Ahndung des Wettbewerbsverstoßes ist, wäre dem Verhältnismäßigkeitsgrundsatz nicht Genüge getan. Erforderlich ist weiterhin, dass kein milderes Mittel den Interessenkonflikt auflösen kann.[857] Einen geringeren Eingriff für die an der Wahrung der Vertraulichkeit Interessierten stellt ein freiwilliger Verzicht oder, sofern die Geheimnisträger nicht zu einer Offenlegung der Informationen bereit sind, die nicht-

856 Zum Grundsatz der Verhältnismäßigkeit im Recht der Europäischen Union, vgl. EuGH „Testa", Slg. 1980, 1979, 1997 f., Rn. 21; „National Panasonic", Slg. 1980, 2033, 2059 f., Rn. 28. Vgl. auch *Schwarze*, Europäisches Verwaltungsrecht, S. 831 ff., der die Rechtsprechung des EuGH auf die Frage untersucht, welche Ausgestaltung der Verhältnismäßigkeitsgrundsatz im europäischen Recht erfährt. Dabei hat er unter anderem festgestellt, dass der EuGH bei der Prüfung der Verhältnismäßigkeit eine wechselnde Wortwahl verwendet („notwendig", „erforderlich", „geeignet"). Grundsätzlich stellt der EuGH bei der Verhältnismäßigkeitsprüfung jedoch darauf ab, ob eine bestimmte Maßnahme im Hinblick auf die Freiheit des Wirtschaftsteilnehmers die am wenigsten beschränkende Wirkung hat, vgl. *Schwarze*, Europäisches Verwaltungsrecht, S. 831.

857 So auch GA *Lenz* in seinen Schlussanträgen zu der Rechtssache „Akzo", Slg. 1986, 1965, 1980; *Rohlfing*, S. 176; *Wieckmann*, WuW 1983, 13, 23 noch zu der Problematik unter der Verordnung 17/62.

vertrauliche Zusammenfassung dar. Erst wenn diese gegenüber der einseitigen Auflösung des Interessenkonflikts als milder einzustufenden Lösungsansätze nicht zum Erfolg führen, ist eine Aufdeckung vertraulicher Informationen nach Art. 27 Abs. 2 a.E. VO 1/2003 verhältnismäßig. Der Grundsatz der Verhältnismäßigkeit verlangt somit eine entsprechend enge Auslegung der Regelung des Art. 27 Abs. 2 a.E. VO 1/2003.

Ebenso wäre es unverhältnismäßig, die Ausnahme nach Art. 27 Abs. 2 a.E. VO 1/2003 anzunehmen, nur um den Entscheidungsfindungsprozess der Kommission zu erleichtern oder zu beschleunigen.[858]

Darüber hinaus ist die Kommission aufgrund der Verhältnismäßigkeit im engeren Sinne gehalten, zwischen dem Nutzen einer Maßnahme für die Allgemeinheit und der Einschränkung geschützter Rechtspositionen des Gemeinschaftsbürgers abzuwägen. So hat die Kommission bei der Offenlegung eines jeden Schriftstücks zu berücksichtigen, welche Beweiskraft die Information hat, in welchem Maße die Offenlegung dem Interesse des Geheimnisträgers schaden könnte und welche Schwere die Zuwiderhandlung aufweist.[859] Sie ist gehalten, das Erfordernis der Offenlegung und den dadurch möglicherweise entstehenden Schaden gegeneinander abzuwägen.[860] Dieses Verhältnismäßigkeitserfordernis kommt in Erwägungsgrund 14 der Durchführungsverordnung 773/2004 zum Ausdruck. Danach sollte die Kommission das Interesse am Schutz der Geschäftsgeheimnisse und sonstiger Informationen gegen das öffentliche Interesse an der Ahndung der Zuwiderhandlung abwägen. Hierzu hat sie bei jeder einzelnen Information zu prüfen, ob das Bedürfnis für die Offenlegung größer ist als der dadurch eventuell entstehende Schaden. Insbesondere hinsichtlich Informationen, bei deren Offenlegung natürliche Personen mehr als nur unerheblich geschädigt werden könnten, sollte die Abwägung ergeben, dass das öffentliche Interesse an der Durchsetzung des Kartellrechts hinter dem Schutzbedürfnis einer natürlichen Person, beispielsweise eines Informanten an der Geheimhaltung seiner Identität, zurücksteht. In solchen Fällen ist der eventuell entstehende Schaden, den

[858] Vgl. zu der Verordnung 17/62 GA *Lenz* in seinen Schlussanträgen zu der Rechtssache „Akzo", Slg. 1986, 1965, 1980; *Werner*, FS Pfeiffer, S. 821, 838.

[859] Vgl auch die Erwägungen in dem Entwurf einer Mitteilung der Kommission über die Regeln für die Einsicht in Kommissionsakten in Fällen einer Anwendung der Artikel 81 und 82 EG-Vertrag, Artikel 53, 54 und 57 des EWR-Abkommens und der Verordnung (EG) 129/2004, ABl. 2004, Nr. C 259, S. 13 f., Rn. 23.

[860] Vgl. den Entwurf einer Mitteilung der Kommission über die Regeln für die Einsicht in Kommissionsakten in Fällen einer Anwendung der Artikel 81 und 82 EG-Vertrag, Artikel 53, 54 und 57 des EWR-Abkommens und der Verordnung (EG) 129/2004, ABl. 2004, Nr. C 259, S. 13 f., Rn. 23. Ebenso schon die Mitteilung der Kommission über interne Verfahrensvorschriften für die Behandlung von Anträgen auf Akteneinsicht in Fällen einer Anwendung der Artikel 85 und 86 EG-Vertrag, der Art. 65 und 66 EGKS-Vertrag und der Verordnung (EWG) Nr. 4064/89 des Rates, ABl. 1997, Nr. C 23, S. 3, 4.

eine natürliche Person erleiden kann, als höher einzustufen als das Bedürfnis der Offenlegung.

Selbst wenn festzuhalten ist, dass die Kommission an den Grundsatz der Verhältnismäßigkeit gebunden und von daher verpflichtet ist, das mildeste unter den erforderlichen Mitteln zu wählen und die Angemessenheit des Eingriffs zu prüfen, hätte es zur Klarheit beigetragen, wenn dies ausdrücklich in Art. 27 Abs. 2 VO 1/2003 konkret in Bezug auf die Auflösung des vorliegenden Interessenkonflikts seinen Niederschlag gefunden hätte.

Zusammenfassend kann die Kommission nur in Situationen, in denen es zum Beweis eines Wettbewerbsverstoßes auf ein Dokument, das vertrauliche Informationen enthält, ankommt, grundsätzlich eine Abwägung unter Berücksichtigung aller Umstände zu Ungunsten des Vertraulichkeitsschutzes treffen, allerdings nur vorausgesetzt, dass keine der anderen zulässigen und als milder einzustufenden Lösungsansätze die verschiedenen Interessen wahrt.

(c) Gebotene Zurückhaltung bei der einseitigen Abwägung

Selbst wenn eine Abwägung zu Lasten des Vertraulichkeitsschutzes unter bestimmten Voraussetzungen rechtlich zulässig ist, kann dies nicht darüber hinweghelfen, dass die Kommission aus grundsätzlichen Überlegungen bei einer Entscheidung zu Lasten der Vertraulichkeit zurückhaltend und sich der Vielschichtigkeit der Abwägung zwischen dem Vertraulichkeitsschutz und dem öffentlichen Vollzugsinteresse bewusst sein sollte.

Es mag zwar in der konkreten Ermittlungssituation im Sinne des öffentlichen Interesses an der Durchsetzung des Kartellrechts sein, auch vertrauliche Informationen verwerten zu dürfen, allerdings muss damit nicht unbedingt auf lange Sicht diesem Interesse gedient sein. Denn der Vertraulichkeitsschutz und das Interesse an der Aufgabenerfüllung der Behörde sind nicht diametral entgegengesetzte Prinzipien. Vielmehr dient auch der Vertraulichkeitsschutz der Durchsetzung des Kartellrechts. Dies folgt aus der schon erwähnten Tatsache, dass die Kommission zur Sachverhaltsermittlung in starkem Maße auf die Kooperation der Unternehmen angewiesen ist.[861] Sofern die Unternehmen bzw. Informanten kein Vertrauen mehr in die Geheimhaltung ihrer Informationen bei der Kommission haben, wird dies zu einem Rückgang der Mitteilungsbereitschaft vertraulicher Informationen führen. Letztere ist aber immer noch unabdingbare Voraussetzung für die Aufgabenerfüllung der Kommission. Insofern ist, selbst wenn eine einseitige Auflösung des Konflikts zu Lasten der Vertraulichkeit nunmehr grundsätzlich zulässig ist, von den Entschei-

[861] Vgl. auch *Girnau*, S. 170 ff.; *Rohlfing*, S. 177; *Werner*, FS Pfeiffer, S. 821, 838; so auch *Weiß*, S. 308 f., der aus diesem Grund im Ergebnis eine einseitige Abwägung ablehnt.

dungsträgern nie aus dem Auge zu verlieren, dass beide Interessen, zumindest auf lange Sicht, Hand in Hand gehen und miteinander verknüpft sind. Eine Wahrung des Vertraulichkeitsschutzes dient somit auch dem öffentlichen Interesse an der Durchsetzung der kartellrechtlichen Regelungen, indem sie der Kommission dauerhaft die Gewährleistung einer effektiven Wettbewerbsaufsicht ermöglicht.

(6) Verfahrensrechtliche Absicherung

Die möglichen Lösungsansätze im Falle eines Konflikts um die Offenlegung vertraulicher Informationen sollten auch durch eine sinnvolle Ausgestaltung des Verfahrens flankiert werden. Hierbei stellt wiederum das „Akzo“ Verfahren eine vernünftige Vorgehensweise dar, die allen Interessen gerecht wird.

Sofern die Kommission durch ihren Anhörungsbeauftragten die Offenlegung von Geschäftsgeheimnissen bzw. sonstigen vertraulichen Informationen plant, beschließt sie dies in einer formellen Entscheidung.

Vor der tatsächlichen Weitergabe der Informationen hat das betroffene Unternehmen bzw. der Informant Gelegenheit, die entsprechende Entscheidung nach Art. 230 EGV anzufechten und beim Präsidenten des EuG die Aussetzung ihres Vollzugs zu beantragen. Diese Verfahrensweise gewährleistet den geheimhaltungsinteressierten Unternehmen die Möglichkeit, die Entscheidung der Kommission gerichtlich überprüfen zu lassen, und für die Kommission bedeutet sie keine übermäßige Verzögerung des Verfahrens.

ddd) Ergebnis

Als Ergebnis der Untersuchung kann festgehalten werden, dass beide Kategorien vertraulicher Informationen im Rahmen der Akteneinsicht Hauptbetroffener die Grenze darstellen. Sowohl das Akteneinsichtsrecht als auch die Begrenzung durch den Vertraulichkeitsschutz ist seit der Verordnung 1/2003 positivrechtlich geregelt.

Mittlerweile ebenfalls als sekundärrechtliche Vorschrift gefasst ist der von der Rechtsprechung erarbeitete Grundsatz, dass die Kommission nur solche Unterlagen gegen die Hauptbetroffenen verwerten darf, in die diese Einsicht nehmen konnten. Insbesondere wenn eine vertrauliche Information zum Nachweis eines Kartellverstoßes erforderlich ist, folgt daraus ein deutliches Spannungsverhältnis zwischen dem Geheimnisschutz auf der einen Seite und dem Akteneinsichtsinteresse verbunden mit dem öffentlichen Interesse an der Durchsetzung des Kartellrechts auf der anderen Seite.

Eine Auflösung des Interessenkonflikts kann sowohl durch eine Genehmigung zur Offenlegung der Information durch die berechtigten Unternehmen als auch durch die Erstellung einer nichtvertraulichen Zusammenfassung erreicht werden. Nicht vertretbar ist hingegen eine

Konfliktlösung durch die alleinige Offenlegung an die Rechtsanwälte betroffener Unternehmen. Diese Vorgehensweise widerspricht dem Grundsatz auf rechtliches Gehör, dem nur eine Akteneinsicht der beteiligten Unternehmen gerecht werden kann.

Ausnahmsweise, wenn keine andere Lösung des Interessenkonflikts möglich ist und die Information zum Beweis der Zuwiderhandlung erforderlich ist, kann eine einseitige Interessenauflösung zu Gunsten des öffentlichen Interesses an der Einhaltung der Wettbewerbsregeln und dem Akteneinsichtsrecht anderer hauptbetroffener Unternehmen und zu Lasten des Schutzes vertraulicher Informationen befürwortet werden. Art. 27 Abs. 2 a.E. VO 1/2003, der eine solche Lösung vorsieht, muss allerdings aus Gründen der Verhältnismäßigkeit eine restriktive Auslegung erfahren.

Ob eine solche Verfahrensweise jedoch auf lange Sicht dem öffentlichen Interesse an der Durchsetzung des Kartellrechts dienen wird, ist fraglich, da sie sich negativ auf die Bereitschaft der Geheimnisträger, im Ermittlungsverfahren durch Preisgabe von Informationen mitzuarbeiten, auswirken wird.

Die Geheimnisinteressierten haben in jedem Fall vor Preisgabe der Informationen an Dritte Gelegenheit, die diesbezügliche Entscheidung der Kommission anzufechten und einer gerichtlichen Überprüfung zuzuführen.

bb) Akteneinsichtsrecht für verfahrensbeteiligte Dritte

Nach der Untersuchung des Akteneinsichtsrechts des Hauptbetroffenen stellt sich die Frage, in welchem Umfang ein solches für Drittbeteiligte besteht und wo die Grenzen eines eventuellen Akteneinsichtsrechts mit Blick auf den Schutz vertraulicher Informationen liegen.

Zu den Drittbeteiligten im europäischen Kartellverfahren zählen neben den Beschwerdeführern, die bei der Kommission gegen andere Unternehmen eine Beschwerde wegen wettbewerbswidrigen Verhaltens eingelegt haben, auch sonstige interessierte Dritte.[862] Befugt zur Einreichung einer Beschwerde sind natürliche und juristische Personen, die ein berechtigtes Interesse darlegen, wie auch die Mitgliedstaaten (Art. 7 Abs. 2 VO 1/2003). Neben dem Beschwerdeführer stellen weitere beteiligte „Dritte" natürliche und juristische Personen dar, die ein ausreichendes Interesse nachweisen (Art. 27 Abs. 3 S. 2 VO 1/2003).

Sowohl das „berechtigte Interesse" des Beschwerdeführers als auch das „ausreichende Interesse" des Dritten werden weit ausgelegt.[863] Jede Per-

[862] Siehe zu den Begriffen des Drittbeteiligten und des Beschwerdeführers (noch im Zusammenhang mit der Verordnung 17/62) Immenga/Mestmäcker-*Ritter*, EG-Wettbewerbsrecht, Bd. II, VO 17/62, Art. 3, Rn. 7 ff.

[863] Siehe auch die neue Bekanntmachung der Kommission über die Behandlung von Beschwerden gemäß Art. 81 und 82 EG-Vertrag vom 27.04.2004, ABl. 2004, Nr. C

son, die von einer Wettbewerbsbeschränkung oder einer missbräuchlichen Verhaltensweise unmittelbar und individuell beeinträchtigt ist oder beeinträchtigt werden kann, ist beschwerde- bzw. beteiligtenbefugt.[864] Neben der (möglichen) Beeinträchtigung wirtschaftlicher oder geschäftlicher Interessen genügt auch der Eingriff in sonstige Interessen.[865]

Um den verfahrensrechtlichen Status als Drittbeteiligte zu erhalten, muss jeder der Drittbeteiligten ein (berechtigtes oder ausreichendes) Interesse nachweisen. Damit hat auch jeder ein eigenes Interesse am Ausgang des Kartellverfahrens gegen den Hauptbetroffenen. Für sie ist es von daher wichtig, schon im Laufe des Kartellverfahrens verfahrensrechtlich beteiligt zu werden, um Einfluss auf die abschließende Entscheidung nehmen zu können.[866] Dazu dient das Einsichtsrecht, das aber mit dem Geheimhaltungsinteresse anderer Verfahrensbeteiligter, beispielsweise der hauptbetroffenen Unternehmen, kollidieren kann. Von Bedeutung ist daher, in welchem Umfang den Drittbeteiligten Akteneinsicht gewährt wird und wo die Grenzen mit Blick auf die Wahrung der Vertraulichkeit liegen. Zur Vereinfachung soll die verfahrensrechtliche Beteiligung im Hinblick auf das Akteneinsichtsrecht Drittbetroffener beispielhaft an der Rechtsstellung des Beschwerdeführers, dem häufigsten Fall der Drittbeteiligung, erörtert werden.

aaa) Umfang und Grenzen des Einsichtsrechts verfahrensbeteiligter Dritter

Ebenso wie bei dem Akteneinsichtsrecht Hauptbetroffener ist zunächst die rechtliche Grundlage und sodann die Rechtsprechungs- und Kommissionspraxis auf Aussagen hin zu untersuchen, die eine Präzisierung des Umfangs und der Grenzen des Einsichtsrechts Dritter, insbesondere der Beschwerdeführer, ermöglichen.

101, S. 65 ff., in der die Kommission feststellt, dass die Voraussetzungen des berechtigten Interesses „nur selten Anlass zu Zweifeln" geben (ABl. 2004, Nr. C 101, S. 65, 69, Erwägungsgrund 34). Insoweit kann auch die Auslegung für die bezüglich der Stellung der Beschwerdeführer nahezu inhaltsgleiche Verordnung 17/62 übernommen werden. Siehe für Gewerkschaften, 16. Wettbewerbsbericht der Europäischen Kommission (1986), S. 52, Nr. 43, für einen Unternehmensverband, EuG „BEMIM", Slg. 1995 II, 147, 161, Rn. 28; vgl. auch *Kerse*, E. C. Antitrust Procedure, S. 83 f., Rn. 2.29; *Emmerich* S. 452.

864 Vgl. Immenga/Mestmäcker-*Ritter*, EG-Wettbewerbsrecht, Bd. II, VO 17/62, Art. 3, Rn. 7. Dies sind insbesondere diejenigen Personen und Unternehmen bzw. Unternehmensvereinigungen, die in der Lage wären, eine für sie ungünstige Entscheidung der Kommission anzufechten, vgl. Kommission ABl. 1976, Nr. L 28, S. 19 – EuGH, Slg. 1977, 1875.

865 Vgl. auch *Kevekordes*, DB 1989, 2521, 2521 f.; Immenga-Mestmäcker-*Ritter*, EG-Wettbewerbsrecht, Bd. II, Art. 3 VO 17, Rn. 7, die beide deutlich machen, dass die Anforderungen an die Betroffenheit nicht zu überspannen sind.

866 Vgl. noch zu der vergleichbaren Frage unter der Verordnung 17/62 *Schwarze*, Europäisches Verwaltungsrecht, S. 1277; *Kevekordes*, DB 1989, 2521 ff.

(1) Rechtliche Verankerung

Im Gegensatz zu dem Akteneinsichtsrecht Hauptbetroffener wurde das Einsichtsrecht des Beschwerdeführers (und anderer Drittbeteiligter) nicht in der Verordnung 1/2003 positivrechtlich geregelt. Art. 27 Abs. 1 VO 1/2003 enthält nur die Aussage, dass die Beschwerdeführer eng in das Verfahren einbezogen werden und gesteht ihnen damit eine verfahrensrechtliche Position zu.

Allerdings enthält die Durchführungsverordnung 773/2004 an verschiedenen Stellen konkrete Hinweise auf die Partizipationsrechte des Beschwerdeführers. Auch ein Einsichtsrecht, das ein Recht auf Information des Beschwerdeführers im Rahmen seines Anspruchs auf rechtliches Gehör darstellt, ist angesprochen. So ist für den speziellen Fall der geplanten Beschwerdezurückweisung der Anspruch des Beschwerdeführers auf rechtliches Gehör in Art. 8 Abs. 1 S. 1 VO 773/2004 präzisiert. Danach hat der Beschwerdeführer ein Recht auf Einsicht in die Unterlagen, die der vorläufigen Würdigung der Kommission zugrunde liegen. Art. 8 Abs. 1 S. 2 VO 773/2004 stellt jedoch klar, dass dies nicht für vertrauliche Unterlagen der Hauptbetroffenen gilt.

Ferner sieht Art. 6 der Durchführungsverordnung 773/2004 vor, dass die Kommission dem Beschwerdeführer eine Kopie der nichtvertraulichen Fassung der Beschwerdepunkte übermittelt. Auf diese Weise erhält der Beschwerdeführer im Falle einer belastenden Entscheidung für den Hauptbetroffenen Kenntnis von Umständen, die dem Hauptbetroffenen zur Last gelegt werden. Auch damit wird seinem Recht auf Information Rechnung getragen.

Festzuhalten ist, dass für den Fall der Beschwerdezurückweisung das Einsichtsrecht des Beschwerdeführers positivrechtlich geregelt ist. Auch in die nichtvertrauliche Fassung der Beschwerdepunkte erhält der Beschwerdeführer Einblick.

Aufschluss über den genauen Umfang des Rechts auf Einsichtnahme des Beschwerdeführers in die Akten der Kommission und der Grenzen dieses Rechts im Hinblick auf vertrauliche Informationen kann möglicherweise die Kommissions- und Rechtsprechungspraxis geben.

(2) Kommissions- und Rechtsprechungspraxis

Die Kommissionspraxis zu dem Problem des Akteneinsichtsrechts anderer Verfahrensbeteiligter, insbesondere der Beschwerdeführer, ist sehr uneinheitlich. Aufgrund der im Vergleich zum Akteneinsichtsrecht Betroffener weniger oft vorkommenden Fallkonstellationen konnte die Rechtsprechung zum vorliegenden Problem noch nicht so umfangreich und aussagekräftig Stellung nehmen wie zum Akteneinsichtsrecht Hauptbetroffener.[867]

[867] Vgl. auch *Kevekordes*, DB 1989, 2521, 2524; *Weiß*, S. 213.

Hinzu kommt, dass allen Fällen die Normen der ehemaligen Kartellverfahrensverordnung 17/62 zugrunde lagen, die nur ein allgemeines Anhörungsrecht des Beschwerdeführers vorsahen. Allerdings sind der Rechtsprechungs- und Kommissionspraxis dennoch Aussagen zu der rechtlichen Anknüpfung, dem Umfang und den Grenzen eines Akteneinsichtsrechts verfahrensbeteiligter Dritter zu entnehmen.

In der Rechtssache „FEDETAB“[868] machte der EuGH deutlich, dass sich das dem Beschwerdeführer zustehende Einsichtsrecht aus dem Anhörungsrecht nach Art 19 Abs. 2 VO 17/62 (heute Art. 27 Abs. 3 VO 1/2003) ergibt, es allerdings kein Recht auf Erlangung vertraulicher Unterlagen gewährt.[869] Ansatzpunkt ist damit für den EuGH beim Einsichtsrecht des Beschwerdeführers ebenso wie bei dem des Hauptbetroffenen die Präzisierung des Umfangs und der Grenzen des rechtlichen Gehörs. Dabei hat der EuGH in der Rechtssache „FEDETAB“ zwar das Einsichtsrecht des Beschwerdeführers nicht in Frage gestellt, hat aber als Grenze deutlich die vertraulichen Informationen anderer benannt.

In ihrem 12. Wettbewerbsbericht ging die Kommission neben dem Akteneinsichtsrecht der Betroffenen auch auf das der Beschwerdeführer ein. So teilte sie mit, dass sie dem Beschwerdeführer bei der Ablehnung seiner Beschwerde Einsicht in alle Unterlagen gewähren und ihm dazu eine Liste aller Unterlagen zusenden wolle, die Bestandteile der Akten seien.[870] Als Grenzen nannte sie wie beim Betroffenen Geschäftsgeheimnisse, vertrauliche Unterlagen, sowie Interna der Kommission.[871]

Der Gerichtshof präzisierte die Grenzen der Akteneinsicht in seinem Urteil „Akzo“[872]. Er erläuterte, dass es eine Verpflichtung zur Anhörung durch die Kommission gebe und insoweit die aus Art. 20 Abs. 2 VO 17/62 folgende Verpflichtung der Kommission zur Wahrung des Berufsgeheimnisses, sofern es zum ordnungsgemäßen Ablauf des Verfahrens erforderlich ist, eingeschränkt ist.[873] Davon ausgenommen sind nach Ansicht des Gerichtshofs jedoch Geschäftsgeheimnisse, deren Schutzumfang, der in den Art. 19 Abs. 3 und 21 VO 17/62 Ausdruck findet, besonders weitgehend ist.[874] Für sonstige vertrauliche Angaben gilt dies der Auffassung des Gerichtshofs zufolge nur, falls nicht deren Offenlegung für den ordnungsgemäßen Ablauf des Verwaltungsverfahrens nötig

868 EuGH „FEDETAB“, Slg. 1980, 3125 ff.

869 EuGH „FEDETAB“, Slg. 1980, 3125, 3239, Rn. 46.

870 12. Wettbewerbsbericht der Europäischen Kommission (1982), S. 40 f., Nr. 35.

871 12. Wettbewerbsbericht der Europäischen Kommission (1982), S. 40 f., Nr. 35.

872 EuGH „Akzo“, Slg. 1986, 1965 ff; vgl. auch die Darstellung bei GA *Lenz* in seinen Schlussanträgen zu der Rechtssache „Akzo“, Slg. 1986, 1965 ff.

873 EuGH „Akzo“, Slg. 1986, 1965, 1991 f., Rn. 27. Diese Argumentation des Gerichtshofs kann allerdings nicht überzeugen, siehe oben Teil 5, C. V. 1. a) aa) bbb) (3).

874 EuGH „Akzo“, Slg. 1986, 1965, 1992, Rn. 28. Diese Überlegungen des EuGH können jedoch keine Geltung mehr beanspruchen, vgl. Teil 5, C. V. 1. a) aa) bbb) (3).

ist.[875] In der Rechtssache „Akzo“ benennt der EuGH deutlich die Grenzen des Einsichtsrechts des Beschwerdeführers, nämlich Geschäftsgeheimnisse und sonstige vertrauliche Informationen, differenziert aber in dem Schutzumfang deutlich zwischen ihnen. Während Geschäftsgeheimnisse keinesfalls Dritten übermittelt werden können, ist dies bei sonstigen vertraulichen Informationen nach dem Gerichtshof im Dienste eines ordnungsgemäßen Verfahrens möglich.

Von Interesse ist insoweit die Haltung der Kommission, die trotz ihrer Ankündigung im 12. Wettbewerbsbericht die Tendenz hatte, dem Beschwerdeführer eine umfassendere Akteneinsicht einzuräumen als dem Betroffenen selbst. Sowohl in der Rechtssache „FEDETAB“[876] als auch im „Akzo“[877] Urteil war Gegenstand des Verfahrens die Übermittlung von Geschäftsgeheimnissen beinhaltenden Unterlagen der Hauptbetroffenen an die Beschwerdeführer durch die Kommission. Während der Kommission bei den Hauptbetroffenen wie oben gesehen der Schutz der Geschäftsgeheimnisse oftmals als Grund für die Versagung der Einsicht diente, schien sie bei dem Akteneinsichtsrecht der Beschwerdeführer auf die Wahrung vertraulicher Angaben weniger Rücksicht zu nehmen. Dies mag damit zusammenhängen, dass sich die Kommission von den Beschwerdeführern weitere Hinweise und Beweismittel für den vermuteten Wettbewerbsverstoß erhoffte und dies durch eine umfangreichere Information der Beschwerdeführer leichter zu erhalten glaubte.[878]

In der Rechtssache „BAT/Reynolds“[879] bestätigte und präzisierte der EuGH seine bisherige Rechtsprechung insbesondere hinsichtlich des Umfangs der Akteneinsicht. Ausgangspunkt seiner Überlegung war die Rechtsstellung des Beschwerdeführers in Gegenüberstellung zu der des Hauptbetroffenen im Kartellverfahren. Er machte deutlich, dass das Kartellverfahren kein kontradiktorisches Verfahren sei, und der Beschwerdeführer daher in einer anderen Verfahrenslage ist als der Hauptbetroffene.[880] Der

---

[875] EuGH „Akzo“, Slg. 1986, 1965, 1991 f., Rn. 27. Eine Differenzierung zwischen den verschiedenen Kategorien vertraulicher Informationen ist aber – wie oben im Teil 5, C. V. 1. a) aa) bbb) (3) gezeigt – nicht sinnvoll.

[876] EuGH „FEDETAB“, Slg. 1980, 3125 ff.

[877] EuGH „Akzo“, Slg. 1986, 1965 ff.; vgl. auch die Darstellung bei GA *Lenz*, Slg. 1986, 1965 ff.

[878] Vgl. auch *Weiß*, S. 212 f., der dies insbesondere auf die Weitergabe der Stellungnahmen der Betroffenen zu den Beschwerdepunkten bezieht.

[879] EuGH „BAT/Reynolds“, Slg. 1987, 4487 ff. In diesem Verfahren hatte die Kommission entgegen ihrer damals üblichen Praxis einen Antrag auf Akteneinsicht des Beschwerdeführers aus Gründen des Geheimnisschutzes zurückgewiesen, der daraufhin wegen Verletzung des rechtlichen Gehörs klagte. Vgl. die vorgebrachten Rügen in „BAT/Reynolds“, Slg. 1987, 4487, 4572, Rn. 18.

[880] EuGH „BAT/Reynolds“, Slg. 1987, 4487, 4572, Rn. 19; ähnlich GA *Mancini* in dieser Rechtssache, Slg. 1987, 4487, 4553 f. So auch schon GA *Lenz* in seinen Schlussanträgen zu der Rechtssache „Akzo“, Slg. 1986, 1965, 1979.

EuGH legte dar, dass die Position der Hauptbetroffenen, die Gefahr laufen, dass die Kommission eine gegen sie gerichtete Entscheidung fällt, anders ist als die der Beschwerdeführer, die nur als Initiatoren[881] das Verwaltungsverfahren veranlasst haben. Nach Auffassung des Gerichtshofs muss sich diese unterschiedliche Stellung im Verfahren auch im verfahrensrechtlichen Schutzumfang, und dabei insbesondere bei Inhalt und Umfang des rechtlichen Gehörs, niederschlagen.[882] Er schlussfolgert, dass der Anspruch auf rechtliches Gehör der Beschwerdeführer nicht so weitgehend wie derjenige der betroffenen Unternehmen ist.[883] Vielmehr endet er dort, wo der Anspruch auf rechtliches Gehör der Hauptbetroffenen beeinträchtigt wird.[884]

Das Europäische Gericht erster Instanz weicht in seinen Urteilen bei dem Umfang und den Grenzen des Einsichtsrechts des Beschwerdeführers nicht von der Rechtsprechung des Gerichtshofs ab. So hat es in der Entscheidung „Automec"[885] die Verfahrensrechte des Beschwerdeführers als nicht so weitgehend wie den Anspruch auf rechtliches Gehör der Betroffenen bezeichnet.[886] In der Entscheidung „Hilti"[887] und dem Beschluss „Postbank"[888] hat das EuG bzw. der Präsident des EuG die Bedeutung des Schutzes der Geschäftsgeheimnisse im Sinne der EuGH-Rechtsprechung erörtert und als Grenze des Akteneinsichtsrechts des Beschwerdeführers bezeichnet.

Mittlerweile lässt auch die Kommissionspraxis eine mehr am Schutz vertraulicher Informationen ausgerichtete Handhabung des Einsichtsrechts des Beschwerdeführers erkennen. So stellte die Kommission in ihrer Mitteilung für die Behandlung von Anträgen auf Akteneinsicht aus dem Jahre 1997, die den Umfang der Akteneinsicht für Betroffene definierte und in welcher sie eine einseitige Abwägung zu Lasten des Geheimnisschutzes erwog, fest, dass diese Mitteilung nicht auf verfahrensbeteiligte Dritte und insbesondere nicht auf Beschwerdeführer anwendbar ist.[889] Ebenso werden in dem Entwurf der Mitteilung der Kommission

---

881 GA *Lenz* verglich die Stellung des Beschwerdeführers im Kartellverfahren mit der Rolle des Anzeigenden im Strafverfahren, siehe GA *Lenz* in seinen Schlussanträgen zu der Rechtssache „Akzo", Slg. 1986, 1965, 1979.

882 EuGH „BAT/Reynolds", Slg. 1987, 4487, 4572 f., Rn. 19 f.

883 EuGH „BAT/Reynolds", Slg. 1987, 4487, 4573, Rn. 20.

884 EuGH „BAT/Reynolds", Slg. 1987, 4487, 4573, Rn. 20. Zu der Frage, wie diese Ansprüche kollidieren können, Näheres unten Teil 5, C. V. 1. a) bb) bbb).

885 EuG „Automec", Slg. 1990 II, 367 ff.

886 EuG „Automec", Slg. 1990 II, 367, 382, Rn. 46.

887 EuG „Hilti", Slg. 1990 II, 163, 170, Rn. 19 f.

888 Beschluss des Präsidenten des EuG „Postbank", Slg. 1994 II, 1141, 1156, Rn. 31.

889 Mitteilung der Kommission über interne Verfahrensvorschriften für die Behandlung von Anträgen auf Akteneinsicht in Fällen einer Anwendung der Artikel 85 und 86 EG-Vertrag, der Art. 65 und 66 EGKS-Vertrag und der Verordnung (EWG) Nr. 4064/89 des Rates, ABl. 1997, Nr. C 23, S. 3 ff., vgl. die Einleitung.

aus dem Jahre 2004 bezüglich der Akteneinsicht die Einsichtsrechte der Beschwerdeführer und anderer Beteiligter getrennt von denjenigen des Betroffenen behandelt, und es wird dabei deutlich, dass Erstere kein Einsichtsrecht in Geschäftsgeheimnisse und sonstige vertrauliche Informationen haben.[890]

Im Ergebnis kann festgehalten werden, dass das Akteneinsichtsrecht der Beschwerdeführer nach der Rechtsprechung nicht dem der Hauptbetroffenen entspricht und dass der Beschwerdeführer kein Recht auf Einblick in vertrauliche Unterlagen hat.

(3) Erkenntnisse hinsichtlich Umfang und Grenzen der Akteneinsicht des Beschwerdeführers

Eine abschließende Aussage zu Umfang und Grenzen des Einsichtsrechts der Beschwerdeführer, das in der Verordnung 1/2003 keine und in der Durchführungsverordnung nur eine begrenzte Regelung erfahren hat, kann weder der bisherigen Rechtsprechung noch der Kommissionspraxis entnommen werden.

Für eine präzise Aussage zur Reichweite der Rechte des Beschwerdeführers ist sein Beteiligtenstatus entscheidend. Ihm sind die Rechte einzuräumen, die er benötigt, um seine Interessen als Beschwerdeführer in einem kartellrechtlichen Verfahren in effektiver Weise zu verfolgen.

Die Stellung des Beschwerdeführers in einem kartellrechtlichen Verfahren ist eine andere als die des Hauptbetroffenen.[891] Während Letzterer im Zentrum des Verfahrens steht, in welchem es um sein Verhalten am Markt geht, ist die Funktion des Beschwerdeführers in erster Linie die eines Anregenden. Indem er Beschwerde einreicht, bringt er das Verfahren in Gang, das dann von der Europäischen Kommission selbständig weiterverfolgt wird.

Allerdings ist die Stellung des Beschwerdeführers nicht auf die Anregungsfunktion begrenzt, sondern sie geht darüber hinaus. Dies ergibt sich schon daraus, dass eine Person „ein berechtigtes Interesse" für die Einreichung einer Beschwerde und die Anerkennung als Beschwerdeführer geltend machen muss. Insofern soll die Verfahrensgestaltung es dem Beschwerdeführer auch ermöglichen, seine eigenen berechtigten Interessen in effektiver Weise verfolgen zu können.[892]

---

[890] Vgl. den Entwurf einer Mitteilung der Kommission über die Regeln für die Einsicht in Kommissionsakten in Fällen einer Anwendung der Artikel 81 und 82 EG-Vertrag, Artikel 53, 54 und 57 des EWR-Abkommens und der Verordnung (EG) 129/2004, ABl. 2004, Nr. C 259, S. 14 f., Rn. 28 ff./Rn. 31.

[891] Siehe dazu schon der EuGH in „BAT/Reynolds", Slg. 1987, 4487, 4572 f., Rn. 19 f. So auch die Kommission in ihrer Bekanntmachung über die Behandlung von Beschwerden gemäß Art. 81 und 82 EG-Vertrag, ABl. 2004, C 101, S. 65.

[892] Der EuGH hat diesen Gedanken in seinem Urteil „BAT/Reynolds" (Slg. 1987, 4487, 4573, Rn. 20) zum Ausdruck gebracht, indem er darauf hinwies, dass es für den

Dass die Position des Beschwerdeführers sich nicht darauf beschränkt, eine Anregung für das Verfahren zu liefern, sondern dass darüber hinaus auch eigene Interessen im Spiel sind, zeigt sich auch, wenn man betrachtet, was aus einer Beschwerde folgt. Wegen des im Kartellverbotsverfahren geltenden Opportunitätsprinzips[893] hat der Beschwerdeführer zwar keinen Anspruch auf ein Einschreiten der Kommission oder eine bestimmte Sachentscheidung. Die Kommission ist jedoch verpflichtet, eine ermessensfehlerfreie Entscheidung über die Verfahrenseröffnung zu treffen.[894] Er hat demnach einen Anspruch darauf, dass die Kommission seine Beschwerde prüft und entweder weiterverfolgt oder ihm gegenüber begründet, weshalb sie die Beschwerde nicht aufgreift.

Für den Umfang des rechtlichen Gehörs lassen sich aus diesen Überlegungen mehrere Schlüsse ziehen. Zum einen wird bei einer Betrachtung des Beteiligtenstatus deutlich, dass die Stellung des Beschwerdeführers sich nicht nur auf eine Anregungsfunktion beschränkt, sondern dass sein Einsichtsrecht so ausgestaltet werden muss, dass ihm die Wahrung seiner Interessen als Beschwerdeführer möglich ist.

Zum anderen ist festzuhalten, dass seine verfahrensrechtliche Situation sich grundlegend von der des Hauptbetroffenen unterscheidet. Der Beschwerdeführer hat im Gegensatz zum Betroffenen, der mit hohen Bußgeldern belegt werden kann, keinerlei Nachteile aus dem Verfahren zu befürchten. Daraus folgt, dass das Interesse des Betroffenen, umfassende Akteneinsicht zu erlangen, ganz anderer Art ist als das des Beschwerdeführers. Der Hauptbetroffene benötigt die Akteneinsicht, um sich gegen Vorwürfe seitens der Kommission zu verteidigen. Der Beschwerdeführer steht hingegen grundsätzlich auf der gleichen Seite wie die Kommission, da es beiden darum geht, dem Betroffenen einen Kartellverstoß nachzuweisen. Selbst wenn die Kommission eine Beschwerde zurückweist, so trifft sie zwar eine nachteilige Entscheidung für den Beschwerdeführer, aber diese hat keine weiteren negativen Folgen wie etwa Sanktionen für ihn.

Dem Beschwerdeführer kann daher kein ebenso umfassendes Akteneinsichtsrecht wie dem Hauptbetroffenen eingeräumt werden. Ein solches entspräche nicht seiner verfahrensrechtlichen Position. Sein Recht auf Einsicht in die Akten muss auf den Bereich seiner tangierten Interessen, die ihn zur Einreichung der Beschwerde veranlasst und befugt haben, beschränkt sein. Orientierungspunkt für den Umfang des Akteneinsichts-

Beschwerdeführer in einem Kartellverfahren darum geht, seine „berechtigten Interessen" zu wahren.

893 Vgl. Immenga/Mestmäcker-*Ritter*, EG-Wettbewerbsrecht, Bd. II, VO 17/62, Vorbem., Rn. 34; *Emmerich*, S. 453.

894 Vgl. EuGH, Slg. 1979, 3173, 3188 f., Rn. 15 ff.; „Koelman", Slg. 1997 I, 4809, 4838, Rn. 42.

rechts muss daher grundsätzlich sein, wie weitgehend eine Einsicht für die effektive Sicherung der berechtigten Interessen der Beschwerdeführer erforderlich ist.

In deutlicher Form sind seine Interessen betroffen, wenn die Kommission plant, die von ihm eingereichte Beschwerde zurückzuweisen. Für diesen Fall sieht mittlerweile Art. 8 Abs. 1 VO 773/2004 ein Einsichtsrecht in die Unterlagen vor, die der vorläufigen Würdigung der Kommission zugrunde liegen. Auf diese Weise ist es dem Beschwerdeführer möglich zu prüfen, worauf die Kommission ihre Entscheidung stützt und ob sie ihr Ermessen ordnungsgemäß ausgeübt hat.

Sofern die Kommission die Beschwerde aufgreift und gegen einen Hauptbetroffenen ermittelt, ist für ihn insbesondere von Interesse, zu welchem Ergebnis seine Beschwerde im Rahmen des Verfahrens geführt hat. Daher sollte er Kenntnis von den Beschwerdepunkten erhalten, die die Kommission den Betroffenen vorwirft. Dies ist mittlerweile auch in Art. 6 der Durchführungsverordnung 773/2004 vorgesehen, wonach der Beschwerdeführer eine nichtvertrauliche Fassung der Beschwerdepunkte erhält.

Bislang nicht geregelt, aber in manchen Fällen auch von Bedeutung für die Verfolgung der Interessen des Beschwerdeführers, ist die Einsicht in die Stellungnahme der betroffenen Unternehmen gegen die Beschwerdepunkte.[895] Diese enthält Argumente des Hauptbetroffenen hinsichtlich der gegen ihn von der Kommission und in der Beschwerde erhobenen Vorwürfe. Auch hier sollte die Kommission im konkreten Fall feststellen, ob die Interessen der Beschwerdeführer tangiert sind, und ihm in diesen Fällen eine nichtvertrauliche Version übermitteln.

Damit ist der Umfang des Akteneinsichtsrechts des Beschwerdeführers bestimmt.

Im Rahmen dieser Akteneinsicht ist jedoch der Schutz vertraulicher Unterlagen deutliche Grenze des Einsichtsrechts des Beschwerdeführers. Nur durch eine strikte Wahrung vertraulicher Angaben kann vermieden werden, dass Konkurrenten eines Unternehmens eine Beschwerde lediglich aus dem Grund einreichen, um sich über den Umweg ihrer Einsichtsrechte im Kartellverfahren Informationen über geschäftliche Interna ihrer Wettbewerber zu beschaffen.[896] Die Kommission darf dem Beschwerdeführer keinesfalls Geschäftsgeheimnisse anderer Verfahrensbeteiligter oder sonstige vertrauliche Informationen offenbaren.

Auch in Art. 8 Abs. 1 der Durchführungsverordnung 773/2004 wird deutlich, dass vertrauliche Unterlagen von dem Einsichtsrecht im Falle ei-

---

[895] Vgl. *Pliakos*, S. 343.

[896] Auf dieses Problem weist der EuGH in der Rechtssache „Akzo" hin, Slg. 1986, 1965, 1992, Rn. 28.

ner Beschwerdezurückweisung ausgenommen sind. Ferner hat die dem Beschwerdeführer übermittelte Kopie der Beschwerdepunkte nach Art. 6 Abs. 1 VO 773/2004 eine nichtvertrauliche Fassung zu sein. Dies zeigt deutlich, dass vertrauliche Informationen durch die Kommission zu wahren und von dem Einsichtsrecht des Beschwerdeführers ausgenommen sind.

(4) Gleichbehandlung von Geschäftsgeheimnissen und sonstigen vertraulichen Informationen

Ebenso wie beim Akteneinsichtsrecht Hauptbetroffener stellt sich auch im Rahmen des Einsichtsrechts der Beschwerdeführer die Frage, ob anderen vertraulichen Informationen, wie beispielsweise die Identität des Informanten, ein gleiches Schutzniveau wie den Geschäftsgeheimnissen zuzugestehen ist.

In der Verordnung 1/2003 befindet sich keine diesbezügliche Regelung. Nach Art. 8 Abs. 1 der Durchführungsverordnung 773/2004 sind allerdings von dem Einsichtsrecht des Beschwerdeführers bei einer drohenden Zurückweisung Geschäftsgeheimnisse und sonstige vertrauliche Unterlagen gleichermaßen ausdrücklich ausgenommen.

Hingegen stellte der Europäische Gerichtshof in seinen Urteilen „Akzo“[897] und „BAT/Reynolds“[898] ausdrücklich im Rahmen der Untersuchung der Grenzen des Akteneinsichtsrechts des Beschwerdeführers fest, dass Geschäftsgeheimnissen ein besonders umfangreicher Schutz zukommen müsse, sonstigen vertraulichen Informationen jedoch nur so weit, wie der ordnungsgemäße Verfahrensablauf es erlaube.[899] Im Gegensatz dazu hat der Europäische Gerichtshof in seinem Urteil „Stanley Adams“[900] allerdings gerade die Bedeutung des Informantenschutzes, der zu der Kategorie der sonstigen vertraulichen Informationen zählt, hervorgehoben. Zu berücksichtigen ist in jedem Fall, dass diese Urteile noch auf den Vorschriften der Verordnung 17/62 basieren. Somit ist eine genaue Betrachtung der Fragestellung unter der heutigen Rechtslage erforderlich.

Wie schon bei der obigen Untersuchung im Rahmen des Akteneinsichtsrechts für Hauptbetroffene festgestellt,[901] findet der Schutz vertraulicher Informationen seine primärrechtliche Verankerung im Grundsatz der Amtsverschwiegenheit nach Art. 287 EGV, der keinen Unterschied zwischen Geschäftsgeheimnissen und anderen vertraulichen Informatio-

[897] EuGH „Akzo“, Slg. 1986, 1965 ff.

[898] EuGH „BAT/Reynolds“, Slg. 1987, 4487 ff.

[899] EuGH „Akzo“, Slg. 1986, 1965, 1991 f., Rn. 27 f.; „BAT/Reynolds“, Slg. 1987, 4487, 4573, Rn. 21.

[900] EuGH „Stanley Adams“, Slg. 1985, 3539, 3587, Rn. 34.

[901] Siehe oben Teil 5, C. V. 1. a) aa) bbb) (3).

nen macht. Ebenso sind in Art. 41 Abs. 2 Spiegelstrich 2 der Grundrechtecharta beide Kategorien vertraulicher Informationen in gleicher Weise geschützt.

In sekundärrechtlicher Hinsicht lassen sich möglicherweise Erkenntnisse aus Art. 27 VO 1/2003 und der Durchführungsverordnung 773/2004 gewinnen.

In Art. 27 Abs. 2 VO 1/2003 ist das Akteneinsichtsrecht Hauptbetroffener geregelt, dem beide Kategorien von vertraulichen Informationen gleichwertig als Grenze gegenüberstehen. Insoweit wird auf die oben ausgeführten Gründe verwiesen.[902] Selbst wenn sich diese Regelung nur auf den Fall des Akteneinsichtsrechts der Hauptbetroffenen bezieht, ist die zugrunde liegende Sachlage bei dem Akteneinsichtsrecht der Beschwerdeführer vergleichbar. In beiden Fällen besteht auf der einen Seite grundsätzlich das Recht zur Einsicht in Kommissionsakten und auf der anderen Seite ein Geheimhaltungsinteresse, das es zu wahren gilt. Für eine unterschiedliche Behandlung der Grenzen beider Akteneinsichtsberechtigter ist kein Grund ersichtlich. Allein die Tatsache, dass das Akteneinsichtsrecht des Hauptbetroffenen sich von dem des Drittbetroffenen im Umfang unterscheidet, rechtfertigt keine Ungleichbehandlung bezüglich der davon zu trennenden Frage der Ausnahmen vom Einsichtsrecht. Die Regelung des Art. 27 Abs. 2 VO 1/2003 bringt daher den Wunsch des Gemeinschaftsgesetzgebers zum Ausdruck, dass sowohl Geschäftsgeheimnisse als auch sonstige vertrauliche Informationen in gleichwertiger Weise die Grenze des Einsichtsrechts darstellen.

Dieser Schluss findet auch seine Bestätigung in der Regelung des Art. 8 Abs. 1 VO 773/2004. Darin umfasst die Einsicht im Falle der Beschwerdezurückweisung keine „Geschäftsgeheimnisse und sonstige vertrauliche Unterlagen der Verfahrensbeteiligten". Die Intention der Norm ist sehr deutlich: Im Rahmen der dem Beschwerdeführer gewährten Einsicht sind beide Kategorien vertraulicher Dokumente gleichermaßen geschützt. Da bei der Zurückweisung der Beschwerde die Interessen des Beschwerdeführers in deutlichster Form tangiert sind, muss der dort gewährleistete gleichwertige Schutz für Geschäftsgeheimnisse und sonstige vertrauliche Informationen erst recht gelten, wenn seine Interessen weniger stark betroffen sind.

Eine Gleichbehandlung der beiden Arten vertraulicher Informationen ergibt auch aus Gründen der Effizienz des Verwaltungsverfahrens Sinn. Ebenso wie bei Geschäftsgeheimnissen ist der vertrauliche Umgang mit sonstigen geheimen Informationen wie der Identität des Informanten Voraussetzung für die Bereitschaft auch der Beschwerdeführer und anderer Dritter, freiwillig der Europäischen Kommission Angaben über Wett-

---

[902] Siehe oben Teil 5, C. V. 1. a) aa) bbb) (3).

bewerbsverstöße zu übermitteln. Diese wiederum ist eine wichtige Basis der Kommission, Kartellrechtsverstöße aufzuklären.

Auch die Schwere des Schadens, der bei der Verletzung beider Arten vertraulicher Informationen erheblich sein kann, rechtfertigt kein unterschiedlich hohes Schutzniveau.

Aus diesen Gründen ist es angemessen, die Artikel 27 Abs. 2 VO 1/2003 und 8 Abs. 1 VO 773/2004 als Ausdruck eines gleichwertigen Schutzes von Geschäftsgeheimnissen und sonstigen vertraulichen Informationen zu erachten und diese beiden Kategorien auch im Rahmen des Einsichtsrechts der Beschwerdeführer gleich zu behandeln.

bbb) Lösung des Spannungsverhältnisses

Wie gesehen, besteht in gewissem Umfang ein Einsichtsrecht des Beschwerdeführers in Dokumente des Verfahrens. Die Grenze ist der Vertraulichkeitsschutz. Damit stehen sich auch vorliegend zwei unterschiedliche Parteiinteressen gegenüber, die grundsätzlich gewahrt werden müssen.

Möglicherweise ist der Konflikt jedoch nicht ebenso zugespitzt wie bei dem Akteneinsichtsrecht Hauptbetroffener. Dies wäre dann der Fall, wenn die Rechtsfolge, die sich aus einer eingeschränkten Einsicht des Beschwerdeführers beispielsweise aus Gründen der Wahrung von Geschäftsgeheimnissen des Hauptbeteiligten ergibt, eine andere ist.

Die erste Frage, die sich aufwirft, ist, ob auch Informationen, in die der Beschwerdeführer aus Gründen der Wahrung von Geschäftsgeheimnissen keinen Einblick erhalten hat, in der Kommissionsentscheidung berücksichtigt werden dürfen. Während bei verweigerter Akteneinsicht Hauptbetroffener ein Verwertungsverbot aus einer eingeschränkten Einsicht folgt, ist dies bei verweigerter Einsicht des Beschwerdeführers nicht der Fall. Dies folgt aus der vom Europäischen Gerichtshof den Beschwerdeführern zugesprochenen Verfahrensstellung. Wie er festgestellt hat, ist im Falle einer Kollision eine Beeinträchtigung des rechtlichen Gehörs und damit der Verteidigungsrechte der hauptbetroffenen Unternehmen in jedem Fall die Grenze für das Anhörungs- bzw. Akteneinsichtsrecht der Beschwerdeführer.[903] Die Koppelung der Verwertung von Geschäftsgeheimnissen Hauptbetroffener an eine Offenlegung vertraulicher Informationen gegenüber den Beschwerdeführern würde Erstere vor die Wahl stellen, entweder auf die Verwertung der geheimen Informationen zu verzichten oder sich mit deren Weitergabe einverstanden zu erklären und damit eine Schädigung ihrer Wettbewerbsposition im Markt in Kauf zu nehmen.[904] Die Hauptbetroffenen zu einer solchen Entscheidung zu ver-

903 EuGH „BAT/Reynolds", Slg. 1987, 4487, 4573, Rn. 20; siehe auch oben Teil 5, C. V. 1. a) bb) aaa) (2). Diese Einschätzung stützend *Due*, EuR 1988, 33, 43.
904 Vgl. hierzu auch *Girnau*, S. 146.

pflichten, würde als Konsequenz eine Beschneidung der Verteidigungsmöglichkeiten haben. Aus diesem Grunde müssen die von Hauptbetroffenen vorgebrachten vertraulichen Informationen auch dann in der verfahrensabschließenden Kommissionsentscheidung Berücksichtigung finden, wenn die Beschwerdeführer insoweit keine Gelegenheit zur Kenntnisnahme hatten.[905]

Vorstellbar ist auch die umgekehrte Frage, nämlich ob eine Beschwerde abgelehnt werden kann, wenn es bei der Begründung der Beschwerdezurückweisung auf Informationen ankommt, die dem Beschwerdeführer nach Art. 8 Abs. 1 S. 2 VO 773/2004 zugänglich gemacht werden müssten, diese Information jedoch Geschäftsgeheimnisse der Hauptbetroffenen darstellen. Weder die Verordnung 1/2003 noch die Durchführungsverordnung 773/2004 sehen jedoch ein Verwertungsverbot bei der Beschwerdezurückweisung für Informationen vor, die dem Beschwerdeführer nicht vorab zugänglich gemacht wurden. Grundsätzlich ist somit auch bei der Ablehnung einer Beschwerde die Akteneinsicht durch die Wahrung vertraulicher Informationen begrenzt, und es greift in letzter Konsequenz kein Verwertungsverbot hinsichtlich nicht zugänglich gemachter Angaben.

Nichtsdestotrotz darf die Verneinung des Verwertungsverbot nicht dazu verleiten, das Einsichtsrecht des Beschwerdeführers nicht ernst zu nehmen und in jeder Konfliktsituation, in denen Geheimhaltungsinteressen dem Einsichtsinteresse des Beschwerdeführers gegenüber stehen, zu Lasten von Letzterem zu entscheiden. Dabei würde übersehen, dass auch der Beschwerdeführer über ein eigenes Interesse am Ausgang des Verfahrens verfügt, das den Umfang seines Anspruchs auf rechtliches Gehör konkretisiert. Die Kommission ist somit gehalten, seinem Anspruch auf rechtliches Gehör durch die Gewährung einer Einsicht, welche er für eine effektive Sicherung seiner berechtigten Interessen benötigt, Rechnung zu tragen. Eine pauschale Begrenzung der Akteneinsicht, sofern vertrauliche Informationen betroffen sind, würde seinen Anspruch auf rechtliches Gehör verletzen. Von daher ist es erforderlich nach Lösungen zu suchen, die das Geheimhaltungsinteresse anderer Verfahrensbeteiligter mit dem Einsichtsinteresse des Beschwerdeführers in Einklang bringen können.

Auch aus einer weiteren Erwägung macht es Sinn, dem Beschwerdeführer entsprechend seinem Einsichtsrecht so umfassend wie möglich Einsicht in die Akten zu geben. Es liegt im öffentlichen Interesse, welches die Kommission zu wahren hat, dass die Kommission von dem Beschwerdeführer so viele relevante und zum Beweis verwertbare Informationen wie

[905] Dies kann man den Äußerungen des EuGH in seiner Entscheidung „BAT/Reynolds", Slg. 1987, 4487, 4573, Rn. 20 entnehmen. Siehe auch *Kevekordes*, DB 1989, 2521, 2524; zum deutschen Recht, *Schmidt*, Drittschutz, S. 94 f.

möglich erhält. Um dies zu erreichen, kann es für sie hilfreich sein, dem Beschwerdeführer zunächst bedeutende Informationen zugänglich zu machen, um auf diese Weise von ihm wichtige Angaben zu erhalten. Wenn die Informationen, die sie dem Beschwerdeführer übermitteln will, vertraulich sind, ist es notwendig, Wege zu finden, um sowohl dem Geheimnisschutzinteresse als auch dem öffentlichen Interesse an der Durchsetzung des Wettbewerbsrechts gerecht zu werden.

Insofern ist auch vorliegend nach Möglichkeiten zu suchen, die verschiedenen Interessen im Wege der praktischen Konkordanz einem Ausgleich zuzuführen. Dabei stellt aus den gleichen Gründen wie bei der obigen Erörterung im Rahmen des Akteneinsichtsrechts Hauptbetroffener[906] die Offenlegung der vertraulichen Informationen nur an Anwälte keine zulässige Lösung dar. Zur Konfliktlösung in Betracht kommen jedoch die Genehmigung zur Offenlegung, die Anfertigung nichtvertraulicher Zusammenfassungen sowie eine einseitige Auflösung zu Lasten der Vertraulichkeit.

(1) Genehmigung zur Offenlegung

Ebenso wie bei dem Spannungsverhältnis des Akteneinsichtsrechts Hauptbetroffener mit dem Geheimhaltungsinteresse stellt die Genehmigung zur Offenlegung durch den Geheimnisträger auch hier eine mögliche Lösung dar. Unzulässig ist sie jedoch ausnahmsweise dann, wenn gerade in dem Verzicht auf die Geheimhaltung ein wettbewerbswidriges Verhalten liegt.

Grundsätzlich ist es allerdings unwahrscheinlich, dass ein hauptbetroffenes oder in sonstiger Weise verfahrensbeteiligtes Unternehmen dem Beschwerdeführer, der oftmals ein Wettbewerber auf dem Markt ist, Zugang zu vertraulichen, zumeist marktrelevanten Informationen gibt und ihm damit eventuell eine bessere Positionierung auf dem Markt ermöglicht. Insofern wird bei dem Spannungsverhältnis von Vertraulichkeitsschutz und dem Akteneinsichtsrecht des Beschwerdeführers diese Verfahrensweise in der Praxis nur sehr selten einen Lösungsweg bieten.

(2) Nichtvertrauliche Zusammenfassungen

Nichtvertrauliche Zusammenfassungen stellen auch hier einen sinnvollen Weg dar, die beiden Parteiinteressen, nämlich sowohl das Akteneinsichtsinteresse verfahrensbeteiligter Dritter als auch das Vertraulichkeitsschutzinteresse des Geheimnisträgers in Einklang zu bringen. Ebenso wird dem von der Kommission verfolgten öffentlichen Interesse an der effektiven Durchsetzung des Kartellrechts Rechnung getragen, da die Kommission von den Beschwerdeführern auch auf der Basis nichtvertraulicher Zusammenfassungen wichtige Informationen erlangen kann.

---

[906] Vgl. oben Teil 5, C. V. 1. a) aa) ccc) (4).

Hinsichtlich der inhaltlichen Anforderungen an die Zusammenfassung, die Frage der Zuständigkeit für ihre Erstellung sowie die verfahrensrechtliche Absicherung wird auf die Ausführungen zu dem Akteneinsichtsrecht Hauptbetroffener,[907] die hier ebenfalls Geltung haben, verwiesen.

(3) Einseitige Auflösung des Interessenkonflikts zu Lasten der Vertraulichkeit

Fraglich ist jedoch, ob eine einseitige Auflösung des Interessenkonflikts zu Lasten des Geheimnisschutzes auch bei der Akteneinsicht Dritter vertretbar ist. Gegen diese Annahme spricht zunächst, dass dem Wortlaut des Art. 27 Abs. 3 VO 1/2003 sowie des Art. 8 Abs. 1 VO 773/2004, in dem das Einsichtsrecht Drittbeteiligter verankert ist, kein solcher Lösungsweg zu entnehmen ist. Auch aus historischer Sicht gibt es keine Anhaltspunkte dafür, dass eine einseitige Auflösung des Interessenkonflikts bei dem Akteneinsichtsrecht Drittbeteiligter zulässig ist, sondern vielmehr solche, die dagegen sprechen. So galt zum Beispiel die Mitteilung der Kommission von 1997, die eine solche Vorgehensweise in Bezug auf Hauptbetroffene vorsah, ausdrücklich nicht für Drittbeteiligte.[908] Der Entwurf der Mitteilung der Kommission von 2004 sieht in dem Abschnitt zu den Beschwerdeführern vor,[909] dass sie kein Einsichtsrecht in vertrauliche Unterlagen haben, woraus geschlossen werden kann, dass eine einseitige Auflösung nicht zulässig ist.

Ferner sprechen regelungssystematische Gründe gegen die Annahme der Zulässigkeit einer einseitigen Abwägung zu Ungunsten vertraulicher Informationen. Eine Auflösung zu Lasten der Vertraulichkeit bei dem Spannungsverhältnis der Geheimniswahrung mit dem Einsichtsrecht des Hauptbeteiligten ist ausdrücklich in Art. 27 Abs. 2 S. 4 VO 1/2003 vorgesehen. Für die Einsicht Dritter, die in Art. 27 Abs. 3 VO 1/2003 und Art. 8 Abs. 1 VO 773/2004 verankert ist, findet sich keine vergleichbare Lösung. Vielmehr wird ausdrücklich nur der Vertraulichkeitsschutz erwähnt, dem Rechnung getragen werden muss. Insofern kann aufgrund der gesetzlichen Gestaltung bei dem Einsichtsrecht Dritter nicht davon ausgegangen werden, dass ausnahmsweise eine Abwägung zu Lasten der Geheimhaltung erfolgen darf.

---

907 Vgl. oben Teil 5, C. V. 1. a) aa) ccc) (3) (b) und (c).

908 In der Mitteilung der Kommission über interne Verfahrensvorschriften für die Behandlung von Anträgen auf Akteneinsicht wird eingangs ausdrücklich betont, dass sich diese „... nicht [...] auf die Rechte Dritter und schon gar nicht auf die der Beschwerdeführer" bezieht (ABl. 1997, Nr. C 23, S. 3 ff., Einleitung).

909 Entwurf einer Mitteilung der Kommission über die Regeln für die Einsicht in Kommissionsakten in Fällen einer Anwendung der Artikel 81 und 82 EG-Vertrag, Artikel 53, 54 und 57 des EWR-Abkommens und der Verordnung (EG) 129/2004, ABl. 2004, Nr. C 259, S. 15, Rn. 31.

Dies erscheint auch aus teleologischen Gesichtspunkten als angemessene Lösung. Sowohl der Sinn als auch der Zweck der Vorschriften des Art. 27 Abs. 3 VO 1/2003 und Art. 8 Abs. 1 VO 773/2004 erschließen sich nur im Zusammenhang mit der Stellung der Beschwerdeführer in dem Aufbau des Kartellverfahrens. Darin stehen die Beschwerdeführer und andere Interessierte im Gegensatz zu Betroffenen nicht im Zentrum des Verfahrens, was zur Folge hat, dass ihr Akteneinsichtsinteresse im Umfang nicht dem von betroffenen Unternehmen entspricht. Das Kartellverfahren ist kein kontradiktorisches Verfahren, bei dem sich Beschwerdeführer und Betroffener gleichwertig gegenüber stehen. Daher ist es angemessen, dass ihr Anspruch auf rechtliches Gehör unterschiedlich stark ausgeprägt ist. Während die zentrale Stellung, die hauptbetroffene Unternehmen in einem Kartellverfahren einnehmen und die den Umfang ihres Anspruchs auf rechtliches Gehör bedingt, ausnahmsweise eine einseitige Abwägung zu Lasten des Vertraulichkeitsschutzes rechtfertigt, ist der Umfang des gebotenen rechtlichen Gehörs der Beschwerdeführer begrenzter und rechtfertigt eine solch einseitige Lösung des Konflikts zu Lasten der Vertraulichkeit nicht mehr. Jede andere Auslegung befände sich auch im Widerspruch mit der Rechtsprechung, die ausdrücklich statuiert hat, dass das rechtliche Gehör des Beschwerdeführers seine Grenze dort findet, wo die Rechte der Hauptbeteiligten eingeschränkt würden.[910]

Wichtig ist vor allem, dass die einseitige Auflösung des Interessenkonflikts zu Ungunsten der Vertraulichkeit bei dem Hauptbetroffenen aus einer Zwangslage heraus akzeptiert wird. Aufgrund des Verwertungsverbots, das greift, wenn dem Betroffenen kein Einblick in die die Entscheidung belegenden Unterlagen gewährt wird, stellt dies in einigen Fällen die einzige Möglichkeit dar, dem öffentlichen Interesse der Durchsetzung des Kartellrechts Rechnung zu tragen. Ein solches Verwertungsverbot existiert bei Drittbetroffenen nicht.[911] Die Kommission kann daher einen Kartellverstoß auch dann ahnden, wenn der Beschwerdeführer keinen Einblick in entscheidungsrelevante Informationen erhalten hat. Eine einseitige Auflösung zu Lasten der Vertraulichkeit wird aus diesem Grund nicht benötigt.

Insofern kann festgehalten werden, dass die Auflösung des Interessenkonflikts zwischen dem Einsichtsrecht des Beschwerdeführers und dem Vertraulichkeitsschutz einseitig zu Lasten Letzterem keinen gangbaren Weg darstellt.

---

910 EuGH „BAT/Reynolds", Slg. 1987, 4487, 4573, Rn. 20.

911 Siehe oben Teil 5, C. V. 1. a) bb) bbb).

ccc) Zusammenfassende Würdigung

Das Akteneinsichtsrecht verfahrensbeteiligter Dritter hat im Vergleich zum Akteneinsichtsrecht Hauptbetroffener sowohl in gesetzlicher Hinsicht als auch durch die Rechtsprechung weniger Konkretisierung erfahren. Letztere hat die besondere rechtsstaatliche Bedeutung der Verfahrensgarantie des Akteneinsichtsrechts speziell auf die unmittelbar von einem kartellrechtlichen Untersuchungsverfahren betroffenen Unternehmen, denen eine strafähnliche Sanktion droht, zugeschnitten. Dieser Gedankengang kann zweifellos nicht auf verfahrensbeteiligte Dritte übertragen werden. Die Rechtsprechung gewährte daher den Beschwerdeführern als auch sonstigen Dritten nur ein reduziertes, dem Schutz ihrer berechtigten Interessen und damit ihrem Partizipationsstatus entsprechendes Akteneinsichtsrecht. Dabei stützt sie sich in dogmatischer Hinsicht hauptsächlich auf den zutreffenden Umstand, dass das Kartellverfahren kein kontradiktorisches Verfahren sei, in welchem sich gegenüberstehenden Parteien gleiche Verfahrensgarantien gewährt werden müssen und die Kommission als neutrale Instanz den Interessenkonflikt zu lösen habe. Vielmehr fällt der Kommission die Aufgabe zu, im Dienste des Allgemeininteresses an der Wahrung des Wettbewerbs ein administratives Untersuchungsverfahren durchzuführen.

Dem Beschwerdeführer ist jedoch das Akteneinsichtsrecht seinem rechtlichen Gehör entsprechend in dem Umfang zu gewähren, in dem seine Interessen tangiert sind. Konkret bedeutet dies, dass der Beschwerdeführer im Falle der Zurückweisung seiner Beschwerde Einsicht in die diese Entscheidung belegenden Unterlagen erhalten sollte. Dies ist in Art. 8 Abs. 1 VO 773/2004 verankert. Ebenso erhält er immer eine nichtvertrauliche Fassung der Beschwerdepunkte und er sollte je nach Sachverhaltslage auch eine nichtvertrauliche Version der Stellungnahme der Betroffenen auf die Beschwerdepunkte übermittelt bekommen.

Dem Interesse der anderen Verfahrensbeteiligten an dem Schutz ihrer vertraulichen Informationen muss jedoch Rechnung getragen und mit dem Einsichtsrecht in Einklang gebracht werden. Dies dürfte sich in der Praxis auch als möglich erweisen. Zunächst ist das Einsichtsrecht der Beschwerdeführer weniger weitgehend als das der Hauptbetroffenen, so dass es seltener zu einem Spannungsverhältnis kommen wird. Auch folgt aus der verweigerten Einsicht des Beschwerdeführers kein Verwertungsverbot zur Ahndung des Kartellverstoßes durch die Kommission. Darüber hinaus bietet insbesondere die nichtvertrauliche Zusammenfassung eine gute Möglichkeit, im Konfliktfalle das Akteneinsichtsrecht der Beschwerdeführer mit dem Interesse anderer Verfahrensbeteiligter an der Wahrung der Vertraulichkeit bestimmter Informationen in Einklang zu bringen.

Ansonsten endet jedoch das Einsichtsrecht der Beschwerdeführer, wenn der Vertraulichkeitsschutz anderer Verfahrensbeteiligter verletzt wird. Vertrauliche Informationen sind somit im Rahmen des Einsichtsrechts des Beschwerdeführers absolut geschützt und in jedem Fall zu wahren. Eine einseitige Auflösung zu Lasten des Geheimnisschutzes ist daher nicht zulässig.

b) Akteneinsichtsrecht über die Transparenzvorschriften

Wie einleitend festgestellt, hat die Erlangung von Akteneinsicht über die Gewährleistung rechtlichen Gehörs hinausgehend eine zusätzliche Dimension. Die Offenlegung von Akteninhalten bei behördlichem Handeln ist Ausdruck eines im Gemeinschaftsrecht zunehmend relevanter werdenden Grundsatzes der Transparenz. Letzterer ermöglicht eine Kontrolle des Handelns der Exekutive durch eine effektive und demokratische[912] Partizipation des Einzelnen gegenüber der gemeinschaftlichen Hoheitsgewalt. Das Transparenzprinzip ist somit Bestandteil des in Art. 6 EUV verankerten gemeinschaftsrechtlichen demokratischen Strukturprinzips.

Bis zum Amsterdamer Vertrag enthielt das geschriebene Primärrecht keine Regelung zur Reichweite des Rechts auf Akteneinsicht. Allerdings wurde der allgemeine Informationsanspruch der Bürger schon im Rahmen der Verhandlungen zum Vertrag von Maastricht diskutiert. Die Mehrheit der Mitgliedstaaten hatte sich aber vehement gegen seine vertragliche Festlegung gewehrt.[913] Sie konnten sich lediglich zu der Erklärung Nr. 17 zum Vertrag von Maastricht durchringen, wonach die Kommission Maßnahmen vorschlagen sollte, um die Informationen der Gemeinschaftsorgane der Öffentlichkeit besser zugänglich zu machen.[914] Im Jahre 1993 vereinbarten Rat und Kommission den Verhaltenskodex über den Zugang der Öffentlichkeit zu Rats- und Kommissionsdokumenten (Zugangskodex[915]).[916] Auf Drängen des Ombudsmanns erließ im Jah-

[912] Schon im Jahre 1995 leitete GA *Tesauro* das Recht auf Zugang zu Dokumenten aus dem Demokratieprinzip ab (Schlussanträge zu der Rechtssache „Niederlande./. Rat", Slg. 1996 I, 2169, 2182, Rn. 19 und Fn. 21). In die gleiche Richtung geht auch die Aussage von *Schmidt-Aßmann* in Schmidt-Aßmann/Hoffmann-Riem, S. 9, 28, demzufolge das „...häufig beklagte Demokratie-Defizit der Gemeinschaft [...] primär ein «Transparenz-Defizit»" ist. Zu dem demokratisierenden Beitrag der Aktenöffentlichkeit im Allgemeinen siehe *Hix*, S. 37.

[913] Siehe *Bergmann/Lenz*, S. 217 ff.

[914] Diese Erklärung sollte vor allem die Niederlande dafür entschädigen, dass sie ihren Vertragsvorschlag über die Transparenz (noch) nicht durchsetzen konnten, vgl. *Curtin/Meijers*, CMLR 1995, 391, 419 ff.

[915] ABl. 1993, Nr. L 340, S. 41.

[916] Der Rat und die Kommission setzten den Zugangskodex mit den Beschlüssen vom 20.12.1993, Beschluss 93/731/EG des Rates, ABl. 1993, Nr. L 340, S. 43, bzw.

re 1997 auch das Europäische Parlament einen Beschluss über den Zugang zu seinen Dokumenten,[917] der inhaltlich im Wesentlichen mit dem Zugangskodex übereinstimmt.

Das Bedürfnis einer höherrangigen Verankerung des Zugangsanspruchs, das der demokratischen Dimension des Transparenzprinzips in angemessenem Maße Rechnung trägt, wurde erst in dem Vertrag von Amsterdam erfüllt. Der darin vorgesehene neue Art. 255 EGV statuiert erstmals ein primärrechtlich verankertes Zugangsrecht zu Dokumenten von Rat, Parlament und Kommission nach Maßgabe von Ausführungsbestimmungen. Damit war der Grundstein für eine möglichst offene und bürgernahe Union, nach dem neuen Art. 1 Abs. 2 EUV Ziel der Union, gelegt.

Eingang gefunden hat das Transparenzprinzip auch in die Grundrechtecharta, die nach Art. 42 allen Unionsbürgern sowie allen sonstigen in der Union niedergelassenen natürlichen und juristischen Personen ein Recht auf Zugang zu den Dokumenten der drei Hauptorgane der Gemeinschaft gewährleistet.[918]

Wie schon oben[919] festgestellt, kann keine klare Zuordnung der Akteneinsichtsrechte zu den jeweiligen sie begründenden Prinzipien erfolgen. Zwar folgt das Akteneinsichtsrecht der Verfahrensbeteiligten im Kartellrecht in erster Linie aus dem Grundsatz des rechtlichen Gehörs, trägt aber auch dem Transparenzprinzip Rechnung. Hingegen dient das aus Art. 255 EGV folgende Akteneinsichtsrecht insbesondere der Transparenz und Demokratisierung der Union. Während das Aktenzugangsrecht aus der Verordnung 1/2003 verfahrensakzessorisch ist, besteht das aus dem Transparenzprinzip folgende Einsichtsrecht unabhängig von einem konkreten Verfahren. Nichts hindert aber Beteiligte am Kartellverfahren, schon während des Verfahrens Akteneinsicht über die Transparenzvor-

---

vom 08.02.1994, Beschluss 94/90/EGKS/EG/Euratom der Kommission, ABl. 1994, Nr. L 46, S. 58 aufgrund der jeweiligen Geschäftsordnungskompetenzen um.

[917] Beschluss 97/632/EGKS/EG/Euratom des Europäischen Parlaments vom 10.07.1997, ABl. 1997, Nr. L 263, S. 27.

[918] Während der Ausarbeitung des Art. 42 der Charta im Konvent gab es teilweise heftige Diskussionen über den Kreis der Berechtigten (nur natürliche oder auch juristische Personen), den Kreis der Verpflichteten (nur die drei Gemeinschaftsorgane oder noch andere Organe sowie die Mitgliedstaaten bei Anwendung des Gemeinschaftsrechts) und die Art und Weise der Begrenzung durch eine spezifische oder eine allgemeine horizontale Bestimmung (vgl. die einzelnen Entwürfe in CHARTE 4137/00 vom 24.02.2000, Art. 14; CHARTE 4170/00 vom 20.03.2000, Art. F; CHARTE 4284/00 vom 05.05.2000, Art. 18; CHARTE 4360/00 vom 14.06.2000, Art. 18; CHARTE 4422/00 vom 28.07.2000, Art. 40). Schließlich verständigte sich der Konvent für den Schutzbereich auf die inhaltlich mit Art. 255 EGV übereinstimmende Fassung und für die Grenzen auf die horizontalen Bestimmungen des Schlusskapitels (Kapitel VII der Charta, insbesondere Art. 52).

[919] Siehe oben Teil 5, C. V. 1.

schriften zu beantragen. Ob die Kommission diese allerdings während eines laufenden Kartellverfahrens gewährt, ist eine davon unabhängige Frage.

aa) Umfang und Grenzen des Akteneinsichtsrechts

Zu der Verwirklichung der Transparenzregeln hat der Rat auf der Basis von Art. 255 Abs. 2 EGV eine Verordnung zum Akteneinsichtsrecht von Dokumenten des Rats, des Parlaments und der Kommission erlassen, die Verordnung 1049/2001[920], die am 3. Mai 2001 in Kraft getreten ist. Diese Verordnung gestaltet das transparenzbezogene Akteneinsichtsrecht aus und lässt genauere Schlüsse auf seinen Umfang und die Grenzen im Hinblick auf den Schutz vertraulicher Informationen zu. Zusätzlich stellt sich hier die Frage, wie die konzeptionell verschiedenen Regelungen des Einsichtsrechts, nämlich das kartellverfahrensrechtliche und das verfahrensunabhängige, dem Transparenzprinzip entspringende Akteneinsichtsrecht mit Blick auf den Schutz vertraulicher Informationen zueinander stehen und welche rechtspraktische Bedeutung die Zweigleisigkeit der Akteneinsicht für den Schutz der Vertraulichkeit hat.

aaa) Rechtliche Verankerung

(1) Allgemein

Bei dem Akteneinsichtsrecht nach Art. 255 EGV und den Ausführungsbestimmungen der Verordnung 1049/2001 ist der Kreis der Zugangsberechtigten im Gegensatz zu der Kartellverfahrensverordnung nicht auf am Kartellverfahren Beteiligte begrenzt. Vielmehr steht es jedem Unionsbürger sowie jeder natürlichen oder juristischen Person mit Wohnsitz oder Sitz in einem Mitgliedstaat zu (Art. 2 Abs. 1 VO 1049/2001). Dies entspricht dem Leitgedanken der Verordnung, welche zum einen zu einer intensiveren Beteiligung *aller* in der Union lebenden Bürger an Entscheidungsprozessen und zum anderen zu einer größeren Verantwortung der Verwaltung ihnen gegenüber führen soll.[921] Als zentrales Merkmal eines allgemeinen Zugangsanspruchs obliegt es dem Einzelnen auch nicht, ein Interesse am Zugang zu den Dokumenten darzulegen. Das Gericht erster Instanz hat diesen Grundsatz in seiner Rechtsprechung deutlich bestätigt.[922]

[920] Verordnung (EG) Nr. 1049/2001 des Europäischen Parlaments und des Rates vom 30.05.2001 über den Zugang der Öffentlichkeit zu Dokumenten des Europäischen Parlaments, des Rates und der Kommission, ABl. 2001, Nr. L 145, S. 43. Siehe ausführlich zu den Übereinstimmungen und Unterschieden zwischen der Verordnung 1049/2001 und dem Zugangskodex *Leeuw*, ELR 2003, 324 ff.

[921] Vgl. Erwägungsgrund 2 VO 1049/2001.

[922] Vgl. EuG „Interporc I", Slg. 1998 II, 231, 247, Rn. 48. In der Entscheidung des EuG „Svenska Journalistenförbundet", Slg. 1998 II, 2289, 2309, Rn. 53 ff./2312, Rn. 64 ff., versuchte der Rat erfolglos, den Zugang zu Dokumenten als missbräuchlich

Verpflichtet, den Zugang zu den Dokumenten zu gewähren, sind nach dem Wortlaut des Art. 255 EGV das Parlament, der Rat und die Kommission.

Die Verordnung garantiert Zugang zu allen Dokumenten dieser Organe, unabhängig von der Form des Datenträgers. Darunter fallen nicht nur Dokumente der Organe selbst, sondern auch solche, die bei ihnen eingegangen sind oder sich in ihrem Besitz befinden, jedoch von anderen stammen. Dies ist in Art. 2 Abs. 3 VO 1049/2001 positivrechtlich geregelt. Damit ist der Umfang der Einsicht auch hinsichtlich der zugänglichen Dokumente vom Grundsatz her unbeschränkt.

Allerdings ist auch das Einsichtsrecht über die Transparenzvorschriften nicht grenzenlos gewährleistet. Die Verordnung nennt Kategorien von Dokumenten, die von dem Zugangsrecht ausgenommen sind, namentlich solche, die die Privatsphäre des Einzelnen betreffen und solche, die geschäftliche Interna enthalten.

Nach Art. 4 Abs. 1 VO 1049/2001 ist der Zugang zu Dokumenten zwingend zu verweigern, wenn der Schutz des öffentlichen Interesses, der Schutz der Privatsphäre und die Integrität des Einzelnen beeinträchtigt werden. Zum öffentlichen Interesse zählen die öffentliche Sicherheit, die Finanz-, Währungs- und Wirtschaftsinteressen der Gemeinschaft oder eines Mitgliedstaates. Wichtig sind insbesondere die Ausnahmevorschriften zum Schutz der Privatsphäre und der Integrität des Einzelnen in Art. 4 Abs. 1 lit. b VO 1049/2001. In dieser Regelung wird insbesondere Bezug auf die Rechtsvorschriften über den Schutz personenbezogener Daten genommen. Das Recht des Datenschutzes, das schon durch die Art. 286 EGV und Art. 8 der Grundrechtecharta erklärtermaßen eine Gemeinschaftsaufgabe ist und seine Ausgestaltung in der Richtlinie 95/46 findet, wird für den Bereich des Akteneinsichtsrechts über Transparenzvorschriften nochmals ausdrücklich als Grenze benannt.

Eine weitere für den Schutz vertraulichen Materials relevante Ausnahmevorschrift ist Art. 4 Abs. 2 VO 1049/2001. Danach haben die Organe den Zugang zu Dokumenten grundsätzlich, das heißt falls nicht ausnahmsweise ein überwiegendes öffentliches Interesse entgegensteht, zu verweigern, wenn die Einsichtnahme den Schutz geschäftlicher Interessen einer natürlichen oder juristischen Person beeinträchtigen würde (Art. 4 Abs. 2 VO 1049/2001).

(2) Dokumente aus dem Kartellverfahren

Wegen des vom Grundsatz her unbeschränkten Zugangsrechts zu den Akten der Kommission nach der Transparenzverordnung bedeutet dies für kartellrechtliche Akten zunächst, dass auch nicht verfahrensbeteiligte

zu verweigern, wenn ein Antrag ausschließlich der Überprüfung seiner Praxis zur Gewährung von Zugang zu Dokumenten dient.

Dritte Einsicht in die Verfahrensakten erhalten können. Das Zugangsrecht steht aber auch den Verfahrensbeteiligten eines Kartellverfahrens offen. Sie können jederzeit unabhängig von der erlangten oder verweigerten Akteneinsicht nach der Kartellverfahrensverordnung 1/2003 Zugang zu den Akten über die Transparenzverordnung beantragen, weil die beiden Rechtsinstitute unabhängig nebeneinander stehen.

Damit können die Personen, die Zugang beantragt haben, auch grundsätzlich an vertrauliche Informationen kommen, die sich aufgrund des Einsatzes der Ermittlungsbefugnisse der Kommission oder durch freiwillige Übermittlung in den Akten der Kommission befinden. Über die Transparenzvorschriften ist es somit grundsätzlich möglich, dass jeder Informationen über Geschäftsgeheimnisse, die Identität von Informanten und über sonstige vertrauliche Angaben erlangen kann.

Wie jedoch festgestellt, sind für den Schutz problematischer Informationen auch im Rahmen der Transparenzverordnung Vorkehrungen getroffen worden. Übertragen auf die konkrete Problematik bei Kartellverfahren fallen unter die nach Art. 4 Abs. 1 lit. b VO 1049/2001 geschützten Informationen insbesondere solche, die die Identität von Informanten enthalten. Dabei steht jedoch der von der Datenschutzrichtlinie gewährte Schutz nicht im Vordergrund. Dokumente, die ihrem Verfasser zugeordnet werden können und damit Rückschlüsse auf dessen Identität zulassen, enthalten zwar personenbezogene Daten im Sinne des Art. 2 lit. a Datenschutzrichtlinie 95/46. Indes fällt die nicht automatisierte Weitergabe dieser Dokumente gemäß Art. 3 der Datenschutzrichtlinie 95/46 nur dann in den Anwendungsbereich des Datenschutzes, wenn die Informationen in einer Datei, das heißt nach bestimmten Kriterien strukturiert, gespeichert sind oder gespeichert werden sollen. Eine solche Verwendung ist beim Zugang zu Dokumenten über Informanten aber nicht zu erwarten.[923]

Die Identität von Privatpersonen, die Informanten in einem Kartellverfahren waren, ist vielmehr aus Erwägungen des Schutzes der Privatsphäre und der Integrität des Einzelnen im Sinne von Art. 4 Abs. 1 lit. b VO 1049/2001 von der Kommission geheim zu halten, wenn ein Dritter über die Transparenzvorschriften Zugang zu den entsprechenden Dokumenten verlangt.

Hinsichtlich des Schutzes geschäftlicher Interessen ist die Ausnahmevorschrift des Art. 4 Abs. 2 VO 1049/2001 einschlägig. Sofern folglich Zugang zu kartellrechtlichen Akten der Kommission nach der Transparenzverordnung beantragt wird, sind Dokumente, die Geschäftsgeheimnisse der Unternehmen beinhalten, grundsätzlich von der Akteneinsicht ausgenommen, falls nicht ein überwiegendes öffentliches Interesse den Zugang rechtfertigt.

---

923 Vgl. dazu auch die obigen Ausführungen zum Datenschutzrecht, Teil 5, B. I. 2. b).

bbb) Kommissions- und Rechtsprechungspraxis

Den Fällen, in denen die Rechtsprechung Stellung zum Umgang mit dem aus dem Transparenzprinzip folgenden Akteneinsichtsrecht im Verhältnis zur Wahrung vertraulicher Informationen nimmt, liegt größtenteils noch der Zugangskodex des Rats und der Kommission zugrunde. Der Kodex sah vergleichbare Ausnahmeregelungen wie die derzeit gültige Transparenzverordnung vor.

Das Gericht erster Instanz hat in seinen Urteilen wiederholt betont, dass die Ausnahmen eines allgemeinen Zugangsrechts eng zu interpretieren seien, um die praktische Wirksamkeit des Einsichtsrechts nicht in Frage zu stellen.[924]

Das Gericht befasste sich insbesondere mit der konkreten Ausgestaltung des Prüfungsvorgangs über die Frage, ob die Ausnahmeregelung eingreift. Zunächst verlangte es nur, dass das betroffene Organ in der Begründung der Ablehnung des Zugangsbegehrens die Berührung eines der Ausnahmeinteressen durch das Dokument feststellt.[925] In späteren Urteilen stellte das Gericht klar, dass das Organ jedes einzelne Dokument daraufhin zu überprüfen hat, ob dessen Offenlegung tatsächlich geeignet ist, geschützte Interessen zu beeinträchtigen.[926] Erst wenn die den Ausnahmen zugrunde liegenden Schutzinteressen durch die Verbreitung beeinträchtigt seien, könne eine begründete Ablehnung des Zugangsrechts erfolgen.[927]

Die Praxis der Kommission besteht in der Regel darin, im Falle eines noch laufenden Kartellverfahrens den Zugang zu den darauf bezogenen Dokumenten zu verweigern.[928] Dies ist nach Art. 4 VO 1049/2001 grundsätzlich möglich, wenn der Zugang zu bestimmten Dokumenten den Zweck von Inspektions- und Untersuchungstätigkeiten gefährden würde (Art. 4 Abs. 2 Spiegelstrich 3 VO 1049/2001) oder wenn in einer Angelegenheit Einsicht in Dokumente begehrt wird, in der die Kommission noch keinen Beschluss gefasst hat und der Zugang den Entscheidungsprozess ernstlich beeinträchtigen würde. In jedem Fall hat die Kommission ihre Ablehnung zu begründen.

[924] Vgl. EuG „WWF", Slg. 1997 II, 313, 343, Rn. 56; „Interporc I", Slg. 1998 II, 231, 247, Rn. 49; „van der Wal", Slg. 1998 II, 545, 563, Rn. 41; „Svenska Jounalistenförbundet", Slg. 1998 II, 2289, 2323, Rn. 110.

[925] Vgl. die Anforderung an die Begründung in EuG „WWF", Slg. 1997 II, 313, 345, Rn. 64.

[926] EuG „Interporc I", Slg. 1998 II, 231, 248, Rn. 52; „van der Wal", Slg. 1998 II, 545, 563 f., Rn. 43; „Svenska Jounalistenförbundet", Slg. 1998 II, 2289, 2324, Rn. 112.

[927] EuG „Denkavit", Slg. 2000 II, 3011, 3026 ff., Rn. 42 ff.

[928] Vgl. noch zu dem Zugangskodex von Kommission und Rat EuG „WWF", Slg. 1997 II, 313, 343/345, Rn. 59, 64; siehe auch *Levitt*, CMLR 1997, 1413, 1434.

Zu dem Verhältnis der verschiedenen Zugangsrechte zueinander und der materiellen Beurteilung ihrer jeweiligen Ausnahmen hat weder die Kommission noch die Rechtsprechung bislang Stellung genommen.

ccc) Parallel geltende Akteneinsichtsrechte und der Schutz der Vertraulichkeit

Wie festgestellt, besteht nach der Transparenzverordnung grundsätzlich ein Zugangsrecht zu allen Dokumenten, die sich im Besitz der Kommission befinden, mit Ausnahme derjenigen, die geschäftliche Interna oder Informationen aus dem Bereich der Privatsphäre enthalten. Selbst wenn die Kommission üblicherweise den begehrten Zugang zu Dokumenten nach der Transparenzverordnung während eines laufenden Kartellverfahrens nicht gewährt, bleibt die Problematik, inwieweit sensible Dokumente im Falle der Offenlegung nach Abschluss eines Verfahrens sowie in den Ausnahmefällen der Zugangsgewährung während eines Kartellverfahrens geschützt sind. Für die Geheimnisträger vertraulicher Informationen ist es im Ergebnis ohne Bedeutung, auf welchem Wege Dritte Zugang zu geheimen Dokumenten erlangen. Sie sind daran interessiert, dass der Vertraulichkeit ihrer Informationen in angemessener Weise Rechnung getragen wird. Daher kann die Frage nach dem Umfang des Schutzes vertraulicher Informationen im Rahmen des Zugangs zu Dokumenten nicht isoliert für das verfahrensunabhängige Einsichtsrecht betrachtet werden, sondern soll darüber hinaus nach systematischen und inhaltlichen Übereinstimmungen bzw. eventuellen Widersprüchen mit dem Akteneinsichtsrecht im Kartellverfahren untersucht werden.

Ein unterschiedliches Schutzniveau kann zum einen schon durch Bezeichnungsunterschiede bedingt sein und zum anderen durch die Ausgestaltung der Grenzen.

(1) Bezeichnungsunterschiede

Auffällig ist zunächst, dass die Kategorien der gesetzlich definierten Ausnahmen zum Schutz vertraulicher Informationen in den beiden Einsichtsrechten nicht wortgleich geregelt sind. Während das kartellrechtliche Akteneinsichtsrecht „Geschäftsgeheimnisse“ und „sonstige vertrauliche Informationen“ von dem Einsichtsrecht ausnimmt, spricht die Transparenzverordnung von der Privatsphäre und Integrität des Einzelnen sowie geschäftlichen Interna, die geschützt sein müssen. Dabei sind die sprachlichen Unterschiede zwischen „Geschäftsgeheimnisse“ und „geschäftlichen Interna“ minimal. Die sonstigen vertraulichen Informationen, zu denen insbesondere die Identität eines Informanten zählt, sind zwar in der Transparenzverordnung begrifflich nicht vorgesehen, werden jedoch, wie oben gesehen,[929] von dem Schutz der Privatsphäre und der Integrität

[929] Vgl. oben Teil 5, C. V. 1. b) aa) aaa) (2).

des Einzelnen erfasst. Insofern bedingen die sprachlichen Unterschiede noch keine tatsächlichen Unterschiede im Schutzniveau.

(2) Inhaltliche Ausgestaltung der Grenzen

Zu untersuchen ist jedoch, ob die Grenzen der Akteneinsicht in beiden Formen des Zugangsrechts in inhaltlich gleicher Form bestehen, so dass gemeinschaftsweit von einem gleichen Schutzniveau vertraulicher Informationen bei der Einsicht in Dokumente gesprochen werden kann. Dabei sollen zunächst die Grenzen der jeweiligen Akteneinsichtsrechte dargestellt werden, bevor sie in einem nächsten Schritt miteinander verglichen werden.

(a) Darstellung der Grenzen beider Einsichtsrechte

Im Rahmen der Transparenzverordnung ist zu differenzieren zwischen sonstigen vertraulichen Informationen und Geschäftsgeheimnissen. Die Regelung des Art. 4 Abs. 1 lit. b VO 1049/2001 sieht vor, dass Informationen mit Bezug zu der Privatsphäre und der Integrität des Einzelnen in jedem Fall vor der Offenlegung geschützt werden. Dieser Schutzumfang lässt keinerlei Ausnahmen erkennen und gewährleistet daher eine Wahrung vertraulicher Informationen bei der Einsicht über die Transparenzvorschriften

Bei geschäftlichen Interna ist der Zugang nach Art. 4 Abs. 2 VO 1049/2001 nur insoweit eingeschränkt, als kein „überwiegendes öffentliches Interesse“ an der Verbreitung der Geschäftsgeheimnisse besteht. Vom Wortlaut her ist Geschäftsgeheimnissen im Rahmen der Transparenzverordnung kein absoluter Schutz gegenüber dem Einsichtsinteresse eingeräumt.

Bei dem verfahrensakzessorischen Recht auf Akteneinsicht nach der Verordnung 1/2003 findet das Recht der Verfahrensbeteiligten, der Beschwerdeführer und sonstiger Dritter zur Akteneinsicht seine Grenze an dem Schutz vertraulicher Informationen anderer. Darunter fallen gleichermaßen sowohl Geschäftsgeheimnisse als auch sonstige vertrauliche Informationen. Sobald vertrauliche Informationen betroffen sind, ist eine Offenlegung gegenüber Dritten grundsätzlich nicht gestattet und es muss ein verfahrensrechtlicher Weg gefunden werden, die Interessen miteinander in Einklang zu bringen, ohne jedoch die Vertraulichkeit zu brechen.

Einzige Ausnahme von diesem Grundsatz im Kartellverfahrensrecht besteht bei der Kollision des Akteneinsichtsrechts Hauptbetroffener in vertrauliche Informationen anderer, die zum Beweis einer Zuwiderhandlung verwertet werden müssen. Diese Ausnahme rechtfertigt sich aber primär aufgrund des öffentlichen Interesses an der Durchsetzung der Kartellregeln, dem wegen des geltenden Verwertungsverbots nur durch eine Offenlegung der entsprechenden Dokumente an den Akteneinsichtsberechtigten als ultima ratio Rechnung getragen werden kann. Eine solche Fallgestaltung kann sich allerdings bei dem Dokumentenzugangsanspruch über die Transparenzverordnung bei kartellrechtlichen Akten nicht ergeben, da die Situation, dass ein öffentliches Verwertungsinteresse untrennbar mit dem Dokumentenzugangsinteresse verknüpft ist und dem Geheimhaltungsinteresse entgegensteht, bei dem Zugang über Transparenzvorschriften nicht existiert.

Ausgegangen werden muss daher bei einem Vergleich von dem Schutz, den die Geheimhaltungsinteressen gegenüber dem Akteneinsichtsinteresse im Rahmen der Kartellverfahrensverordnung prinzipiell genießen. In diesem Verhältnis rechtfertigt sich grundsätzlich nach der Verordnung 1/2003 keine Offenbarung vertraulicher Informationen an einen Akteneinsichtsberechtigten.

(b) Vergleich der Grenzen beider Einsichtsrechte

Die Regelung des Art. 4 Abs. 1 lit. b VO 1049/2001 gewährleistet für das Zugangsrecht nach der Transparenzverordnung, dass Informationen mit Bezug zu der Privatsphäre und der Integrität des Einzelnen in jedem Fall vor der Offenlegung geschützt werden. Dieser Schutzumfang lässt keinerlei Ausnahmen erkennen und stimmt somit mit dem Schutz sonstiger vertraulicher Informationen im „verfahrensakzessorischen" Akteneinsichtsrecht nach der Verordnung 1/2003 überein. Beide Einsichtsrechte sehen somit einen absoluten Schutz sonstiger vertraulicher Informationen vor.

Anders hingegen verhält es sich mit dem Schutz von Geschäftsgeheimnissen. Während im kartellverfahrensrechtlichen Einsichtsrecht Geschäftsgeheimnisse die Grenze darstellen, ist die Zugangsmöglichkeit bei geschäftlichen Interna nach Art. 4 Abs. 2 VO 1049/2001 nur dann eingeschränkt, wenn kein überwiegendes öffentliches Interesse an der Verbreitung der geschäftlichen Interna besteht. Vom Wortlaut her ist demnach Geschäftsgeheimnissen im Rahmen der Transparenzverordnung kein absoluter Schutz gegenüber dem Einsichtsinteressierten eingeräumt. Insoweit besteht eine Diskrepanz zwischen der Ausgestaltung der Grenzen bei dem Akteneinsichtsrecht über die Verordnung 1/2003 und dem Zugangsrecht nach der Transparenzverordnung. Letztere weist weniger enge Grenzen[930] mit Blick auf die Wahrung der Geschäftsgeheimnisse auf.

---

930 Für das Kartellverfahren trifft es durchaus zu, dass der Umfang der Einsichtnahme im Rahmen des Kartellverfahrens möglicherweise den weniger eng gefassten Ausnahmevorschriften nach der Transparenzverordnung widerspricht. Daher gebietet sich bei Anfragen auf Zugang zu kartellrechtlichen Akten die in den folgenden Ausführungen beschriebene enge Auslegung des „öffentlichen Interesses". Die gesamte Problematik ist jedoch auch vor dem Hintergrund zu sehen, dass die Transparenzverordnung den Dokumentenzugang für alle Arten von Akten und nicht nur für kartellrechtliche Akten regelt. In Fragen des Umweltschutzes sind durchaus Fallgestaltungen denkbar, in denen eine Offenlegung geschäftlicher Interna nach Art. 4 Abs. 2 VO 1049/2001 aufgrund überwiegenden öffentlichen Interesses (beispielsweise des Gesundheitsschutzes) gerechtfertigt ist.

Dies wirft die Frage auf, ob Unterschiede in der Wahrung von Geschäftsgeheimnissen je nachdem, ob eine Einsicht über die Transparenzverordnung oder die Kartellverfahrensverordnung beantragt wird, gerechtfertigt sind.

In beiden Fällen ist die Ausgangssituation die gleiche: dem Interesse des Geheimnisträgers an der Geheimhaltung seiner Informationen steht das Interesse des Akteneinsichtsberechtigten an einer möglichst umfassenden Einsichtnahme entgegen. Zwar folgen die verschiedenen Zugangsrechte unterschiedlichen Erwägungen. So gründet sich das Einsichtsinteresse im Falle der Verordnung 1049/2001 in erster Linie auf das demokratisch motivierte Prinzip der Transparenz und dasjenige im Rahmen der Kartellverfahrensverordnung vorrangig auf den rechtsstaatlich begründeten Anspruch auf rechtliches Gehör. Dies zeigt aber auch, dass beide Arten des Einsichtsrechts ihre Verankerung in primärrechtlichen Prinzipien des Gemeinschaftsrechts finden, von denen keines als wichtiger oder höherwertiger als das andere eingestuft werden kann. Beide Einsichtsrechte sind daher von ihrer „Wertigkeit" gleich. Somit rechtfertigt die Tatsache, dass sich die beiden Einsichtsrechte aus unterschiedlichen Erwägungen ergeben, aufgrund der „qualitativen" Gleichartigkeit der Rechte keine Unterschiede in der Behandlung von Geschäftsgeheimnissen.

Es sind auch keinerlei sonstige Gründe ersichtlich, weshalb im Rahmen der Transparenzverordnung der Schutz von Geschäftsgeheimnissen weniger weitgehend gewährleistet werden sollte als im Rahmen der Kartellverfahrensordnung.

Selbst wenn mangels Erfahrungswerten schwer zu beurteilen ist, inwieweit sich die Differenzen in der Praxis auswirken werden, ist festzuhalten, dass eine unterschiedliche Behandlung der Geschäftsgeheimnisse je nach Art der zugrundeliegenden Verordnung, über die Akteneinsicht begehrt wird, nicht gerechtfertigt wäre.

Das öffentliche Interesse, das nach der Transparenzverordnung 1049/2001 eine Einsicht auch in geschäftliche Interna rechtfertigen kann, ist somit eng auszulegen. Sofern Dritte, die zur allgemeinen Information oder mit einem speziellen Ziel beispielsweise zur Durchsetzung von Ansprüchen, Einsicht in Dokumente mit Geschäftsgeheimnissen begehren, kann dies nicht unter Bezugnahme auf die öffentlich-rechtlichen Ziele einer demokratisch motivierten Partizipation des Bürgers oder effektiven Durchsetzungsmöglichkeiten von Schadensersatzansprüchen unter die Rückausnahme des „überwiegende[n] öffentliche[n] Interesse[s]" nach Art. 4 Abs. 2 VO 1049/2001 fallen. Solche Interessen müssen vielmehr als private Interessen qualifiziert werden mit der Konsequenz, dass Geschäftsgeheimnisse im Rahmen der Akteneinsicht gewahrt werden.

Insofern ist die Kommission gehalten, bei der Behandlung von Anträgen auf Akteneinsicht unabhängig davon, ob sie über die Transparenzvorschriften oder die Kartellverfahrensverordnung begehrt wurde, gleiche Maßstäbe mit Blick auf den Schutz vertraulicher Informationen anzulegen. Die Wahrung der Vertraulichkeit ist in gleicher Weise umfassend[931] gegenüber Drittinteressen auf Einsicht zu gewährleisten. Ein unterschiedliches Schutzniveau für Geschäftsgeheimnisse ist nicht gerechtfertigt und birgt die Gefahr der Umgehung, indem das Akteneinsichtsrecht, das nach der Kartellverfahrensverordnung verweigert wurde, über die Transparenzvorschriften erlangt werden könnte.

Bei einer wie hier vorgeschlagenen engen Auslegung hingegen stellt der Schutz vertraulicher Informationen sowohl in der Kartellverfahrensverordnung als auch in der Verordnung 1049/2001 die Grenze des Akteneinsichtsrechts dar.

bb) Lösungsmöglichkeiten des Spannungsverhältnisses

Das Spannungsverhältnis besteht vorliegend zwischen dem Geheimnisträger und seinem Interesse an der Geheimhaltung vertraulicher Informationen und dem Interesse Dritter an der ihnen im Rahmen der Verwaltungstransparenz und -kontrolle zustehenden Einsicht in die Akten der Kommission. Wenngleich nach den obigen Ausführungen feststeht, dass eine einseitige Lösung zu Lasten der Vertraulichkeit im Rahmen der Akteneinsicht über Transparenzvorschriften nicht gerechtfertigt ist, stellt sich auch hier die Frage, welche verfahrensrechtlichen Lösungen sich bieten, um den verschiedenen Interessen in weitestgehendem Maße gerecht zu werden.

Die schon im Rahmen des kartellverfahrensrechtlichen Akteneinsichtsrechts entwickelten zulässigen Lösungen stellen auch vorliegend Möglichkeiten dar, sowohl dem Geheimhaltungsinteresse als auch dem Akteneinsichtsinteresse Rechnung zu tragen. Erklärt der Geheimnisträger sein Einverständnis mit der Offenlegung, so wird sein Interesse bei einer Preisgabe an den Akteneinsichtsinteressierten nicht verletzt. Darüber hinaus sind nichtvertrauliche Zusammenfassungen ein zulässiger und sinnvoller Weg, die Interessen miteinander in Einklang zu bringen.

Hinsichtlich der verfahrensrechtlichen Ausgestaltung ist es sinnvoll, die nichtvertrauliche Zusammenfassung vor Weitergabe mit der geheimnistragenden Person abzustimmen. Im Falle einer Meinungsstreitigkeit über die Weitergabe einer Information bietet sich auch hier das „Akzo" Verfahren an, wonach der Anhörungsbeauftragte der Kommission eine for-

---

[931] Der einzige Ausnahmefall stellt die oben angesprochene Fallgestaltung dar, dass das öffentliche Interesse an der effektiven Durchsetzung und dem Vollzug des Kartellrechts die Verwertung vertraulicher Informationen als Beweis erfordert und damit an die Gewährung von Akteneinsicht des Hauptbetroffenen gekoppelt ist. Diese Ausnahme greift nur im Rahmen der begehrten Akteneinsicht des Hauptbetroffenen nach der Verordnung 1/2003.

melle Entscheidung über die Weitergabe trifft, die der Geheimnisträger gerichtlich angreifen kann.

cc) Ergebnis

Mittlerweile ist das Zugangsrecht der Öffentlichkeit zu den Dokumenten der Kommission, des Rats und des Parlaments primärrechtlich in Art. 255 EGV verankert und sekundärrechtlich in der Transparenzverordnung 1049/2001 konkretisiert. Auch bei diesem Zugangsrecht stellt sich das Problem eines Schutzes vertraulicher Informationen. Denn die Kommission erlangt im Rahmen eines Kartellverfahrens Unterlagen und Materialien, die sich nachfolgend in ihren Akten befinden. Jeder Unionsbürger kann grundsätzlich über die Transparenzverordnung Einsicht erlangen unabhängig davon, ob er verfahrensbeteiligt ist oder nicht. Der Zugang ist auch zeitlich unbegrenzt und kann sowohl während eines laufenden Kartellverfahrens als auch danach beantragt werden.

Als Grenze des Akteneinsichtsrechts sind in Art. 4 VO 1049/2001 die Privatsphäre und die Integrität des Einzelnen ausgemacht, die insbesondere den Schutz der Identität eines Informanten umfassen. Hinsichtlich geschäftlicher Interna gilt die Gewährleistung des Schutzes vor der Einsichtnahme Dritter nach dem Wortlaut der Vorschrift nur vorbehaltlich überwiegender öffentlicher Interessen. Damit besteht die Gefahr einer nicht gerechtfertigten Diskrepanz zwischen dem Schutz vertraulicher Informationen im Rahmen des kartellverfahrensrechtlichen Akteneinsichtsrechts und des Zugangsrechts über Transparenzvorschriften. Daher ist eine enge Auslegung der Transparenzvorschriften zu Gunsten des Schutzes von Geschäftsgeheimnissen geboten, damit Dritte nicht über den Umweg der Verordnung 1049/2001 an schutzwürdige Informationen gelangen können, die ihnen über die kartellrechtliche Akteneinsicht verwehrt geblieben wären.

Auch im Rahmen der Akteneinsicht über Transparenzvorschriften stehen sich die Interessen an der Geheimhaltung einerseits und an einer möglichst umfassenden Einsicht in die Akten andererseits gegenüber. Sie können durch ein Einverständnis des Geheimhaltungsberechtigten in die Offenlegung oder unter Zuhilfenahme nichtvertraulicher Zusammenfassungen in Einklang gebracht werden. Eine einseitige Auflösung des Interessenkonflikts zu Lasten der Vertraulichkeit stellt keinen zulässigen Weg dar.

Sofern Streitigkeiten zwischen der Kommission und dem Geheimnisträger über die Zugangsberechtigung zu seinen Informationen bestehen, findet das „Akzo“ Verfahren Anwendung.

2. Spannungsverhältnis des Vertraulichkeitsschutzes mit dem Anhörungsrecht

Der Schutz vertraulicher Informationen im Kartellverfahren kann sich ferner in einem Spannungsverhältnis mit dem Recht der Verfahrensbeteiligten auf Anhörung befinden.

Nach der Zusendung der Beschwerdepunkte schließt sich im europäischen Kartellverfahren nach Art. 27 VO 1/2003 der Verfahrensabschnitt der Anhörung an. Die Anhörung der Verfahrensbeteiligten im Kartellverfahren ist ein zentrales rechtsstaatliches Instrument, das ebenso wie die verfahrensakzessorische Akteneinsicht in erster Linie dem Grundsatz des rechtlichen Gehörs in seiner Verwirklichungsstufe des Rechts auf Äußerung Rechnung trägt.

Im Rahmen der Anhörung erhalten die Verfahrensbeteiligten dementsprechend Gelegenheit, sich zu den Vorwürfen zu äußern, ihre Version der Geschehnisse darzulegen und gemäß ihrer Verfahrens- und Verteidigungsstrategie Stellung zu nehmen. Sinn der Anhörung ist darüber hinaus die Klärung der Richtigkeit von in den Beschwerdepunkten enthaltenen Tatsachenfeststellungen sowie die Erörterung der rechtlichen Würdigung, um Streitigkeiten und Missverständnissen bezüglich dieser Fragen durch Darlegung von Gründen soweit wie möglich zu begegnen.[932]

Der Verlauf der Anhörung ist in der Durchführungsverordnung 773/2004 geregelt. Darin ist grundsätzlich eine schriftliche Anhörung vorgesehen, im Rahmen derer die einzelnen Verfahrensbeteiligten der Kommission ihre Stellungnahmen zu den Beschwerdepunkten in schriftlicher Form zukommen lassen.[933] Die Kommission ist verpflichtet, die Hauptbetroffenen anzuhören (Art. 27 Abs. 1 S. 1 VO 1/2003, Art. 11 VO 773/2004). Für die Beschwerdeführer und sonstige Dritte legt die Formulierung des Art. 27 Abs. 3 S. 1 VO 1/2003 ein Ermessen der Kommission hinsichtlich einer Anhörung nahe. Allerdings tritt nach Art. 27 Abs. 3 S. 2 VO 1/2003 i. V. m. Art. 13 Durchführungsverordnung 773/2004 eine Ermessensbindung in Form einer Verpflichtung der Kommission zur Anhörung ein, sofern die Drittbetroffenen die Anhörung beantragen und sie ein „ausreichendes Interesse“ nachweisen. Beschwerdeführer, die bereits für die Einlegung einer Beschwerde nach Art. 7 Abs. 2 VO 1/2003 ein „berechtigtes Interesse“, und Drittbetroffene, die für die Anerkennung ihres Beteiligtenstatus ein „ausreichendes Interesse“ darlegen mussten,

[932] Detaillierter zu der Verfahrensstation der Anhörung noch unter der Parallelvorschrift in der Verordnung 17/62: Grabitz/Hilf-*Pernice*, nach Art. 87 EGV, VO Nr. 17, Art. 18, 19, Rn. 1.

[933] Vgl. die Regelung zu der schriftlichen Anhörung der Hauptbetroffenen in Art. 10 Abs. 3 VO 773/2004, der Beschwerdeführer in Art. 6 Abs. 1 VO 773/2004 und sonstiger interessierter Personen in Art. 13 Abs. 1 VO 773/2004.

besitzen in der Regel auch ein „ausreichendes Interesse" im Sinne des Art. 27 Abs. 3 S. 2 VO 1/2003, welches Voraussetzung für die Anhörung ist.[934] Daraus folgt, dass Drittbetroffene im Fall der Antragstellung grundsätzlich ein Recht darauf haben, in schriftlicher Form in dem gegen einen Hauptbetroffenen eingeleiteten Kartellverfahren angehört zu werden.

Bei dieser schriftlichen Äußerung stellt sich jedoch das Problem des Vertraulichkeitsschutzes im Rahmen der Anhörung selbst nicht, da die Schriftsätze lediglich gegenüber der Kommission bekannt werden und anderen Verfahrensbeteiligten nicht zugeleitet werden.[935]

Über die schriftliche Anhörung hinaus eröffnet eine mündliche Anhörung den Beteiligten die Möglichkeit durch den unmittelbaren Austausch von Argument und Gegenargument, die Deutung und Gewichtung von Vorwürfen der Kommission klarer werden zu lassen, die eigene Position zu erklären und dabei unmittelbar auf Einwände zu reagieren. Je nach Stellung der Verfahrensbeteiligten ist die Kommission auf deren Antrag hin verpflichtet, eine solche mündliche Anhörung durchzuführen. Sofern die jeweiligen Hauptbetroffenen in ihrer schriftlichen Stellungnahme beantragen, auch mündlich gehört zu werden, hat ihnen die Kommission diese Möglichkeit zu geben (Art. 12 VO 773/2004). Bei Drittbetroffenen hingegen liegt es im Ermessen der Kommission, ob sie sie zu der Anhörung des Hauptbetroffenen hinzuziehen möchte (Art. 13 Abs. 2 VO 773/2004).

Geleitet wird die mündliche Anhörung von dem Anhörungsbeauftragten[936] (Art. 14 VO 773/2004), dessen Aufgabe es ist, darauf zu achten, dass sich der Dialog in fairer Weise vollzieht. Dabei soll er insbesondere den geregelten Ablauf dieser Verfahrensstation wahren, die Berücksichtigung be- und entlastender Momente bei der Beurteilung von Rechtsverstößen durch die Kommission sowie die Gewährleistung der Verteidigungsrechte sicherstellen.[937]

---

934 Insoweit noch zu der zumindest in dieser Frage vergleichbaren Problematik unter der Verordnung 17/62, *Schwarze*, Europäisches Verwaltungsrecht, S. 1277.

935 Diese schriftlichen Äußerungen können sich allerdings in der Verfahrensakte befinden und müssen dann im Rahmen der Akteneinsicht geschützt werden, sofern sie vertrauliche Informationen enthalten.

936 Bis zum Jahre 1982 leitete einer der Direktoren oder Abteilungsleiter der Generaldirektion Wettbewerb die mündliche Anhörung. Aufgrund Kritik bezüglich des Zusammenfallens von Ermittlungs- und quasi-richterlicher Leitungsfunktion in einer Hand wurde die Stelle des Anhörungsbeauftragten, einem speziellen Beamten der Generaldirektion, eingerichtet (vgl. *Johannes*, FS Deringer, S. 293, 294). Siehe zu der Rolle des Anhörungsbeauftragten auch *Kerse,* ECLR 1994, 40 ff.

937 Vgl. den Beschluss 2001/462/EG, EGKS der Kommission vom 23.05.2001, ABl. 2001, Nr. L 162, S. 21, aus dem sich das Mandat des Anhörungsbeauftragten für die Durchführung der mündlichen Anhörung im Kartellverfahren ergibt. Von Interesse sind insbesondere die 3. und 5. Begründungserwägung sowie Art. 5 des Beschlusses.

Die mündliche Anhörung kann nach Art. 14 Abs. 6 VO 773/2004 mit allen Beteiligten (zum Beispiel mehreren Hauptbetroffenen, den Beschwerdeführern und sonstigen Drittbeteiligten) gemeinsam durchgeführt werden, so dass im Rahmen eines offenen Austauschs zwischen den Anwesenden und der Kommission die Gefahr einer Offenlegung vertraulicher Informationen besteht. In diesem Teil der Anhörung kann sich mithin ein Spannungsverhältnis zwischen Geheimnisschutz und dem Anhörungsrecht ergeben.

a) Umfang und Grenzen des mündlichen Anhörungsrechts

aa) Rechtliche Verankerung

Hinsichtlich des konkreten Umfangs der Gewährleistung einer mündlichen Anhörung ist zwischen dem Hauptbetroffenen und sonstigen Beteiligten zu differenzieren.

Das Anhörungsrecht der Hauptbetroffenen ist in Art. 27 Abs. 1 VO 1/2003 sekundärrechtlich verankert, worin festgelegt wird, dass die Kommission sich in ihrer Entscheidung nur auf Beschwerdepunkte stützen darf, zu denen sich die Parteien äußern konnten. Der genaue Umfang und die Modalitäten der Anhörung sind in der Durchführungsverordnung 773/2004 geregelt. Art. 12 dieser Verordnung zufolge hat die Kommission Hauptbeteiligten, gegen die Beschwerdepunkte vorliegen, Gelegenheit zur mündlichen Anhörung zu geben. Sie hat insoweit kein Ermessen, sondern ist verpflichtet, eine Anhörung der Hauptbetroffenen durchzuführen, wenn diese sie beantragen.

Hingegen ist die Kommission nicht in jedem Fall verpflichtet, andere Verfahrensbeteiligte mündlich anzuhören. Nach Art. 27 Abs. 3 VO 1/2003 i. V. m. Art. 6 Abs. 2 und 13 VO 773/2004 können Drittbeteiligte die Teilnahme an der mündlichen Anhörung beantragen, aber es steht im Ermessen der Kommission, ihnen diese zu bewilligen.

Für die Wahrung vertraulicher Angaben im Rahmen der Anhörung ist hauptsächlich die Regelung des Art. 14 Abs. 6 VO 773/2004 von Interesse, nach der jede Person einzelnen oder in Anwesenheit anderer geladener Personen gehört werden kann. Der in der Praxis übliche Weg ist, dass die Kommission einen gemeinsamen Termin für die Anhörung der Hauptbetroffenen, der Beschwerdeführer und sonstiger Dritter vorsieht.[938] Für diesen Fall regelt Art. 14 Abs. 6 VO 773/2004, das dem berechtigten Interesse der Unternehmen an der Wahrung ihrer Geschäftsgeheimnisse und anderer vertraulicher Informationen Rechnung getragen werden muss. Dabei stellt sich die Frage, wie dies in der Praxis gewährleistet wird und inwieweit sonstige vertrauliche Informationen, die nicht im Interesse

---

938 Vgl. *Bellamy/Child*, Rn. 12-050. Siehe auch das Verfahren der Kommission in der Rechtssache „BAT/Reynolds“, EuGH, Slg. 1987, 4487, 4501 und 4571, Rn. 16.

des Unternehmens, sondern einer Privatperson stehen, ebenfalls geschützt sind.

bb) Kommissions- und Rechtsprechungspraxis

Der Anhörungsbeauftragte der Kommission verfährt in gemeinsamen Anhörungen zum Schutz vertraulicher Angaben üblicherweise so, dass die Anhörung, sobald vertrauliche Inhalte zur Sprache kommen, getrennt von den anderen Beteiligten durchgeführt wird.[939] Er verfügt sodann, dass die Verfahrensbeteiligten zu dem geschützten Bereich getrennt anzuhören sind.[940]

Die europäischen Gerichte haben bislang noch keine Gelegenheit erhalten, zu dem Umfang und den Grenzen des Schutzes vertraulicher Informationen in der mündlichen Anhörung Stellung zu beziehen.

cc) Schutz von Informationen im Interesse einer Privatperson

Wie oben gesehen, variiert das Recht auf eine mündliche Anhörung im Umfang je nach Stellung der Beteiligten. In jedem Fall ist jedoch nach dem Wortlaut des Art. 14 Abs. 6 VO 773/2004 bei der Anhörung das berechtigte Interesse „der Unternehmen an der Wahrung ihrer Geschäftsgeheimnisse und anderer vertraulicher Informationen“ zu wahren.

Problematisch ist hierbei, dass vom Wortlaut her nur das Interesse der Unternehmen an der Vertraulichkeit erfasst ist, nicht jedoch das von Privatpersonen. Streng genommen unterfallen somit Informationen über die Identität eines Informanten nicht dem Schutz der Vertraulichkeit, da sie im Privatinteresse einer Person liegen.

Eine solch enge Interpretation der einschlägigen Vorschrift ist jedoch nicht mit ihrem Sinn und Zweck zu vereinbaren. Die Regelung des Art. 14 Abs. 6 VO 773/2004 zielt auf den Schutz vertraulicher Informationen im Rahmen der Anhörung ab. Als sonstige vertrauliche Informationen sind auch solche anerkannt, an deren Wahrung lediglich Privatpersonen interessiert sind. Auch diese hat die Kommission aufgrund ihrer Verschwiegenheitsverpflichtung zu wahren. Daher darf sie bei dem Schutz vertraulicher Informationen, gleichgültig, ob sie im Interesse der verfahrensbeteiligten Unternehmen oder Dritten stehen, keine Unterschiede machen.

---

[939] Vgl. *Bellamy/Child*, Rn. 12-050; *Kerse*, E. C. Antitrust Procedure, S. 194, Rn. 4.36. Siehe auch Art. 12 Abs. 2 des Beschlusses 2001/462/EG, EGKS der Kommission vom 23.05.2001, ABl. 2001, Nr. L 162, S. 21, 23 über das Mandat des Anhörungsbeauftragten. Nach Art. 12 Abs. 2 des Beschlusses entscheidet der Anhörungsbeauftragte, ob die betreffenden Personen getrennt oder in Anwesenheit anderer Sitzungsteilnehmer zu hören sind.

[940] Siehe die Ausführungen im 18. Wettbewerbsbericht der Europäischen Kommission (1988), S. 55, Nr. 44 und die Beschreibung der Kommissionspraxis von *Joshua*, ECLR 1994, 68, 73 f.

Obwohl vorliegend der Wortlaut des Art. 14 Abs. 6 VO 773/2004 unglücklich formuliert ist, bezweckt die Regelung den Schutz jeglicher vertraulicher Informationen. In der parallelen Vorschrift des Art. 27 Abs. 2 S. 2 und 3 VO 1/2003 ist redaktionell der klarere Weg gewählt worden, indem beide Kategorien vertraulicher Informationen in zwei Sätze gefasst wurden. Dort kommt zum Ausdruck, dass Geschäftsgeheimnisse im Interesse von Unternehmen zu wahren sind, andere vertrauliche Informationen darüber hinaus auch im Interesse von Privatpersonen liegen können. Eine solche inhaltliche Auslegung muss auch Art. 14 Abs. 6 VO 773/2004 erfahren.

b) Lösung des Spannungsverhältnisses

Das Spannungsverhältnis stellt sich vorliegend zwischen dem Geheimnisinteresse des Beteiligten, der auch im Rahmen einer Anhörung seine vertraulichen Informationen gewahrt wissen will, und dem Interesse des Anzuhörenden, der eine umfassende und effektive Anhörung begehrt. Das dritte betroffene Interesse ist das Vollzugsinteresse der Kommission, die verpflichtet ist, den Betroffenen eine Äußerungsmöglichkeit zu geben.

Anders als bei der Akteneinsicht besteht aber die Gefahr der Offenlegung gegenüber den anderen Anwesenden bei der Anhörung zwar einerseits durch die Kommission, die daran durch das Amtgeheimnis gehindert ist, andererseits aber auch durch die anzuhörenden Personen selbst. Dies ändert jedoch nichts an der grundsätzlichen Schutzbedürftigkeit vertraulicher Informationen. Auch wenn in dem Fall, dass die Geheimnisträger ihre vertraulichen Angaben selbst offenbaren, nicht das Amtsgeheimnis den Schutz geheimer Informationen gebietet, so ergibt sich für diese Fallkonstellation trotz allem eine Schutzpflicht seitens der Kommission aus der effektiven Gewährleistung des rechtlichen Gehörs. Dem Angehörten bleibt, um sich gegen die Vorwürfe zur Wehr setzen zu können bzw. seinen Standpunkt deutlich zu machen, oftmals keine andere Wahl als auf der Basis der geschäftlichen vertraulichen Informationen den Kommissionsbeamten argumentativ zu begegnen. Hielten sich die Beteiligten aus Angst vor der Offenlegung vertraulicher Informationen zurück, könnte die Anhörung ihren Sinn und Zweck, nämlich die Aufbereitung des Verfahrensstoffs und die Klärung problematischer Fragen, nicht erfüllen. In diesem Fall würde dem Anspruch auf rechtliches Gehör der Beteiligten, den die Kommission zu gewährleisten hat, nicht Rechnung getragen. Insofern gibt es unabhängig davon, ob die Offenlegung durch die Kommission oder die Geheimnisträger selbst erfolgt, ein schutzwürdiges Interesse der Angehörten auf Wahrung ihrer vertraulichen Informationen im Anhörungsstadium durch die Kommission. Letztere hat dieses Interesse durch eine sinnvolle Verfahrensgestaltung zu schützen.

aa) Separate Anhörung der Beteiligten

Das Verfahren, das die Kommission anwendet, erscheint als sinnvolle Methode, den Interessen der Beteiligten gerecht zu werden. Durch eine separate Durchführung der Anhörung, wenn vertrauliche Informationen zur Sprache kommen, ist einerseits gewährleistet, dass die Geheimnisträger ihre Angaben nicht vor anderen preisgeben müssen und andererseits, dass dem Interesse des Angehörten auf ein offenes Gespräch und eine sinnvolle Klarstellungs- und Verteidigungsmöglichkeit umfänglich gerecht wird.

Zwar könnte dem entgegnet werden, dass die gemeinsame Anhörung eine zeitsparendere und folglich effizientere Methode darstellt und damit im öffentlichen Interesse einer effektiven Durchsetzung der Kartellregeln liegt.[941] Allerdings lässt dies unberücksichtigt, dass die Wahrung der Vertraulichkeit und das Durchsetzungsinteresse des Kartellverfahrens keine Gegensätze sind. Eine eventuell leichte zeitliche Verzögerung des Verfahrens rechtfertigt vor diesem Hintergrund keine Einschränkung des Vertraulichkeitsschutzes durch eine gemeinsam durchgeführte Anhörung.

Anders als bei der Akteneinsicht Hauptbetroffener, bei der eine Abwägung zu Lasten der Vertraulichkeit als ultima ratio für den Fall gerechtfertigt ist, wenn keine andere Auflösung des Interessenkonflikts möglich ist, gibt es bei der mündlichen Anhörung keinen Grund für eine solche Handlungsweise. Denn mit der Abtrennung der Anhörung existiert eine Lösung, die es erlaubt, alle Interessen zu wahren.

bb) Verwertungsmöglichkeiten der erlangten Informationen

Auch bei der Anhörung stellt sich die Frage, inwieweit Informationen, die im Rahmen einer separat geführten Anhörung von einem Verfahrensbeteiligten erlangt wurden, gegenüber anderen Beteiligten, insbesondere dem Hauptbetroffenen, verwertet werden dürfen.

Die Verwertung geheimer Informationen muss sich konsequenterweise nach den gleichen Maßstäben richten wie bei der Akteneinsicht. Angaben, die die Kommission zum Beweis des Kartellverstoßes verwenden will, muss sie dem Hauptbetroffenen gegenüber bekannt geben, da anderenfalls das Verwertungsverbot greift. Sofern die Kommission demnach im Rahmen der separaten Anhörung belastende Informationen erhält, die sie zum Beweis der Zuwiderhandlung des Hauptbetroffenen benötigt, ist der Rechtsgedanke des Art. 27 Abs. 2 S. 2 VO 1/2003 anwendbar. Die Kommission kann als ultima ratio das Vertraulichkeitsprinzip durchbrechen und dem Hauptbetroffenen diese Informationen offen legen, sofern es keine milderen Mittel gibt wie die Übermittlung der Angaben in einer

941 Dies erwägend, aber im Ergebnis auch ablehnend *Weiß*, S. 337.

nichtvertraulichen Zusammenfassung oder die Zustimmung zu der Preisgabe durch den Geheimnisträger.

Sofern Gegenstand der mündlichen Anhörung entlastende geheime Informationen oder sonstige vertrauliche Angaben darstellen, die in einer Entscheidung gegenüber dem Beschwerdeführer oder sonstigen Drittbeteiligten verwertet werden sollen, geht der Geheimnisschutz vor. In solchen Fällen ist eine Offenlegung der vertraulichen Informationen nicht gerechtfertigt.

c) Ergebnis

Die mündliche Anhörung ist ein wichtiges Verfahrensstadium im Rahmen des Kartellverfahrens und folgt aus dem Anspruch auf rechtliches Gehör der Verfahrensbeteiligten. Je nach Verfahrensstellung der Beteiligten variiert der Umfang des Anspruchs auf eine mündliche Anhörung vor der Kommission.

Die Anhörung wird von einem Anhörungsbeauftragten geleitet, der faire Bedingungen gewährleisten soll. Üblicherweise erfolgt die mündliche Anhörung in einem gemeinsamen Termin mit allen Verfahrensbeteiligten und sonstigen Interessierten. Dabei besteht das Problem, dass vertrauliche Informationen, sei es durch die Kommission oder durch Verfahrensbeteiligte selbst, im Rahmen ihrer Stellungnahmen, aufgedeckt werden. Dass dies gegen den Willen der Geheimnisträger nicht der Fall sein darf, ergibt sich aus den Anforderungen des Amtsgeheimnisses und dem Anspruch der Beteiligten auf die effektive Gewährleistung rechtlichen Gehörs. Eine naheliegende und praktikable Lösung stellt in solchen Fällen die getrennte Fortführung der mündlichen Anhörung dar, wenn vertrauliche Inhalte erörtert werden. Dadurch kann allen Beteiligten und ihren Interessen Rechnung getragen werden.

Die Verwertung von Informationen, die die Kommission im Rahmen einer separat durchgeführten Anhörung erlangt hat, richtet sich nach den gleichen Maßstäben wie im Rahmen des Akteneinsichtsrechts. Sofern es sich um Informationen handelt, die die Kommission zum Beweis der Zuwiderhandlung des Hauptbetroffenen benötigt, muss sie einen Weg finden, ihm diese Angaben zugänglich zu machen, da anderenfalls das Verwertungsverbot greift. Sofern die Weitergabe der Angaben nicht in aggregierter Form im Rahmen einer nichtvertraulichen Zusammenfassung möglich ist, stellt als ultima ratio auch die Durchbrechung der Vertraulichkeit eine zulässige Vorgehensweise dar.

3. Spannungsverhältnis des Vertraulichkeitsschutzes mit dem allgemeinen Publizitätsinteresse

Im Kartellverfahren sind verfahrensabschließende Entscheidungen mit materiellrechtlichem Gehalt zu veröffentlichen. Personen oder Unternehmen, die im Laufe eines Kartellverfahrens vertrauliche Informationen an die Kommission gegeben haben, sind nicht nur an deren Schutz gegenüber anderen Beteiligten interessiert, sondern auch gegenüber der Öffentlichkeit. Die Veröffentlichung der Entscheidung ist jedoch im geschriebenen Recht vorgesehen. Enthält allerdings die zu veröffentlichende Fassung der Entscheidung vertrauliche Informationen, hätte dies zur unausweichlichen wie auch irreversiblen Folge, dass diese Geheimnisse Dritten preisgegeben werden.

Es stellt sich mithin die Frage, wie einerseits dem Veröffentlichungserfordernis und andererseits dem Vertraulichkeitsinteresse Rechnung getragen werden kann.

a) Umfang und Grenzen der Veröffentlichung

Zunächst sind wiederum der Umfang und die Grenzen der Veröffentlichung zu beleuchten.

aa) Rechtliche Verankerung

Art. 30 VO 1/2003 sieht die Veröffentlichung der Entscheidung der Kommission vor. Dies sind im Einzelnen die Feststellung und Verpflichtung zur Abstellung von Zuwiderhandlungen (Art. 7 VO 1/2003), die Anordnung einstweiliger Maßnahmen (Art. 8 VO 1/2003), Entscheidungen bezüglich Verpflichtungszusagen (Art. 9 VO 1/2003) sowie Entscheidungen über Geldbußen und Zwangsgelder (Art. 23 und 24 VO 1/2003). Allerdings kann die Kommission auch andere Entscheidungen publizieren.[942]

Geschäftsgeheimnisse der Unternehmen sind auch im Stadium der Veröffentlichung geschützt. Vor der Veröffentlichung der eigentlichen Entscheidung hat die Kommission interessierten Dritten die Möglichkeit zu geben, Bemerkungen zu der geplanten Veröffentlichung abzugeben (Art. 27 Abs. 4 VO 1/2003). Dazu veröffentlicht sie laut der Verordnung 1/2003 eine kurze Zusammenfassung des Falls und den wesentlichen Inhalt der Verpflichtungszusagen der Unternehmen bzw. der geplanten Vorgehensweise. Es wird jedoch in Art. 27 Abs. 4 S. 3 VO 1/2003 ausdrücklich darauf hingewiesen, dass bei der Veröffentlichung dem berechtigten Interesse der Unternehmen an der Wahrung ihrer Geschäftsgeheimnisse Rechnung zu tragen ist.

In der endgültigen Entscheidung sieht Art. 30 Abs. 2 S. 2 VO 1/2003 den Schutz von Geschäftsgeheimnissen vor, wonach Letztere nicht veröffentlicht werden dürfen.

[942] Vgl. EuGH „Chemiefarma", Slg. 1970, 661, 695, Rn. 101/104 und „Francolor", Slg. 1972, 851, 874 f., Rn. 30/31.

bb) Kommissions- und Rechtsprechungspraxis

In der Rechtsprechung ist mittlerweile anerkannt, dass die Begründung einer Entscheidung der Kommission alle Tatsachen enthalten muss, von denen die Rechtmäßigkeit der Entscheidung abhängt. Dazu gehören die Erwägungen, die die Kommission der Entscheidung zugrundelegt.[943] Abschlussverfügungen müssen umso ausführlicher begründet werden, je weiter der Ermessensspielraum der Kommission ist.[944]

In der veröffentlichten Fassung ist jedoch dem Interesse der Unternehmen an der Geheimhaltung ihrer Geschäftsgeheimnisse Rechnung zu tragen, wie der Gerichtshof in verschiedenen Urteilen bestätigt hat.[945] Das Gericht erster Instanz erkannte in einem im November 2003 erlassenen Beschluss „Bank Austria" an, dass die Frage, ob die Kommission aufgrund der ehemaligen Vorschrift des Art. 21 Abs. 2 VO 17/62 verpflichtet ist, über die von der Kommission anerkannten Geschäftsgeheimnisse hinaus auch sonstige, von den Beteiligten als solche erklärte vertrauliche Informationen in der veröffentlichten Fassung zu berücksichtigen, noch nicht geklärt sei.[946] In dem vorliegenden Fall war es allerdings keine entscheidungserhebliche Frage, so dass das Gericht eine Antwort schuldig blieb. Auch in dieser Entscheidung wurde aber deutlich, dass anerkannte Geschäftsgeheimnisse nicht in der veröffentlichten Fassung enthalten sein dürfen.

cc) Gleichbehandlung von Geschäftsgeheimnissen und sonstigen vertraulichen Informationen

Es stellt sich die Frage, ob auch im Rahmen der Veröffentlichung andere vertrauliche Informationen, wie zum Beispiel die Identität des Informanten, ebenso geschützt werden wie Geschäftsgeheimnisse. Problematisch könnte dies aufgrund der Tatsache sein, dass die beiden die Veröffentlichung regelnden sekundärrechtlichen Vorschriften, Art. 29 Abs. 4 S. 3 und Art. 30 Abs. 2 S. 2 VO 1/2003, nur den Schutz der Geschäftsgeheimnisse explizit vorsehen.

Allerdings ist der Schutz vertraulicher Informationen verankert in dem primärrechtlichen Grundsatz der Amtsverschwiegenheit nach Art. 287 EGV. Dieser macht ebenso wie Art. 41 Abs. 2 Spiegelstrich 2 der Grund-

[943] Vgl. EuGH „Heylens", Slg. 1987, 4097, 4117, Rn. 15 f.; „Siemens", Slg. 1997 I, 2507, 2535, Rn. 17.

[944] Vgl. EuGH „Consten/Grundig", Slg. 1966, 321, 396.

[945] Vgl. die Urteile des EuGH „Chemiefarma", Slg. 1970, 661, 695, Rn. 101/104; „Hoffmann-La Roche", Slg. 1979, 461, 512 f., Rn. 14 ff.; „Akzo", Slg. 1986, 1965 ff.

[946] Vgl. EuG „Bank Austria", Beschluss vom 07.11.2003, Rs. T-198/03, noch nicht in der amtlichen Sammlung veröffentlicht.

rechtecharta – wie schon festgestellt[947] – keinen Unterschied zwischen Geschäftsgeheimnissen und anderen vertraulichen Informationen. Das Recht der Allgemeinheit auf Information ist nicht im Primärrecht vorgesehen, sondern nur sekundärrechtlich verankert, so dass sich kein Interesse mit primärrechtlichem Rang findet, das die Beschränkung des Schutzes vertraulicher Angaben rechtfertigen könnte.

Auch regelungssystematische Gründe sprechen dafür, dass die Art. 27 Abs. 4 und Art. 30 Abs. 2 S. 2 VO 1/2003 zu eng formuliert sind, wenn sie sich nur auf den Schutz der Geschäftsgeheimnisse beziehen und sonstige vertrauliche Angaben unbeachtet lassen. Für das Akteneinsichtsrecht werden beide Kategorien der vertraulichen Informationen nach Art. 27 Abs. 2 VO 1/2003 und Art. 8 Abs. 1 VO 773/2004 gleich gestellt. Es wäre aber wenig nachvollziehbar, vertrauliche Informationen im Rahmen des Akteneinsichtsrechts, wo nur eine Aufdeckung an einen begrenzten Kreis Berechtigter zur Diskussion steht, ebenso zu schützen wie Geschäftsgeheimnisse, bei der Frage der Veröffentlichung hingegen, wo eine unbegrenzte Menge an Personen, nämlich die Allgemeinheit, Zugang zu den Informationen bekommt, jedoch nicht mehr.

Hinzu kommt noch, dass es ebenso wie bei der Frage nach dem Verhältnis zwischen dem Schutz vertraulicher Informationen und dem Akteneinsichtsrecht auch hier keinen Grund gibt, Geschäftsgeheimnisse und sonstige vertrauliche Angaben unterschiedlich zu behandeln. Der durch eine Veröffentlichung entstehende Schaden kann in beiden Fällen erheblich sein,[948] ebenso wie der Vertrauensverlust in die Geheimhaltungsfähigkeiten der Kommission, die eine Voraussetzung für die effiziente Nutzung der Ermittlungsbefugnisse der Kommission ist. Die Regelungen des Art. 27 Abs. 2 VO 1/2003 und des Art. 8 Abs. 1 VO 773/2004 sind daher vielmehr als Ausdruck eines im Kartellverfahren gewollten Schutzumfangs für alle Kategorien vertraulicher Informationen ohne Unterschiede zu verstehen.

b) Lösung des Spannungsverhältnisses

Der primär- und sekundärrechtlich verankerte Schutz vertraulicher Informationen steht in einem Spannungsverhältnis mit dem allgemeinen Publizitätsinteresse, das sich in der Verpflichtung zur begründeten Veröffentlichung einer Entscheidung widerspiegelt. Wird der Inhalt einer Veröffentlichung in zu umfangreichem Maße reduziert, besteht die Gefahr, dass die Veröffentlichung ihre Zwecke nicht mehr erfüllen kann.

---

[947] Vgl. oben zu der Verankerung im Amtsgeheimnis Teil 5, B. I. 1 sowie der Gleichbehandlung von Geschäftsgeheimnissen und sonstigen vertraulichen Informationen in Teil 5, C. V. 1. a) aa) bbb) (3).

[948] Vgl. unter Berücksichtigung des EuGH Urteils „Stanley Adams", Slg. 1985, 3539, 3587, Rn. 34 die oben gemachten Ausführungen Teil 5, C. V. 1. a) aa) bbb) (3).

Ausgangspunkt für die Suche nach interessensgerechten Lösungsmöglichkeiten zwischen dem Spannungsverhältnis des Vertraulichkeitsschutzes mit dem allgemeinen Publizitätsinteresse muss die Frage sein, ob es möglich ist, unter Wahrung der Vertraulichkeit die Zwecke der Veröffentlichung zu erreichen. Zweck der Veröffentlichung ist zum einen die Unterrichtung der Unternehmen über die Anwendung der Artikel 81 und 82 des EG-Vertrages.[949] Ferner soll sie die Kontrolle der Kommission durch die Öffentlichkeit ermöglichen.[950] Auch hier ist der Gesichtspunkt entscheidend, dass eine Institution, die exekutivische Befugnisse ausübt, einer rechtsstaatlich gebotenen Kontrolle unterliegen muss. Darüber hinaus dient die Veröffentlichung dazu, die Entscheidung auch demjenigen bekannt zu machen, der nicht Entscheidungsadressat ist, jedoch ebenfalls unmittelbar und individuell betroffen und nach Art. 230 Abs. 4 EGV klagebefugt ist.[951]

Insofern ist nach Lösungsmöglichkeiten zu suchen, die sowohl dem Interesse der Unternehmen an der Wahrung vertraulicher Informationen als auch dem öffentlichen Interesse an einer ihre Zwecke erfüllenden Veröffentlichung Rechnung tragen.

aa) Genehmigung zur Offenlegung

Auch bei der vorliegenden Interessenkollision gewährt eine Genehmigung der Offenlegung durch das berechtigte Unternehmen eine unkomplizierte Lösung des Konflikts. Allerdings bestehen Zweifel, ob diese Lösung erfolgversprechend ist. Auch wenn ein Verzicht auf die Geheimhaltung im Rahmen der Akteneinsichtsrechte, wo nur ein begrenzter Kreis von Personen Zugang zu den Informationen erhält, nicht völlig unwahrscheinlich ist, würde dies im Rahmen der Veröffentlichung, deren Adressatenkreis unbegrenzt ist, gleichbedeutend mit einer Aufgabe des Geheimhaltungsinteresses sein. Sofern jedoch ein Verfahrensbeteiligter noch an der Vertraulichkeit der Information interessiert ist, wird er einer Offenlegung nicht zustimmen.

bb) Gekürzte Fassung der Entscheidung

Ferner besteht die Möglichkeit, die zu veröffentlichende Entscheidung so zu formulieren, dass sie keine unternehmensbezogenen Daten und sonsti-

---

[949] Vgl. zu der Verordnung 1/2003 *Lampert/Niejahr/Kübler/Weidenbach,* Art. 30, Rn. 585 und Dalheimer/Feddersen/Miersch – *Miersch*, nach Art. 83 EGV, Art. 30 VO 1/2003, Rn. 37 ff.

[950] Vgl. *Lampert/Niejahr/Kübler/Weidenbach,* Art. 30, Rn. 585 (Verordnung 1/2003), Immenga/Mestmäcker-*Ritter,* EG-Wettbewerbsrecht, Bd. II, VO 17/62, Art. 21, Rn. 1 (Verordnung 17/62).

[951] Vgl. *Lampert/Niejahr/Kübler/Weidenbach,* Art. 30, Rn. 585 (Verordnung 1/2003), Immenga/Mestmäcker-*Ritter,* EG-Wettbewerbsrecht, Bd. II, VO 17/62, Art. 21, Rn. 1 (Verordnung 17/62).

ge vertrauliche Informationen enthält. Dies kann durch eine gekürzte Fassung der Entscheidung erreicht werden, die inhaltlich mit einer nichtvertraulichen Zusammenfassung vergleichbar ist. Auch eine Schwärzung bzw. Anonymisierung relevanter Stellen stellt eine Lösung dar.

Dass eine solche gekürzte Fassung zulässig ist, ergibt sich für die Veröffentlichung der Entscheidung aus Art. 30 Abs. 2 VO 1/2003, wonach neben der Nennung der Beteiligten nur die Angabe „... des wesentlichen Inhalts der Entscheidung einschließlich der verhängten Sanktionen ..." erforderlich ist. Art. 30 VO 1/2003 geht somit ausdrücklich von einer nicht alle Details enthaltenden Fassung für die Veröffentlichung aus. Art. 27 Abs. 4 VO 1/2003 sieht sogar ausdrücklich vor, dass nur eine „kurze Zusammenfassung" des Falls zu veröffentlichen ist.

Die Zwecke der Publikation können bei der Veröffentlichung einer zusammengefassten oder teilweise anonymisierten Version erreicht werden. So unterrichtet auch eine gekürzte bzw. anonymisierte Fassung Unternehmen über die Anwendung der Artikel 81 und 82 des EG-Vertrages, sofern sie die wesentlichen Aspekte beinhaltet. Eine Bekanntgabe demjenigen gegenüber, der ohne Entscheidungsadressat zu sein ebenfalls unmittelbar und individuell betroffen und nach Art. 230 EGV klagebefugt ist, wird auch durch eine solche Entscheidungsversion erreicht. Ferner stehen dieser Person über die Transparenzvorschriften Akteneinsichtsmöglichkeiten zu, über die sie grundsätzlich detailliertere Informationen erlangen kann. Geschäftsgeheimnisse und sonstige vertrauliche Informationen sind jedoch auch nach der Transparenzverordnung 1049/2001 geschützt,[952] was auf eine (weitgehend) einheitliche Behandlung dieses Komplexes im europäischen Kartell- und Verfahrensrecht schließen lässt. Eine Kontrolle der Kommission durch die Öffentlichkeit ist grundsätzlich auch durch eine gekürzte und in Teilen anonymisierte Fassung der Entscheidungsveröffentlichung möglich, solange der Sachverhalt in verständlicher Form geschildert ist und die darauf bezogenen rechtlichen Erwägungen nachvollziehbar und überprüfbar sind.

Die Veröffentlichung einer gekürzten und eventuell teilweise anonymisierten Fassung der Entscheidung stellt damit einen zulässigen und sinnvollen Weg dar, das allgemeine Publizitätsinteresse mit dem Vertraulichkeitsinteresse in Einklang zu bringen.

cc) Einseitige Auflösung des Spannungsverhältnisses

Hingegen stellt eine einseitige Auflösung des Spannungsverhältnisses zu Lasten vertraulicher Angaben keine vertretbare Lösung dar. Zum einen kann dem Spannungsverhältnis in der Regel auf eine milder einzustufende Weise begegnet werden. Ein weniger eingreifender Weg ist beispiels-

[952] Siehe oben Teil 5, C. V. 1. b).

weise die Veröffentlichung einer aggregierten und teilweise anonymisierten Fassung der Entscheidung, die üblicherweise die Zwecke der Publikation erfüllen kann.

Zum anderen sieht der Wortlaut der einschlägigen Regelungen, Art. 27 Abs. 4 S. 3 und Art. 30 Abs. 2 S. 2 VO 1/2003, die Möglichkeit einer einseitigen Auflösung nicht vor. Ebenso wenig ergibt sich diese aus vorangegangenen Gemeinschaftsrechtsakten. Insbesondere die Untersuchung der Regelungssystematik der Verordnung 1/2003 zeigt, dass ein solcher Lösungsweg im Rahmen der Veröffentlichung nicht zulässig ist. Während bei dem Spannungsverhältnis der Geheimniswahrung mit dem Akteneinsichtsrecht des Hauptbeteiligten eine Auflösung zu Lasten des Geheimnisschutzes ausdrücklich in Art. 27 Abs. 2 S. 4 VO 1/2003 vorgesehen ist, gibt es keine vergleichbare Regelung in Art. 27 Abs. 4 S. 3 und Art. 30 Abs. 2 S. 2 VO 1/2003 für die Veröffentlichung einer Entscheidung. Vielmehr wird darin ausdrücklich festgestellt, dass „dem berechtigten Interesse der Unternehmen an der Wahrung ihrer Geschäftsgeheimnisse ...“[953] im Rahmen der Veröffentlichung Rechnung getragen werden muss. Eine Einschränkung dergestalt, dass ausnahmsweise eine Veröffentlichung vertraulicher Informationen zulässig ist, ist von den Vorschriften nicht vorgesehen. Bei dem Akteneinsichtsrecht Hauptbetroffener hingegen, wo eine solche Verfahrensweise zulässig ist, fand sie ausdrücklich Erwähnung. Aus dem Umkehrschluss folgt somit, dass eine einseitige Auflösung des Spannungsverhältnisses zu Lasten von vertraulichen Informationen bei der Abwägung mit dem Publizitätsinteresse unzulässig ist.

Dies ist auch eine angemessene Lösung. Bei dem Spannungsverhältnis des Vertraulichkeitsschutzes mit dem Akteneinsichtsrecht Hauptbetroffener stehen dem Schutz vertraulicher Angaben andere primärrechtlich verankerte Interessen wie das rechtliche Gehör und die effektive Durchsetzung der Wettbewerbsregeln gegenüber. Vorliegend hingegen spielt lediglich das sehr allgemeine Interesse der Öffentlichkeit an Information eine Rolle und keine darüber hinaus gehenden Interessen. Wenn schon der Vertrauensschutz im Verhältnis zum Akteneinsichtsrecht aufgrund der Relevanz von Rechten wie dem rechtlichen Gehör und dem effektiven Vollzug des Kartellrechts nur ausnahmsweise zurücktreten darf, gibt es für eine solche Lösung im Verhältnis zu den vorliegend berührten Interessen, nämlich einem eher etwas diffusen Informationsinteresse der Allgemeinheit, keine Rechtfertigung.[954] Dem Informationsinteresse der Allge-

[953] Zu der erforderlichen Gleichstellung von Geschäftsgeheimnissen und sonstigen vertraulichen Informationen siehe oben Teil 5, C. V. 3. a) cc).

[954] Vgl. ähnlich *Lieberknecht*, WuW 1988, 833, 847, der allerdings unter Bezug auf die „Akzo“-Rechtsprechung des EuGH, den Schutz der Vertraulichkeit gegenüber anderen Verfahrensbeteiligten nach der Verordnung 17/62 als absolut ansieht. Dass jedoch nach der neuen Kartellverordnung im Ausnahmefall, wenn eine Information zum

meinheit das gleiche Gewicht einzuräumen wie dem Interesse betroffener akteneinsichtsberechtigter Unternehmen, gegen die bereits ein konkretes Verfahren läuft, wäre nicht sachgerecht.

Sofern Meinungsunterschiede über den Inhalt einer zu veröffentlichenden Fassung der Entscheidung bestehen, ist wiederum das „Akzo“ Verfahren einschlägig.

c) Ergebnis

Es bleibt festzuhalten, dass die Artikel 27 Abs. 4 und 30 Abs. 2 VO 1/2003 einen absoluten Schutz von Geschäftsgeheimnissen und anderer vertraulicher Informationen gewährleisten. Diese Vorschrift ist dahingehend auszulegen, dass die zu veröffentlichende Fassung der Entscheidung keinerlei vertrauliche Informationen enthalten darf.[955] Die Kommission muss diesem Erfordernis bei der Abfassung der Entscheidung Rechnung tragen und gegebenenfalls durch eine gekürzte Version bzw. eine teilweise anonymisierte Fassung die Vertraulichkeit der Informationen schützen.

D. Ergebnis zu Teil 5

Die Ausführungen haben gezeigt, dass die Europäische Kommission insbesondere unter Einsatz ihrer Ermittlungsinstrumente in großem Umfang Informationen von den Verfahrensbeteiligten erhält, ohne dass Letztere ihr die Offenlegung vertraulicher Angaben verweigern können. Dies wirft die Frage auf, wonach und in welchem Umfang vertrauliche Informationen geschützt sind.

Im geschriebenen Gemeinschaftsrecht findet der Schutz von Geschäftsgeheimnissen sowie sonstigen vertraulichen Informationen seine Verankerung in den Regelungen über das Amtsgeheimnis. Neben dem generellen Erfordernis der Verschwiegenheitspflicht nach Art. 287 EGV und Art. 28 Abs. 2 VO 1/2003 kommt der Vertraulichkeitsschutz in der Verordnung 1/2003 sowie der Durchführungsverordnung an verschiedenen Stellen in den jeweiligen Vorschriften zu den einzelnen Verfahrensstationen (Akteneinsichtsrecht, Anhörungsrecht, Veröffentlichung) zum Ausdruck. Bestätigung findet das Erfordernis des Schutzes vertraulicher Informationen auch in Art. 41 Abs. 2 Spiegelstrich 2 der Grundrechtecharta. Aus diesen Normen geht hervor, dass die Kommission den Schutz der Vertraulichkeit im Kartellverfahren zu respektieren hat.

Nachweis der Zuwiderhandlung benötigt wird, eine Abwägung auch zu Ungunsten des Vertrauensschutzes zulässig ist, wurde oben gezeigt, vgl. Teil 5, C. V. 1. a) aa) ccc) (5).

[955] So auch zu der ähnlich formulierten Vorgängervorschrift des Art. 21 Abs. 2 S. 2 VO 17/62 *Kerse*, E. C. Antitrust Procedure, S. 57 f., Rn. 2.06; *Weiß*, S. 354; *Wiedemann*, DB 1988, 2345, 2349.

Bei der Frage nach dem Schutzumfang vertraulicher Informationen im Kartellverfahren ist zwischen dem verwaltungsinternen Schutz im Rahmen der Zusammenarbeit der Kommission mit den nationalen Kartellbehörden sowie dem Schutz gegenüber verfahrensbeteiligten Dritten zu unterscheiden. Das Verhältnis der verschiedenen Kartellbehörden zueinander zeichnet sich dadurch aus, dass alle Behörden dem Amtsgeheimnis und besonderen Vorschriften zur Beweisverwertung unterliegen. Aufgrund dieses Umstandes können behördenintern vertrauliche Informationen grundsätzlich unbeschränkt weitergegeben werden. Insbesondere im Zuge der Einführung der Verordnung 1/2003 und des Netzwerks der Kartellbehörden wird ein Informationsaustausch noch verstärkt. Lediglich ausnahmsweise muss die Kommission von einer Offenlegung vertraulicher Angaben an die nationalen Behörden absehen, wenn den Betroffenen durch die Weitergabe wesentliche Nachteile drohen. Bei Kronzeugenunternehmen werden vertrauliche Angaben an solche nationalen Kartellbehörden übermittelt, die eine Verpflichtungserklärung zur Achtung und angemessenen Behandlung dieser Angaben unterschrieben haben.

Im Verhältnis zu anderen Verfahrensbeteiligten und Dritten kann sich der Schutz der Vertraulichkeit in einem Spannungsverhältnis mit Rechten anderer, insbesondere dem Akteneinsichtsrecht, dem Anhörungsrecht und dem allgemeinen Publizitätsinteresse, befinden.

Das Akteneinsichtsrecht des Hauptbetroffenen im Kartellverfahren ergibt sich aus Art. 27 Abs. 2 VO 1/2003. Es gewährleistet ein vom Grundsatz her umfassendes Einsichtsrecht, von dem allerdings Geschäftsgeheimnisse und sonstige vertrauliche Informationen gleichermaßen ausgenommen sind. Unterlagen, in die der Hauptbetroffene allerdings keine Einsicht hatte, dürfen von der Kommission nicht als Beweis für eine Zuwiderhandlung verwertet werden. Mögliche Konfliktlösungen im Falle eines Spannungsverhältnisses zwischen dem Einsichtsinteresse, dem Geheimnisinteresse sowie dem öffentlichen Interesse an der Durchsetzung des Kartellrechts stellen die Genehmigung zur Offenlegung der Information durch die Geheimnisträger und die Erstellung einer nichtvertraulichen Zusammenfassung dar. Nicht vertretbar ist hingegen eine Auflösung des Interessenskonflikts durch die alleinige Einsichtnahme von Anwälten der hauptbetroffenen Unternehmen. Diese Vorgehensweise trägt nicht dem Grundsatz auf rechtliches Gehör Rechnung. Ausnahmsweise, wenn keine der anderen zulässigen Lösungsmöglichkeiten eine Interessenwahrung zulässt, kann wegen des ansonsten greifenden Verwertungsverbots bei Hauptbetroffenen eine einseitige Interessenauflösung zu Gunsten des öffentlichen Interesses an der Durchsetzung der Kartellregeln sowie des Einsichtsrechts und zu Lasten des Geheimnisschutzes erfolgen. Durch die Anwendung des „Akzo“ Verfahrens erhalten die Geheimnisträger aber in jedem Fall vor der Preisgabe der Information an Dritte Gelegenheit, die diesbezügliche Entscheidung der Kommission gerichtlich überprüfen zu lassen.

Das kartellverfahrensrechtliche Einsichtsrecht verfahrensbeteiligter Dritter, insbesondere der Beschwerdeführer, ist vom Umfang her begrenzter als das der Hauptbetroffenen. Der Beschwerdeführer hat lediglich bei einer Beschwerdezurückweisung Anspruch auf Einsicht in die diese Entscheidung belegenden Unterlagen. Ferner erhält er eine nichtvertrauliche Fassung der Beschwerdepunkte und sollte je nach Sachlage auch eine nichtvertrauliche Version der Stellungnahme des Hauptbetroffenen auf die Beschwerdepunkte übermittelt bekommen. Der Beschwerdeführer darf aber auf keinen Fall Einsicht in vertrauliche Informationen Dritter erhalten. Im Falle eines Spannungsverhältnisses muss versucht werden, dieses durch eine Genehmigung zur Offenlegung oder eine nichtvertrauliche Zusammenfassung zu lösen. Hingegen ist eine einseitige Auflösung des Konflikts nicht zulässig und auch nicht erforderlich, da aus versagter Einsicht des Beschwerdeführers kein Verwertungsverbot folgt. Insofern sind beide Kategorien vertraulicher Informationen im Rahmen des Akteneinsichtsrechts des Beschwerdeführers absolut geschützt.

Auch im Rahmen des Einsichtsrechts über die Transparenzvorschriften, nach denen jeder Unionsbürger einen Anspruch auf Zugang zu den Dokumenten der Kommission, des Rats und des Parlaments hat, sind vertrauliche Informationen umfassend geschützt. Wenngleich die Grenzen des Einsichtsrechts in der Transparenzverordnung 1049/2001 zum Teil anders benannt und ausgestaltet sind als in der Kartellverfahrensverordnung, gewährleistet eine entsprechende Auslegung der Vorschriften, dass im Rahmen des Zugangs zu Dokumenten vertrauliche Informationen absolut geschützt sind. Auch hier können mögliche Interessenkollisionen durch nichtvertrauliche Zusammenfassungen bzw. die Genehmigung zur Offenlegung gelöst werden.

Im Rahmen der mündlichen Anhörung ist ebenfalls der Schutz der Vertraulichkeit zu gewährleisten. Dies ist insbesondere durch eine getrennte Anhörung der einzelnen Verfahrensbeteiligten möglich.

Dem Schutz von Geschäftsgeheimnissen und sonstigen vertraulichen Informationen ist auch bei einer Veröffentlichung der Entscheidung der Kommission Rechnung zu tragen. Durch eine gekürzte bzw. teilweise anonymisierte Fassung kann die Vertraulichkeit gewahrt werden.

Teil 6: Zusammenfassung

Mit einem Überblick über die gewonnenen Ergebnisse und einem Ausblick soll die vorliegende Untersuchung abgeschlossen werden.

A. Ergebnisse der Untersuchung

Bei der Darstellung der Ergebnisse der Untersuchung wird zunächst auf die Informationsermittlungsbefugnisse der Kommission eingegangen und sodann auf die einzelnen Arten von Informationen, die im Rahmen des europäischen Kartellverfahrens Probleme aufwerfen.

I. Informationsermittlung durch die Kartellbehörden

Aufgrund ihrer weitreichenden und zum Teil auch verpflichtenden Ermittlungsbefugnisse kann die Europäische Kommission in großem Umfang Informationen von den Unternehmen erlangen. Die Ermittlungsinstrumente sind im Einzelnen das Auskunftsverlangen, die Nachprüfung sowie die Zeugenvernehmung. Schutzmechanismen für die erlangten Informationen stellen das Amtsgeheimnis, dem die Kommissionsbediensteten wie auch die nationalen Behörden unterliegen, und das Verbot zweckfremder Verwertung der erlangten Informationen dar.

Seit Inkrafttreten der neuen Kartellverfahrensverordnung 1/2003 am 1. Mai 2004 wurden die Ermittlungsbefugnisse der Kommission im Sinne der Effektivität des Verfahrens konkretisiert und erweitert. Im Rahmen des Auskunftsverlangens entfiel das Stufenverhältnis zwischen einfachem und formellem Auskunftsverlangen. Bei der Nachprüfung ist die Kommission nunmehr auch befugt, Versiegelungen vorzunehmen sowie Privaträume und Kraftfahrzeuge von Mitarbeitern eines betroffenen Unternehmens zu überprüfen. Ferner hat mittlerweile die Zeugenvernehmung in die Verfahrensverordnung Eingang gefunden.

Die Ermittlungsinstrumente der Kommission basieren oftmals auf der Kooperation der Adressaten. Sofern Letztere die verlangten Informationen nicht freiwillig preisgeben wollen, kann die Kommission sie unter Einsatz ihrer bußgeldbewehrten Ermittlungsbefugnisse zur Mitwirkung verpflichten. Sie hat insbesondere die Möglichkeit, formelle Auskunftsverlangen zu erlassen, bei denen eine Verweigerung der Antwort bzw. eine unrichtige oder irreführende Beantwortung eine Geldbuße bzw. ein

Zwangsgeld nach sich ziehen kann. Ebenso kann sie die Unternehmen dazu verpflichten, Nachprüfungen zu dulden und sie im Rahmen dieser Nachprüfungen durch mündliche Erklärungen bzw. sonstige Mitwirkungshandlungen zu unterstützen. Darüber hinaus ist es ihr möglich, zur zwangsweisen Durchsetzung von Nachprüfungen auf die Mithilfe der nationalen Behörden zurückzugreifen.

II. Auskunftsverweigerungsrecht wegen drohender Selbstbezichtigung

Die Problematik der Verpflichtung, selbstbelastende Beweismaterialien erbringen zu müssen, stellt sich aufgrund der Möglichkeit der Europäischen Kommission, die betroffenen Unternehmen durch den Einsatz bußgeldbewehrter verpflichtender Ermittlungsbefugnisse zur Mitwirkung an der Aufdeckung des vermuteten Kartellverstoßes zwingen zu können.

Derzeit wird den Betroffenen des gemeinschaftsrechtlichen Kartellverfahrens mangels primär- und sekundärrechtlicher Regelung von der Rechtsprechung lediglich ein eingeschränktes Geständnisverweigerungsrecht zugestanden, nicht aber ein Auskunftsverweigerungsrecht, das es ihnen erlauben würde, die Mitwirkung im Falle drohender Selbstbezichtigung zu unterlassen.

Die Untersuchung hat gezeigt, dass ein solches Auskunftsverweigerungsrecht als allgemeiner Rechtsgrundsatz im Gemeinschaftsrecht verankert ist. Er kann aus dem Recht auf ein faires Verfahren, das Bestandteil des Rechtsstaatsprinzips ist und in Art. 6 Abs. 1 EMRK sowie Art. 41 Abs. 1 und 47 Abs. 2 Grundrechtecharta der Europäischen Union konkretisiert ist, hergeleitet werden. Einem Auskunftsverweigerungsrecht steht auch nicht entgegen, dass es im Kartellverfahren üblicherweise juristische Personen sind, die sich darauf berufen werden.

Das so gewonnene Auskunftsverweigerungsrecht bezieht sich seinem Schutzumfang nach auf alle Informationen, durch deren Preisgabe sich ein Unternehmen selbst eines Kartellverstoßes bezichtigen müsste. Das Auskunftsverweigerungsrecht entfaltet in jedem Verfahrensstadium Geltung, sofern verpflichtende Ermittlungsinstrumente seitens der Kommission eingesetzt werden. Dazu zählen insbesondere das formelle Auskunftsverlangen nach Art. 18 Abs. 3 VO 1/2003 sowie die bußgeldbewehrte Anforderung von Erklärungen und sonstigen aktiven Mitwirkungshandlungen im Rahmen der Nachprüfung gemäß Art. 20 VO 1/2003.

Die Kommission ist trotz eines Auskunftsverweigerungsrechts bei der Gefahr der Selbstbezichtigung noch in der Lage, eine effektive Wettbewerbsaufsicht sicherzustellen. Insbesondere verbleiben ihr als wirksames Ermittlungsinstrument die Durchführung einer Nachprüfung (ohne aktive Mitwirkung der Unternehmen) oder die Durchsuchung unter Mithilfe der nationalen Behörden. Da die Betroffenen dabei nicht zu einer Mitwirkung verpflichtet sind, können sie sich auch nicht auf ein Auskunftsverweigerungsrecht berufen.

In verfahrensrechtlicher Hinsicht gilt, dass die Unternehmen gegen die buß- und zwangsgeldbewehrte Entscheidung der Kommission vor dem europäischen Gericht erster Instanz Klage, verbunden mit dem Antrag auf Aussetzung der Durchführung der Handlung, erheben und geltend machen können, durch ihre Mitwirkung sei das Auskunftsverweigerungsrecht verletzt. Auf diese Weise besteht die Möglichkeit der Anrufung des Gerichts vor der Offenlegung an die Ermittlungsbehörde.

Festzuhalten ist mithin, dass den betroffenen Unternehmen ein als allgemeiner Rechtsgrundsatz im Gemeinschaftsrecht verankertes Auskunftsverweigerungsrecht bei drohender Selbstbezichtigung im Kartellverfahren zusteht, das sie allen verpflichtenden Ermittlungsbefugnissen, die ihre Mitwirkung erfordern, entgegensetzen können.

III. Schutz des Informationsaustauschs zwischen Rechtsberater und Mandant

Der Schutz des Informationsaustauschs zwischen Rechtsberater und Mandant (legal professional privilege) vor dem Zugriff der Europäischen Kommission ist im geschriebenen Gemeinschaftsrecht nicht geregelt, findet aber, wie die Untersuchung gezeigt hat, als allgemeiner Rechtsgrundsatz seine Verankerung in dem Rechtsstaatsprinzip, konkretisiert durch Art. 6 Abs. 1 und 3 lit. c EMRK und Art. 47 Abs. 2 S. 2 i. V. m. Art. 41 Abs. 1 und Art. 48 Abs. 2 der Grundrechtecharta der Europäischen Union.

Die kartellverfahrensbezogene Rechtsberaterkorrespondenz erfährt schon jetzt durch die Rechtsprechung einen relativ weitgehenden Schutz. Die Unterlagen mit rechtsberatendem Inhalt sind auch im Gewahrsam des betroffenen Unternehmens geschützt. Ferner ist auch mit dem Kartellverfahren in Zusammenhang stehende Korrespondenz, die vor Verfahrenseinleitung datiert ist, dem Zugriff der Kartellbehörde entzogen.

Ausgenommen von dem Schutz der Vertraulichkeit der Kommunikation zwischen Rechtsberater und Mandant sind allerdings Fälle, in denen der Rechtsberater keine auf Einhaltung der Kartellvorschriften gerichtete rechtliche Beratung erteilt, sondern vielmehr das Privileg missbraucht, um Wettbewerbsverstöße zu begehen.

In persönlicher Hinsicht wäre die Erweiterung des Schutzumfangs auf Unternehmensjuristen, die einer Berufs- oder Standesorganisation mit den entsprechenden disziplinarischen Regelungen angehören, angemessen. Wie die Untersuchung gezeigt hat, sind die Argumente des Gerichtshofs aus dem Jahre 1982 gegen eine Anwendung der Privilegierung auch auf Unternehmensjuristen heute überholt. Die Erweiterung des legal professional privilege würde auch in dem allgemeinen Rechtsgrundsatz zum Schutz der Rechtsberaterkorrespondenz seine Verankerung finden.

Ebenso sollten auch Drittstaatenanwälte, die vergleichbaren Regeln unterliegen wie die europäischen Anwälte, von der Privilegierung erfasst sein.

Verfahrensrechtlich abgesichert ist das legal professional privilege durch die Möglichkeit der Unternehmen, die Entscheidung der Kommission, in bestimmte Unterlagen Einblick zu nehmen, einer gerichtlichen Überprüfung durch das Europäische Gericht erster Instanz zuführen zu lassen.

IV. Schutz vertraulicher Informationen

Bei vertraulichen Informationen, zu denen Geschäftsgeheimnisse und sonstige Arten vertraulicher Informationen wie die Identität eines Informanten zählen, ist das Problem anders gelagert als bei der Frage des Auskunftsverweigerungsrechts und des legal professional privilege. Im Gegensatz zu Letzteren geht es bei dem Schutz vertraulicher Angaben nicht darum, ob Unternehmen bzw. Informanten gegenüber der Kommission zur Preisgabe der Informationen verpflichtet sind. Mangels eines Auskunftsverweigerungsrechts sind sie dies in jedem Fall. Es stellt sich vielmehr die Frage, ob und wenn ja, wonach und in welchem Umfang vertrauliche Informationen von der Europäischen Kommission geschützt werden, wenn sie einmal in deren Besitz gelangt sind.

Die Untersuchung hat ergeben, dass der Schutz vertraulicher Informationen im Gemeinschaftsrecht verankert ist. In erster Linie ist dies in den Vorschriften zum Amtsgeheimnis der Fall (Art. 287 EGV, Art. 28 Abs. 2 VO 1/2003 sowie Art. 41 Abs. 2 Spiegelstrich 2 Grundrechtecharta der Europäischen Union). Danach ist die Europäische Kommission als Behörde verpflichtet, den Schutz der Vertraulichkeit im Kartellverfahren zu wahren.

Hinsichtlich des konkreten Schutzumfangs muss zwischen dem behördeninternen Schutz vertraulicher Informationen und dem Schutz gegenüber verfahrensbeteiligten Dritten unterschieden werden. Der Austausch vertraulicher Informationen im Netzwerk der Kartellbehörden, der im Zuge der Verordnung 1/2003 noch intensiviert wurde, zeichnet sich dadurch aus, dass auch die nationalen Kartellbehörden an das Amtsgeheimnis gebunden sind. Ferner sieht die Verordnung 1/2003 besondere Regelungen hinsichtlich der Möglichkeit vor, übermittelte vertrauliche Informationen zur Beweisverwertung zu verwenden. Die Untersuchung hat gezeigt, dass basierend auf diesen Schutzvorschriften der behördeninterne Austausch vertraulicher Informationen grundsätzlich unbeschränkt ist. Nur in sehr eng definierten Ausnahmefällen ist die Europäische Kommission gehalten, von der Weitergabe vertraulicher Angaben an die nationalen Behörden abzusehen. Ein Beispiel hierfür ist, dass den Betroffenen durch die Preisgabe Nachteile von wesentlichem Gewicht drohen würden. Ferner gibt die Kommission, um den Erfolg des Bonusprogramms nicht zu gefährden, vertrauliche Informationen aus Kronzeugenanträgen nur weiter, wenn sichergestellt ist, dass auf der Basis der weitergeleiteten Angaben nicht gegen die Unternehmen kartellrechtlich ermittelt wird. Abgesehen von diesen Ausnahmefällen gilt im Rahmen des Netzwerks der Wettbewerbsbehörden der Grundsatz der unbeschränkten Offenlegung vertraulicher Informationen.

Bei dem Schutz solch vertraulicher Informationen gegenüber anderen Verfahrensbeteiligten und Dritten ist die Lage genau umgekehrt. Grundsätzlich obliegt es der Kommission aufgrund des Amtsgeheimnisses, vertrauliche Angaben zu wahren und diese anderen Verfahrensbeteiligten bzw. sonstigen Dritten nicht preiszugeben. Problematisch wird es aber, wenn der Vertraulichkeitsschutz mit anderen Rechten in einem Spannungsverhältnis steht, zu deren Gewährleistung die Kommission ebenfalls verpflichtet ist. Solche anderen Rechte sind insbesondere das aus dem Anspruch auf rechtliches Gehör und dem Transparenzprinzip folgende Akteneinsichtsrecht anderer Verfahrensbeteiligter ebenso wie das Anhörungsrecht und das allgemeine Publizitätsinteresse.

Die Analyse hat gezeigt, dass die Kommission grundsätzlich im Wege der praktischen Konkordanz Lösungen suchen muss, die gegenüberstehenden Rechte und Interessen miteinander in Einklang zu bringen, ohne jedoch die Vertraulichkeit zu brechen. Es wurden im Rahmen der Untersuchung verschiedene Modelle entwickelt, die einen Ausweg aus dem Konflikt bieten. Hierfür kommen insbesondere eine Genehmigung zur Offenlegung vertraulicher Informationen und die nichtvertrauliche Zusammenfassung in Betracht, wobei Letztere in der Praxis der erfolgsversprechendere Lösungsweg sein dürfte. Im Rahmen der mündlichen Anhörung ermöglicht auch die getrennte Anhörung von Geheimnisträgern und anderen Verfahrensbeteiligten eine Lösung des Konflikts unter Wahrung der verschiedenen Parteiinteressen. Die Veröffentlichung einer Entscheidung hat unter Auslassung bzw. Anonymisierung vertraulicher Information in zusammengefasster Form zu erfolgen. Die Idee der Offenlegung vertraulicher Angaben nur an Rechtsanwälte der Gegenseite bzw. an einen neutralen Dritten, der als „Beweismittler" zwischengeschaltet wird, ist hingegen keine zulässige Vorgehensweise, da sie dem Anspruch auf rechtliches Gehör nicht Rechnung trägt.

Während die Genehmigung zur Offenlegung, die Erstellung nichtvertraulicher Zusammenfassungen, die getrennte Anhörung und die Anonymisierung bzw. Darstellung von geheimen Informationen in aggregierter

Form gemeinsam haben, dass durch sie vertrauliche Information gewahrt bleiben, beschäftigte sich die Untersuchung auch mit der Frage, ob es in Ausnahmenfällen zulässig ist, dass die Kommission vertrauliche Angaben gegenüber anderen Verfahrensbeteiligten und Dritten offen legt. Diese Frage konnte für eine Konstellation bejaht werden. Im Rahmen des Kartellverfahrens ist die Kommission verpflichtet, den Hauptbetroffenen gemäß deren Anspruch auf rechtliches Gehör Einblick in alle Informationen zu gewähren, die sie als Beweis für eine Zuwiderhandlung gegen die Hauptbetroffenen verwerten will. Informationen, von der die Hauptbetroffenen keine Kenntnis oder in die sie keine Einsicht hatten, darf die Kommission aufgrund des in diesem Fall geltenden Verwertungsverbots nicht zur Grundlage ihrer Entscheidung machen. In einer solchen Konstellation ist auch das öffentliche Interesse der Kommission an der Durchsetzung der Kartellregeln berührt, welches neben den Parteiinteressen der Gewährleistung der Geheimhaltung einerseits und der Akteneinsicht andererseits berücksichtigt werden muss. Kann die Kommission die Informationen den Hauptbetroffenen nicht offen legen, hat dies für sie zur Folge, dass sie mangels verwertbarer Beweise eine sachlich richtige Entscheidung nicht treffen kann. Sofern sich der Konflikt nicht durch die oben genannten Lösungsmöglichkeiten, insbesondere die nichtvertrauliche Zusammenfassung, lösen lässt, rechtfertigt dies als ultima ratio auch eine Offenlegung vertraulicher Informationen an Hauptbetroffene.

Für die Behandlung vertraulicher Informationen mit Blick auf andere Verfahrensbeteiligte und Dritte ist somit festzuhalten, dass der Schutz grundsätzlich absolut ist mit Ausnahme des Falles, dass es sich um Informationen handelt, die die Kommission als Nachweis für die Zuwiderhandlung gegenüber Hauptbetroffenen benötigt. Nur in diesem Fall kann die Abwägung im Ergebnis dazu führen, dass das öffentliche Interesse an der Durchsetzung des Kartellrechts, welches die Kommission zu wahren hat, und das aufgrund des Verwertungsverbots damit verbundene Akteneinsichtsinteresse Hauptbetroffener gegenüber dem Geheimhaltungsinteresse Dritter überwiegt. Anderenfalls ist eine Abwägung zu Lasten des Vertraulichkeitsschutzes im Verhältnis zu anderen Verfahrensbeteiligten und Dritten nicht gerechtfertigt.

B. Ausblick

Aus Gründen der Rechtssicherheit und -klarheit wäre es angezeigt, die verschieden Fragen des Schutzes der drei problematischen Kategorien von Informationen in der Verordnung 1/2003 bzw. der Durchführungsverordnung 773/2004 klarzustellen. So wäre eine Regelung des Auskunftsverweigerungsrechts wegen der Gefahr der Selbstbezichtigung und des Schutzes der Anwaltskorrespondenz im Rahmen der Vorschriften über die Ermittlungsbefugnisse der Kommission in der Verordnung 1/2003 gut angesiedelt. Zu denken ist ferner an genaue Regelungen für den Schutz der Vertraulichkeit gegenüber anderen Verfahrensbeteiligten und Dritten im Kartellverfahren, die in umfassender Form an den relevanten Stellen in der Verordnung 1/2003, der Durchführungsverordnung 773/2004 und der Transparenzverordnung 1049/2001 und nicht wie bisher nur punktuell und teilweise vom Wortlaut her missverständlich zu treffen wären. Solche Regelungen sollten jedoch in jedem Falle gut durchdacht und sorgfältig erarbeitet werden, wobei darauf zu achten ist, dass sie nicht durch eventuelle politisch motivierte Kompromisslösungen verfälscht und verwässert werden. Unklare und fehlerhafte Formulierungen tragen die Gefahr einer Vielzahl von daraus folgenden Problemen und Missverständnissen in sich, die wiederum das gewünschte Ergebnis der Rechtsklarheit konterkarieren.

Trotz des grundsätzlichen Rufs nach dem Tätigwerden des Gemeinschaftsgesetzgebers hat die Untersuchung gezeigt, dass die ermittelten Rechte im europäischen Gemeinschaftsrecht verankert sind und daher schon jetzt als Basis im Kartellverfahren Beachtung finden sollten. Nicht zu vermeiden ist, dass mit einer verstärkten Geltung rechtsstaatlich verankerter Verfahrensrechte beispielsweise hinsichtlich des Auskunftsverweigerungsrechts und des legal privilege immer auch einhergeht, dass die Eingriffsmöglichkeiten der Kartellaufsicht beschränkt werden. Die Geltung der Gebote der Rechtsstaatlichkeit legt jedoch das Fundament für die Legitimation der Verfahrensergebnisse, und ihre Beachtung ist aus diesem Grunde unerlässlich. Die Untersuchung hat auch gezeigt, dass die Europäische Kommission trotz Berücksichtigung der genannten Rechte der Betroffenen zum Schutz von Informationen noch in der Lage sein wird, die Durchsetzung des Kartellrechts zu gewährleisten.

Aus einer weiteren Erwägung heraus erweist sich der angemessene Umgang mit problematischen Informationen in seinen verschiedenen Facetten auf Gemeinschaftsebene als wünschenswert und notwendig: die Europäische Union befindet sich im Allgemeinen und für das Kartellverfahren im Besonderen im Zuge einer Neu- bzw. Umstrukturierung. Zum 1. Mai 2004 wurden zehn neue Mitgliedstaaten aufgenommen, weitere werden voraussichtlich in näherer Zukunft folgen. Gleichzeitig erfuhr das europäische Kartellverfahren eine einschneidende Neuerung, da es von einer sehr zentralistischen Behandlung durch die Europäische Kommission in Brüssel in eine dezentrale Anwendung durch die nationalen Wettbewerbsbehörden umgestaltet wurde. Wenngleich jeder Mitgliedstaat befugt ist, sein Verfahrensrecht selbst zu gestalten, stellt das europäische Kartellrecht für die Mitgliedstaaten – und dabei insbesondere für die neuen Mitgliedstaaten, die auf keine lange Tradition in der Anwendung kartellrechtlicher Regeln zurückblicken können – eine wichtige Beispiels- und Anregungsfunktion dar. Insbesondere in solchen Zeiten der Neuordnung und der dezentralen Anwendung des Gemeinschaftsrechts ist es erforderlich, dass auf europäischer Ebene klare Maßstäbe hinsichtlich des Umgangs mit vertraulichen Informationen bestehen, die den Mitgliedstaaten als Beispiel und Orientierung dienen können.

Stichwortverzeichnis

(Die Zahlen beziehen sich auf die jeweiligen Seiten.)